模糊量词及其积分语义

张小红　折延宏　著

科学出版社
北　京

内 容 简 介

模糊量词(语言量词)是指“大多数”“少数”“大约十个”“不多几个”等表示不确切数量的语言成分，它是一个跨学科的研究方向，涉及数学、逻辑学、语言学、计算机科学、智能科学、决策科学等领域. 近年来，随着以模糊数学为代表的不确定性数学理论的发展，模糊量词的研究取得了一些新进展. 本书以模糊集理论为基础，系统论述模糊量词研究的若干新成果，特别是基于模糊测度(非可加测度)及模糊积分(非线性积分)的模糊量词模型，并涉及这些模糊量词理论的若干应用问题及应用实例.

本书适合于从事应用数学、智能信息处理、计算机科学与技术、语言与逻辑学、数据分析与挖掘、管理决策等领域研究工作的科技人员、研究生学习和参考.

图书在版编目(CIP)数据

模糊量词及其积分语义/张小红，折延宏著. —北京：科学出版社，2017.6

ISBN 978-7-03-053480-4

Ⅰ.①模… Ⅱ. ①张… ②折… Ⅲ.①汉语-数量词-研究 Ⅳ.①H146.2

中国版本图书馆 CIP 数据核字(2017) 第 136625 号

责任编辑：陈玉琢 / 责任校对：张凤琴

责任印制：张 伟 / 封面设计：陈 静

科 学 出 版 社 出版

北京东黄城根北街 16 号

邮政编码：100717

http://www.sciencep.com

北京中石油彩色印刷有限责任公司 印刷

科学出版社发行 各地新华书店经销

*

2017 年 6 月第 一 版 开本: 720 × 1000 B5

2019 年 1 月第三次印刷 印张: 21 1/2

字数: 420 000

定价: 128.00 元

(如有印装质量问题，我社负责调换)

前　　言

和大多数普通读者一样, 作者最初对 “量词” 的认识非常有限, 且一直有个疑问: 语文课上讲过 “量词”, 逻辑课上讲过 “全称量词” 和 “存在量词”, 它们到底有啥区别呢? 后来, 研究模糊逻辑以及人工智能的逻辑基础问题时, 知道了模糊量词 (语言量词)、广义量词等术语. 与此同时, 在多次讲授模糊数学课程的过程中, 逐渐对模糊测度及模糊积分的内容产生了兴趣. 恰好在这个时候, 应明生教授关于应用 Sugeno 积分处理语言量词 (模糊量词) 的论文在*Artificial Intelligence*上发表, 其内容正好将前述两个主题巧妙地结合起来了, 因而自然地引起了作者的浓厚兴趣.

通过学习和研究, 作者知道了模糊量词 (语言量词) 是一个非常有趣的研究领域, 涉及多个学科, 比如数学、逻辑学、语言学、计算机科学、人工智能等; 同时, 模糊量词的积分语义, 不仅有重要的理论价值, 而且有广泛的应用价值, 比如可应用于自然语言处理、信息检索、数据归并、模糊查询、智能决策、不确定性推理等方面. 经过一段时间的学习和探索, 逐渐积累了一些研究素材和成果. 由于到目前为止, 还没见到这一主题的著作出版, 因而就有了撰写这本专著的计划.

撰写本书的工作起始于 2010 年, 由于作者一直对书稿内容不太满意、总觉得不够成熟和充实, 再加上研究兴趣的转移、工作任务的繁杂等种种原因, 致使此书的出版工作被一拖再拖. 后来, 折延宏博士的加盟 (他撰写了 6.2~6.3 节及 7.2 节), 促进了书稿的完善. 在此, 感谢折博士给予的良好合作! 同时, 在作者从事该领域研究工作的过程中, 应明生教授、徐扬教授、李永明教授、王三民教授、D. Dubois 教授 (法国 Université Paul Sabatier)、崔丽聪博士 (美国肯塔基大学)、M. Pereira-Fariña 博士 (西班牙 University of Santiago Compostela) 等先后给予了宝贵的支持和帮助, 我国模糊数学领域著名学者汪培庄教授、美国内布拉斯加大学 (University of Nebraska, Omaha)Z.Y.Wang 教授、深圳大学王熙照教授、加拿大 Regina 大学 Y.Y.Yao 教授、香港理工大学 Ka-fat Chow 博士等对初稿提出了修改意见, 作者指导的硕士研究生曾旭、郑岳、徐振国等直接参与了此方向的研究工作, 在此谨向他们表示衷心感谢! 本专著得到国家自然科学基金 (项目编号: 60775038、61175044、61573240)、陕西省自然科学基础研究计划项目 (项目编号: 2014JQ1032) 以及上海海事大学、陕西科技大学多个项目经费的资助, 谨在此一并致谢!

虽然作者尽了最大努力, 但毕竟这是第一本专门论述模糊量词及其积分语义的著作, 没有现成的经验和章法可循, 疏漏之处在所难免, 敬请广大读者批评指正 (作者联系方式：zxhonghz@263.net).

张小红

2016 年 12 月

主要符号说明

$\forall$	全称量词
$\exists$	存在量词
Q 或 Q_X	语言量词 (模糊量词)
U 或 X	论域
2^X 或 $P(X)$	X 的幂集
$F(X)$	X 上所有模糊集构成的分明集合
μ_A	模糊集 A 的隶属函数
$\Sigma Count(A)$	模糊集 A 的势 (数量基数)
$FGCount(A)$	模糊集 A 的一种模糊基数
$FECount(A)$	模糊集 A 的一种模糊基数
max 或 $\vee$	实数的 "取大"
min 或 $\wedge$	实数的 "取小"
$\vee$ 或 sup	格中的上确界
$\wedge$ 或 inf	格中的下确界
$\vee$	逻辑中的 "或"
$\wedge$ 或&	逻辑中的 "与"
$\to$	逻辑中的 "蕴涵" "衍推", 或数学中的 "映射"
$\otimes$	三角模 (t-模) 或剩余格中的乘法运算
$\neg$ 或 $\sim$	逻辑中的 "非" 或 "否定"
$\stackrel{\text{def}}{=}$ 或 $:=$	表示 "定义为"
$\vdash$	逻辑形式推演中的定理
$\models$	逻辑中重言式或有效式
$\bigcap$、$\bigcup$	集合的交、并
$\preceq$、$\succeq$	直觉模糊数之间的小于等于、大于等于
$\preccurlyeq$、$\succcurlyeq$	区间直觉模糊数之间的小于等于、大于等于
$\mathcal{L}^{(\mathbf{Iv})}$	所有区间数构成的集合
$\mathcal{L}^{(\mathbf{Iu})}$	所有直觉模糊数构成的分明集合
$\mathcal{L}^{(\mathbf{IvIu})}$	所有区间直觉模糊数构成的分明集合
$\int_X h \circ m$	基于模糊测度 m 的 Sugeno 积分, X 可省略

$\int_X^{(\mathrm{TS})} h \circ m$	基于模糊测度 m 的 t-模基 Sugeno 积分, X 可省略
$\int_X^{(\mathrm{C})} h \circ m$	基于模糊测度 m 的 Choquet 积分, X 可省略
$\int_X^{(\mathrm{IvS})} h \circ m$	基于区间模糊测度 m 的 Sugeno 积分, X 可省略
$\int_X^{(\mathrm{IvC})} h \circ m$	基于区间模糊测度 m 的 Choquet 积分, X 可省略
$\int_X^{(\mathrm{IuS})} h \circ m$	基于直觉模糊测度 m 的 Sugeno 积分, X 可省略
$\int_X^{(\mathrm{IuC})} h \circ m$	基于直觉模糊测度 m 的 Choquet 积分, X 可省略
$\int_X^{(\mathrm{IvIuS})} h \circ m$	基于区间直觉模糊测度 m 的 Sugeno 积分, X 可省略
$\int_X^{(\mathrm{IvIuC})} h \circ m$	基于区间直觉模糊测度 m 的 Choquet 积分, X 可省略
$\mathbf{L_q}$	基于 Sugeno 积分语义的一阶逻辑系统
$\mathbf{L_q^{(IvS)}}$	基于区间 Sugeno 积分语义的一阶逻辑系统
$\mathbf{L_q^{(IuS)}}$	基于直觉 Sugeno 积分语义的一阶逻辑系统
$\mathbf{L_q^{(IvIuS)}}$	基于区间直觉 Sugeno 积分语义的一阶逻辑系统
$\mathbf{L_q^{(C)}}$	基于 Choquet 积分语义的一阶逻辑系统
$\mathbf{L_q^{(IvC)}}$	基于区间 Choquet 积分语义的一阶逻辑系统
$\mathbf{L_q^{(IuC)}}$	基于直觉 Choquet 积分语义的一阶逻辑系统
$\mathbf{L_q^{(IvIuC)}}$	基于区间直觉 Choquet 积分语义的一阶逻辑系统
$f^{\rightarrow}$	映射 f 的模糊扩展映射
$f^{\rightarrow} \upharpoonright \mathcal{F}$	f 的模糊扩展映射在 $\mathcal{F}$ 上的限制
Wff	逻辑形式系统中的合式公式之集合
$T_I(\varphi)$	公式 φ 在解释 I 下的赋值
(U, R)	粗糙近似空间
$R \downarrow A$	Pawlak 粗糙下近似
$R \uparrow A$	Pawlak 粗糙上近似
$R \downarrow_u A$	变精度粗糙下近似
$R \uparrow_l A$	变精度粗糙上近似
$R \downarrow_{Q_u} A$	模糊量化粗糙下近似
$R \uparrow_{Q_l} A$	模糊量化粗糙上近似
$\langle 1\rangle$或$\langle 1,1\rangle$或$\langle 1^n,1\rangle$	模糊量词、广义量词的型

目　　录

第 1 章　模糊量词概述

1.1　什么是量词

1.1.1　容易混淆的两种含义

在人类的知识探求中, 数量关系是最重要的研究课题之一. 除了数学外, 各门自然科学乃至某些社会科学的研究目标也是探求存在于自然或社会现象中的数量关系. 人们如何表达数量关系? 除了使用数学公式外, 还必须使用自然语言中的各种 “量词”(quantifier), 例如数学上经常用到的 “唯一一个”“奇数个”“可数无限个”, 等等. 除了这些在数学或自然科学上专门用到的量词外, 在日常语言中还会使用其他量词, 例如 “所有事物”“大多数人”“很多”“整整一半”“几乎没有”“多于七成”“三至七个”, 等等. 可以说, 量词是在语言学研究中与数学关系最密切的课题.

读者最初接触 “量词” 这一术语, 很可能来自汉语语法, 因此 “量词” 通常被理解为: 用来表示人、事物或动作的数量单位的词, 比如 “一个人”“两只梨” “三本书” 中的 “个”“只”“本”(这些量词是名量词), “去一趟”“看两遍”“做三次” 中的 “趟”“遍”“次”(这些量词是动量词) 等.

本书讨论的 “量词” 与汉语语法上讲的前述含义完全不同! 首先, 两种不同含义的 “量词” 在中文字面上没有区别, 但英文翻译完全不同, 后者是 classifier (即量词. 多义词, 有时也表示分类器), 本书讲的量词是 quantifier. 其次, 本书中的 “量词” 是指表示数量的语言成分, 而 “模糊量词”(也称为 “语言量词”) 是指 “大多数”“少数”“大约十个”“不多几个” 等表示不确切数量的语言成分.

此后, 若不特别说明, 本书量词均指 quantifier.

1.1.2　数理逻辑中的量词

量词这一术语是逻辑学、语言学等领域的常用术语. 以下引用《逻辑学大辞典》(文献 [1]) 中对量词的解释:

量词, 数理逻辑用语. 用以表示数量的逻辑词. 最常用的量词有表示全体的全称量词 “任意一个 $x\cdots$ ” 或 “所有 $x\cdots$ ” 和不表示全体, 只表示存在、有、“至少有一个” 的存在量词 “有 $x\cdots$ ” 两种. 全称量词常以符号 “$(\forall x)$” 或 “(x)” 来表示, 存在量词常以符号 “$(\exists x)$” 来表示. 全称量化式 $(\forall x)A(x)$ 表示 “对所有 x 而言, $A(x)$”. 例如, $(\forall x)(x^2 \geqslant 0)$ 表示 “对所有 x 而言, $x^2 \geqslant 0$”. 此命题在实数域为真, 在复数域为假. 存在量化式 $(\exists x)A(x)$ 表示 "存在 x, $A(x)$". 例如, $(\exists x)(2 < x < 3)$ 表示 "存在 x, $2 < x < 3$". 此命题在有理数域上为真, 在自然数集上为假. 可见 $(\forall x)A(x)$ 和 $(\exists x)A(x)$ 的真假都和 x 的取值范围 (个体域) 有关.

上面的解释中涉及两个概念: 量化式或量化公式 (quantified formula, 见文献 [1, 2])、量词辖域 (scope). 数理逻辑中, 将量词加在原子命题前面形成的公式称为量化式. 原子公式与量化公式还可以用命题联结词连接起来, 形成更复杂的公式. 量词约束的范围称为量词的辖域. 在量词的辖域中, 一切和量词里变项相同的变项都被此量词约束. 一般认为, 量词后面有括号时, 括号内的公式为此量词的辖域; 量词后面无括号时, 量词后最短公式为此量词的辖域. 例如, 公式

$$(\exists x)((\forall y)P(x, y) \vee Q(x, y))$$

中, $P(x, y)$ 是 $(\forall y)$ 的辖域, $(\forall y)P(x, y) \vee Q(x, y)$ 是 $(\exists x)$ 的辖域. 与量词辖域相关的另一个概念是 "个体变元的自由出现", 详见 [1].

1.2 广义量词理论简介

广义量词理论 (generalized quantifier theory) 是自然语言逻辑 (简称为语言逻辑, 它使用现代逻辑的方法研究自然语言的逻辑问题) 的重要组成部分. 本节结合文献 [3—14] 的论述, 对香港理工大学 Ka-fat Chow 主页上语言学专题中 "广义量词系列——从量词到广义量词" (http://chowkafat.net/Quantifier1.html) 的内容稍加修改, 以此介绍广义量词的发展历程、相关基本概念和基本思想.

1.2.1 从量词到广义量词

与命题逻辑 (把简单命题看成整体来考察) 不同, 谓词逻辑 (也称为一阶逻辑) 把命题分析为主词、谓词和量词, 然后研究这样的命题之间的逻辑推理关系. 命题逻辑不能揭示某些正确的推理形式 (比如三段论推理), 而谓词逻辑通过对简单命题内部结构的进一步分析, 从而得出更多的逻辑形式和规律, 而这些逻辑形式和规律、与量词的特征密切关联, 因此谓词逻辑又称 "量化理论" (quantification theory).

在谓词逻辑中, 主要考虑全称量词 $\forall$ 和存在量词 $\exists$. "所有 S 是 P" 可表达成

$$\forall x(S(x) \to P(x)),$$

用日常语言说出来就是 "对 (论域中) 所有个体 x 而言, 如果 $S(x)$, 则 $P(x)$". 这里 S 和 P 均被处理成谓词符号 (经过解释后, 谓词表示一个个体的性质和两个或两个以上个体间的关系), 也称为 "函项" (function, 理解为个体集到真值的一个映射), 而 x 则是 "论元" (argument, 或译作 "主目"), "$S(x)$" 的意思是 x 具有 S 这

种属性 (严格地说, 是指 $S(x)$=1 或 $S(x)$= 真). 类似地, "有 S 是 P" 则可表达成 $\exists x(S(x) \wedge P(x))$, 用日常语言说出来就是 "(在论域中) 存在 (至少一个) 个体 x, 使得 $S(x)$ 并且 $P(x)$".

可以用集合论语言来重新表述上段的逻辑语句. 一般认为, 逻辑与集合论有相通之处, 因此两者的概念常可互相定义. 例如, 我们可以把某函项 P 看成集合 P', 把具有某函项 P 所述性质的个体 x 看成集合 P' 的元素, 即 $P(x) \Leftrightarrow x \in P'$. 反之, 也可以通过 "特征函数"(characteristic function) 把某集合 S 看成函项 S', 即若 $x \in S$, $S'(x)$=1 (或简写作 $S'(x)$); 若 $x \notin S$, $S'(x)$=0 (或简写作 $\sim S'(x)$). 基于上述对应关系以及集合 "包含"(inclusion) 的定义, 便可以把 "全称命题"$\forall x(S(x) \to P(x))$ 用集合论语言重新表述为 $S \subseteq P$. 同理, 根据集合 "交"(intersection) 运算的定义, 可以把 "特称命题" $\exists x(S(x) \wedge P(x))$ 重新表述为 $S \bigcap P \neq \varnothing$(这里 $\varnothing$ 代表空集).

在现代逻辑系统下, 动词被理解成含有一至三个论元的 "函项"(一元、二元和三元 "函项" 分别对应语法学上所称的 "不及物动词" "及物动词" 和 "双及物动词"), 而专有名词则被理解成 "论元". 举例来说, 句子 "John 爱 Mary" 便可以表达为 LOVE(j, m), 其中 LOVE 为二元函项, j 和 m 为论元. 前面提过的函项与集合之间的对应关系可以进一步推广如下: "论元" 相当于某一 "论域"(universe of discourse) 下的 "元素"(element); "一元函项" 相当于由元素组成的 "集合"(set); "二、三元函项" 则相当于由 "有序对"(ordered pair)、"有序三元组"(ordered triple) 组成的集合. 例如, 前述的句子 "John 爱 Mary" 用集合论语言表达就是 (j, m) $\in$LOVE.

虽然谓词逻辑在形式化和推理的严密性方面大大超越了古典形式逻辑, 但它所能表达的量词种类却很有限. 谓词逻辑可以通过增加一个 "等词"(即等号 "="), 变成 "带等词的谓词逻辑"(predicate logic with equality), 以表达 "有定摹状词"(definite description, 即含有英语定冠词 "the" 的名词短语) 以及 "至少 n 个" "最多 n 个" 或 "刚好 n 个" 等意思, 但其表达法非常累赘. 不过上述问题还不是谓词逻辑的致命缺点, 因为逻辑学家大可创作一些新的简单符号来代表那些新量词, 真正的问题是谓词逻辑无法表达很多在数学上和自然语言中经常要用到的量词 (例如 "奇数个" "偶数个" "有限个" "可数无限个" "不可数无限个" 等)、某些涉及数量比例的量词 (如 "多数" "多于三成" 等), 以及一些结构较为复杂的量词, 这说明谓词逻辑的表达力不够强.

1957 年, 莫斯托斯基 (Mostowski) 开始研究广义量词 (generalized quantifier), 即那些不能根据一阶逻辑中的 $\forall$ 和 $\exists$ 来定义却具有非常有趣的推理性质的量词. 20 世纪 80 年代前后, 巴威斯 (Barwise)、库伯 (Cooper)、克能 (Keenan)、彼得斯 (Peters)、范本瑟姆 (van Benthem) 等一批语言学家、逻辑学家, 力图弄清自然语言中的广义量词的逻辑语义性质, 以及其逻辑推演的可计算性、复杂性等内容, 进行了深入而系统的研究, 从而形成了内容极其丰富的广义量词理论. 该理论提出了自然语言中广义量词的一些重要的语义普遍特征, 适合处理与量词有关的大量语义现象, 从而提升了一阶逻辑处理现实世界的能力, 成为现代逻辑学、理论语言学、计算语言学和科学哲学等交叉领域研究的重点内容之一, 它也是计算机更好地处理自然语言的理论基石.

1.2.2 Mostowski 与 Lindström 对量词的定义

1. *广义量词的萌芽及 Mostowski 对量词的定义*

在 “广义量词理论” 正式诞生之前, 有一些逻辑学家已初步具备 “广义量词” 概念的萌芽. 现代数理逻辑的奠基人之一 Frege(弗雷格) 便把量词视为 “第二层次概念”(second-level concept), 有别于作为 “第一层次概念”(first-level concept) 的普通谓词. 从集合的角度看, 如果作为 “第一层次概念” 的谓词被理解成集合, 那么作为 “第二层次概念” 的量词便应理解成 “集合的集合”(set of sets), 或称 “集合族”(family of sets).

到 20 世纪中叶以后, 逻辑学家 Mostowski 把 Frege 的思想具体化. 他把某一论域 U 下的量词定义为该论域的子集的集合, 亦即 Power(U) 的子集 (这里 Power(U) 代表 U 的 “幂集”(power set), 即由 U 的所有子集组成的集合). 在他的理论中, “全称量词” 和 “特称量词” 可以分别表述为

$$\forall_U = \{U\};$$

$$\exists_U = \{B \subseteq U : B \neq \varnothing\} = \text{Power}(U) - \{\varnothing\}.$$

这里 $\forall$ 和 $\exists$ 带有下标 U 是因为这两个量词在不同的论域 U 下有不同的 “所指”(denotation), 即代表不同的 “集合族”(但其意义相同). 若视 U 是代表人或事物的集合, 以上两个量词分别代表英语的代名词 “everybody” 或 “everything”(相当于汉语的 “所有人” 或 “所有东西”) 和 “somebody” 或 “something”(相当于汉语的 “有人” 或 “有东西”). 以上所列只是 Power(U) 的其中两个子集, 但 Power(U) 还可以有其他子集, Power(U) 的每一个子集都可以定义一个量词 (当然并非所有这样的量词都在自然语言中有对应的词项), 这样便大大扩充了量词的范围.

此外, Mostowski 还定义了量词的真值条件 (以下略作简化): 设 Q_U 为论域 U 下的量词, P 为谓词变项, x 为个体变项, 则

$$Q_U(x)(P(x)) \Leftrightarrow \{x : P(x)\} \in Q_U.$$

其实, 如果 P 不涉及其他个体变项, 可以把上式中的 x 略去, 因为量词作为 “第二层次概念”, 只与作为 “第一层次概念” 的谓词直接发生关系, 因此上式可改写为

$$Q_U(P) \Leftrightarrow P \in Q_U.$$

在上述定义下, 量词 Q_U 类似一个 "二阶谓词", 而普通的谓词 (即 "一阶谓词") P 则成了 Q_U 的 "论元". 从集合的观点看, P 代表集合, Q_U 则代表集合族. 现以一个日常语言的句子为例, 假设论域 U 为人的集合, 则语句 "有人唱歌"(即 "有唱歌者") 便可以表述为

$$\exists_U(\text{SING}) \Leftrightarrow \text{SING} \in \exists_U \Leftrightarrow \text{SING} \neq \varnothing.$$

即 "有人唱歌" 的意思就是 "唱歌者的集合不是空集", 这显然是合理的.

2. Lindström 对 Mostowski 定义的推广

Mostowski 虽然找到了量词的正确定义, 但他所研究的量词还只是论元结构较简单的量词. 后来 Lindström(林斯特龙) 把 Mostowski 的定义推广到更一般的情况, 并正式使用 "广义量词"(generalized quantifier) 的名称 (为了方便, 以后常把 "广义量词" 简称为 "量词"). Lindström 所研究的量词的论元结构远比 Mostowski 的量词复杂, 可称为 "k 位量词"(k-place quantifier).

先解释一下 "k 位量词" 这个名称, 它是香港理工大学周家发先生命名的, 其灵感来自 Keenan 在 *The Semantics of Determiners* 一文中所称的 "k 位限定符"(k-place determiner). 在为量词分类时, 用 "位" 和 "元" 这两个字分别代表两层不同的概念, 其中 "位"(place) 是较高层的概念, 它代表某量词所含谓词的数目; "元"(arity) 则是较低层的概念, 它代表某谓词所含论元的数目. 此外, 还有一个 "式"(adicity) 的概念, 若某量词的所有论元皆为一元谓词, 该量词称为 "单式量词"(monadic quantifier); 若某量词含有至少一个高于一元的谓词, 则称为 "多式量词"(polyadic quantifier).

回到 Lindström 所研究的量词, 若把他的定义加以简化, 并略去个体变项, 则有以下 "k 位量词" 的真值条件: 设 Q_U 为 "k 位量词", 它含有 k 个谓词 $P_1, P_2, \cdots, P_k$ 作为其论元, 每一个谓词 $P_i(1 \leqslant i \leqslant k)$ 不必都是一元谓词, 而可以是 n_i 元谓词 (n_i 为任意正整数), 而且这些 n_i 可以各不相同, 于是有

$$Q_U(P_1, P_2, \cdots, P_k) \Leftrightarrow (P_1, P_2, \cdots, P_k) \in Q_U.$$

上式右端显示 Q_U 是由 "有序 k 元组"$(P_1, P_2, \cdots, P_k)$ 组成的集合, 而每一个 P_i 本身又是由 "有序 n_i 元组" 组成的集合. 容易看到, 前述 Mostowski 定义的量词其实就是 "1 位量词".

看两个较简单的例子:

$$\text{all}_U = \{(A, B) \subseteq U \times U : A \subseteq B\};$$

$$\text{some}_U = \{(A, B) \subseteq U \times U : A \bigcap B \neq \varnothing\}.$$

以上两个都是 "2 位量词", 它们都各自含有 2 个一元谓词. 这两个量词可分别用来表达英语 "限定词"(determiner)"all" 或 "every"(相当于汉语的 "所有" 或 "每个") 和 "some"(相当于汉语的 "(至少) 有 (一个)") 的意思.

注意, 前面定义的 $\forall_U$ 和 $\exists_U$ 分别与 all_U 和 some_U 存在一定联系, 因为 $\forall_U$ 和 $\exists_U$ 可以改写成

$$\forall_U = \{B \subseteq U : U \subseteq B\} = \{U\};$$

$$\exists_U = \{B \subseteq U : U \bigcap B \neq \varnothing\} = \text{Power}(U) - \{\varnothing\}.$$

容易看到以下等价关系:

$$\forall_U(B) \Leftrightarrow \text{all}_U(U, B);$$

$$\exists_U(B) \Leftrightarrow \text{some}_U(U, B).$$

以上等价关系其实反映了自然语言中某些 "1 位量词" 与 "2 位量词" 之间的联系 (例如英语中 "everybody" "everything" 与 "every", 以及 "somebody" "something" 与 "some" 之间的联系).

1.2.3　Montague 语法及其对量词的处理

Mostowski 和 Lindström 虽然已明确 "广义量词" 的定义, 但在此时期学者的研究重点在于与数学或数理逻辑有密切关系的量词, 其中有些量词甚至没有自然语言的简单对应表达式. 可以说, 在此时期 "广义量词" 主要是应用于形式语言 (即数学和逻辑学的语言) 而非自然语言, 这种情况直至 20 世纪 70 年代初 Montague(蒙太格) 创立 "蒙太格语法"(Montague grammar) 才有所改变.

1. Montague 语法的特点

Montague 作为一位逻辑学家, 利用数理逻辑的方法来处理自然语言的语义问题, 结果创立了 "蒙太格语法", 并成为当代形式语义学的鼻祖. Montague 对形式语义学有多方面的贡献, 这里只介绍他对量词的处理方法. Montague 在其论文 *The Proper Treatment of Quantification in Ordinary English* (一般简称 PTQ) 中, 把某些类型的英语句子翻译成 "内涵逻辑"(intensional logic, 以涉及语言表达式的内涵的语义学和语法学研究为基础的关于推理关系的一般理论) 表达式, 然后通过对这些表达式的语义解释, 间接地为他所研究的英语句子类型建立了一套语义理论. Montague 把 "带有限定词的名词短语" 视为一个语义单位, 把它们称为 "量词", 并把专有名词也归入量词的范围.

Montague 语义理论的两项特点是 "类型论"(type theory) 和 "λ 演算"(λ-calculus) 方法的运用. "类型论" 的目的是为每一逻辑表达式提供一个适当的

语义类型, 从而确定各种表达式之间的逻辑关系. 在 PTQ 中共有两种基本的语义类型: e 和 t, 前者代表 "个体"(entity), 即 "一阶谓词逻辑" 中 "专有名词" 的语义类型; 后者代表 "真值"(truth value), 即 "句子" 的语义类型. 其他表达式的语义类型都被处理成函项, 并由 e 和 t 派生而成, 例如 "不及物动词" 的语义类型是 $e \to t$, 即由个体映射到真值的函项 (这里用符号 "→" 代表映射 mapping), 这是因为当一个不及物动词与一个个体论元结合后, 便会得到一个句子.

类型 $e \to t$ 常被写成以下的形式: $\langle e, t\rangle$. 实际上, 类型可如下递归地定义.

定义 1.2.1 T 是类型的集合, 它是满足以下条件的最小集合:

(i) $e, t \in T$;

(ii) 如果 $a, b \in T$, 则 $\langle a, b\rangle \in T$;

(iii) 只有 (i)、(ii) 形成类型.

根据定义 1.2.1, 可以得到类型 $\langle e, t\rangle$, 这个类型的表达式应用到类型为 e 的表达式, 得到一个类型为 t 的表达式. 由于应用一元谓词到类型为 e 的个体常项或个体变项得到类型为 t 的公式, 所以一元谓词属于 $\langle e, t\rangle$ 类型.

2. *名词短语的语义类型*

Montague 区别处理 "带有限定词的名词短语" 和 "不带限定词的名词短语"(在 PTQ 中称为 "普通名词短语"common noun phrase). 这是因为在英语中前者可以充当主语和宾语, 而后者则不能, 例如 "boy" 这个词便不能作主语或宾语, 必须加上限定词变成 "a boy" "the boy" 等才行 (注意, PTQ 只研究单数名词). Montague 把 "普通名词短语" 的语义类型处理成跟不及物动词一样, 即 $e \to t$ 或 $\langle e, t\rangle$ 类型. 这是因为从集合论的角度看, "普通名词短语" 跟不及物动词一样都可看成由元素组成的集合.

至于 "带有限定词的名词短语", Montague 则把其语义类型确定为 $(e \to t) \to t$ 或 $\langle\langle e, t\rangle, t\rangle$. 由于不及物动词的语义类型是 $e \to t$, 所以 "带有限定词的名词短语" 的语义类型就是把不及物动词映射到真值的函项. Montague 为何要这样确定 "带有限定词的名词短语" 的语义类型? 这是因为这种短语其实跟 "everyone" "something" 等代名词具有相同的语义类型, 何以见得? 这可以从两方面去看. 首先, 从构词上看, 可以把 "everyone" "something" 等词分拆成 "every one" "some thing", 因此这些代名词其实跟 "every student" "some teacher" 等 "带有限定词的名词短语" 具有相同的结构. 其次, 从逻辑上看, 可以把 "everyone" 与 "every student" 以及 "something" 与 "some teacher" 的区别看成两者 "论域" 的大小不同, 即把 "every student" 中的 "student" 以及 "some teacher" 中的 "teacher" 看成论域. 这样便可以分别用 $\forall_U$ 和 $\exists_U$ 来表示 "every student" 和 "some teacher" 的意思, 只需把这里的 U 分别解释成 "学生" 和 "教师" 的集合就可以了. Mostowski 把 $\forall_U$ 和 $\exists_U$ 的语义所指确定为集合族, 因此 "带有限定词的名词短语" 的语义所指也应是集合族, 即 "集合的集合". 根据前述函项与集合之间的对应关系, 以个体为元素的集合可被视为从个体集映射到真值的函项, 即其类型为 $e \to t$, 那么由于 "集合的集合" 是以集合为元素的集合, 因此它应被视为从 $e \to t$ 这个函项的值域 (range) 映射到真值的函项, 即其类型为 $(e \to t) \to t$ 或 $\langle\langle e, t\rangle, t\rangle$. 这就是把 "带有限定词的名词短语" 的语义类型定为 $(e \to t) \to t$ 或 $\langle\langle e, t\rangle, t\rangle$ 的原因.

3. 限定词的语义类型

解决了 "带有限定词的名词短语" 的语义类型, 便容易求得 "限定词" 的语义类型. 本来, 根据上面提到的 Lindström 的定义, 在句子 "Every student talked." 中, 名词 "student" 和动词 "talked" 同时作为限定词 "every" 的论元, 即这句的逻辑结构应为

$$\text{all}_U(\text{STUDENT, TALK}).$$

不过, Montague 基于 "组合性原理"(principle of compositionality, 是形式语义学中一条原则, 其大意是说, 一个表达式的语义应取决于其各组件语义以及这些组件的组合方式. 因此, 语义学家往往并不满足于只为整个句子提供语义解释, 而希望为句子中的每一个组件提供语义解释) 的考虑, 认为上句的逻辑结构应为

$$[\text{all}_U(\text{STUDENT})](\text{TALK}).$$

即限定词 "every" 只以名词 "student" 为论元, 构成一个 "带有限定词的名词短语", 然后这个短语 "every student" 以动词 "talked" 为论元, 构成整个句子. 在此观点下, 限定词就是从 "普通名词短语" 映射到 "带有限定词的名词短语" 的函项. 由于 "普通名词短语" 的语义类型为 $e \to t$, 所以限定词的语义类型应为 $(e \to t) \to ((e \to t) \to t)$ 或 $\langle\langle e, t\rangle, \langle\langle e, t\rangle, t\rangle\rangle$.

4. 带有限定词的名词短语的 λ 表达式

接着介绍 Montague 所用的 "λ 演算" 方法. λ 演算包括 "λ 抽象"(λ-abstraction) 和 "λ 还原"(λ-reduction) 两种运算, 前者的实质是把一个句子转化为一个函项. 举例来说, 可以对句子 "John 爱 Mary" 的逻辑式 LOVE(j, m) 中的 m 进行抽象, 即用变项 x 代替式中的 m, 并且在上式的前面加上 λx, 从而得到

$$\lambda x[\text{LOVE}(j, x)],$$

意即 "John 所爱的事物", 相当于集合论表达式$\{x\text{: LOVE}(j, x)\}$. 根据集合与函项的对应关系, 上述 λ 表达式其实相当于一个函项. 而 "λ 还原" 则是 "λ 抽象" 的逆

运算, 它相当于把一个常项代入函项中. 例如, 当把函项 $\lambda x[\text{LOVE}(j, x)]$ 作用于常项 m 时, 便把 m 代入前式中的 x 并删去 λx, 从而得 LOVE(j, m), 即

$$\lambda x[\text{LOVE}(j,x)](m) = \text{LOVE}(j,m).$$

用集合论语言表达, 这等于说 $m \in \{x\colon \text{LOVE}(j, x)\}$, 把 m 代入该集合定义中的 x 同样得到 LOVE(j, m).

Montague 用 λ 抽象方法来表达 “带有限定词的名词短语” 和 “限定词” 的语义. 以句子 “Every student talked.” 为例, 在一阶谓词逻辑中, 该句的表达式为

$$\forall x(\text{STUDENT}(x) \rightarrow \text{TALK}(x)).$$

Montague 一方面希望保留此表达式, 但另一方面又想贯彻 “组合性原理”, 为上句的各个组件 “every student” “talked” “every” 等各提供一个逻辑表达式, 而且要能体现出各个表达式之间的函项–论元关系. 可是上式是一个整体, 无法从它抽离出某些组件, 为了解决这个问题, Montague 巧妙地运用 λ 抽象, 对上式中的 TALK 进行抽象, 得到下式:

$$\lambda B[\forall x(\text{STUDENT}(x) \rightarrow B(x))].$$

上式就是名词短语 “every student” 的 λ 表达式, 它代表一个把一元谓词 (即 $e \rightarrow t$) 映射到真值的函项, 因此上式符合前述 “带有限定词的名词短语” 的语义类型 $(e \rightarrow t) \rightarrow t$. 如果把上式作用于一元谓词 TALK(即进行 λ 还原), 便得到

$$\lambda B[\forall x(\text{STUDENT}(x) \rightarrow B(x))](\text{TALK}) = \forall x(\text{STUDENT}(x) \rightarrow \text{TALK}(x)).$$

前面说过, Montague 把专有名词与 “带有限定词的名词短语” 等量齐观, 因此专有名词也应有类似的 λ 表达式. 以句子 “John talked.” 为例, 由于其一阶谓词逻辑表达式为 TALK(j), 只要对此式中的 TALK 进行 λ 抽象, 便可得到专有名词 “John” 的 λ 表达式: $\lambda B[B(j)]$. 至此, 我们看到一个有趣现象, 在蒙太格语法中, 专有名词 “John” 有两种表达法和语义类型: 当要独立提到它时, 它的表达式是 $\lambda B[B(j)]$, 其语义类型为 $(e \rightarrow t) \rightarrow t$; 但当它出现在一个完整句子中时, 它的表达式却是 j, 其语义类型为 e. 此现象就是形式语义学中所称的 “类型转换”(type-shifting).

5. 限定词的 λ 表达式

利用 “λ 抽象”, 可以进一步求得 “限定词” 的 λ 表达式. 举例来说, 对

$$\lambda B[\forall x(\text{STUDENT}(x) \rightarrow B(x))]$$

中的 STUDENT 进行 “λ 抽象”, 便可得到下式:

$$\lambda A[\lambda B[\forall x(A(x) \rightarrow B(x))]].$$

上式就是限定词 “every” 的 λ 表达式, 它代表一个把一元谓词映射到 $(e \rightarrow t) \rightarrow t$ 的函项, 因此上式符合前述限定词的语义类型 $(e \rightarrow t) \rightarrow ((e \rightarrow t) \rightarrow t)$.

基于相同原理, Montague 亦根据含有限定词 “a” 和 “the” 的语句的一阶谓词逻辑表达式求得这两个限定词的 λ 表达式:

$$\lambda A[\lambda B[\exists x(A(x) \wedge B(x))]];$$

$$\lambda A[\lambda B[\exists y(\forall x(A(x) \leftrightarrow x = y) \wedge B(y))]].$$

在上面第二式中的 $\forall x\ (A(x) \leftrightarrow x = y)$ 是用来表达在论域中具有 A 这种性质的个体是唯一的, 以反映 “the” 这个词所含有的 “唯一性” 意义, 这是自 Russell 以来对 “the” 这个词的一种常见语义解释.

1.2.4 Barwise 和 Cooper 的广义量词理论

1. 量词的表达及语义解释

在 20 世纪 80 年代初, Barwise 和 Cooper 发表*Generalized Quantifiers and Natural Language*一文, 这是广义量词理论中的一篇代表作. 他们一方面秉承 Montague 的某些思想, 把 “带有限定词的名词短语” 视为一个语义单位, 把它们称为 “量词”, 并把专有名词也归入量词的范围. 他们也把量词的语义类型确定为 “集合族”, 并确定其真值条件.

不过, 另一方面, 他们并不采纳 Montague 保留一阶谓词逻辑表达式的做法, 这是因为一阶谓词逻辑的表达力不够强, 而且有些表达式过于繁琐. 因此, Barwise 和 Cooper 采用集合论语言定义量词, 这是因为集合论语言具有以下优点: 一方面它具有数学的形式化特点, 方便进行形式化定义和推导; 另一方面它又较一阶谓词逻辑直观和灵活, 较易为人理解. 它的灵活性在于, 在定义集合时没有严格规定所用的语言, 人们随时可以使用通用的数学或逻辑符号 (例如表达集合基数 (cardinal), 即集合元素个数的符号 $|\ |$), 或者临时定义一个谓词或函项, 或甚至使用日常语言. 举例来说, “all students” “exactly two teachers” “a finite number of integers” 和 “John” 等量词的真值条件便可以分别定义为 (在以下定义中 B 代表谓词, 即论域 U 下的一个集合):

$$(\text{all students})_U(B) \Leftrightarrow B \in \{Y \subseteq U : \text{STUDENT} \subseteq Y\};$$

$$(\text{exactly two teachers})_U(B) \Leftrightarrow B \in \{Y \subseteq U : |\text{TEACHER} \bigcap Y| = 2\};$$

$$(\text{a finite number of integers})_U(B) \Leftrightarrow B \in \{Y \subseteq U : |\text{INTEGER} \bigcap Y|\text{是有限数}\};$$

$$\text{John}_U(B) \Leftrightarrow B \in \{Y \subseteq U : j \in Y\}.$$

上面的真值条件实质上跟前述 Mostowski 的真值条件完全相同. 不过, Barwise 和 Cooper 所研究的量词包含 "带有限定词的名词短语" 和专有名词, 因此较 Mostowski 的研究增加了内容. 以专有名词 "John" 为例, 一阶谓词逻辑是把专有名词处理成个体, 作为谓词的论元, 从集合论上看即是元素, 因此句子 "John talked" 要表达成 $j \in$TALK, 用日常语言说就是 "John 属于 TALK 这个集合" 或 "John 具有 TALK 这种性质/行为". 但现在根据上述定义, John_U 变成 "集合的集合", 即 "John 所具有的性质/行为的集合". 这样句子 "John talked" 要表达成 TALK$\in \text{John}_U$, 用日常语言说就是 "TALK 属于 John 所具有的性质/行为之一". 十分有趣的是, 在上述定义中也看到 "类型转换", 就是 "John" 这个词具有双重性质: 一方面它表现为 John_U, 即 "集合的集合"; 但另一方面它又可表现为 j, 即元素.

其他量词的语义解释跟专有名词类似, 也是 "集合的集合", 例如 $(\text{exactly two teachers})_U$ 的意思就是 "刚好两名教师所具有的性质/行为的集合". 这样, 句子 "Exactly two teachers sang." 就要表达成 SING$\in(\text{exactly two teachers})_U$, 用日常语言说就是 "SING 属于刚好两名教师所具有的性质/行为之一".

2. 限定词的表达及语义解释

上面把限定词 "all" "exactly two" "a finite number of" 等与其后的名词视为一个单位, 即带有限定词的名词短语. 也可以把限定词抽离出来, 方法是将名词 "students" "teachers" "integers" 等抽象成谓词变项. 这样便可得到这些限定词的真值条件:

$$[\text{all}_U(A)](B) \Leftrightarrow B \in \{Y \subseteq U : A \subseteq Y\};$$

$$[(\text{exactly two})_U(A)](B) \Leftrightarrow B \in \{Y \subseteq U : |A \bigcap Y| = 2\};$$

$$[(\text{a finite number of})_U(A)](B) \Leftrightarrow B \in \{Y \subseteq U : |A \bigcap Y|\text{是有限数}\}.$$

根据上述定义, 限定词就是把集合 (即定义中的 A) 映像到集合族 (即带有限定词的名词短语) 的函项. 举例来说, 假如把集合 STUDENT 代入上面 all_U 的论元 A, 便会得到

$$(\text{all students})_U(B) \Leftrightarrow B \in \{Y \subseteq U : \text{STUDENT} \subseteq Y\}.$$

注意集合族可以被看成把集合映射到真值的函项, 例如 $\text{all}_U(A)$ 本身也是一个函项, 它也有一个论元 (即上面定义中的 B). 因此上述定义是把限定词看成一种 "双层函项", 这是广义量词理论对限定词的第一种语义解释. 以上面第一个定义为

例, 其内层函项为 all_U, 它以 A 为论元; 当这个函项与 A 结合后便得到外层函项 $\text{all}_U(A)$, 它以 B 为论元.

另一方面, 可以把 "双层函项" 重新理解为含有两个论元的 "单层函项". 举例来说, 可以把其中一个定义改写为

$$\text{all}_U(A, B) \Leftrightarrow (A, B) \in \{(X, Y) \subseteq U \times U : X \subseteq Y\}.$$

上式还可以进一步化简为 $\text{all}_U(A,\ B) \Leftrightarrow A \subseteq B$. 同理, 其余两个定义亦可以改写为

$$(\text{exactly two})_U(A, B) \Leftrightarrow |A \bigcap B| = 2;$$

$$(\text{a finite number of})_U(A, B) \Leftrightarrow |A \bigcap B|\text{是有限数}.$$

这样便可以把限定词的语义理解为两个集合 A 和 B 之间的关系, 这是广义量词理论对限定词的第二种语义解释.

上述两种语义解释虽然是等价的, 但各有不同的用处. 第一种语义解释的结构较为复杂 (表现为双层函项), 但它较符合自然语言的语法结构, 这可以进一步抽象化为 $[D(A)](B)$(D 代表限定词), 而其中的 $D(A)$ 和 B 其实分别对应于自然语言中的主语和谓语, 因此把 D 和 A 先合成一个单位, 然后再与 B 结合, 较能准确反映自然语言句子的主谓结构. 因此 Barwise 和 Cooper 在其形式语言系统 L(GQ) 中, 也是采取 $[D(A)](B)$ 的结构. 第二种语义解释的结构则较为简单, 较适合用于进行计算或推理, 所以后来的学者在研究限定词时, 大多使用这种语义解释.

3. 对量词性质的研究

除了继承和发展 Mostowski, Lindström 和 Montague 的原有理论外, Barwise 和 Cooper 对广义量词理论也有新的贡献. Barwise 和 Cooper 提出了量词的某些性质, 例如逻辑性 (logicality)、驻留性 (live-on)、单调性 (monotonicity)、对偶性 (duality) 等. 特别是有关单调性和对偶性的研究揭示了某些古典形式逻辑和现代数理逻辑都没有研究的自然语言推理, 例如:

$$\text{所有学生都穿校服} \Rightarrow \text{所有男生都穿校服 (左单调性推理)};$$

$$\text{有学生穿冬季校服} \Rightarrow \text{有学生穿校服 (右单调性推理)};$$

$$\text{并非过半数人走了} \Leftrightarrow \text{至少一半人没有走 (对偶性推理)}.$$

此外, Barwise 和 Cooper 还尝试总结出 "量词" 的某些普遍性质, 例如他们提出以下性质: 任何自然语言的简单名词短语都表达单调量词或单调量词的合取. 此外, 他们还在论文中提出多条命题和定理, 并附有数学证明, 使广义量词理论俨然成为一个独立的数理逻辑学科. 因此可以说, Barwise 和 Cooper 的理论标志着广义量词理论的最终形成.

1.2.5 广义量词理论的进一步发展

从 20 世纪 80 年代起, 广义量词理论获得长足发展, 大批语言学家和逻辑学家加入研究行列, 使这套理论成为形式语义学中仅次于 Montague 语法的最重要分支学科. 以下简述广义量词理论在不同方面的发展.

1. 对各种量词的研究

继 Barwise 和 Cooper 之后, 很多学者广泛挖掘自然语言中各种量词, 并进行深入研究, 使广义量词理论涵盖的量词范围得到空前膨胀. 某些结构复杂或存在语义疑难问题的量词或量化结构更成为众多学者的研究热点, 例如所有格结构 (possessive construction)、部分格结构 (partitive construction)、比较结构 (comparative construction)、例外结构 (exceptive construction)、模糊量词 (fuzzy quantifier)、统指量词 (collective quantifier)、结构化量词 (structured quantifier) 以及各种多式量词, 如迭代量词 (iterated quantifier)、概括量词 (resumptive quantifier)、累积量词 (cumulative quantifier)、分枝量词 (branching quantifier)、相互量词 (reciprocal quantifier) 等. 此外, 根据生成语法 (generative grammar) 有关逻辑式 (logical form) 的理论, 疑问词 (interrogative) 也可被看成一种准量词 (quasi-quantifier).

2. 对各种量词性质和操作的研究

除了 Barwise 和 Cooper 提出的几种量词性质外, 后来的学者继续广泛挖掘各种量词的性质, 如守恒性 (conservativity)、同构闭包性 (isomorphism closure)、扩展性 (extension)、相交性 (intersectivity)、对称性 (symmetry)、基数性 (cardinality)、类可归约性 (sortal reducibility) 等. 对于一些 Barwise 和 Cooper 已提出的量词性质, 后来的学者也继续深入研究. 例如单调性便是一个研究热点, 有些学者在原来左、右单调性的基础上, 又提出某些新的单调性概念以及一个与单调性密切相关的光滑性 (smoothness) 概念. 除了量词性质外, 很多学者亦研究各种对量词的操作, 包括相对化 (relativization)、限制 (restriction)、冻结 (freezing) 等. 对这些性质和操作的研究, 使广义量词理论并非只停留于对量词的分类或个别词项的语义研究, 而是以寻求量词的普遍性质为研究目标, 从而成为一门真正的科学学科.

3. 对某些古典逻辑课题的革新

某些学者运用广义量词理论或现代数学的某些方法, 对古典形式逻辑的某些课题重新进行研究, 使这些课题重获新生. 举例来说, van Eijck, van Benthem, Westerstahl 等人从广义量词理论的角度重新考察传统的三段论推理, 证明了一些新结果. 其他一些学者则致力推广传统的三段论概念, 以发掘新的三段论推理. 事实上, 当代学者近几十年来对新三段论的研究至少存在以下三种方向: 第一种研究方向是在传统逻辑的框架下通过引入一些新的量词或符号而导出新的三段论, 例如 Peterson 提出包含 "中间量词"(如 "almost all" "most" "many") 的三段论, Reichenbach 通过引入否定符号提出包含 "主词否定" 的三段论, Sommers 和 Englebretsen、Thom 和 Murphree 则通过扩充传统的 "词项逻辑" 并引入一些新运算法则, 以研究 "关系三段论" 和 "数量量词三段论" 等. 第二种研究方向是利用现代数理逻辑研究各种新三段论, 例如 Keene 研究 "关系三段论", Moss 研究包含否定词、动词、形容词的三段论, Pratt-Hartmann 则研究包含 "谓词量化" 的三段论 (又称 "汉密尔顿三段论")、"数量量词三段论" 和 "关系三段论" 等. 第三种研究方向是利用非经典逻辑研究各种新三段论, 例如 Zadeh 利用模糊逻辑研究 "模糊量词三段论"(Zadeh 的研究引起大量后续研究), Chater 与 Oaksford 利用 "心理逻辑"(mental logic) 提出三段论的概率启发式模型 (Probability Heuristics Model), 从而研究包含广义量词 "most" "few" 的三段论等.

除了三段论推理外, 对当关系推理在近年也有新的发展. 周家发在 "论自然语言量化结构的单调推理关系" 一文中, 揭示了 "古典对当方阵" 背后的理据, 总结出对当方阵一般模式, 从而发掘出自然语言中很多前人未曾发现的对当关系. Brown 则从量词逻辑关系的角度推导出 4 大类 (下分 34 小类) 对当方阵, 大大扩展了对当方阵的定义.

4. 对某些当代逻辑课题的研究

由于量词与数学关系密切, 很多研究广义量词理论的学者很自然会倾向于从数学或数理逻辑的角度研究量词, 所以当代广义量词理论的研究重点也包括某些与逻辑密切相关的课题.

与广义量词理论有关的其中一个逻辑课题是研究如何用广义量词扩大一阶谓词逻辑推理系统. 现代数理逻辑主要以一阶谓词逻辑作为研究对象, 可是这个推理系统只有两个量词, 因此有些学者尝试把某些广义量词加入到一阶谓词逻辑中, 看看能得到什么样的推理系统, 即扩大后的系统能推出什么结果, 以及这个系统满足哪些 "元逻辑性质". 当然, 加入不同的广义量词会得到不同的推理系统, 这些系统的公理化 (axiomatization) 问题、证明论 (proof theory) 问题以及系统之间的关系也是学者研究的课题之一.

另一个广受关注的课题是自然语言或逻辑语言对量词的 "表达力"(expressive power) 问题, 即是否能用这些语言表达某些量词的问题. 前面说过, 一阶谓词逻辑的表达力很弱 (例如, 用一阶谓词逻辑的语言无法表达 "偶数个" "有限个" "多数" 等量词), 可是究竟弱到什么程度, 这是值得研究的问题. 如何准确定义自然语言或逻辑语言的表达力和广义量词的 "可定义性"(definability), 以及表达力和可定义性与逻辑推理之间的关系, 这就不是一个简单的问题. Peters 和 Westerstahl 在 *Quantifiers* *in Language and Logic*一书中便用了超过四分一的篇幅专门讨论这个课题 [39].

除了上述课题外, 有些学者亦把广义量词理论与某些学科分支 (比如模态逻辑、组合学 (combinatorics)、博弈论 (game theory)、自动机 (automaton)、计算复杂性 (computational complexity) 等) 理论相结合, 形成新的课题.

5. 与广义量词理论相关的其他理论

除了广义量词理论外, 当代形式语义学尚有其他研究量化问题的分支理论, 比如 Kamp 的 "话语表现理论"(discourse representation theory), Heim 的 "文本更新语义学"(file change semantics), Chierchia 的 "动态约束理论"(dynamic binding theory) 以及 Groenendijk 和 Stokhof 的 "动态谓词逻辑"(dynamic predicate logic), 就是为了解决某些疑难的量化问题而产生的. 当代形式语义学的另一分支 "类型–逻辑语义学"(type-logical semantics) 也相当重视量化问题, 例如 Carpenter 在其 *Type-Logical Semantics* 一书中便设计了多个量化算子, 用来表达某些语义问题.

除了形式语义学外, 当代 "语用学"(pragmatics) 的某些理论也涉及量词用法的解释, 比如 Grice 的 "合作原则"(cooperative principle) 便可用来解释特称量词的 "会话隐涵"(conversational implicature) 现象, 即在日常会话中当说 "有些学生及格" 时, 是隐含着 "并非所有学生及格" 的意思. 后来 Horn 更把这种涉及量词或程度词的会话隐涵现象概括为他的梯级隐涵 (scalar implicature) 理论.

1.3 模糊量词及其积分语义研究概述

1.3.1 关于模糊量词的含义

模糊量词这一术语, 在不同的学科、不同的理论体系中有不尽相同的含义, 至今没有一个统一的、精确的定义, 本书涉及多种跨学科的理论体系, 因此采用一种相对宽泛的通俗解释, 即 "模糊量词是表示不确切数量的语言成分". 本节简要说明与之相关的若干概念之间的联系和区别, 需要声明的是: 这些观点仅是作者的理解, 也是为了本书行文方便的处理方法, 不当之处敬请读者批评指正.

1. 什么是模糊量词

在人类自然语言中, 存在着众多表达数量的 "含糊" 词语, 比如: 几个 (several), 大多数 (most), 许多 (much), 不是很多 (not many), 非常多 (very many), 不是非常多 (not very many), 少数 (few), 很少 (quite a few), 大量 (large number), 少量 (small number), 接近 5 个 (close to five), 大约十个 (approximately ten), 经常 (frequently), 等等. 这些表示不确切数量的语言成分, 就称为模糊量词 (fuzzy quantifier, 最早由模糊集理论创始人 Zadeh 在文献 [18] 中使用这一术语).

由于模糊量词在自然语言中大量存在, 因而成为语言学、逻辑学、数学, 以及信息科学与决策科学等广泛领域学者共同关注和研究的课题, 如模糊语言学 (见 [19—24])、自然语言逻辑 (见 [13, 25])、人工智能与近似推理 (见 [26—29])、模糊数学与模糊逻辑 (见 [30—36])、模糊查询与模糊数据库理论 (见 [37]) 等, 这也造成了其含义的多种多样. Zadeh 在文献 [18] 中认为, 在模糊集理论框架下所研究的自然语言中具有量化意义的词都是模糊量词; 张乔在文献 [15] 中把模糊量词定义为 "没有确定的语义界限的量词"; 德国学者格罗克纳 (Glöckner) 在其专著 [7] 中, 为了区分不同模糊量词, 形式化地给出 n 元模糊量词 (n-ary fuzzy quantifier)、n 元半模糊量词 (n-ary semi-fuzzy quantifier) 的定义, 一些具有量化意义的副词也被看作是模糊量词; 高东平在专著 [13] 的第 4 章中对模糊量词的解释与前述定义不尽相同.

这些不同的含义, 一方面说明了模糊量词的复杂性, 另一方面也说明人们对模糊量词的研究已有相当丰富的成果. 本书将涉及模糊量词的不同理论体系, 因此不严格区分不同的定义, 只是在可能引起误解的地方附加必要说明.

2. 模糊量词、语言量词与广义量词的关系

在表达自然语言中不确切数量的 "含糊" 量词时, 也经常使用 "语言量词"(linguistic quantifier) 这一术语. "模糊量词" 和 "语言量词" 之间的界限是非常模糊的, 很难说清它们的不同之处 (或许只是不同领域学者在使用上的不同偏好而已吧), 因此本书对它们不加区别.

模糊量词与广义量词有密切的关系, 可以从以下两个方面说明.

一方面, 广义量词、模糊量词都是对传统一阶谓词逻辑量词概念的扩展, 除了考虑两个基本量词 ($\forall$, $\exists$) 外, 更深入全面地研究各种语言环境中的量词及量化结构. 同时, 广义量词理论对模糊量词的研究有重要影响 (见 [15, 25]), 在模糊量词的研究中经常使用广义量词理论中的一些概念和语义分析方法 (见 [6, 7, 8, 13] 等).

另一方面, "模糊量词" 与 "广义量词" 又有明显的区别. 张乔在 [15] 中指出: 虽然广义量词理论成功地概括了广义量词的语义普遍特征, 但它却以非真即假的真值原则为前提, 它不能刻画模糊量化命题在一定程度上真或假这一特性, 也就是说: 广义量词理论没有提供处理模糊性真值的方法. 高东平在专著 [13] 的第 4 章中也指出, 广义量词的语义分析本质上是二值的. 也正因为此, Glöckner 使用二值广义量词 (two-valued generalized quantifier) 的概念 (参见 [7] 中 Definition 2.1). 广义量词理论中, 量词被看成集合的集合; 在给出 $Q(A)(B)$ 的真值时, 没有对 A, B 的性质做出任何区分 (它们均是经典的分明集合), 广义量词理论不能处理 A, B 为模糊集的情况. 而从模糊量词概念的提出开始, 就着眼于 "不确切数量" 这一特点, 借助模糊数学或更一般的不确定性数学理论 (指以不确定性概念和现象作为研究对象的各种数学分支) 处理量词, 且以模糊逻辑 (或更一般的非经典逻辑) 思想来考虑量

化命题的真值. 同时, 需要说明的是, 在研究含有模糊量词的量化语句时, 通常还要考虑谓词的模糊性, 比如 “大多数学生是高的”, 这里量词 “大多数” 是模糊的、谓词中的 “高” 同样是模糊的. 为了克服广义量词理论的局限性, 人们发展了各种模糊量词理论, 这将在 1.3.3 节中予以介绍.

1.3.2 关于模糊量词的分类

在对模糊量词进行分类时, 也经常使用广义量词理论中的方法, 因此先来介绍广义量词的分类方法.

1. 广义量词的分类

常用 $\langle 1\rangle$, $\langle 1, 1\rangle$, $\langle\langle 1, 1\rangle, 1\rangle$(简写为 $\langle 1^2, 1\rangle$), $\langle 1^n, 1\rangle$ 等符号来表示广义量词的类型, 这种方法最早来自 Lindström 发表于 1966 年的论文 [38], 之后被广泛使用 (如关于广义量词的较新专著 [39]) 并应用于模糊量词的研究中 (见 [40—43]).

广义量词的类型主要根据其集合运算中有多少论元并且论元是什么来划分, 类型 $\langle 1\rangle$ 的量词有一个论元、且论元是集合; 类型 $\langle 1, 1\rangle$ 的量词有两个论元且两个论元都是集合; 类型 $\langle\langle 1, 1\rangle, 1\rangle$ 或 $\langle 1^2, 1\rangle$ 的量词有两个论元, 第一个论元是关系 (论域子集的 2-元组), 第二个论元是集合; 以此类推.

类型为 $\langle 1\rangle$ 的量词是表示集合性质的量词, 自然语言中的名字短语属于这种类型. 比如 “Something is broken” 中的 “something”(某物), “Everyone likes Bob” 中的 “everyone”(每个人), “Nobody knows everything” 中的 “nobody”(没有人) 都是类型为 $\langle 1\rangle$ 的量词. 标准逻辑量词 “for all”(所有)、“there exists”(存在) 也属于这种类型. 此外, 前面已说过, 在广义量词理论中, 专用名词也认为是量词, 类型为 $\langle 1\rangle$, 比如 “张三” “李四”.

类型为 $\langle 1, 1\rangle$ 的量词是表示集合之间的二元关系的量词. 比如, “Every book has leaves” 中的 “every”(每一), “Most birds fly” 中的 “most”(大多数), “Some student likes it hot” 中的 “some”(一些), “About half of the employees in this firm are young” 中的 “about half”(大约一半) 都是类型为 $\langle 1, 1\rangle$ 的量词. 类型为 $\langle 1, 1\rangle$ 的量词可以划分为简单的 (包括单纯的限定词) 和复合的 (限定词与其他词项的组合), 属于后者的例子有: “At least two but not more than ten students will get scholarships” 中的 “at least two but not more than ten”(二至十个), “Every student but John attended the party” 中的 “every··· but John··· ”(除 John 外每一), 都是复合的 $\langle 1, 1\rangle$ 型量词.

类型为 $\langle 1^2, 1\rangle$ 的量词通常是指二元限定词, 比如 “More men than women go out for sports” 中的 “more··· than··· ”, “Some student's hat and coat were on the table” 中的 “some student's··· and··· ”.

2. 模糊量词的各种分类方法

除了沿用广义量词的分类外, 模糊量词还有其他多种分类方法.

Zadeh 将模糊量词看作是一个模糊集, 并将模糊量词分为如下三类 (见 [18]).

(1) 绝对量词 (absolute quantifier) 或第一类量词 (first-kind quantifier), 表示总量本质上是绝对的, 比如 several(几个)、close to ten(接近 10) 等. 这类量词可以表示为非负实数集到 [0, 1] 的函数 (即非负实数集上的模糊集), 其函数值表示相应数量满足相应量词的程度.

(2) 相对量词 (relative quantifier) 或第二类量词 (second-kind quantifier), 表示总量本质上是相对的, 比如 most(大多数)、about half(大约一半) 等. 这类量词可以表示为 [0, 1] 到 [0, 1] 的函数 (即单位区间上的模糊集), 其函数值表示相应数量满足相应量词的程度.

(3) 比率量词 (ratios quantifier) 或第三类量词 (the third kind quantifier), 表示第二类量词的比率, 比如在证据分析、假设检验及专家系统中会用到表达似然比率 (likelihood ratios)、置信因子 (certainty factors) 的量词.

需要注意的是, 上述分类并不是绝对的, 有些量词很难区分类别、可能具有多种类型的特性, 比如 many(许多) 既可作为绝对量词也可作为相对量词, 这要根据上下文语境来具体分析判断. 另一方面, 汉语和英语中模糊量词的语义也有细微差别. 也因为这样, 高东平在专著 [13] 的第 4 章中对模糊量词作了重新分类, 即把汉语中模糊量词分为如下三类.

类型 1(基数类型的模糊量词), 如: 大约 n, 将近 n, n 或 m, n 到 m 之间, 至少 n, 大于 n, 远大于 n, n 多, 几, 几十几, 几十, 几百, 百八十, 上百, 千百, 千万, 几乎 n, 所有除了两三个, 所有最多除了 n 个等.

类型 2(比例类型的模糊量词), 如: 多数, 大多数, 绝大多数, 少数, 极少数, 几乎一半, 几乎全部, 大约 $n\%$, 将近 $n\%$, 至少 $n\%$, $n\%$或 $m\%$等.

类型 3(基数/比例类型的模糊量词), 如: 许多, 很多, 很少, 好些, 没多少等.

此外, 讨论量词时必然涉及谓词以及量化语句的真值问题, 因此也常根据与模糊量词关联的谓词的性质以及对模糊量化语句真值的解释 (或处理方式) 对量词进行分类. 比如模糊量词与一元谓词相关联时称为单式 (monadic) 模糊量词 (比如文献 [43]), 与多元谓词相关联时称为多式 (polyadic) 模糊量词; 又比如, 根据模糊量化处理方法的不同, 将模糊量词区分为普通模糊量词、直觉模糊量词、区间值模糊量词、格值模糊量词等, 这将在本书后面章节中涉及.

1.3.3 模糊量词研究的历史与现状

模糊量词作为多学科的研究课题, 要全面总结其历史和现状, 是一项艰难的任务. 在已公开发表的关于模糊量词综述性论文中, [8, 30, 31] 是值得一读的. 本节结合这些文献, 对作者所知道的几个方面进行适当总结, 且将模糊量词与模糊量化 (fuzzy quantification) 结合起来介绍.

1. 基于模糊集基数的模糊量词模型

Zadeh 首先用模糊集合方法描述了语言量词 (见 [18]). 在 Zadeh 的方法中, 语言量词被看作是模糊数, 量化命题的真值是通过计算模糊集合的基数 (势) 来完成的, 因此模糊集的基数是 Zadeh 模糊量词模型的关键概念.

对于经典的分明集合, 基数 (势) 概念是容易理解和定义的: 对于有限集, 基数就是 "所含元素的个数"; 对于无限集, 利用完全一一映射来定义 "等势" 的概念, 等势的集合被认为有相同的基数. 对于模糊集合, 它实际上是论域到 [0, 1] 的函数 (换句话说, 无法确切知道模糊集合到底由哪些成员组成), 因此给出模糊集基数一个合理定义是件困难的事, 即便是有限论域也是如此. Zadeh 给出比例基数、模糊基数、FGCount 基数、FECount 基数、相对基数等多种概念. 很明显, 模糊量词是与数量相关联的, 而模糊集的基数是分明集合 "所含元素的个数" 概念在模糊集中的推广, 因此应用模糊基数处理模糊量词就是非常自然的事了.

Zadeh 之后, 大量的文献开始热衷于在模糊集理论的框架下研究模糊语言量词. 例如, 在一个系列论文中, Yager 提出了关于量化命题真值的替代方法 (见 [44—46]), 它是基于 OWA 算子的. 另一方面, 模糊量化模型被用来解决许多不同领域的各种问题, 如数据库查询、数据挖掘和知识发现、信息融合、群体决策和多目标决策支持、归纳学习、优化和控制等 (可通过 [6] 查找相关文献).

2. 基于模糊测度与模糊积分的模糊量词模型

我国学者应明生教授 2006 年在 [6] 中提出构建自然语言中量词的一个新的框架, 在其中语言量词被表示成一族模糊测度, 一个量化命题的真值可通过使用 Sugeno 积分求得. 更精确地说, 量词 Q 被看作是指标集为非空集合的一族模糊测度: 对于每一个非空集合 X, 限制在论域 X 上的量词 Q 定义为 X 上的模糊测度 Q_X, 且对于任意 X 的子集 E, $Q_X(E)$ 表示量化命题 "Q Xs 是 As" 的真值, 这里 A 是确定 (明晰) 的谓词而且是 X 中满足 "A 是 E" 的元素之集. 众所周知, 自然语言的量化命题中的谓词通常也是含糊的, 在这种一般情况下, 量化命题的真值则通过使用 Sugeno 积分求得. 这个框架能使语言量词具有一些好的逻辑性质, 比如可以建立关于语言量词的前束范式定理.

此后, 一些学者对 [6] 中给出的模糊量词模型及一阶逻辑系统做了进一步研究, 证明了相关性质并探讨了其拓广问题 (参见 [47—49]).

3. 模糊量词积分语义的进一步扩展研究

借鉴 [6] 中的方法, 崔丽聪、李永明在 [33, 34] 中建立了基于 Choquet 积分的模糊量词模型. 之后, 李永明、李璐在 [50, 51] 中建立了基于直觉模糊 Choquet 积分的模糊量词模型. 此外, 文献 [35, 52—54] 还研究了基于直觉模糊积分、区间值模糊积分、区间直觉模糊积分的模糊量词模型及其应用.

捷克学者 A. Dvořák 及 M. Holčapek 在其系列论文 [40—43] 中, 对基于模糊测度与模糊积分的模糊量词模型进行了系统推广, 将模糊测度定义在剩余格上, 并提出 $\rightarrow$ − 型模糊积分和 $\otimes$− 型模糊积分, 深入研究了格值模糊量词, 包括 $\langle 1\rangle$ 型、$\langle 1, 1\rangle$ 型、$\langle 1^n, 1\rangle$ 型格值模糊量词.

4. 从多种角度研究模糊量词

模糊量词同样是语言学的重要研究课题, 这里介绍以下三方面的工作. 新西兰奥克兰大学 Qiao Zhang(张乔) 教授在其专著 [15] 中详细研究了模糊语义学, 其中对模糊量词做了深入分析. 高东平等人 ([19]) 把基数模糊量词的语义分析扩展到模糊集, 在模糊集的框架下给出了基数模糊量词语义的形式刻画, 并证明了其相应的性质; 特别是 [13] 中以广义量词理论、模糊集理论、范畴语法和类型论为理论方法, 从语义、性质、推理、自然逻辑系统构造、自然逻辑推理系统的算法实现等几个方面全面研究了模糊量词. 香港理工大学周家发在 [55] 中将广义量词理论应用于自然语言的多种量化结构, 深入研究了广义对当关系, 得到对当方阵的一般模式和单调推理原理.

5. 关于含模糊量词的模糊谓词逻辑研究

1) 含基本量词的模糊谓词逻辑

一阶逻辑是通过加入量词来增加命题逻辑的表达力的. 在模糊逻辑研究中, 基于 t-模的模糊命题逻辑受到学术界广泛关注, 取得许多研究成果、获得长足发展 ([56—63]); 同时, 基于 t-模的模糊一阶逻辑系统也有丰富成果, 比如 P. Hájek 提出的谓词逻辑系统 BL$\forall$、裴道武提出的一阶逻辑系统 $\boldsymbol{K}^*$、王三民等建立的一阶逻辑系统 $\boldsymbol{K}_{\boldsymbol{L}}^*$ 等, 关于基于 t 模的模糊一阶逻辑更全面的内容可以参考 P. Cintula 等的综述性文章 [63].

实际上, 关于模糊逻辑最早的比较系统的研究是由捷克学者 Pavelka 完成的, Pavelka 工作的主要特点之一是把真值域中的元素作为逻辑常量引入到逻辑系统中, 后来 Novák 称其为基于 "赋值语法" 的模糊逻辑, 而前述的基于 t-模的模糊一阶逻辑通常是基于 "传统语法" 的 (仅含特殊几个逻辑常量). 最早基于 "赋值语法" 的模糊一阶逻辑研究是由 Novák 在 1987 年完成的 (见 [64, 65]), 而 F. Esteva 等系统研究了基于 "赋值语法" 的 t-模基模糊一阶逻辑 (见 [66, 67]).

2) 含模糊量词的模糊谓词逻辑

前面提到的模糊一阶逻辑系统, 通常只处理基本量词 (即全称量词与存在量词). Novák 在 [64] 中提出的一阶逻辑系统一个重要特征是把额外的逻辑联结词和广义量词 (模糊量词) 引入到形式语言中, 从而大大增加了系统的表达能力, 这可能是第一个涉及模糊量词的一阶逻辑系统, 不过, 遗憾的是: Novák 后来对该文发表了一份更正声明, 声称其中的完备性定理存在一个永久性的错误, 这个错误的修正必须更改原来系统中的一些基本概念并证明一些新的定理. 这从一个侧面说明, 建立带有模糊量词的模糊一阶逻辑形式系统是有相当困难的. 实际上, P. Hájek 在专著 [56] 的第 8 章已涉及了在模糊逻辑框架下处理广义量词 (模糊量词) 问题, 但没有做更深入的讨论.

应明生在 [6] 中定义了带有模糊量词的一阶逻辑系统 $\mathbf{L}_{\boldsymbol{q}}$, 其中将逻辑 “与”“或” 解释为取小 (min)、取大 (max). 文献 [49] 对此进行了扩展, 基于 t-模基模糊逻辑系统 MTL 提出一阶逻辑系统 $\mathbf{L}_{\boldsymbol{Q}}$. 同时, 在文献 [68—70] 中, 作者研究了带有模糊量词的逻辑系统 MTL_Q 及 IMTL_Q^*. 这些研究尽管是初步的, 却是带有模糊量词的模糊一阶逻辑系统为数不多的探索成果. 此外, 人们还在不同背景下探索带有模糊量词的一阶逻辑, 比如以徐扬教授为首的研究团队在文献 [29, 71] 中以格蕴涵代数为赋值域建立了格值一阶逻辑 LF(X), 其中含有模糊量词 (广义量词), 并将模糊量词 (广义量词) 看作是一簇 L 型模糊集的子集族, 研究了其逻辑性质及基于 LF(X) 的不确定推理.

6. 模糊量词理论的应用研究

因为量词具有在不列举一类对象而概括它们性质的能力, 因此语言量化在高水平的知识表示和推理领域中是一个非常重要的研究课题, 在人工智能学界人们已经清楚地认识到自然语言适宜于更高水平的知识表示. 模糊量词有广泛的应用, 文献 [8] 中表 11 详细给出了模糊量词的各种用途 (均附有相关应用研究的文献来源), 包括模糊控制 (fuzzy control)、模糊专家系统 (fuzzy expert systems)、决策支持 (decision-making)、数据库中的模糊查询 (fuzzy queries in databases)、语言归并 (linguistic summarization)、归纳学习 (inductive learning)、信息检索 (information retrieval)、时间序列分析 (time series analysis) 等. 此外, 模糊量词在描述逻辑 (description logics)、自然语言推理 (reasoning using Natural Language)、图像处理 (参见 [72]) 等方面均有重要应用价值.

最后需要说明的是, 前面已提到 Glöckner 等人关于模糊量词的研究, 本书没能更深入介绍这方面的内容是一个遗憾! 实际上, 把广义量词理论与模糊数学结合得最紧密的研究之一是 Glöckner 以及 Diza-Hermida、Bugarin 和 Barro 等人的理论, 该理论的特点是区分 “半模糊量词”(即以分明集合为论元并以隶属度函数为输出值的量词) 和 “模糊量词” (即以分明集合或模糊集合为论元并以隶属度函数为输出值的量词) 这两个概念, 并把自然语言一切涉及模糊概念的量词首先当作半模糊量词处理, 然后使用 “量词模糊化操作”(quantifier fuzzification mechanism) 将半模糊量词转化为模糊量词. 这套理论的优点是能够满足一些与广义量词有关的公理, 因而能与广义量词理论接轨, Ka-fat Chow 博士便将此套理论应用于对 “疑问量词” 的研究 (周家发, 疑问量词的形式表达与推理模式, 见蒋严主编《走近形式语用学》, 上海教育出版社 2011 年出版, 第 175 － 261 页), 用来表达含有模糊谓词的疑问句和疑问句的疑问程度, 并研究包含疑问量词的推理. 以上这些内容, 感兴趣的读者请阅读相关原始文献.

第 2 章　模糊数学基础

本章介绍模糊数学基础知识 (更详细的内容可参阅我国模糊数学开拓者汪培庄先生的著作 [72]), 一些内容改写自作者已出版的著作 [60, 73].

2.1　模糊数学概述

2.1.1　什么是模糊数学

模糊数学 (fuzzy mathematics) 是一个新兴的数学分支, 它并非 "模糊" 的数学, 而是研究模糊现象、利用模糊信息的不确定性数学理论. 模糊数学的目标是仿效人脑的模糊思维, 为解决各种实际问题 (特别是有人干预的复杂系统的处理问题) 提供有效的思路和方法.

模糊数学的核心是模糊集合, 因而也被称为 "模糊集理论". 从纯数学角度看, 集合概念的扩充使许多数学分支都增添了新的内容, 从而形成了模糊拓扑学、不分明线性空间、模糊代数学、模糊逻辑学、模糊分析学、模糊测度与模糊积分、模糊图论、模糊概率统计、模糊线性规划与模糊优化等众多研究方向.

维基百科 (Wikipedia) 是这样介绍模糊数学的：Fuzzy mathematics forms a branch of mathematics related to fuzzy set theory and fuzzy logic(模糊数学是一门与模糊集论和模糊逻辑相关的数学分支).

模糊数学已广泛应用于自动控制、医疗诊断、系统分析、人工智能、信息处理、模式识别、地质勘探、气象预报、管理决策, 甚至那些与数学毫不相关或关系不大的学科, 如生物学、心理学、语言学等.

由于其研究内容越来越深入、应用越来越广泛, 模糊数学远远超出了数学的范围, 故又常被称为 "模糊理论". 又由于模糊数学的应用突出体现在控制系统中, 因而也常被称为 "模糊系统理论". 另外, 模糊数学的思想冲破了经典二值逻辑的范畴, 因此模糊逻辑 (fuzzy logic) 常被作为模糊数学的代名词. 关于这些名称, Zadeh 在文献 [74] 中指出：从狭义上说, 模糊逻辑是一个逻辑系统, 它是多值逻辑的一个推广且作为近似推理的基础; 从广义上说, 模糊逻辑是一个更广的理论, 它与 "模糊集理论" 是模糊的同义语, 即没有明确边界的类的理论.

模糊数学、模糊集理论、模糊理论、模糊系统理论、模糊逻辑, 所有这些概念, 已很难给出一个明确的界定. 当然, 这也说明了 "模糊概念""模糊现象" 的确无处不在!

2.1.2　模糊概念与隶属函数

模糊概念的外延是不明确的, 其边界是不清晰的, 要表达模糊概念就不能用经典集合了. 比如, 对于 “年轻人” 这个概念, 假定用 “年轻人的集合” 来表达, 若要判断 20 岁的张三或 80 岁的李四是否属于 “年轻人的集合”, 答案自然是明确的! 但要判断 36 岁左右的人是否属于 “年轻人的集合”, 就不那么好确定了; 对于一个实际年龄不超过 36 岁而又没有几根头发的人, 就更难确定是否属于 “年轻人的集合” 了.

在许多场合里, 是与不是, 属于与非属于之间的区别不是突变的, 而是有一个边缘地带、量变的过渡过程. 很自然地会提出疑问: 为什么要把自己局限于只考虑 “属于”“不属于” 两种极端情况? 如果分别用 1, 0 表示 “属于”“不属于”, 称为元素属于集合的隶属度. 上述问题就表示成: 为什么非要规定隶属度只取 0, 1 两个值呢? 就是说, 一个对象是否属于某个集合, 不能简单地用 “是” 或 “否” 来回答. Zadeh 正是创造性地允许隶属度可取 0, 1 之间的其他实数值, 从而用隶属函数来表示模糊概念!

例如, 设 A 表示 “年轻人的集合”, 则年龄为 0~25 的人自然认为是属于 A 的, 即隶属度为 1; 年龄 25 岁以上的人 (假设用 x 表示其年龄), 可以认为是以一定的 “程度” 属于 A 的, 这个 “程度” 用 $A(x)$ 表示. 这样, “年轻人的集合” A, 可以用定义在年龄论域 $X=[0, 150]$ 上的函数 (称为隶属函数或成员函数, membership function) 来表示, 比如

$$A(x)=\begin{cases}1, & 0\leqslant x\leqslant 25,\\ \left[1+\left(\dfrac{x-25}{5}\right)^2\right]^{-1}, & 25<x\leqslant 150.\end{cases}$$

用 Maple 软件可绘制此函数的图像如下 (图 2-1), 从中可直观地看到, 它与人们对 “年轻人” 的理解大致是相符的.

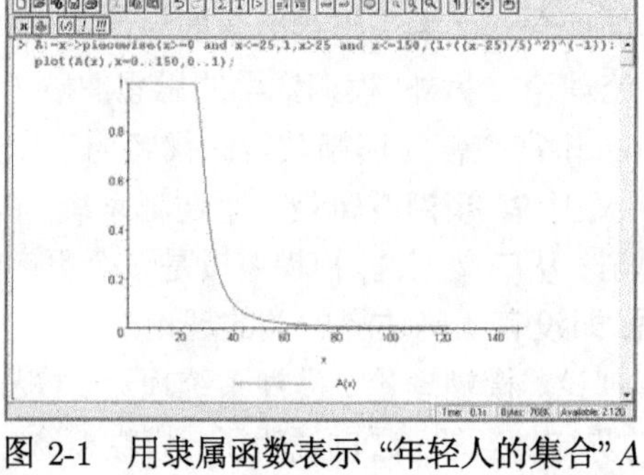

图 2-1　用隶属函数表示 “年轻人的集合” A

2.2 模糊集的定义、运算及相关基本知识

2.2.1 模糊集合的定义

1. 经典集合与特征函数

首先说明论域的概念. 人们在研究具体问题时, 总是对局限于一定范围内的对象进行讨论, 所讨论的对象的全体称为论域.

在论域 X 中任意给定一个元素 x 及任意给定一个经典集合 A, 则或者 $x \in A$, 或者 $x \notin A$, 二者必居且仅居其一. 这种关系可用如下二值函数表示:

$$\chi_A : X \to \{0,1\}; x \mapsto \chi_A(x) = \begin{cases} 1, & x \in A, \\ 0, & x \notin A. \end{cases}$$

上述函数 χ_A 称为集合 A 的特征函数. 显然, 集合 A 完全由它的特征函数 χ_A 所确定 (图 2-2), 因此可以将集合 A 与特征函数 χ_A 等同起来.

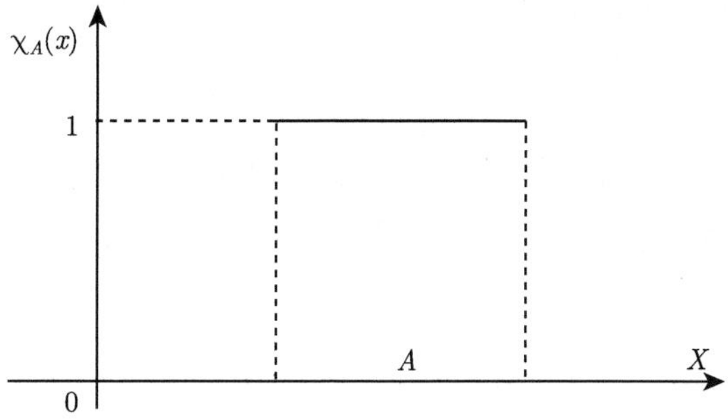

图 2-2 经典集合与特征函数

2. 模糊集合的定义

定义 2.2.1 论域 X 上的模糊集合 (或称模糊子集)A 是 X 到 [0, 1] 的一个映射 (称为隶属函数)

$$\mu_A : X \to [0,1].$$

对于 $x \in X$, $\mu_A(x)$ 称为 x 对于 A 的隶属度.

根据定义, 模糊集合与经典集合不同, 它并没有确定的元素, 我们只能通过隶属函数来认识和掌握它. 因此, 模糊集合的定义也常被写成下面的样子:

论域 X 上的模糊集合 A 是 X 到 [0, 1] 的一个映射 A: $X \to$[0, 1].

以后我们将 $\mu_A(x)$ 与 $A(x)$, μ_A 与 A 等同起来, 就如同将经典集合与其特征函数等同起来一样.

如前所述, 经典集合可用特征函数完全刻画, 因而经典集合可看成模糊集的特例 (即隶属函数只取 0, 1 两个值的模糊集). 设 X 为非空论域, X 上的全体模糊集记作 $F(X)$. 于是, $P(X) \subseteq F(X)$, 这里 $P(X)$ 为 X 的幂集 (即 X 的全体子集构成的集合). 特别地, 空集 $\varnothing$ 的隶属函数恒为 0, 全集 X 的隶属函数恒为 1, 即 $\varnothing$, X 都是 X 上的模糊集.

有人对不同人群进行统计调查, 发现 "27 岁" 对 "年轻人" 模糊集合 A 的隶属频率具有稳定性, 这说明隶属函数并非完全主观、有一定的客观性. 当然, 由于模糊集合是人脑对客观事物的主观反映, 虽然有一定的统计规律性, 但实际上很难给出一个模糊集合其隶属函数的唯一表达式, 也没有一种统一的方法来构造隶属函数. 对于前述 "年轻人" 模糊集合的隶属函数, 也有人建议使用如下的形式 (或许这个定义更合理些):

$$A(x)=\begin{cases}1, & 0\leqslant x\leqslant 25,\\ \left[1+\left(\dfrac{x-25}{5}\right)^2\right]^{-1}, & 25<x<100,\\ 0, & x\geqslant 100.\end{cases}$$

正因为隶属函数的上述 "不确定" 特性, 使模糊数学受到质疑. 探索更好的方法合理定义或描述隶属函数, 是一个值得进一步研究的问题.

3. 模糊集合的表示方法

如前所述, 模糊集合本质上是论域 X 到 $[0, 1]$ 的函数, 因此用隶属函数来表示模糊集合是最基本的方法. 除此以外, 还有以下的表示方法.

(1) 序偶表示法：将模糊集合表示为 $A=\{(x, A(x))|x\in X\}$. 例如, 用集合 $X=\{x_1, x_2, x_3, x_4\}$表示某学生宿舍中的四位男同学, "帅哥" 是一个模糊的概念. 经某种方法对这四位学生属于帅哥的程度 ("帅度") 做的评价依次为: 0.55, 0.78, 0.91, 0.56, 则以此评价构成的模糊集合 A 记为

$$A=\{(x_1,0.55),(x_2,0.78),(x_3,0.91),(x_4,0.56)\}.$$

(2) 向量表示法：当论域 $X=\{x_1, x_2, \cdots, x_n\}$时, X 上的模糊集 A 可表示为向量 $A=(A(x_1), A(x_2), \cdots, A(x_n))$. 前述的模糊集 "帅哥" A 可记为

$$A=(0.55,0.78,0.91,0.56).$$

这种向量的每个分量都在 0 与 1 之间, 即 $A(x_i)\in[0, 1]$, 称之为模糊向量.

(3) Zadeh 表示法：当论域 X 为有限集$\{x_1, x_2, \cdots, x_n\}$时, X 上的一个模糊集合可表示为

$$A = A(x_1)/x_1 + A(x_2)/x_2 + \cdots + A(x_n)/x_n.$$

前述的模糊集 "帅哥"A 可记为：A=0.55/x_1+0.78/x_2+0.91/x_3+0.56/x_4. 注意, 这里仅仅是借用了运算符号 + 和/, 并不表示分式求和, 而只是描述 A 中有哪些元素以及各个元素的隶属度值.

还可使用形式符号 $\sum$, 表示论域为有限集合或可列集合的模糊集, 比如

$$\sum_{i=1}^{n} A(x_i)/x_i, \text{或} \sum_{i=1}^{\infty} \frac{A(x_i)}{x_i}.$$

此外, Zadeh 还使用积分符号 $\int$ 表示模糊集,

$$A = \int_{x\in X} A(x)/x \text{或} A = \int_{x\in X} \frac{A(x)}{x}$$

这种表示法适合于任何种类的论域, 特别是无限论域上的模糊集合的描述. 与 $\sum$ 符号类似, 这里的 $\int$ 仅仅是一种符号表示, 并不意味着积分运算. 如模糊集 "年轻人"A 可表示为

$$A = \int_{x\in[0,25]} \frac{1}{x} + \int_{x\in(25,100)} \frac{\left[1+\left(\frac{x-25}{5}\right)^2\right]^{-1}}{x} + \int_{x\in[100,200]} \frac{0}{x}.$$

注意：当论域明确的情况下, 在序偶和 Zadeh 表示法中, 隶属度为 0 的项可以不写出来; 而在向量表示法中, 应该写出全部分量. 例如, 论域 X 为 1 到 10 的所有正整数, 模糊集 "几个"A 可表示为

$$A = 0/1 + 0/2 + 0.3/3 + 0.7/4 + 1/5 + 1/6 + 0.7/7 + 0.3/8 + 0/9 + 0/10,$$

或$A = 0.3/3+0.7/4+1/5+1/6+0.7/7+0.3/8$, 或$A = (0, 0, 0.3, 0.7, 1, 1, 0.7, 0.3, 0, 0)$.

2.2.2 模糊集合的并、交、补运算

1. 模糊集的包含关系

首先考查经典集合包含关系的充要条件, 即用特征函数来刻画包含关系. 设 X 为非空论域, A, B 为 X 上的两个经典集合. $A \subseteq B$ 当且仅当属于 A 的元素都属于 B, 易证

$$A \subseteq B \text{当且仅当对任意} x \in X \text{有} \chi_A(x) \leqslant \chi_B(x).$$

据此, 可以很自然地给出模糊集之间包含关系的定义 (直观描述见图 2-3).

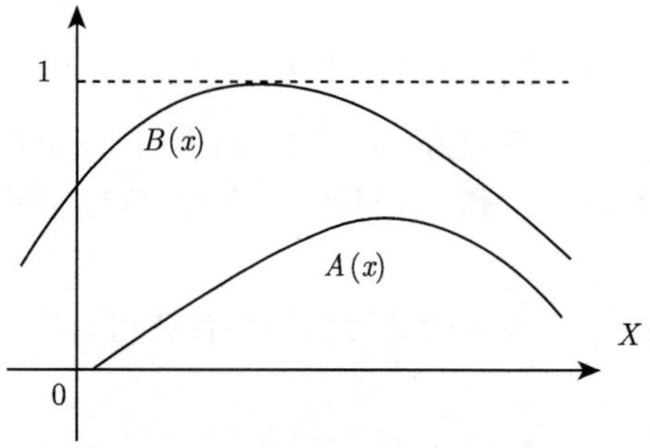

图 2-3 模糊集合之间的包含关系

定义 2.2.2 设 X 为非空论域, A, B 为 X 上的两个模糊集合. 称 A 包含于 B(记作 $A \subseteq B$), 如果对任意 $x \in X$ 有 $A(x) \leqslant B(x)$. 这时也称 A 为 B 的子集.

例如, 设论域 $X=\{x_1, x_2, x_3, x_4\}$, X 上的模糊集 "超男" $A=(0.35, 0.52, 0.65, 0.37)$, X 上的模糊集 "帅哥" $B=(0.55, 0.78, 0.91, 0.56)$, 则根据定义 2.2.2 有 $A \subseteq B$(这与 "超男" 只是 "帅哥" 中的一部分的常识意义相符).

2. 模糊集的并运算

考查经典集合的并. 设 X 为非空论域, A, B 为 X 上的两个经典集合, 则 $A\bigcup B=\{x \in X|\ x\in A$ 或 $x \in B\}$. 易证 $\chi_{A\bigcup B}(x)=\max\{\chi_A(x), \chi_B(x)\}=\chi_A(x)\vee\chi_B(x)$.

定义 2.2.3 设 X 为非空论域, A, B 为 X 上的两个模糊集合. A 与 B 的并 (记作 $A\bigcup B$) 是 X 上的一个模糊集, 其隶属函数为 (图 2-4):

$$(A\bigcup B)(x) = \max\{A(x), B(x)\} = A(x) \vee B(x), \quad \forall x \in X.$$

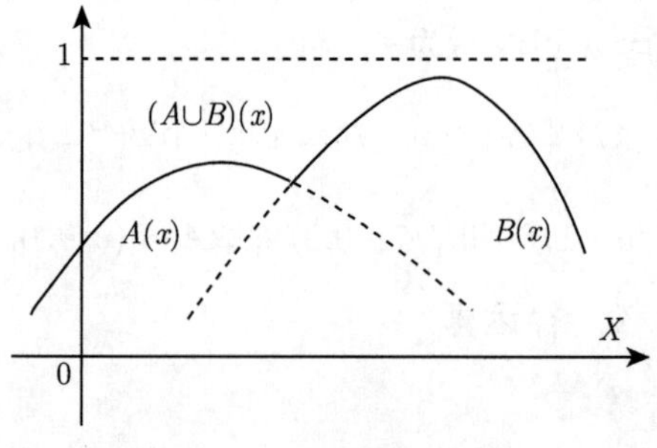

图 2-4 模糊集的并运算

3. 模糊集的交运算

定义 2.2.4 非空论域 X 上的两个模糊集合 A 与 B 的交 (记作 $A\bigcap B$) 是 X

上的一个模糊集, 其隶属函数为 (图 2-5)

$$(A\bigcap B)(x)=\min\{A(x),B(x)\}=A(x)\wedge B(x),\quad \forall x\in X.$$

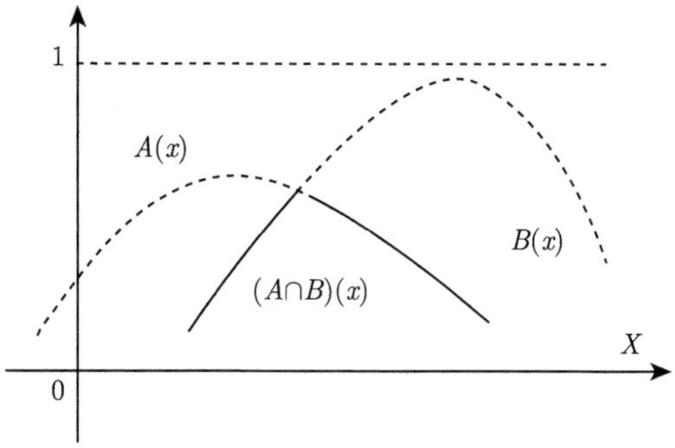

图 2-5 模糊集的交运算

注: 两个模糊集的并、交运算可以推广到一般情形, 即对任意指标集 I, 若 A_i 是 X 上的模糊集, $\forall i\in I$. 则模糊集的 (任意) 并、(任意) 交定义为

$$\bigcup_{i\in I}A_i:X\to[0,1];\quad \left(\bigcup_{i\in I}A_i\right)(x)=\bigvee_{i\in I}A_i(x),\quad \forall x\in X.$$

$$\bigcap_{i\in I}A_i:X\to[0,1];\quad \left(\bigcap_{i\in I}A_i\right)(x)=\bigwedge_{i\in I}A_i(x),\quad \forall x\in X.$$

4. 模糊集的补运算

定义 2.2.5 非空论域 X 上的一个模糊集合 A 的补 (记作 A' 或 A^c) 是 X 上的一个模糊集, 其隶属函数为 (图 2-6)

$$A'(x)=1-A(x),\quad \forall x\in X.$$

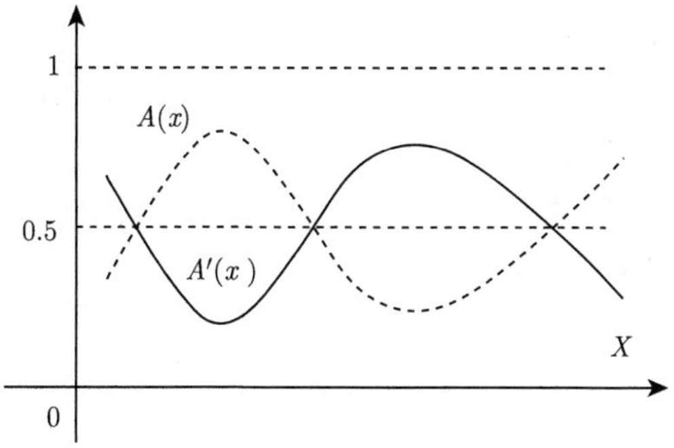

图 2-6 模糊集的补运算

例 2.2.1　设论域 $X=\{x_1, x_2, x_3, x_4\}$为一个 4 人集合, X 上的模糊集合 A 表示 "高个子":

$$A = \{(x_1, 0.6), (x_2, 0.5), (x_3, 1), (x_4, 0.4)\}.$$

模糊集合 B 表示 "胖子":

$$B = \{(x_1, 0.5), (x_2, 0.6), (x_3, 0.3), (x_4, 0.4)\}.$$

则模糊集合 "高或胖" 为

$$\begin{aligned} A\bigcup B =&\{(x_1, 0.6 \vee 0.5), (x_2, 0.5 \vee 0.6), (x_3, 1 \vee 0.3), (x_4, 0.4 \vee 0.4)\} \\ =&\{(x_1, 0.6), (x_2, 0.6), (x_3, 1), (x_4, 0.4)\}. \end{aligned}$$

模糊集合 "又高又胖" 为

$$\begin{aligned} A\bigcap B =&\{(x_1, 0.6 \wedge 0.5), (x_2, 0.5 \wedge 0.6), (x_3, 1 \wedge 0.3), (x_4, 0.4 \wedge 0.4)\} \\ =&\{(x_1, 0.5), (x_2, 0.5), (x_3, 0.3), (x_4, 0.4)\}. \end{aligned}$$

模糊集合 "个子不高" 为

$$A' = \{(x_1, 0.4), (x_2, 0.5), (x_3, 0), (x_4, 0.6)\}.$$

5. 模糊集合的运算性质

根据前述模糊集合并、交、补运算的定义, 可以证明这些运算具有以下性质.

定理 2.2.1　设 X 为论域, A, B, C 为 X 上的模糊集合, 则

(1) 幂等律: $A\bigcup A = A$, $A\bigcap A = A$;

(2) 交换律: $A\bigcup B = B\bigcup A$, $A\bigcap B = B\bigcap A$;

(3) 结合律: $(A\bigcup B)\bigcup C = A\bigcup(B\bigcup C)$, $(A\bigcap B)\bigcap C = A\bigcap(B\bigcap C)$;

(4) 吸收律: $A\bigcup(A\bigcap B) = A$, $A\bigcap(A\bigcup B) = A$;

(5) 分配律: $A\bigcap(B\bigcup C)= (A\bigcap B)\bigcup(A\bigcap C)$, $A\bigcup(B\bigcap C)=(A\bigcup B)\bigcap(A\bigcup C)$;

(6) 对合律 (复原律): $(A')' = A$;

(7) 两极律 (同一律): $A\bigcap X = A$, $A\bigcup X = X$, $A\bigcap \varnothing = \varnothing$, $A\bigcup \varnothing = A$;

(8) De Morgan 对偶律: $(A\bigcup B)' = A'\bigcap B'$, $(A\bigcap B)' = A'\bigcup B'$.

比如, 可如下证明 De Morgan 对偶律成立: 对任意 $x \in X$, 由于

$$\begin{aligned} &((A\bigcup B)')(x) = 1 - (A\bigcup B)(x) \\ =&1 - (A(x) \vee B(x)) \\ =&(1 - A(x)) \wedge (1 - B(x)) \end{aligned}$$

$$
\begin{aligned}
&=A'(x) \wedge B'(x) \\
&=(A' \bigcap B')(x).
\end{aligned}
$$

所以 $(A \bigcup B)' = A' \bigcap B'$. 同理可证 $(A \bigcap B)' = A' \bigcup B'$.

对于经典集合, 互补律成立, 即 $A \bigcup A' = X$, $A \bigcap A' = \varnothing$. 然而, 在模糊集合中, 互补律不再成立, 比如: 设论域 $X=\{a, b\}$, 其上的模糊集 $A=\{(a, 0.6), (b, 0.3)\}$, $A'=\{(a, 0.4), (b, 0.7)\}$. 从而,

$$A \bigcup A' = \{(a, 0.6), (b, 0.7)\} \neq X, \quad A \bigcap A' = \{(a, 0.4), (b, 0.3)\} \neq \varnothing.$$

2.2.3 t-模、s-模: 模糊集的广义并、交运算

前面介绍了模糊集的定义和基本运算, 本节实际上是对模糊集运算进行拓广, 即将模糊集的并、交运算拓广到一般的 t-模、s-模.

1. 从 C. Elkan 的西瓜问题谈起

考虑一堆西瓜, 定义西瓜为 "里红且外绿" 的水果, 这里 "红" 与 "绿" 是模糊概念, 从而这里的 "西瓜" 也是一个模糊概念 (C. Elkan 的原文是从 "逻辑与" 及 "证据强度" 的角度进行论述的, 此处做了适当变通, 用模糊集合的语言进行叙述). 假设某水果里红的程度是 0.5, 外绿的程度是 0.8, 它隶属于西瓜的程度如何?

如果使用前述模糊集的交运算之定义, 则这个水果属于 "西瓜" 的程度为 $0.5\wedge 0.8=0.5$. 然而, 就直观的感觉而言, 里红和外绿对于成为一个西瓜来说应该是互相加强的两个证据, 因此这个水果隶属于 "西瓜" 的程度大于 0.5 才合理. C. Elkan 正是以此例说明, 模糊集理论存在缺陷 [75].

王立新指出 [76]: 当取两个模糊集的交集时, 可能希望较大的模糊集对结果产生影响, 但如果模糊交集选用 min, 则可能较大的模糊集无法产生影响.

关于上述 "西瓜问题", 吴望名教授做了如下论述 [77]: 因为客观世界现象错综复杂, "与" 算子的选取也应具体问题具体分析. C. Elkan 所举西瓜 "证据强度" 的例子说明 min 算子用此例不合适, 但不能说采用别的算子就一定不合适. 目前 "与" 算子除采用 min 外, 还可以用有界积、乘积、各种 t-模算子、一致 t-模算子、广义模算子等等. min 算子作为 "与" 算子可用于许多论域, 但当然不是所有论域, 其他的 "与" 算子在一定条件下适用于一定的实际问题, 数学的高度抽象性和客观世界的复杂多样性从来就是相辅相成的. 因此对模糊逻辑算子的否定是站不住脚的.

从以上讨论中我们认识到, 前述模糊集的并、交运算虽然具有一定的合理性, 但并非适合于所有情况. 因此, 探讨模糊集的广义并、交运算是有意义的, t-模、s-模可以看作是一种广义运算 (不过, 它们仍然有一定的局限性 —— 仍然不能解决 C. Elkan 的疑问, 模糊集的广义并、交运算实际上是一个远没有解决的问题).

2. t-模 (三角模) 的概念

t-模 (triangular norm, 又称为三角模或 t-范数) 首先出现在 K. Menger 于 1942 年发表的论文 Statistical metrics(统计度量) 中, t-模是作为经典度量空间中三角不等式的自然推广而提出的. 20 世纪 60 年代, B. Schweizer 和 A. Sklar 重新严格定义了 t-模 (即现在通用的定义) 和统计度量空间 (现称为概率度量空间), 从而导致了这个领域的飞速发展. 由于 t-模较好地反映了 “逻辑与” 的性质, 所以 t-模作为一般的 “模糊与” 算子一致受到模糊逻辑学界的青睐. 关于 t-模及其在模糊逻辑中的应用, 专著 [78] 进行了全面总结. 事实上, 除了概率度量空间和模糊逻辑外, t-模还应用于决策支持、函数方程、测度理论、博弈理论等许多领域.

定义 2.2.6 t-模是单位区间 [0, 1] 上的二元函数 T, 它满足交换律、结合律、单调性且带有单位元 1. 即函数 T: $[0, 1]\times[0, 1]\to[0, 1]$ 满足以下条件 ($\forall x, y, z \in[0, 1]$):

(1) $T(x, y) = T(y, x)$,

(2) $T(x, T(y, z))=T(T(x, y), z)$,

(3) 当 $y \leqslant z$ 时, 有 $T(x, y) \leqslant T(x, z)$,

(4) $T(x, 1)=x$.

容易证明: 对于任意 t-模 T 有 $T(x, 0)=0, \forall x \in[0, 1]$. 常用 $\otimes$ 表示 T, 并将 $T(x, y)$ 记为 $x \otimes y$.

例如, 以下各式定义的 $\otimes$ 都是 t-模.

(1) $x \otimes y=\min(x, y)$. (取小算子或 Gödel t-模)

(2) $x \otimes y=xy$. (积算子或乘积 t-模)

(3) $x \otimes y=\max(x + y-1, 0)$. (Lukasiewicz t-模)

(4) 当 x, y 至少有一个是 1 时 $x\otimes y$ 取最小者, 否则, $x\otimes y=0$. (突变积, drastic product)

(5) $R_0 t$-模 (又称幂零极小 t-模):

$$x \otimes y = \begin{cases} x \wedge y, & x + y > 1, \\ 0, & x + y \leqslant 1. \end{cases}$$

以下只验证 $x \otimes y=\max(x + y-1, 0)$ 是 t-模: 显然, 交换性、单调性成立且 1 为单位元. 下证结合律成立, 即 $x \otimes (y \otimes z)=(x \otimes y) \otimes z$. 事实上,

若 $x + y \leqslant 1, y + z \leqslant 1$, 则 $x \otimes (y \otimes z) = x\otimes 0=0=0\otimes z=(x \otimes y) \otimes z$;

若 $x + y >1, y + z >1$, 则

$(x\otimes y)\otimes z = (x+y-1)\otimes z = \max(x+y+z-2, 0) = x\otimes (y+z-1) = x\otimes (y\otimes z)$;

若 $x + y >1, y + z \leqslant 1$(对于 $x + y \leqslant 1, y + z >1$ 的情况, 可类似地证明), 则

$x\otimes(y\otimes z)=x\otimes 0=0, (x\otimes y)\otimes z=\max(x+y+z-2,0)=\max((x-1)+y+z-1,0)=0.$

图 2-7 是用 Maple 14 绘制的取小 t-模和 R_0t-模的图像.

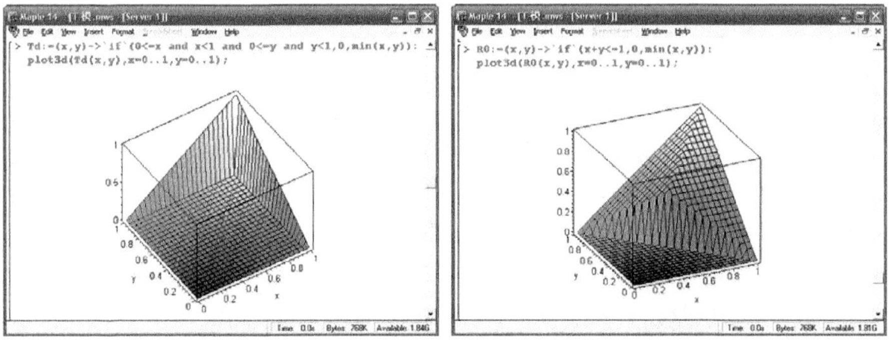

图 2-7 t-模 (二元函数) 和 R_0t-模的图像

3. s-模 (t-余模) 的概念

定义 2.2.7 s-模 (三角余模或 t-余模) 是单位区间 [0, 1] 上的二元函数 S, 它满足交换律、结合律、单调性且带有单位元 0. 即函数 S: $[0, 1]\times[0, 1]\to[0, 1]$ 满足以下条件 ($\forall x, y, z\in[0, 1]$):

(1) $S(x, y) = S(y, x)$,

(2) $S(x, S(y, z))=S(S(x, y), z)$,

(3) 当 $y\leqslant z$ 时, 有 $S(x, y)\leqslant S(x, z)$,

(4) $S(x, 0)=x$.

容易证明: 对任意 s-模 S 有 $S(x, 1)=1, \forall x\in[0, 1]$. 常用 $\oplus$ 表示 S, 并将 $S(x, y)$ 记为 $x\oplus y$.

例如, 以下各式定义的 $\oplus$ 都是 s-模.

(1) $x\oplus y=\max(x, y)$.

(2) $x\oplus y = x + y-xy$. (概率和)

(3) $x\oplus y=\min(x + y, 1)$. (有界和)

(4) 当 x, y 至少有一个是 0 时 $x\oplus y$ 取最大者, 否则, $x\oplus y=1$. (突变和)

(5) R_0s-模:

$$x\oplus y=\begin{cases} x\vee y, & x+y<1,\\ 1, & x+y\geqslant 1.\end{cases}$$

4. t-模与 s-模的对偶

定义 2.2.8 设映射 h: $[0, 1]\to[0, 1]$ 满足 ($\forall x, y\in[0, 1]$):

$$x \leqslant y \Rightarrow h(y) \leqslant h(x); h(h(x)) = x.$$

则称 h 为 [0, 1] 上的伪补. 此时, 映射 $*$: $[0, 1]\times[0, 1]\to[0, 1]$ 的 h 对偶是指如下映射:

$$*^h : [0,1] \times [0,1] \to [0,1], x*^h y = h(h(x)*h(y)).$$

定理 2.2.2　$\otimes$ 是 t-模当且仅当 $\otimes$ 的对偶 $\otimes^h$ 是 s-模.

定义 2.2.9　设 $A, B \in F(X)$, T 与 S 是关于伪补 h 对偶的 t-模与 s-模, 则称 $(A \bigcup_S B)(x) = S(A(x), B(x))$ 为 A 与 B 的模并, 称 $(A \bigcap_T B)(x) = T(A(x), B(x))$ 为 A 与 B 的模交, 称 $A^h(x)=(A(x))^h$ 为 A 的广义补运算.

模糊集的模运算是经典集合并、交运算的一般化.

易于证明如下的 Yager 算子是伪补：$C_1(x)=(1-x^w)^{1/w}$, $w \in(0, \infty)$. 同样, 如下的 Sugeno 算子也是伪补：$C_2(x)=(1-x)/(1+\lambda x)$, $\lambda\in (-1, \infty)$.

容易验证, $F(X)$ 关于上述定义的模并、模交以及广义补运算 (关于某个伪补映射) 构成一个 De Morgan 代数 (严格定义参见后面的定义 2.3.5).

定理 2.2.3　设 $\otimes$ 是 t-模, $\oplus$ 是 s-模, 则 $T_d(x, y) \leqslant x \otimes y \leqslant x \wedge y \leqslant x \vee y \leqslant x \oplus y \leqslant S_d(x, y)$. 这里 T_d, S_d 分别是突变积与突变和.

2.2.4　截集、分解定理与表现定理

1. 截集

定义 2.2.10　设 $A \in F(X)$, $\lambda\in[0, 1]$, 记 $A_\lambda=\{x \in X|A(x) \geqslant\lambda\}$, 称 A_λ 为 A 的 λ 截集. 又记 $A_{\lambda+} = \{x \in X|A(x) > \lambda\}$, 称 $A_{\lambda+}$ 为 A 的 λ 强截集. 称 $A_1=\{x \in X|A(x)=1\}$为 A 的核, 记为 $\ker A$. 称 $A_{0+}=\{x \in X|A(x) > 0\}$为 A 的支集 (也称为支撑集), 记为 $\mathrm{supp}A$(图 2-8). 称 $\mathrm{supp}A-\ker A$ 为 A 的边界.

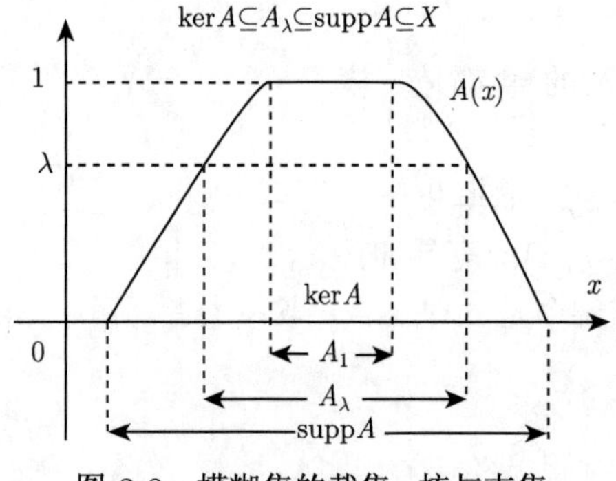

图 2-8　模糊集的截集、核与支集

定理 2.2.4　设 $A, B \in F(X)$, $\lambda, \alpha\in[0, 1]$, 则截集有如下性质.

(1) $(A\bigcup B)_\lambda = A_\lambda \bigcup B_\lambda$, $(A\bigcap B)_\lambda = A_\lambda \bigcap B_\lambda$.

(2) $(A\bigcup B)_{\lambda+}=A_{\lambda+}\bigcup B_{\lambda+}$, $(A\bigcap B)_{\lambda+}=A_{\lambda+}\bigcap B_{\lambda+}$.

(3) $A_{\lambda+}\subseteq A_{\lambda}$.

(4) 若 $A\subseteq B$, 则 $A_{\lambda}\subseteq B_{\lambda}$, $A_{\lambda+}\subseteq B_{\lambda+}$.

(5) 若 $\lambda>\alpha$, 则 $A_{\lambda}\subseteq A_{\alpha}$, $A_{\lambda+}\subseteq A_{\alpha+}$.

(6) $A_{\lambda}=\bigcap\{A_{\alpha}|\alpha\in[0,\ \lambda)\}$, $A_{\lambda+}=\bigcup\{A_{\alpha}|\alpha\in(\lambda\ ,\ 1]\}$.

2. 数积 (截积)

定义 2.2.11 设 $A\in F(X)$, $\lambda\in[0,\ 1]$, λ 与 A 的数积 (截积)λA 定义为

$$(\lambda A)(x)=\lambda\wedge A(x),\quad \forall x\in X,$$

即 λA 仍为 X 上的模糊集 (图 2-9).

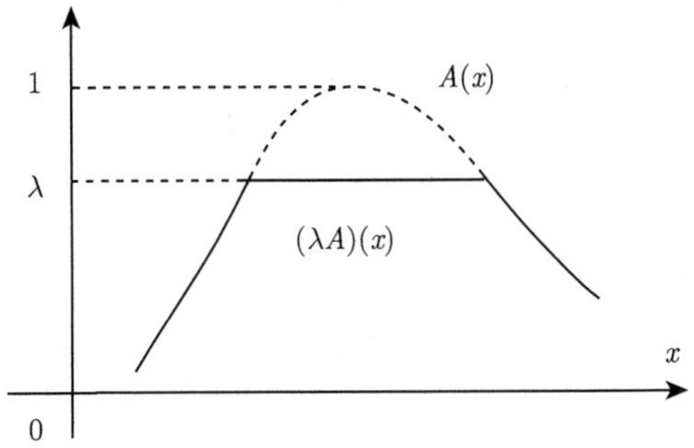

图 2-9 模糊集的数积

定理 2.2.5 (分解定理 I) 对任意的 $A\in F(X)$ 有 $A=\bigcup_{\lambda\in[0,1]}\lambda A_{\lambda}$.

分解定理给出了模糊集合与经典集合之间的关系 (图 2-10), 它是联系经典集与模糊集的桥梁.

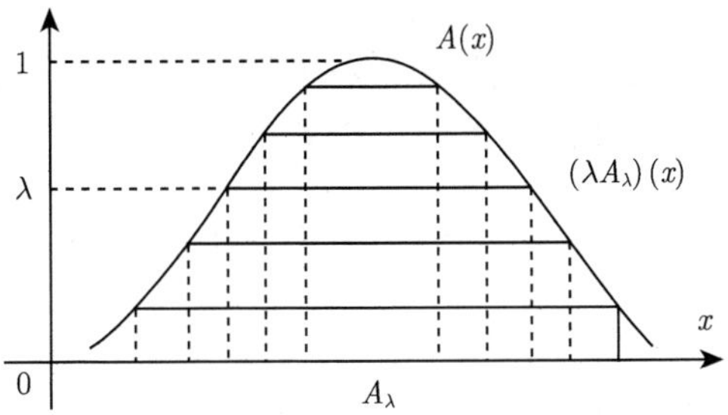

图 2-10 分解定理示意图

注意, 一族经典集 A_{λ} 的特点: 若 $\lambda_1\geqslant\lambda_2\geqslant\lambda_3\geqslant\cdots$, 则 $A_{\lambda_1}\subseteq A_{\lambda_2}\subseteq A_{\lambda_3}\cdots$.

推论 2.2.1 设 $A\in F(X)$, 则 $\forall x\in X$, $A(x)=\vee\{\lambda\in[0,\ 1]|x\in A_{\lambda}\}$.

定理 2.2.6 (分解定理 II)　对任意的 $A \in F(X)$ 有 $A = \bigcup_{\lambda\in[0,1]} \lambda A_{\lambda+}$.

3. 集合套

定义 2.2.12　如果集合值映射 H: $[0, 1]\to P(X)$ 具有以下性质: $\lambda_1 \leqslant \lambda_2 \Rightarrow H(\lambda_1) \supseteq H(\lambda_2)$, 则称 H 为 X 上的集合套.

截集与强截集均是集合套的例子.

定理 2.2.7 (广义分解定理)　设 $A \in F(X)$, 若有集值映射 H: $[0, 1] \to P(X)$ 满足 $A_{\lambda+} \subseteq H(\lambda) \subseteq A_\lambda$, $\forall\lambda\in[0, 1]$, 则

(1) $A = \bigcup_{\lambda\in[0,1]} \lambda H(\lambda)$;

(2) $\forall\lambda_1,\lambda_2 \in[0,1]$, $\lambda_1<\lambda_2 \Rightarrow H(\lambda_1) \supseteq H(\lambda_2)$;

(3) $\forall\lambda\in[0,1]$, $A_\lambda = \bigcap_{\alpha<\lambda} H(\alpha)$, $A_{\lambda+} = \bigcup_{\alpha>\lambda} H(\alpha)$.

分解定理 I 及分解定理 II 的意义：一个模糊集可以由其自身分解出的截集或强截集构成的集合套拼成 (由已知的模糊集, 可构造出与其密切相关的经典集族).

广义分解定理的意义：夹在一个模糊集的截集或强截集族之间的集合族一定是集合套, 且这样的集合套同样可以拼成原来的模糊集.

4. 表现定理

问题：由任意一个集合套能否拼成一个模糊集？若能, 其截集或强截集是否能由原来的集合套构造出来?(若是, 则从理论上说明了：可用一族经典集合来完全刻画和表示一个模糊集.)

下面的表现定理肯定地回答了上述问题.

定理 2.2.8 (表现定理)　设 H 是 X 上的任何集合套, 则 $A = \bigcup_{\lambda\in[0,1]}\lambda H(\lambda)$ 是 X 上的模糊集合, 且对任意 $\lambda\in[0, 1]$ 有：

(1) $A_\lambda = \bigcap_{\alpha<\lambda} H(\alpha)$;

(2) $A_{\lambda+} = \bigcup_{\alpha>\lambda} H(\alpha)$.

表现定理阐明了一个重要事实：模糊集可由一族互相嵌套的经典集合构造出来. 具体地说, 表现定理提供了一种构造模糊集的有效方法：设 H 是一个 X 上的集合套, 则可构造具有下述隶属函数的模糊集 A: $X \to[0, 1]$,

$$A(x) = \vee\{\lambda \in [0,1] | x \in H(\lambda)\}, \quad \forall x \in X.$$

5. 凸模糊集及其表现定理

凸模糊集 (直观描述见图 2-11) 在研究模式识别、最优化等问题中具有很重要的意义.

定义 2.2.13　设 A 为实数域 $\mathbf{R}$ 上的模糊集合, 对于任何实数 $x \leqslant y \leqslant z$, 若关系式 $A(y) \geqslant A(x) \wedge A(z)$ 恒成立, 则称 A 为 $\mathbf{R}$ 上的凸模糊集.

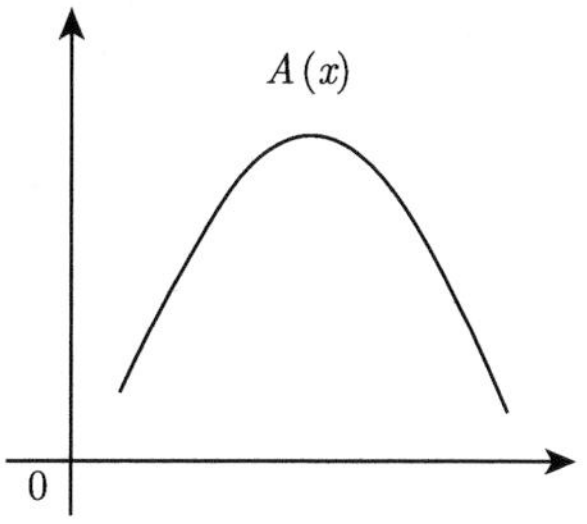

(a) 凸模糊集

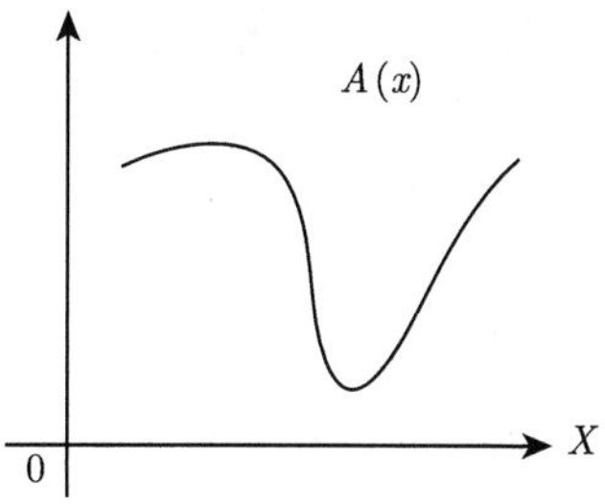

(b) 非凸模糊集

图 2-11 凸模糊集与非凸模糊集

定理 2.2.9 设 $A\in F(\mathbf{R})$, 则 A 为 $\mathbf{R}$ 上的凸模糊集充要条件 $\forall\lambda\in[0,1]$, A_λ 是一个区间 (这里的区间可以是有限区间也可以是无限区间).

定理 2.2.10 设 $A, B\in F(\mathbf{R})$ 为 $\mathbf{R}$ 上的两个凸模糊集, 则 $A\bigcap B$ 也是凸模糊集.

注意: 凸模糊集的并、补并非一定是凸模糊集.

前面的定义 2.2.13(以下称为定义 I) 是凸模糊集的一种定义, 此外还有多种定义. 下面罗列几种常用定义, 可以证明它们是等价的.

定义Ⅱ: 设 A 为实数域 $\mathbf{R}$ 上的模糊集合, 称 A 为 $\mathbf{R}$ 上的凸模糊集, 如果对任意 $x, y\in\mathbf{R}$ 及任何 $\alpha\in[0,1]$ 有 $A(x)\wedge A(y)\leqslant A(\alpha x+(1-\alpha)y)$.

定义Ⅲ: 设 A 为实数域 $\mathbf{R}$ 上的模糊集合, 称 A 为 $\mathbf{R}$ 上的凸模糊集, 如果对任意 $\lambda\in[0,1]$, A 的 λ 截集 A_λ 为 $\mathbf{R}$ 上的凸集, 即对于任意 $x, y\in A_\lambda$ 及任何 $\alpha\in[0,1]$ 有 $\alpha x+(1-\alpha)y\in A_\lambda$.

定义 2.2.14 设映射 I: $[0,1]\to P(\mathbf{R})$, 满足:

(1) $\forall\lambda\in[0,1]$, $I(\lambda)$ 是 $\mathbf{R}$ 的子区间;

(2) $\forall\lambda_1, \lambda_2\in[0,1]$, $\lambda_1\leqslant\lambda_2\Rightarrow I(\lambda_1)\supseteq I(\lambda_2)$.

则称 I 为 $\mathbf{R}$ 的区间套.

记 $I(\mathbf{R})$ 为 $\mathbf{R}$ 的全体区间套之集.

定理 2.2.11 (凸模糊集的表现定理) 设 $I\in I(\mathbf{R})$, $\alpha=\vee_{\lambda\in[0,1]}\{\lambda|I(\lambda)\neq\varnothing\}$, 则

(1) $A=\bigcup_{\lambda\in[0,1]}\lambda I(\lambda)$ 是 $\mathbf{R}$ 上的凸模糊集;

(2) $\forall x\in\mathbf{R}$, $A(x)=\vee\{\lambda|\ \lambda\in[0,\alpha], x\in I(\lambda)\}$.

2.2.5 模糊关系与扩张原理

1. 经典关系

定义 2.2.15 设 X, Y 是非空经典集, $X\times Y=\{(x,y): x\in X, y\in Y\}$为 X 与 Y 的笛卡儿积. 若 $R\subseteq X\times Y$, 则称 R 是 X 到 Y 的二元关系, 简称关系. 若 R 是

X 到 Y 的关系, $(x, y) \in R$, 则称 x 与 y 是 R 相关的, 或 x 与 y 具有 R 关系, 记为 xRy. X 到 X 的关系称为 X 上的关系.

一般地, n 个集合的笛卡儿积 $X_1 \times X_2 \times \cdots \times X_n$ 的子集称为 $X_1, X_2, \cdots, X_n$ 上的 n 元关系.

关系作为特殊的经典集, 经典集的并、交、补运算及其性质, 以及特征函数表示法, 对于关系当然适用. 此外, 关系还有 “逆” 与 “合成” 运算.

定义 2.2.16　设 R 是 X 到 Y 的关系, 令 $R^{-1}=\{(y, x)|(x, y) \in R\}$. 则 R^{-1} 是 Y 到 X 的关系, 称为 R 的逆关系.

定义 2.2.17　设 R 是 X 到 Y 的关系, S 是 Y 到 Z 的关系. 令 $R\circ S=\{(x, z) \in X \times Z|$ 存在 $y \in Y$ 使得 $(x, y) \in R$ 且 $(y, z) \in S\}$. 则 $R\circ S$ 是 X 到 Z 的关系, 称为 R 与 S 的合成 (复合) 关系.

若直接用经典集合的名字作为其特征函数的名字, 则当 R 是 X 到 Y 的关系时, 其逆关系 R^{-1} 的特征函数为: $R^{-1}(y, x) = R(x, y), \forall (y, x) \in Y \times X$. 如果 R 是 X 到 Y 的关系, S 是 Y 到 Z 的关系, 则 $(R\circ S)\ (x, z) = \vee_{y\in Y}[R(x, y) \wedge S(y, z)]$.

当 $X=\{x_1, x_2, \cdots, x_n\}$,$Y=\{y_1, y_2, \cdots, y_m\}$为有限集时, X 到 Y 的关系 R 可直观地表示为 Boole 矩阵 (以 0, 1 为元素的矩阵) $(r_{ij})_{n\times m}$:

$$r_{ij} = R(x_i, y_j) = \begin{cases} 1, & (x_i, y_j) \in R, \\ 0, & (x_i, y_j) \notin R. \end{cases}$$

例如, 设医生对几个患者进行检查和寻问, 并制作了如下一张症状检查表 (表 2-1)(P_1, P_2, P_3, P_4, P_5 表示患者; S_1, S_2, S_3, S_4, S_5 表示症状).

表 2-1　患者和症状间的经典关系及其矩阵表示

	S_1	S_2	S_3	S_4	S_5
P_1	是		是		
P_2	是	是	是		是
P_3	是			是	是
P_4	是		是		是
P_5	是	是	是		是

$$\begin{bmatrix} 1 & 0 & 1 & 0 & 0 \\ 1 & 1 & 1 & 0 & 1 \\ 1 & 0 & 0 & 1 & 1 \\ 1 & 0 & 1 & 0 & 1 \\ 1 & 1 & 1 & 0 & 1 \end{bmatrix}$$

如果 R 是患者和症状间的关系, S 是症状和疾病间的关系, 则 R 与 S 的合成关系 $R\circ S$ 将是患者和疾病的关系.

医生经常碰到的困难是, 很难确切地判断患者是有还是没有某个症状. 这时可以用 [0, 1] 中的某个数来表示相应症状的严重程度, 从而产生了所谓的模糊关系及模糊关系矩阵, 如表 2-2 所示.

表 2-2 患者和症状间的模糊关系及其矩阵表示

	S_1	S_2	S_3	S_4	S_5
P_1	0.7	0.6	0.7	0.6	0.6
P_2	0.8	0.7	0.7	0.3	0.7
P_3	0.7	0.4	0.4	0.7	0.7
P_4	0.7	0.6	0.7	0.6	0.7
P_5	0.7	0.7	0.7	0.6	0.7

$$\begin{bmatrix} 0.7 & 0.6 & 0.7 & 0.6 & 0.6 \\ 0.8 & 0.7 & 0.7 & 0.3 & 0.7 \\ 0.7 & 0.4 & 0.4 & 0.7 & 0.7 \\ 0.7 & 0.6 & 0.7 & 0.6 & 0.7 \\ 0.7 & 0.7 & 0.7 & 0.6 & 0.7 \end{bmatrix}$$

2. 模糊关系及其运算

定义 2.2.18 设 X, Y 是非空经典集, X 到 Y 的一个模糊关系 (也称模糊二元关系)R 是指 $X\times Y$ 上的一个模糊集 R: $X\times Y\to[0, 1]$. 对任意 $(x, y)\in X\times Y$, 隶属度 $R(x, y)$ 表示了 X 中的元素 x 与 Y 中元素 y 具有关系 R 的程度. X 到 X 的模糊关系称为 X 上的模糊关系.

一般地, n 个集合的笛卡儿积 $X_1\times X_2\times\cdots\times X_n$ 上的一个 n 元模糊关系是指 $X_1\times X_2\times\cdots\times X_n$ 上的一个模糊集, 隶属度 $R(x_1, x_2, \cdots, x_n)$ 反映了 $(x_1, x_2, \cdots, x_n)$ 具有这种关系的程度.

例如, (1) 取 X, Y 为实数集, 则 "近似相等" 是 $X\times Y$ 上的模糊关系, 记为 AE, 可以定义 $AE(x, y)=\mathrm{e}^{-(x-y)^2}$.

(2) 某夫妇有一子一女, 子女与父母的 "相像关系" 是一个模糊关系, 记为 R, 则隶属度 R(子, 父)=0.4, R(子, 母)=0.6, R(女, 父)=0.7, R(女, 母)=0.5 表示相像程度.

如果矩阵的元素都是区间 [0, 1] 中的数, 则称这样的矩阵为模糊矩阵. 当 X, Y 均为有限集时, X 到 Y 的一个模糊关系可以用模糊矩阵来表示.

由于模糊关系是一类特殊的模糊集, 因而有并、交、补等运算, 也有 "截关系" 的概念. 设 $R, R_1, R_2, R_t\in F(X\times Y)$, 这里 $t\in T$(指标集), $\lambda\in[0, 1]$. 则:

(1) $R_1\subseteq R_2$ 当且仅当 $\forall(x, y)\in X\times Y$, $R_1(x, y)\leqslant R_2(x, y)$;

(2) $R_1=R_2$ 当且仅当 $\forall(x, y)\in X\times Y$, $R_1(x, y)=R_2(x, y)$;

(3) $(R_1\bigcup R_2)(x, y)=R_1(x, y)\vee R_2(x, y)$;

(4) $(R_1\bigcap R_2)(x, y)=R_1(x, y)\wedge R_2(x, y)$;

(5) $(\bigcup_{t\in T} R_t)(x, y)=\vee_{t\in T}R_t(x, y)$;

(6) $(\bigcap_{t\in T} R_t)(x, y)=\wedge_{t\in T}R_t(x, y)$;

(7) $R^c(x, y)=1-R(x, y)$;

(8) $R_\lambda=\{(x, y)\in X\times Y|R(x, y)\geqslant\lambda\}$.

定义 2.2.19 设 $R\in F(X\times Y)$, 定义 $R^{-1}\in F(Y\times X)$ 如下:

$$R^{-1}(y,x)=R(x,y),\quad \forall(y,x)\in Y\times X.$$

称 Y 到 X 的模糊关系 R^{-1} 是 R 的逆关系.

当 R 与 R^{-1} 用模糊矩阵表示时, 其对应的模糊矩阵互为转置.

定义 2.2.20 设 $R \in F(X \times Y)$, $S \in F(Y \times Z)$, $*$ 是一个 t-模, 定义 $R \circ S \in F(X \times Z)$ 如下:

$$(R \circ S)(x, z) = \vee_{y \in Y}[R(x, y) * S(y, z)], \quad \forall (x, z) \in X \times Z.$$

称 $R \circ S$ 为基于 t-模 $*$ 的 R 与 S 的合成关系.

经常使用的两个合成运算是 max-min 合成 (选择 "取小"t-模) 及 max-product 合成 (选择乘积 t-模), 未做说明时模糊关系的合成指前者.

若 R 为集合 X 上的二元模糊关系, 则归纳地定义 R 的幂运算如下:

R^0 定义为恒等关系, 即当 $x = y$ 时 $R^0(x, y)=1$, 当 $x \neq y$ 时 $R^0(x, y)=0$;

$R^1 = R$, $R^2 = R \circ R$, $R^3 = R^2 \circ R$, $\cdots$, $R^n = R^{n-1} \circ R$, $\cdots$.

如果 X, Y, Z 均为有限, $X=\{x_1, x_2, \cdots, x_m\}$, $Y=\{y_1, y_2, \cdots, y_n\}$, $Z=\{z_1, z_2, \cdots, z_l\}$. 设 $R \in F(X \times Y)$, $S \in F(Y \times Z)$, $*$ 是一个 t-模, 则 R, S, $R \circ S$(记为 P) 可用模糊矩阵表示为

$$(r_{ij})_{m \times n}, \quad (s_{ij})_{n \times l}, \quad (p_{ij})_{m \times l}.$$

容易验证如下类似于普通矩阵乘法的运算规则:

$$p_{ij} = \vee_{k=1}^{n} (r_{ik} * s_{kj}), \quad i = 1, 2, \cdots, m; \ j = 1, 2, \cdots, l.$$

定理 2.2.12 设 R, R_1, R_2, $R_t \in F(X \times Y)$, $t \in T$(指标集), 则

(1) $R_1 \subseteq R_2 \Rightarrow R_1^{-1} \subseteq R_2^{-1}$;

(2) $(R^{-1})^{-1} = R$;

(3) $(R_1 \bigcap R_2)^{-1} = R_1^{-1} \bigcap R_2^{-1}$;

(4) $(R_1 \bigcup R_2)^{-1} = R_1^{-1} \bigcup R_2^{-1}$;

(5) $(\bigcap_{t \in T} R_t)^{-1} = \bigcap_{t \in T} R_t^{-1}$;

(6) $(\bigcup_{t \in T} R_t)^{-1} = \bigcup_{t \in T} R_t^{-1}$.

定理 2.2.13 设 R, R_1, $R_2 \in F(X \times Y)$, S, S_1, $S_2 \in F(Y \times Z)$, $T \in F(Z \times W)$, 则

(1) $(R \circ S)^{-1} = S^{-1} \circ R^{-1}$;

(2) $R_1 \subseteq R_2 \Rightarrow R_1 \circ S \subseteq R_2 \circ S$; $S_1 \subseteq S_2 \Rightarrow R \circ S_1 \subseteq R \circ S_2$;

(3) $(R \circ S) \circ T = R \circ (S \circ T)$;

(4) $R \circ (S_1 \bigcup S_2) = (R \circ S_1) \bigcup (R \circ S_2)$; $(R_1 \bigcup R_2) \circ S = (R_1 \circ S) \bigcup (R_2 \circ S)$;

(5) $R \circ (S_1 \bigcap S_2) \subseteq (R \circ S_1) \bigcap (R \circ S_2)$; $(R_1 \bigcap R_2) \circ S \subseteq (R_1 \circ S) \bigcap (R_2 \circ S)$.

定理 2.2.14 设 $R, R_1, R_2 \in F(X \times X)$, 则

(1) $R^{m+n} = R^m \circ R^n$;

(2) $(R^n)^{-1}=(R^{-1})^n$;

(3) $R_1 \subseteq R_2 \Rightarrow R_1^n \subseteq R_2^n$.

定理 2.2.15 (1) 若 $R, S \in F(X \times Y)$, 则

$$R \subseteq S \Leftrightarrow \forall\lambda \in [0,1], R_\lambda \subseteq S_\lambda;$$

$$(R \bigcup S)_\lambda = R_\lambda \bigcup S_\lambda;$$

$$(R \bigcap S)_\lambda = R_\lambda \bigcap S_\lambda, \quad \forall\lambda \in [0,1].$$

(2) 若 $R \in F(X \times Y)$, $S \in F(Y \times Z)$, 则 $(R \circ S)_{\lambda+} = R_{\lambda+} \circ S_{\lambda+}$. 当 X, Y, Z 都是有限集时有 $(R \circ S)_\lambda = R_\lambda \circ S_\lambda$, $\forall\lambda \in [0, 1]$.

3. 模糊等价关系

先介绍一下经典等价关系的概念. 若R是X上的经典关系, 即$R \subseteq X \times X$, 则

R 是自反的 $\Leftrightarrow \forall x \in X$, $(x, x) \in R$;

R 是对称的 $\Leftrightarrow$ 若 $(x, y) \in R$, 则 $(y, x) \in R$;

R 是传递的 $\Leftrightarrow$ 若 $(x, y) \in R$, $(y, z) \in R$, 则 $(x, z) \in R$.

R 是等价关系 $\Leftrightarrow$ R 是 X 上的一个自反、对称和传递的关系.

若 R 是 X 上的一个等价关系, $\forall x \in X$, 称 $R[x]=\{y \in X\colon (x, y) \in R\}$为以 x 为代表的等价类 (或称为 x 所在的等价类, 简称等价类). 称 $X/R=\{R[x]\colon x \in X\}$称为 X 的模 R 的商集.

经典集合 X 的一个划分是一个集族 $\mathcal{A}$, 它满足如下三个条件:

(1) $\forall A \in \mathcal{A}$, $A \neq \varnothing$.

(2) $\forall A, B \in \mathcal{A}$, $A \neq B$, 则 $A \bigcap B = \varnothing$.

(3) $\bigcup\{A\colon A \in \mathcal{A}\}=X$.

若 R 是 X 上的一个等价关系, 则 X/R 是 X 的一个划分, 称这个划分是由 R 诱导的划分. 反之, 由 X 的一个划分 $\mathcal{A}$ 可以导出一个等价关系 R: $xRy \Leftrightarrow \exists A \in \mathcal{A}$ s.t. $x \in A$ 且 $y \in A$.

定义 2.2.21 设 R 是 X 上的模糊关系, 即 $R \subseteq F(X \times X)$. 称 R 是自反的, 如果 $R(x, x)=1$, $\forall x \in X$. 称 R 是对称的, 如果 $R(x, y) = R(y, x)$, $\forall x, y \in X$.

若 R 是 X 上的自反、对称的模糊关系, 则称 R 是 X 上的模糊相似关系.

定义 2.2.22 设 $R \subseteq F(X \times X)$. 称 R 是传递的, 如果对任意 $\lambda \in [0, 1]$ 及任意 $x, y, z \in X$ 成立:

$$R(x,y) \geqslant \lambda, R(y,z) \geqslant \lambda \Rightarrow R(x,z) \geqslant \lambda.$$

若 R 是 X 上的自反、对称、传递的模糊关系, 则称 R 是 X 上的模糊等价关系.

例如, (1) 设 $X=[0, 1]$, 令 $R(x, y) = 1 - |x - y|$ $(x, y \in[0, 1])$, 则 R 是 X 上的模糊相似关系. 但 R 不是 X 上的模糊等价关系, 因为 $R(0.4, 0.5)\geqslant 0.9$, $R(0.5, 0.6)\geqslant 0.9$, 而 $R(0.4, 0.6)=0.8<0.9$.

(2) 设 $X=\{x_1, x_2, x_3\}$, 令 $R(x_i, x_i)=1(i=1, 2, 3)$, $R(x_1, x_2) = R(x_2, x_1)=0.4$, $R(x_1, x_3) = R(x_3, x_1)=0.8$, $R(x_2, x_3) = R(x_3, x_2)=0.4$. 则 R 显然是自反的和对称的, 从而是 X 上的模糊相似关系.

又, 设 $R(x_i, x_j) \geqslant\lambda$, $R(x_j, x_k) \geqslant\lambda$. 当 $\lambda\leqslant 0.4$ 时, 则显然有 $R(x_i, x_k) \geqslant\lambda$; 当 $0.4<\lambda \leqslant 0.8$ 时, 则$\{i,j, k\}\subseteq\{1, 3\}$, $R(x_i, x_k) \geqslant\lambda$; 当 $\lambda>0.8$ 时, 则 $i = j = k$, $R(x_i, x_k) \geqslant\lambda$. 故 R 是 X 上的模糊等价关系.

定理 2.2.16　设 $R \subseteq F(X \times X)$. 则

(1) R 是自反的 $\Leftrightarrow I \subseteq R$, 这里 I 是恒等关系, 即当 $x = y$ 时 $I(x, y)=1$, 当 $x \neq y$ 时 $I(x, y)=0$.

(2) R 是对称的 $\Leftrightarrow R = R^{-1}$.

(3) R 是传递的 $\Leftrightarrow R^2 \subseteq R$.

定理 2.2.17　设 $R \subseteq F(X \times X)$, 则

(1) R 是自反的 (或对称的、传递的), 则 R^n 也是自反的 (或对称的、传递的).

(2) R_1, R_2 是对称的, 则 $R_1\circ R_2$ 是对称的 $\Leftrightarrow R_1\circ R_2 = R_2\circ R_1$.

(3) R_1, R_2 是传递的, 则 $R_1 \bigcap R_2$ 是传递的.

定理 2.2.18　设 $R \subseteq F(X \times X)$, 则 R 是模糊等价关系当且仅当对任意 $\lambda\in[0, 1]$, R_λ 是等价关系.

注意, 当 R 是模糊等价关系时, 成立: $\lambda_1 >\lambda_2 \Rightarrow R_{\lambda_1}[x] \subseteq R_{\lambda_2}[x], \forall x \in X$.

如前所述, 论域 X 上的经典等价关系可以诱导出 X 的一个划分, 即给出 X 的一个分类结果. 而定理 2.2.18 说明, 论域 X 上的一个模糊等价关系 R 对应一族经典等价关系$\{R_\lambda: \lambda\in[0, 1]\}$, 因而可诱导出一族划分, 而且 $\lambda_1 >\lambda_2$ 时 $R_{\lambda_1}[x]\subseteq R_{\lambda_2}[x]$, $\forall x \in X$. 即 R_{λ_1} 对应的等价分类的结果, 比 R_{λ_2} 对应的等价分类的结果更细. 换句话说, 随着 λ 的下降, R_λ 给出的分类越来越粗. 这说明模糊等价关系给出的不是一个确定的分类结果, 而是一个分类的系列. 这样, 在实际应用问题中可以选择"某个水平" 上的分类结果, 这正是模糊聚类分析的理论基础.

4. 扩张原理

设 X, Y 是经典集合, 给定 X 到 Y 的映射 f: $X \to Y$(称其为点映射, 即对每一个 $x\in X$ 均有 Y 中的元素 $f(x)$ 与之对应), f 可诱导出两个映射 (称为集映射):

$$f : P(X) \to P(Y), A \mapsto f(A) = \{y \in Y | \exists x \in X, y = f(x)\},$$

$$f^{-1}: P(Y) \to P(X), B \mapsto f^{-1}(B) = \{x \in X | f(x) \in B\}.$$

若用特征函数来表示 $f(A)$, 则有：$\forall y \in Y$, $f(A)(y)=1 \Leftrightarrow y \in f(A) \Leftrightarrow \exists x \in A$ 使 $y = f(x) \Leftrightarrow \exists x \in X$ 使 $A(x)=1$ 且 $y = f(x) \Leftrightarrow \vee\{A(x)\colon x \in f^{-1}(y)\}=1$. 所以 $f(A)$ 的特征函数可表示为

$$f(A)(y) = \begin{cases} \vee_{f(x)=y} A(x), & f^{-1}(y) \neq \varnothing, \\ 0, & f^{-1}(y) = \varnothing. \end{cases}$$

同时, 用特征函数来表示 $f^{-1}(B)$, 有

$\forall x \in X, f^{-1}(B)(x) = 1 \Leftrightarrow x \in f^{-1}(B) \Leftrightarrow f(x) \in B \Leftrightarrow B(f(x)) = 1$, 即 $f^{-1}(B)(x) = B(f(x))$.

1975 年, Zadeh 将前述的经典映射扩张性质拓展到模糊集, 这就是扩张原理.

设 f 是 X 到 Y 的映射, 则由 f 可诱导出两个模糊集之间的映射 (图 2-12). 一个 $F(X)$ 到 $F(Y)$ 的映射 (仍记为 f), 一个 $F(Y)$ 到 $F(X)$ 的映射 (记为 f^{-1}), 其定义如下 (常称为扩张映射或模糊映射)：

$$f: F(X) \to F(Y);\ \forall A \in F(X),\ \forall y \in Y, f(A)(y) = \begin{cases} \vee_{f(x)=y} A(x), & f^{-1}(y) \neq \varnothing, \\ 0, & f^{-1}(y) = \varnothing. \end{cases}$$

$$f^{-1}: F(Y) \to F(X);\ \forall B \in F(Y),\ \forall x \in X, f^{-1}(B)(x) = B(f(x)).$$

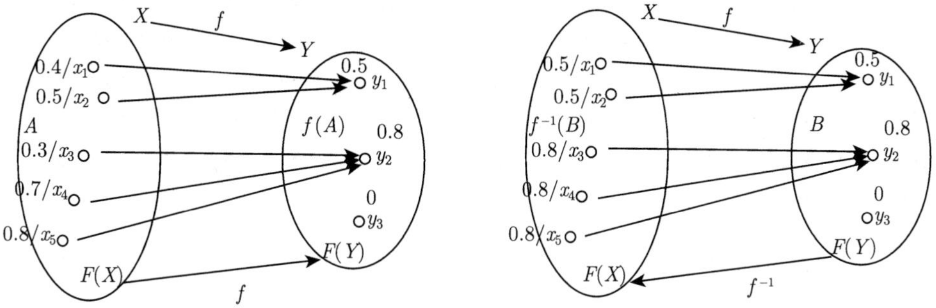

图 2-12 扩张映射示例

扩张原理的中心思想：作用于点的映射和运算也可以作用于模糊集合, 并且隶属函数的分布在映射作用后大致保持不变. 比如, 对 f 来说, Y 中元素 $y = f(x)$ 对模糊集合 $f(A)$ 的隶属度, 等于 y 在 X 中的原像 x 对 $f(A)$ 的原像 —— 模糊集合 A 的隶属度的上确界.

注意：上述 $f(A)(y)$ 的分段表示可以只用一个表达式, 即 $f(A)(y) = \vee_{f(x)=y} A(x)$. 这是因为空集的上确界为 0(由于没有 x 属于 $\varnothing$, 故认为它满足条件 $x \in \varnothing \Rightarrow x \geqslant 0$. 即 0 是 $\varnothing$ 的一个上界, 而这显然是最小上界). 类似地, 空集的下确界为 1.

设 f 是 X 到 Y 的映射, $A \in F(X)$, 则由 A 可以得到经典集族$\{A_\lambda\colon \lambda\in[0, 1]\}$, 它是一个集合套. 由经典集合的扩张原理, f 可诱导出经典集 $P(X)$ 与 $P(Y)$ 之间的映射 f, 这样$\{f(A_\lambda)\colon \lambda\in[0, 1]\}$是论域 Y 上的集合套. 而由表现定理知, 集合套$\{f(A_\lambda)\colon \lambda\in[0, 1]\}$确定 Y 上的一个模糊集. 这就产生了一个问题：这个 Y 上的模糊集与模糊集扩张原理确定的模糊集 $f(A)$ 是否一致?

定理 2.2.19　设 f 是 X 到 Y 的映射.

(1) 若 $A \in F(X)$, 则 $f(A) = \bigcup_{\lambda\in[0,1]}\lambda f(A_\lambda)$.

(2) 若 $B \in F(Y)$, 则 $f^{-1}(B) = \bigcup_{\lambda\in[0,1]}\lambda f^{-1}(B_\lambda)$.

经扩张原理得到的模糊映射 f, f^{-1} 具有以下性质.

定理 2.2.20　设 f 是 X 到 Y 的映射, 则

(1) $f(\bigcup_{t\in T} A_t) = \bigcup_{t\in T} f(A_t)$, $f(\bigcap_{t\in T} A_t) \subseteq \bigcap_{t\in T} f(A_t)$, 这里 $A_t \in F(X)$, $t \in T$;

(2) $f^{-1}(\bigcup_{t\in T} B_t) = \bigcup_{t\in T} f^{-1}(B_t)$, $f^{-1}(\bigcap_{t\in T} B_t) = \bigcap_{t\in T} f^{-1}(B_t)$, 这里 $B_t \in F(Y)$, $t \in T$;

(3) $f^{-1}(f(A))\supseteq A$, $A \in F(X)$. f 为单射时等号成立;

(4) $f(f^{-1}(B))\subseteq B$, $B \in F(Y)$. f 为满射时等号成立;

(5) $f^{-1}(B^c)=(f^{-1}(B))^c$, $B \in F(Y)$.

分解定理、表现定理和扩张原理是模糊数学的理论支柱. 分解定理与表现定理是模糊集合论与经典集合论联系的纽带, 即任何模糊集合的问题都可以通过取截集和构造集合套的方法而化为经典集合问题; 而通过扩张原理可以将基于经典集合论的数学方法扩展到模糊数学中去. 模糊集合是经典集合的推广; 同时, 模糊集合又以经典集合作为论域. 因此, 模糊数学虽然是全新的研究领域, 但它与传统数学密不可分, 分解定理、表现定理和扩张原理正是模糊数学研究借鉴传统数学经验和方法的一般途径.

5. 区间数、模糊数及其运算

以下介绍区间数、模糊数的运算, 它们可看成扩张原理的应用.

定义 2.2.23　实数集 $\mathbf{R}$ 的子集$\{x \in \mathbf{R}|a_1 \leqslant x \leqslant a_2,\ a_1,\ a_2 \in \mathbf{R}\}$称为区间数, 记为 $[a_1, a_2]$.

当 $a_1 = a_2$ 时, 区间数就简化为一个实数. 从此意义上说, 区间数是实数的推广.

通常用大写字母表示区间数, 比如 $A=[a_1, a_2]$. 对于只含一个实数的点区间数也用小写字母表示. 区间数的 “相等” 定义为

$$A = [a_1, a_2], B = [b_1, b_2], A = B \Leftrightarrow a_1 = b_1 \text{且} a_2 = b_2.$$

问题：如何定义区间数的运算 (以加法为例) 呢?

首先考虑对加法运算的基本要求：① 区间数相加的结果应是区间数; ② 参与运算的两个区间中的实数, 按普通实数加法相加的结果, 应包含在 “和区间数” 所代表的区间中, 如图 2-13 所示.

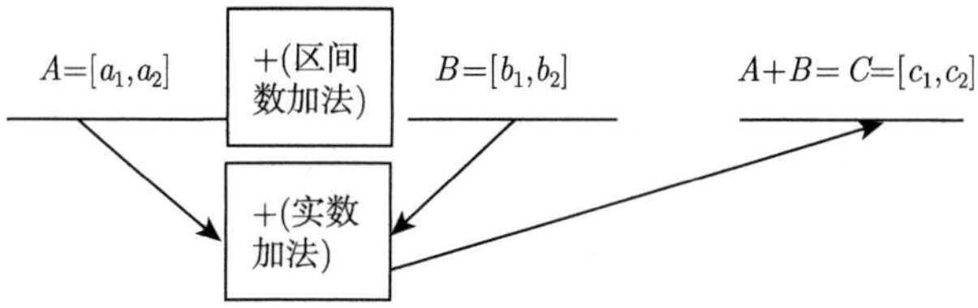

图 2-13 区间数的运算

定理 2.2.21 已知区间数 $A=[a_1, a_2]$, $B=[b_1, b_2]$. 取 $C=[a_1+b_1, a_2+b_2]$, 则

(1) $\forall x \in A, y \in B, x+y \in C$;

(2) $\forall z \in C$, 必存在 $x \in A, y \in B$ 使得 $x+y=z$.

定理 2.2.22 已知区间数 $A=[a_1, a_2]$, $B=[b_1, b_2]$. 取

$$C=[a_1b_1 \wedge a_1b_2 \wedge a_2b_1 \wedge a_2b_2, a_1b_1 \vee a_1b_2 \vee a_2b_1 \vee a_2b_2],$$

则

(1) $\forall x \in A, y \in B, xy \in C$($xy$ 为普通乘法);

(2) $\forall z \in C$, 必存在 $x \in A, y \in B$ 使得 $xy=z$.

类似地可得到关于区间数减法、除法运算的相应结论, 基于此可定义区间数的基本运算如下.

定义 2.2.24 已知区间数 $A=[a_1, a_2]$, $B=[b_1, b_2]$. 定义其加、减、乘、除 (除法要求除子区间数不含 0) 如下:

(1) $A+B=[a_1+b_1, a_2+b_2]$;

(2) $A-B=[a_1-b_2, a_2-b_1]$;

(3) $A \times B=[a_1b_1 \wedge a_1b_2 \wedge a_2b_1 \wedge a_2b_2, a_1b_1 \vee a_1b_2 \vee a_2b_1 \vee a_2b_2]$;

(4) $A \div B=[(a_1 \div b_1) \wedge (a_1 \div b_2) \wedge (a_2 \div b_1) \wedge (a_2 \div b_2), (a_1 \div b_1) \vee (a_1 \div b_2) \vee (a_2 \div b_1) \vee (a_2 \div b_2)]$, 其中 $0 \notin [b_1, b_2]$.

注意：(1) 区间数的加法与减法并非互为逆运算, $[a_1, a_2]+[b_1, b_2]=[a_1+b_1, a_2+b_2]$, 而 $[a_1+b_1, a_2+b_2]-[b_1, b_2]=[a_1+b_1-b_2, a_2+b_2-b_1] \neq [a_1, a_2]$(除非 $b_1=b_2$).

(2) 区间数的乘法与除法并非互为逆运算.

(3) 区间数的加法与乘法满足交换律, 结合律.

(4) 区间数乘法对于加法的分配律不成立. 比如,

$$([-2,-1]+[-1,3])\times[-4,2]=[-3,2]\times[-4,2]=[-8,12];$$
$$[-2,-1]\times[-4,2]+[-1,3]\times[-4,2]=[-4,8]+[-12,6]=[-16,14].$$

定义 2.2.25　设 A 是实数集 $\mathbf{R}$ 上的模糊集, 即 $A\in F(\mathbf{R})$, 如果 A 是正规的 (即存在 $x\in\mathbf{R}$ 有 $A(x)$=1), 且对任意 $\lambda\in(0, 1]$, A_λ 是闭区间, 则称 A 是一个模糊数. 若模糊数 A 的支集 supp$A$ 有界, 则称 A 为有界模糊数.

显然, 任意模糊数必是凸模糊集, 区间数是模糊数的特例.

关于模糊数 (图 2-14), 文献中有多种不同的定义, 请读者注意它们之间的差别, 本书以上述定义为准.

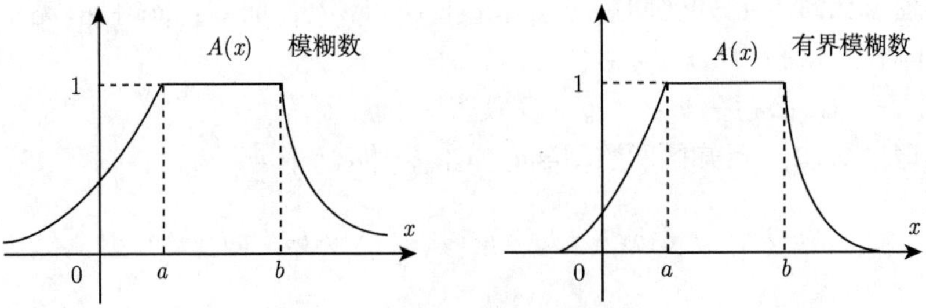

图 2-14　模糊数与有界模糊数

定理 2.2.23　设 $A\in F(\mathbf{R})$, 则 A 为模糊数当且仅当存在实数 $a\leqslant b$ 使得:

(1) 在 $[a, b]$ 上 $A(x)\equiv 1$;

(2) 在 $(-\infty, a)$ 上 $A(x)$ 为右连续的增函数且 $0\leqslant A(x)<1$, $A(x)\to 0\ (x\to-\infty)$;

(3) 在 (b, ∞) 上 $A(x)$ 为左连续的减函数且 $0\leqslant A(x)<1$, $A(x)\to 0\ (x\to\infty)$.

实际应用中常见的模糊数有: 三角模糊数、梯形模糊数.

已知实数 $l\leqslant m\leqslant u$, 用 $(l; m; u)$ 表示三角模糊数, 其隶属函数为

$$\begin{cases}\dfrac{x-l}{m-l}, & x\in[l,m),\\ \dfrac{u-x}{u-m}, & x\in[m,u),\\ 0, & \text{其他}.\end{cases}$$

注意: (1) 当参数 l,m,u 中有两个或三个相等时, 默认上述函数表达式中分母为 0 的项消失 (即此时分段函数仅含两段).

(2) 在 MATLAB 中可使用命令 trimf(x, [l,m,u]) 生成三角模糊数 (l;m;u).

已知实数 $t_1 \leqslant t_2 \leqslant t_3 \leqslant t_4$, 用 $(t_1;t_2;t_3;t_4)$ 表示梯形模糊数, 其隶属函数为

$$\begin{cases} 0, & x < t_1, \\ \dfrac{x-t_1}{t_2-t_1}, & x \in [t_1, t_2), \\ 1, & x \in [t_2, t_3), \\ \dfrac{t_4-x}{t_4-t_3}, & x \in [t_3, t_4], \\ 0, & x > t_4. \end{cases}$$

注意: (1) 当参数 $t_1 = t_2$ 或 $t_3 = t_4$ 时, 默认上述函数表达式中分母为 0 的项消失.

(2) 在 MATLAB 中可使用命令 trapmf(x, [t_1,t_2,t_3,t_4]) 生成梯形模糊数 $(t_1;t_2;t_3;t_4)$, 但 MATLAB 中允许 $t_2 > t_3$ 而梯形模糊数中要求 $t_2 \leqslant t_3$.

一个自然的问题是: 如何定义模糊数的运算?

模糊数是普通实数的推广, 自然希望利用实数的加、减、乘、除来定义模糊数的相应运算. 用 $*$ 代表实数的加、减、乘、除运算之一, 二元运算 $*$ 本质上是一个映射:

$$*: \mathbf{R} \times \mathbf{R} \to \mathbf{R};\ (x, y)| \mapsto x*y.$$

于是, 根据扩张原理可导出扩张映射:

$$*: F(\mathbf{R}) \times F(\mathbf{R}) \to F(\mathbf{R}); (A, B)| \mapsto A*B, (A*B)(z) = \vee_{x*y=z}(A(x) \wedge B(y)).$$

模糊数的运算就根据此进行定义, 其本质就是扩张加法、扩张减法、扩张乘法、扩张除法.

定义 2.2.26 设 A, B 为模糊数, 则定义其加、减、乘、除运算如下: $\forall z \in \mathbf{R}$,

$(A+B)(z) = \vee_{x+y=z}(A(x) \wedge B(y))$,

$(A-B)(z) = \vee_{x-y=z}(A(x) \wedge B(y))$,

$(A \cdot B)(z) = \vee_{x \cdot y=z}(A(x) \wedge B(y))$,

$(A \div B)(z) = \vee_{x \div y=z}(A(x) \wedge B(y))$.

直接利用上述定义计算是非常困难的, 就是计算简单的三角模糊数的和, 也要用到条件极值的相关知识. 这里, 用转换为区间数的方法来计算三角模糊数的和.

如前所述, 模糊数的运算实际上是扩张映射, 即 $(A*B)(z) = \vee_{x*y=z}(A(x) \wedge B(y))$. 而根据模糊集分解定理可得 $A*B = \vee_{\lambda\in(0,1]} \lambda(A_\lambda * B_\lambda)$, 而当 A, B 为有界模糊数时, A_λ, B_λ 均为区间数. 这样, 就可以用区间数的运算方法进行模糊数的运算. 下面计算三角模糊数 A=(0; 1; 2), B=(1; 2; 3) 的和, 这里

$$A(x) = \begin{cases} x, & 0 \leqslant x \leqslant 1, \\ 2-x, & 1 < x \leqslant 2, \end{cases} \quad B(y) = \begin{cases} y-1, & 1 \leqslant y \leqslant 2, \\ 3-y, & 2 < y \leqslant 3. \end{cases}$$

设 $\lambda\in(0, 1]$, 则 $A_\lambda=[\lambda, 2-\lambda]$, $B_\lambda=[1+\lambda, 3-\lambda]$. 所以, $A_\lambda + B_\lambda=[1+ 2\lambda, 5-2\lambda]$. 于是

$$A+B=\vee_{\lambda\in(0,1]}\lambda(A_\lambda+B_\lambda)=(1;3;5).$$

这说明两个三角模糊数之和仍为三角模糊数.

现计算模糊数 $A=(0; 1; 2)$ 与 $B=(2; 3; 4)$ 的积. 设 $\lambda\in(0, 1]$, 则 $A_\lambda=[\lambda, 2-\lambda]$, $B_\lambda=[2+\lambda, 4-\lambda]$. 所以, $A_\lambda\cdot B_\lambda=[\lambda^2+2\lambda, \lambda^2-6\lambda+8]$. 于是

$$A\cdot B=\vee_{\lambda\in(0,1]}\lambda[\lambda^2+2\lambda,\lambda^2-6\lambda+8].$$

(1) 当 $\lambda=1$, $A_\lambda\cdot B_\lambda=[\lambda^2+2\lambda, \lambda^2-6\lambda+8]$ 收缩为一点 3, 故 $(A\cdot B)(3)=1$.

(2) 当 $\lambda\to0$, $\lambda^2+2\lambda\to0$, $\lambda^2-6\lambda+8\to8$. 把 $[0, 8]$ 分成两部分 $[0, 3]$, $(3, 8]$, 分别以 $y=f(x)$, $y=g(x)$ 表示 $A\cdot B$ 在 $[0, 3]$ 和 $(3, 8]$ 上的隶属函数. 在 $[0, 3]$ 部分, 当 $x=\lambda^2+2\lambda$ 时 $y=\lambda$. 即 $y^2+2y-x=0$, 故 $y=(x+1)^{1/2}-1$(已舍弃负值), 即 $f(x)=(x+1)^{1/2}-1$. 由于 $A\cdot B=\vee_{\lambda\in(0,1]}\lambda[\lambda^2+2\lambda,\lambda^2-6\lambda+8]$. 故在 $(3, 8]$ 部分, 当 $x=\lambda^2-6\lambda+8$ 时 $y=\lambda$. 即 $y^2-6y+8-x=0$, 故 $y=3-(x+1)^{1/2}$(已舍弃大于 1 的值), 即 $g(x)=3-(x+1)^{1/2}$. 从而

$$(A\cdot B)(x)=\begin{cases}\sqrt{x+1}-1, & 0\leqslant x\leqslant 3,\\ 3-\sqrt{x+1}, & 3<x\leqslant 8.\end{cases}$$

这说明两个三角模糊数之积未必是三角模糊数 (图 2-15).

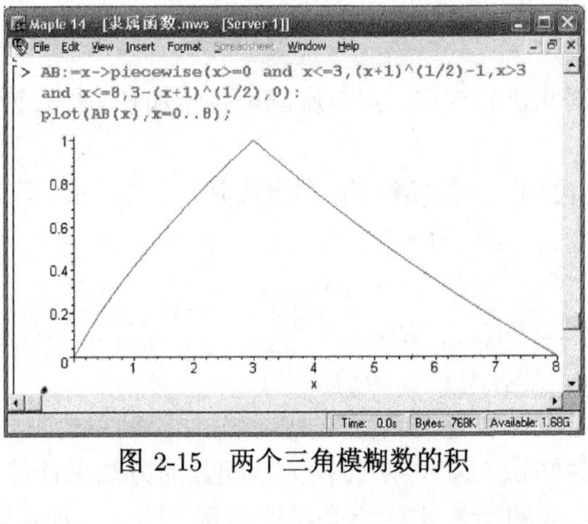

图 2-15　两个三角模糊数的积

2.3　模糊集概念的各种推广

2.3.1　格与格值模糊集

Zadeh 提出模糊集概念不久, J. Goguen 就提出更广泛的 L-模糊集, 其核心是把模糊集合的隶属度取值范围从 $[0, 1]$ 推广到一般格 L 上. 本节介绍这方面的内

容, 作为准备, 先介绍一下格论方面的基本知识.

1. 偏序集与格

定义 2.3.1 称 $(P, \leqslant)$ 为偏序集, 若非空集 P 上的二元关系 $\leqslant$ 满足以下三个条件:

(1) 自反性: $\forall a \in P$, $a \leqslant a$;

(2) 反对称性: $a \leqslant b$ 且 $b \leqslant a \ \Rightarrow\ a = b$;

(3) 传递性: $a \leqslant b$ 且 $b \leqslant c \ \Rightarrow\ a \leqslant c$.

对于偏序集 $(P, \leqslant)$, 如果 $\forall a, b \in P$ 总有 $a \leqslant b$ 或 $b \leqslant a$ 成立, 则称 P 为线性序集或全序集.

设 $(P, \leqslant)$ 为偏序集, 若存在 $a \in P$ 使得对任意 $b \in P$ 都有 $a \leqslant b$, 则称 a 为 P 的最小元. 若存在 $a \in P$ 使得对任意 $b \in P$ 都有 $b \leqslant a$, 则称 a 为 P 的最大元. 易知, 如果偏序集有最小元或最大元, 则最小元或最大元是唯一的. 为此, 记 0 为最小元素, 1 为最大元素.

设 $(P, \leqslant)$ 为偏序集, $X \subseteq P$, 若存在 $a \in P$ 使得对任意 $x \in X$ 都有 $x \leqslant a$, 则称 a 为 X 的上界. 如果 X 的上界集合有最小元素, 则称它为 X 的最小上界或上确界, 记为 $\sup X$ 或 $\vee X$. 对偶地, 可以定义下界、最大下界或下确界 (记为 $\inf X$ 或 $\wedge X$).

定义 2.3.2 偏序集 $(L, \leqslant)$ 称为格, 如果 $\forall a, b \in P$, 上确界 $a \vee b$ 与下确界 $a \wedge b$ 都存在. 任意子集都有上、下确界的格称为完备格.

上、下确界运算满足分配律的格称为分配格, 这里分配律指有限分配律 (即对于有限个元素来说 $\vee$、$\wedge$ 的双向分配律成立).

定理 2.3.1 设 $(L, \leqslant)$ 为格, 则上、下确界运算满足:

(1) 幂等律: $a \vee a = a$, $a \wedge a = a$;

(2) 交换律: $a \vee b = b \vee a$, $a \wedge b = b \wedge a$;

(3) 结合律: $(a \vee b) \vee c = a \vee (b \vee c)$, $(a \wedge b) \wedge c = a \wedge (b \wedge c)$;

(4) 吸收律: $a \vee (a \wedge b) = a$, $a \wedge (a \vee b) = a$.

定理 2.3.2 设代数系统 $(L,\vee,\wedge)$ 中的二元运算 $\vee,\wedge$ 满足幂等律、交换律、结合律、吸收律, 则

(1) $a \wedge b = a \Leftrightarrow a \vee b = b$;

(2) 在 L 中定义二元关系 $\leqslant$ 如下: $a \leqslant b \Leftrightarrow a \wedge b = a$. 那么 $(L, \leqslant)$ 是格, 且 $\vee,\wedge$ 正好是这个格 $(L, \leqslant)$ 的上、下确界运算.

2. Boole 代数与 De Morgan 代数

定义 2.3.3 设 L 是有界分配格, $0, 1$ 分别是其最小元和最大元. 对任意 $a \in L$,

若存在 $a' \in L$ 使得 $a \vee a'=1$, $a \wedge a'=0$, 则称 L 为布尔代数.

定义 2.3.4　设 $(P, \leqslant)$ 是偏序集, $h:P \to P$ 是映射. 如果当 $a \leqslant b$ 时恒有 $h(a) \leqslant h(b)$, 则称 h 为保序映射. 如果当 $a \leqslant b$ 时恒有 $h(b) \leqslant h(a)$, 则称 h 为逆序映射. 如果逆序映射 h 满足对合律 $h(h(a))=a$, 则称 h 为逆序对合对应或逆合映射, 也称 h 为伪补.

定义 2.3.5　设 L 是有界分配格, $h:L \to L$ 是 L 上的一元运算且满足

(1) $h(h(a))=a$,

(2) $h(a \vee b) = h(a) \wedge h(b)$, $h(a \wedge b) = h(a) \vee h(b)$.

则称 L 为 De Morgan 代数.

易知 De Morgan 代数中 h 是逆合映射. 设 X 为非空集合, 则幂集格 $(P(X), \bigcup, \bigcap, ^c)$ 为布尔代数, 而 X 上的模糊集全体构成的格 $(F(X), \bigcup, \bigcap, ^c)$ 为 De Morgan 代数. 任一布尔代数都是 De Morgan 代数, 反之不真.

这说明, 从代数运算的角度看, 模糊集合与经典集合的根本区别在于, 前者构成 De Morgan 代数, 后者构成布尔代数.

3. *L*-模糊集及其运算

定义 2.3.6　设 X 为论域 (经典集合), L 是一个有逆合映射 (伪补)h 的格. 则映射 $A:X \to L$ 称为集合 X 上的格值模糊集或 L-模糊集.

记 $F_L(X)=\{A|A:\ X \to L$ 为 L-模糊集$\}$. 设 A, $B \in F_L(X)$, 若 $\forall x \in X$ 有 $A(x) \leqslant B(x)$, 则称 A 含于 B, 记为 $A \subseteq B$. 易知 $(F_L(X), \subseteq)$ 为偏序集.

可分别定义 L-模糊集的并、交、补运算如下:

$$(A \bigcup B)(x) = A(x) \vee B(x), \quad (A \bigcap B)(x) = A(x) \wedge B(x), \quad A^c(x) = h(A(x)).$$

容易验证：如果 L 是分配格 (完备格), 则 $F_L(X)$ 也是分配格 (完备格). 如果 L 是 De Morgan 代数, 则 $F_L(X)$ 也是 De Morgan 代数.

例 2.3.1　设 $L=\{[a, b]|a \leqslant b,\ a,\ b \in [0, 1]\}$. $\forall [a, b], [c, d] \in L$, 规定 $[a, b] \leqslant [c, d] \Leftrightarrow a \leqslant c$ 且 $b \leqslant d$. 则 $(L, \leqslant)$ 是完备格, 且如下定义的映射:

$$h: L \to L, h([a, b]) = [1-b, 1-a]$$

是 L 上的伪补. 于是, $A:X \to L$ 是 L-模糊集.

上例说明, 区间值模糊集本质上是一种特殊的 L-模糊集.

2.3.2　二型模糊集

前述的模糊集, 是论域 X 到 $[0, 1]$ 的映射, 对任意 $x \in X$ 其隶属度 $A(x)$ 是一个确定的值. 这是普通模糊集的概念. 然而, 大量的模糊现象仅用普通模糊集去描述是不够的. 实际问题中, 很难用一个确切的数值来表达一个对象隶属于一个模糊

概念的程度, 常常仍用一个模糊的概念来估计这个隶属度. 比如, 我们常用这样的模糊术语来评价一个人的年轻程度：相当年轻、比较年轻、中等年轻、有点年轻、不算年轻等. 注意, 相当年轻、比较年轻、中等年轻、有点年轻、不算年轻等实际上又是 [0, 1] 上的模糊集! 比如, 对于相当年轻、中等年轻、有点年轻可以如下表示(可以说 “九成” 年轻属于 “相当年轻” 的程度是 0.8, “四成” 年轻属于 “中等年轻” 的程度是 0.6, 等等)：$X=\{x_1, x_2, x_3\}$,

$$\text{年轻} = \frac{\text{相当年轻}}{x_1} + \frac{\text{中等年轻}}{x_2} + \frac{\text{有点年轻}}{x_3}, \quad \text{相当年轻} = \frac{0.8}{0.8} + \frac{0.8}{0.9} + \frac{1}{1},$$

$$\text{中等年轻} = \frac{0.6}{0.4} + \frac{1}{0.5} + \frac{0.6}{0.6}, \quad \text{有点年轻} = \frac{0.45}{0.2} + \frac{0.75}{0.3} + \frac{1}{0.4} + \frac{0.8}{0.5} + \frac{0.4}{0.6} + \frac{0.3}{0.7}.$$

为了表达隶属函数可取 [0, 1] 上的模糊集的情况, Zadeh 于 1975 年在 [79] 中引入二型、高型模糊集的概念.

定义 2.3.7 一个模糊集合是 n 型的, n=2, 3, $\cdots$, 若它的隶属函数的值取于 $n-1$ 型模糊集合上, 一型模糊集合的隶属函数的值取于区间 [0, 1] 上.

引入二型、高型模糊集的另一个原因是表达语言真值, 如真、十分真、很真、有点真等.

依据定义 2.3.7, 二型模糊集可具体定义如下：论域 U 上的二型模糊集 (type-2 fuzzy set)A 是如下形式的映射

$$A : U \to F([0,1]); u| \mapsto A(u),$$

其中, $F([0, 1])$ 表示 [0, 1] 上的模糊集全体, $A(u) \in F([0, 1])$.

美国学者 J. M. Mendel 系统研究了二型模糊集及其在模糊推理中的应用, 出版了专著 [80]. Mendel 将二型模糊集用三维图像或带阴影的二维图像表示 (图 2-16), 这是很有创意的, 详细情况请阅读文献 [80, 81].

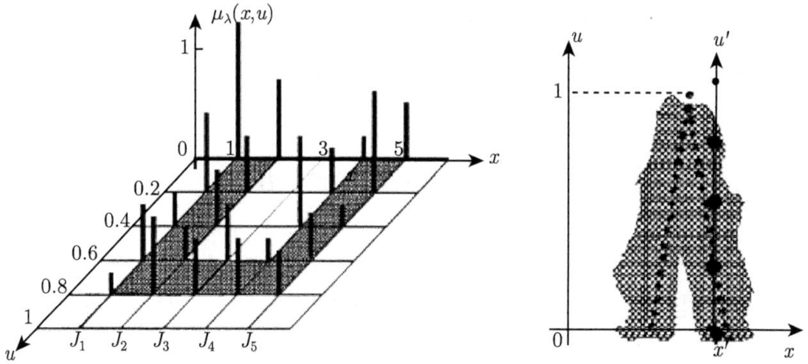

图 2-16 关于二型模糊集的表示

2.3.3 区间值模糊集

当难以用一个确切的数值来表达一个对象隶属于一个模糊概念的程度时, 用一个数值范围来描述相关程度可能相对容易一些, 这就是区间值模糊集的基本思想.

定义 2.3.8 设 X 是一个论域, $\mathcal{L}^{(\mathbf{Iv})}=\{[a^-, a^+]|0\leqslant a^- \leqslant a^+ \leqslant 1\}$, 映射 $\overline{A}: X \to \mathcal{L}^{(\mathbf{Iv})}$ 称为 X 上的区间值模糊集.

根据上述定义, 对任意 $x \in X, \overline{A}(x)=[A^-(x), A^+(x)]$, 其中 A^-, A^+ 均是 X 上的模糊集, 即区间值模糊集实际包含两个相关联的隶属函数, 如图 2-17 所示.

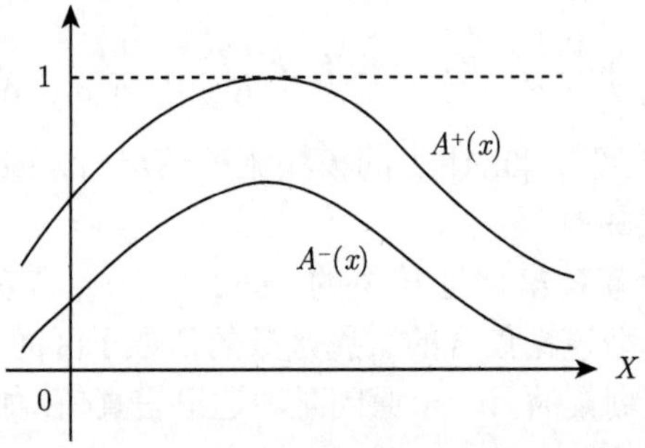

图 2-17 区间值模糊集

区间值模糊集的运算可依据 $\mathcal{L}^{(\mathbf{Iv})}$ 上的运算来定义. 首先, 在 $\mathcal{L}^{(\mathbf{Iv})}$ 上定义如下的序关系及运算 ($\mathcal{L}^{(\mathbf{Iv})}$ 的元素也称为区间数, 见定义 2.2.23):

$$[a^-, a^+] \leqslant [b^-, b^+]\text{当且仅当}a^- \leqslant b^-\text{且}a^+ \leqslant b^+;$$

$$[a^-, a^+]^c = [1 - a^+, 1 - a^-];$$

$$[a^-, a^+] \wedge [b^-, b^+] = [a^- \wedge b^-, a^+ \wedge b^+];$$

$$[a^-, a^+] \vee [b^-, b^+] = [a^- \vee b^-, a^+ \vee b^+].$$

其次, 定义区间值模糊集的并、交、补运算如下：设映射 $\overline{A}, \overline{B}$ 是 X 上的区间值模糊集, 则

$$(\overline{A} \bigcap \overline{B})(x) = \overline{A}(x) \wedge \overline{B}(x), \quad (\overline{A} \bigcup \overline{B})(x) = \overline{A}(x) \vee \overline{B}(x), \quad (\overline{A})^c(x) = (\overline{A}(x))^c.$$

2.3.4 直觉模糊集

直觉模糊集是 1986 年保加利亚 (Bulgaria) 学者 K. T. Atanassov 在文献 [82] 中引入的.

定义 2.3.9 设 X 是一个非空经典集合, X 上形如 $A=\{\langle x, \mu_A(x), \nu_A(x)\rangle|x \in X\}$ 的三重组称为 X 上的一个直觉模糊集, 其中函数 μ_A: $X \to[0, 1]$ 和函数 ν_A:

$X \to [0, 1]$ 分别表示 X 的元素属于 A 的隶属度和非隶属度且满足

$$0 \leqslant \mu_A(x) + \nu_A(x) \leqslant 1.$$

用 IF(X) 表示 X 上直觉模糊集的全体. 设

$$A = \{\langle x, \mu_A(x), \nu_A(x)\rangle | x \in X\}, \quad B = \{\langle x, \mu_B(x), \nu_B(x)\rangle | x \in X\} \in \mathrm{IF}(X),$$

则定义序及运算如下:

$$A \subseteq B \text{当且仅当} \mu_A(x) \leqslant \mu_B(x) \text{且} \nu_A(x) \geqslant \nu_B(x), \forall x \in X;$$
$$A \bigcap B = \{\langle x, \min\{\mu_A(x), \mu_B(x)\}, \max\{\nu_A(x), \nu_B(x)\}\rangle | x \in X\};$$
$$A \bigcup B = \{\langle x, \max\{\mu_A(x), \mu_B(x)\}, \min\{\nu_A(x), \nu_B(x)\}\rangle | x \in X\};$$
$$A^c = \{\langle x, \nu_A(x), \mu_A(x)\rangle | x \in X\}.$$

由直觉模糊集导出的序对 $(\mu_A(x),\ \nu_A(x))$ 常被称为直觉模糊数, 即有序数对 (x_1, x_2), 其中 $x_1, x_2 \in [0, 1]$ 且 $x_1 + x_2 \leqslant 1$. 将所有这样的序对 (即直觉模糊数) 组成的经典集合记为 $\mathcal{L}^{(\mathbf{Iu})}$, 它可构成一个格 (参见 4.3.1 节), 其最小元、最大元分别为 $\mathbf{0}^{(\mathbf{Iu})}=(0, 1)$, $\mathbf{1}^{(\mathbf{Iu})}= (1, 0)$. 因此, 直觉模糊集本质上是取值于 $\mathcal{L}^{(\mathbf{Iu})}$ 上的格值模糊集.

2.3.5 区间直觉模糊集

区间直觉模糊集是区间值模糊集及直觉模糊集的共同推广 [83], 在决策科学中有广泛应用 [84-87].

定义 2.3.10 论域 X 上的区间直觉模糊集 (Interval valued intuitionistic fuzzy sets, IVIFS) 是具有如下形式的一个对象:

$$A = \{(x, [a^{(1)}(x), a^{(2)}(x)], [a^{(3)}(x), a^{(4)}(x)]) | x \in X\},$$

其中 $[a^{(1)}(x), a^{(2)}(x)] \subseteq [0, 1]$ 和 $[a^{(3)}(x), a^{(4)}(x)] \subseteq [0, 1]$ 是两个区间, 且对任何 $x \in X$ 满足如下条件: $a^{(2)}(x) + a^{(4)}(x) \leqslant 1$.

对于一个区间直觉模糊集 A 而言, $([a^{(1)}(x), a^{(2)}(x)], [a^{(3)}(x), a^{(4)}(x)])$ 被称为一个区间直觉模糊数 (Interval valued intuitionistic fuzzy number, IVIFN).

为简便起见, 用 $A=([a^{(1)}, a^{(2)}], [a^{(3)}, a^{(4)}])$ 表示一个 IVIFN, 其中 $[a^{(1)}, a^{(2)}] \subseteq [0, 1]$, $[a^{(3)}, a^{(4)}] \subseteq [0, 1]$, $a^{(2)} + a^{(4)} \leqslant 1$.

区间直觉模糊数 IVIFN 的集合用 $\mathcal{L}^{(\mathbf{IvIu})}$ 表示, 即

$$\begin{aligned}\mathcal{L}^{(\mathbf{IvIu})} = \{&([a^{(1)}, a^{(2)}], [a^{(3)}, a^{(4)}]) | a^{(1)}, a^{(2)}, a^{(3)}, a^{(4)} \in [0, 1],\\ &a^{(1)} \leqslant a^{(2)}, a^{(3)} \leqslant a^{(4)}, a^{(2)} + a^{(4)} \leqslant 1\}.\end{aligned}$$

容易证明 ($\mathcal{L}^{(\mathbf{IvIu})}$; $\wedge$, $\vee$, $\mathbf{0}^{(\mathbf{IvIu})}$, $\mathbf{1}^{(\mathbf{IvIu})}$) 是一个完备格, 其中

$$\mathbf{0}^{(\mathbf{IvIu})} = ([0,0],[1,1]), \quad \mathbf{1}^{(\mathbf{IvIu})} = ([1,1],[0,0]).$$

定义 2.3.11　如果 $A = ([a^{(1)}, a^{(2)}], [a^{(3)}, a^{(4)}]), B = ([b^{(1)}, b^{(2)}], [b^{(3)}, b^{(4)}])$ 是 X 上的两个 IVIFNs, 则

(1) $A \preccurlyeq B \Leftrightarrow a^{(1)} \leqslant b^{(1)}, a^{(2)} \leqslant b^{(2)}, a^{(3)} \geqslant b^{(3)}, a^{(4)} \geqslant b^{(4)}$;

(2) $A \succcurlyeq B \Leftrightarrow B \preccurlyeq A$;

(3) $A = B \Leftrightarrow a^{(1)} = b^{(1)}, a^{(2)} = b^{(2)}, a^{(3)} = b^{(3)}, a^{(4)} = b^{(4)}$;

(4) $\bar{A} = ([a^{(3)}, a^{(4)}], [a^{(1)}, a^{(2)}])$;

(5) $A \wedge B = ([\min\{a^{(1)}, b^{(1)}\}, \min\{a^{(2)}, b^{(2)}\}], [\max\{a^{(3)}, b^{(3)}\}, \max\{a^{(4)}, b^{(4)}\}])$;

(6) $A \vee B = ([\max\{a^{(1)}, b^{(1)}\}, \max\{a^{(2)}, b^{(2)}\}], [\min\{a^{(3)}, b^{(3)}\}, \min\{a^{(4)}, b^{(4)}\}])$.

注: 关于各种广义模糊集之间的关系, 请读者参阅文献 [88—92].

2.4　模糊测度与模糊积分

2.4.1　模糊测度的基本概念

1. 概率测度与模糊测度

所谓积分, 无论是黎曼积分还是勒贝格积分都不外乎是被积函数和测度函数的一种内积, 不同的只是以不同的测度为基础 (所谓测度, 就是长度、面积、体积等概念的一般化). 因此研究模糊积分要从研究模糊测度开始.

首先, 回顾一下概率测度的概念. 概率的统计定义虽然直观, 但在数学上很不严密, 比如会产生概率悖论等问题. 公理化概率论是以测度论为基础的, 当把随机试验的每一种可能结果归结为抽象空间中的点时, 样本点所组成的集合就是随机事件, 而事件发生的概率不过是度量这些集合大小的一种特定的测度, 这就是概率测度.

所谓概率空间是指三元组 (X, $\mathcal{A}$, P), 其中 X 是基本 (样本) 空间, $\mathcal{A}$ 是 X 上的 σ-代数 (或 Borel 域), P 是概率测度, 严格的定义如下.

定义 2.4.1　设 $\mathcal{A} \subseteq P(X)$, 若满足:

(1) $X \in \mathcal{A}$;

(2) $A \in \mathcal{A} \ \Rightarrow \ A^c \in \mathcal{A}$;

(3) $\forall n \geqslant 1$, $A_n \in \mathcal{A} \ \Rightarrow \ \bigcup_{n=1}^{\infty} A_n \in \mathcal{A}$.

则称 $\mathcal{A}$ 为 σ-代数 (也称为 Borel 域). 称 (X, $\mathcal{A}$) 为可测空间, A 称为可测集.

容易验证: $\varnothing \in \mathcal{A}$; $A_i \in \mathcal{A} \Rightarrow \bigcup_{i=1}^{n} A_i \in \mathcal{A}$; A, $B \in \mathcal{A} \Rightarrow A \bigcap B \in \mathcal{A}$, $A - B \in \mathcal{A}$; $A_n \in \mathcal{A} \Rightarrow \bigcap_{n=1}^{\infty} A_n \in \mathcal{A}$.

定义 2.4.2 若映射 P: $\mathcal{A} \to [0, 1]$ 满足以下条件

(1) $P(\varnothing) = 0, P(X) = 1$;

(2) $\forall m \neq n, A_m \bigcap A_n = \varnothing \Rightarrow P\left(\bigcup_{n=1}^{\infty} A_n\right) = \sum_{n=1}^{\infty} P(A_n)$.

则称 P 为概率测度.

根据上述定义, 概率测度必须满足可加性. 然而, 在许多应用领域, 可加性常不能被满足, 比如在决策科学中, 对事物属性的重要性程度进行量化时, 通常不具有可加性, 下面是一个具体的例子：在购买家用小汽车时, 需要考虑对各种小汽车进行评价, 然后从综合评价优秀的产品中进行选择. 假设仅考虑三个主要因素, 即价格 (x_1)、舒适 (x_2)、速度 (x_3), 由于人们主观性的影响, 某一类人群对相关因素的重要性程度 (看作是一种测度) 确定为

$$\mu(\{x_1\}) = 0.65, \mu(\{x_2\}) = 0.7, \mu(\{x_3\}) = 0.5,$$

$$\mu(\{x_1, x_2\}) = 0.85, \mu(\{x_1, x_3\}) = 0.8, \mu(\{x_2, x_3\}) = 0.8, \mu(\{x_1, x_2, x_3\}) = 1.$$

此时,

$$\mu(\{x_1\} \bigcup \{x_2\}) = \mu(\{x_1, x_2\}) \neq \mu(\{x_1\}) + \mu(\{x_2\}).$$

模糊测度最早由日本学者 M. Sugeno 于 1974 年引入 [93], 在许多领域都有重要应用价值 (参见 [94—100]). 模糊测度可以看成概率测度的推广, 它将可加性放宽为单调性.

若集合序列$\{A_n\}$满足 $A_1 \subseteq A_2 \subseteq \cdots \subseteq A_n \subseteq \cdots$, 则称$\{A_n\}$为单调增序列, 用 $A_n \uparrow$ 表示, 此时定义 $\lim_{n\to\infty} A_n = \bigcup_{n=1}^{\infty} A_n$. 若集合序列$\{A_n\}$满足 $A_1 \supseteq A_2 \supseteq \cdots \supseteq A_n \supseteq \cdots$, 则称$\{A_n\}$为单调减序列, 用 $A_n \downarrow$ 表示, 此时定义 $\lim_{n\to\infty} A_n = \bigcap_{n=1}^{\infty} A_n$.

定义 2.4.3 若映射 m: $\mathcal{A} \to [0, 1]$ 满足以下条件:

(1) $m(\varnothing) = 0, m(X) = 1$;

(2) $A \subseteq B \Rightarrow m(A) \leqslant m(B)$;

(3) $A_n \uparrow (\downarrow) \Rightarrow \lim_{n\to\infty} m(A_n) = m(\lim_{n\to\infty} A_n)$.

则 m 称为模糊测度, $(X, \mathcal{A})$ 称为模糊可测空间, 而 $(X, \mathcal{A}, m)$ 称为模糊测度空间.

模糊测度有多种解释, M. Sugeno 对模糊测度做了这样的解释：设有某个元素 $x \in X$, 我们猜想 x 可能属于 $\mathcal{A}$ 的某个元素 A(即 $A \in \mathcal{A}$, 且 $x \in A$). 这种猜想是不确定的, 是模糊的, 模糊测度 m 就是这种不确定性 (模糊性) 的一个度量. 因此, 若 $A = \varnothing$, 可以肯定 $x \notin A$, 从而 $m(\varnothing)$=0; 若 $A = X$, 则必有 $x \in X$, 从而 $m(X)$=1; 若 $A \subseteq B$, $x \in A$ 的可能性自然比 $x \in B$ 的可能性小, $m(A) \leqslant m(B)$. 综上所述, $m(A)$ 表示了 $x \in A$ 的程度.

一个确定的点对于一个模糊集合的隶属程度, 是经典集合论中点对集合属于关系的一种推广. 模糊测度是普通属于关系的另一种推广, 即一个尚未确定的点 (信息不充分条件下) 对于经典集合的属于关系. 例如, 海底矿藏的测量, 用 $m(A)$ 表示在区域 A 中储藏某矿的最大可能度, x 为测量点, $h(x)$ 表示根据测量点 x 得出的储藏某矿的估计值 (取值范围为 $[0, 1]$), 那么 $m(A)=\sup\limits_{x\in A} h(x)$, 且不难验证 m 符合模糊测度条件.

概率测度是一类模糊测度. 显然, 概率测度满足模糊测度定义中的 (1)、(2), 以下证明概率测度满足条件 (3):

设 $A_1\subseteq A_2\subseteq\cdots\subseteq A_n\subseteq\cdots$, 且 $A=\bigcup\limits_{n=1}^{\infty}A_n$, 则

$$
\begin{aligned}
P(A)=&P\left(\bigcup_{n=1}^{\infty}A_n\right)=P\left[A_1+(A_2-A_1)+\cdots+(A_n-A_{n-1})+\cdots\right]\\
=&P(A_1)+P(A_2-A_1)+\cdots+P(A_n-A_{n-1})+\cdots\\
=&\lim_{n\to\infty}\left[P(A_1)+P(A_2-A_1)+\cdots+P(A_n-A_{n-1})\right]\\
=&\lim_{n\to\infty}P\left[A_1+(A_2-A_1)+\cdots+(A_n-A_{n-1})\right]\\
=&\lim_{n\to\infty}P(A_n).
\end{aligned}
$$

定理 2.4.1　设 m 为可测空间 $(X, \mathcal{A})$ 上的模糊测度. $\forall A, B\in\mathcal{A}$, 有

(1) $m(A\bigcup B)\geqslant m(A)\vee m(B)$;

(2) $m(A\bigcap B)\leqslant m(A)\wedge m(B)$.

证明　由于 $A\bigcup B\supseteq A$, $A\bigcup B\supseteq B$, 根据 m 的单调性可得 $m(A\bigcup B)\geqslant m(A)$, $m(A\bigcup B)\geqslant m(B)$. 于是 $m(A\bigcup B)\geqslant m(A)\vee m(B)$, 即 (1) 成立.

由 $A\bigcap B\subseteq A$, $A\bigcap B\subseteq B$ 和 m 单调性可得 $m(A\bigcap B)\leqslant m(A)$, $m(A\bigcap B)\leqslant m(B)$. 从而 $m(A\bigcap B)\leqslant m(A)\wedge m(B)$, 即 (2) 成立.

2. g_λ 测度

定义 2.4.4　若 $\lambda\in(-1, +\infty)$, g_λ: $\mathcal{A}\to[0, 1]$ 满足条件:

(1) $g_\lambda(X)=1$;

(2) $g_\lambda(A\bigcup B)=g_\lambda(A)+g_\lambda(B)+\lambda g_\lambda(A)g_\lambda(B)$, 这里 $A\bigcap B=\varnothing$;

(3) $A_n\uparrow(\downarrow)\Rightarrow\lim\limits_{n\to\infty}g_\lambda(A_n)=g_\lambda(\lim\limits_{n\to\infty}A_n)$.

则称 g_λ 为 λ-模糊测度, 或 Sugeno 测度.

当 $\lambda=0$ 时 Sugeno 测度就是概率测度.

定理 2.4.2　g_λ 测度是模糊测度.

定理 2.4.3　Sugeno 测度 (g_λ 测度) 具有以下性质:

(1) $g_\lambda(A^c) = \dfrac{1 - g_\lambda(A)}{1 + \lambda g_\lambda(A)}$;

(2) 若 $A \supseteq B$, 则 $g_\lambda(A - B) = \dfrac{g_\lambda(A) - g_\lambda(B)}{1 + \lambda g_\lambda(B)}$;

(3) $\forall i \neq j, A_i \bigcap A_j = \varnothing$, 则 $g_\lambda\left(\bigcup\limits_{n=1}^{\infty} A_n\right) = \dfrac{1}{\lambda}\left[\prod\limits_{n=1}^{\infty}(1 + \lambda g_\lambda(A_n)) - 1\right]$;

(4) $g_\lambda(A \bigcup B) = \dfrac{g_\lambda(A) + g_\lambda(B) - g_\lambda(A \cap B) + \lambda g_\lambda(A) g_\lambda(B)}{1 + \lambda g_\lambda(A \bigcap B)}$.

2.4.2 Sugeno 积分

定义 2.4.5 设 $(X, \mathcal{A})$ 为模糊可测空间, h: $X \to [0, 1]$ 是 X 到单位区间的实函数. 对于 $\lambda \in [0, 1]$, 令 $h_\lambda = \{x \in X: h(x) \geqslant \lambda\}$. 如果对所有 $\lambda \in [0, 1]$ 均有 $h_\lambda \in \mathcal{A}$, 则称 h 为 $\mathcal{A}$-可测函数.

可以证明: 如果 h, h_1,h_2: $X \to [0, 1]$ 均是 $\mathcal{A}$-可测函数, 则 $1-h$, $\min(h_1,h_2)$, $\max(h_1,h_2)$ 也是, 其中

$$(1 - h)(x) = 1 - h(x),$$

$$\min(h_1, h_2)(x) = \min(h_1(x), h_2(x)),$$

$$\max(h_1, h_2)(x) = \max(h_1(x), h_2(x)), \quad \forall x \in X.$$

定义 2.4.6 设 $(X, \mathcal{A}, m)$ 为模糊测度空间, $A \in \mathcal{A}$, h: $X \to [0, 1]$ 是 $\mathcal{A}$-可测函数. 定义 h 在 A 上的 Sugeno 积分为

$$\int_A h \circ m = \sup_{\lambda \in [0,1]} \min[\lambda, m(A \bigcap h_\lambda)].$$

当 $A = X$ 时, $\displaystyle\int_A h \circ m$ 简记为 $\displaystyle\int h \circ m$.

当模糊测度空间 $(X, \mathcal{A}, m)$ 中 $\mathcal{A}$ 正好是 X 的幂集 $P(X)$ 时, Sugeno 积分有简单的表达形式.

定理 2.4.4 如果模糊测度空间 $(X, \mathcal{A}, m)$ 的 Borel 域 $\mathcal{A}$ 为 X 的幂集 $P(X)$, $A \subseteq X$, 则可测函数 h: $X \to [0, 1]$ 的 Sugeno 积分可表达为

$$\int_A h \circ m = \sup_{F \in P(X)} \min[\inf_{x \in F} h(x), m(A \bigcap F)].$$

当 X 为有限集时, Sugeno 积分也可得到简化.

定理 2.4.5 设 $(X, \mathcal{A}, m)$ 为模糊测度空间, $A \in \mathcal{A}$, $X = \{x_1, x_2, \cdots, x_n\}$, 函数 h: $X \to [0, 1]$ 满足

$$h(x_i) \leqslant h(x_{i+1}), \quad 1 \leqslant i \leqslant n - 1,$$

则 h 的 Sugeno 积分可表达为

$$\int_A h \circ m = \max_{i=1}^{n} \min[h(x_i), m(A \bigcap X_i)],$$

这里 $X_i=\{x_j: i \leqslant j \leqslant n\}$, $1\leqslant i \leqslant n$. 当 $A = X$ 时, 上述 Sugeno 积分可表达为

$$\int h \circ m = \max_{i=1}^{n} \min[h(x_i), m(X_i)].$$

注意: 应用定理 2.4.5 时, 如果函数 h 不满足所述条件, 可以重新对 X 中的元素排序编号使条件满足.

Sugeno 积分有如下简单性质, 它们都是 Sugeno 积分定义的直接结果:

(1) $0 \leqslant \int_A h \circ m \leqslant 1$;

(2) 若 $\forall x \in X$ 有 $h_1(x) \leqslant h_2(x)$, 则 $\int_A h_1 \circ m \leqslant \int_A h_2 \circ m$;

(3) 若 $A \subseteq B$, 则 $\int_A h \circ m \leqslant \int_B h \circ m$;

(4) 若 $m(A)$=0, 则 $\int_A h \circ m = 0$;

(5) $\int_A \max(h_1, h_2) \circ m \geqslant \max\left(\int_A h_1 \circ m, \int_A h_2 \circ m\right)$;

(6) $\int_A \min(h_1, h_2) \circ m \leqslant \min\left(\int_A h_1 \circ m, \int_A h_2 \circ m\right)$.

例 2.4.1　考虑商品房选购决策问题. 通过初步筛选, 现需要从两处房产中选择一套购买, 假设对房产的评价主要考虑地理位置、楼层、朝向这三个因素, 分别记为 x_1, x_2, x_3. 令因素集 $X=\{x_1, x_2, x_3\}$, 各因素的重要性程度由专家和购房者确定为

$$m(\varnothing) = 0, \quad m(\{x_1\}) = 0.7, \quad m(\{x_2\}) = 0.5, \quad m(\{x_3\}) = 0.4,$$

$$m(\{x_1, x_2\}) = 0.9, \quad m(\{x_2, x_3\}) = 0.6, \quad m(\{x_1, x_3\}) = 0.8, \quad m(X) = 1.$$

购房者对两套房产三个属性的打分分别是

$$\text{第 1 套} \quad h_1(\{x_1\}) = 0.9, h_1(\{x_2\}) = 0.8, h_1(\{x_3\}) = 0.5;$$

$$\text{第 2 套} \quad h_2(\{x_1\}) = 0.6, h_2(\{x_2\}) = 0.9, h_2(\{x_3\}) = 0.7.$$

试问购房者应选择哪套房产?

解　将房产评价中因素的重要性程度 m 看作因素集 X 上的测度, 容易看出 m 是模糊测度 (不具有可加性). 将购房者对两套房产的打分 h_1, h_2 看作因素集 X

上的函数, 显然 h_1, h_2 是模糊测度空间 $(X, P(X), m)$ 上的可测函数. 这样, 购房者对第 1 套房产的综合评分可用 h_1 在 X 上的 Sugeno 积分表示为 (应用定理 2.4.5, 对 x_1, x_2, x_3 重新排序为 x_3, x_2, x_1)

$$\begin{aligned}&\int h_1\circ m\\&=\max\{\min[h_1(x_3),m(X)],\min[h_1(x_2),m(\{x_2,x_1\})],\min[h_1(x_1),m(\{x_1\})]\}\\&=\max\{\min(0.5,1),\min(0.8,0.9),\min(0.9,0.7)\}\\&=0.8.\end{aligned}$$

购房者对第 2 套房产的综合评分可用 h_2 在 X 上的 Sugeno 积分表示为 (应用定理 2.4.5, 对 x_1, x_2, x_3 重新排序为 x_1, x_3, x_2)

$$\begin{aligned}&\int h_2\circ m\\&=\max\{\min[h_2(x_1),m(X)],\min[h_2(x_3),m(\{x_3,x_2\})],\min[h_2(x_2),m(\{x_2\})]\}\\&=\max\{\min(0.6,1),\min(0.7,0.6),\min(0.9,0.5)\}\\&=0.6.\end{aligned}$$

这说明购房者对第 1 套房产的综合评分更高, 故应选购第 1 套房产.

在上面的例子中, 重要性程度作为测度是不满足可加性的. 当然, 对于满足可加性的测度, Sugeno 积分当然也适用, 请看下面的例子.

例 2.4.2 考虑对大学的评价, 主要考虑四个因素: x_1(表示师资水平), x_2(表示硬件条件), x_3(表示社会影响), x_4(表示校园环境). 专家认为这四个因素的重要性程度分别为 0.5, 0.2, 0.2, 0.1. 假设评价人对某大学各种因素的满意度评分为

$$h(x_1)=0.3,\quad h(x_2)=0.5,\quad h(x_3)=0.7,\quad h(x_4)=0.9.$$

试用 Sugeno 积分表示评价人对该大学的综合评分.

解 取因素集 $X=\{x_1, x_2, x_3, x_4\}$, 将大学评价中因素的重要性程度 m 看作 X 上的测度, 即

$$m(\varnothing)=0,\quad m(\{x_1\})=0.5,\quad m(\{x_2\})=0.2,\quad m(\{x_3\})=0.2,\quad m(\{x_4\})=0.1;$$

对于 X 的其他子集, 按可加性规定其测度, 比如 $m(\{x_1, x_2\})=m(\{x_1\})+m(\{x_2\})=0.7$, $m(\{x_2, x_3\})=m(\{x_2\})+m(\{x_3\})=0.4$, 等等. 这样, $(X, P(X), m)$ 为模糊测度空间, 评价人对该大学的综合评分可用 Sugeno 积分表示为

$$\begin{aligned}&\int h\circ m\\&=\max\{\min[h(x_1),m(X)],\min[h(x_2),m(\{x_2,x_3,x_4\})],\end{aligned}$$

$$
\begin{aligned}
&\min[h(x_3),m(\{x_3,x_4\})],\min[h(x_4),m(\{x_4\})]\} \\
=&\max\{\min(0.3,1),\min(0.5,0.5),\min(0.7,0.3),\min(0.9,0.1)\} \\
=&0.5.
\end{aligned}
$$

上述 Sugeno 积分值的实际意义可理解为：评价人对评价对象各因素的满意度和重视度之间的相容性程度. Sugeno 积分值越大, 表明评价对象的特征同人们对它的要求越接近.

2.4.3　Choquet 积分

1954 年, 法国学者 G. Choquet 提出容度的概念, 并基于此建立了相应的积分理论, 这种积分后来被称为 Choquet 积分. Choquet 容度是一种集函数, 其实质是一种非可加测度. 因此, 下面以模糊测度为基础介绍 Choquet 积分, 需要说明的是：这里仅给出 Choquet 积分的基本定义和简单应用, 对于 Choquet 积分的多种推广形式 (比如被积函数可以取广义实数, 并不要求非负, 还可以是模糊值函数, 等等) 及广泛应用, 请参阅相关文献 (比如 [94, 95, 99, 100]).

定义 2.4.7　设 $(X, \mathcal{A}, m)$ 是模糊测度空间, $A \in\mathcal{A}$, h: $X \to[0, 1]$ 是 $\mathcal{A}$-可测函数. 定义 h 在 A 上的 Choquet 模糊积分为

$$
\int_A^{(\mathrm{C})} h\circ m=\int_0^1 m\left(A\bigcap h_t\right)dt,
$$

其中 h_t=$\{x$: $h(x)\geqslant t\}$, 右端的积分为 Lebesgue 积分. 当 $A=X$ 时, 上述积分简记为 $\int^{(\mathrm{C})} h\circ m$ 且有

$$
\int^{(\mathrm{C})} h\circ m=\int_0^1 m(h_t)dt=\int_0^1 m(\{x:h(x)\geqslant t\})dt.
$$

当论域 X 为有限集时, Choquet 积分有简化的计算方法, 即为以下定理.

定理 2.4.6　设 $(X, \mathcal{A}, m)$ 为模糊测度空间, $A \in\mathcal{A}$, X=$\{x_1,x_2, \cdots, x_n\}$, 函数 h: $X \to[0, 1]$ 满足 (如不满足, 可以重新排列 $h(x_i)$ 使关系式成立)

$$
h(x_i)\leqslant h(x_{i+1}),\quad 1\leqslant i\leqslant n-1,
$$

则 h 的 Choquet 积分可以简化为

$$
\int^{(\mathrm{C})} h\circ m=\sum_{i=1}^n h(x_i)(m(X_i)-m(X_{i+1})),
$$

其中, X_i=$\{x_i , x_{i+1}, \cdots , x_n \}$, $1\leqslant i \leqslant n$, 且 $X_{n+1}=\varnothing$.

Choquet 积分具有如下性质 ($\int^{(C)} h\circ m$ 也常记为 (C) $\int h\circ m$, 故下面用后一记号):

(1) 若 $a\in[0, 1]$, 则 (C) $\int a\circ m=a$(这里, 被积函数指取值为 a 的常函数);

(2) 若 $\forall x\in X$ 有 $h_1(x)\leqslant h_2(x)$, 则 (C) $\int h_1\circ m\leqslant$ (C) $\int h_2\circ m$;

(3) 若 $\forall A\in\mathcal{A}$ 有 $m_1(A)\leqslant m_2(A)$, 则 (C) $\int h\circ m_1\leqslant$ (C) $\int h\circ m_2$;

(4) 若 $a\in[0, 1]$, 则 (C) $\int ah\circ m=a\cdot$ (C) $\int h\circ m$;

(5) (C) $\int h\circ m=\int_0^1 m(\{x:h(x\geqslant t)\})dt=\int_0^1 m(\{x:h(x>t)\})dt$.

例 2.4.3 仍考虑例 2.4.1 中的商品房选购决策问题, 这里用 Choquet 积分进行综合评分.

解 基于模糊测度空间 $(X, P(X), m)$(见例 2.4.1), 购房者对第 1 套房产的综合评分可用 h_1 在 X 上的 Choquet 积分表示为 (应用定理 2.4.6, 对 x_1, x_2, x_3 重新排序为 x_3, x_2, x_1)

$$
\begin{aligned}
\text{(C)}\int h_1\circ m =&h_1(x_3)[m(X)-m(\{x_2,x_1\})]+h_1(x_2)[m(\{x_2,x_1\})\\
&-m(\{x_1\})]+h_1(x_1)[m(\{x_1\})-m(\varnothing)]\\
=&0.5\times(1-0.9)+0.8\times(0.9-0.7)+0.9\times(0.7-0)\\
=&0.84.
\end{aligned}
$$

购房者对第 2 套房产的综合评分可用 h_2 在 X 上的 Choquet 积分表示为 (应用定理 2.4.6, 对 x_1, x_2, x_3 重新排序为 x_1, x_3, x_2)

$$
\begin{aligned}
\text{(C)}\int h_2\circ m =&h_2(x_1)[m(X)-m(\{x_3,x_2\})]+h_2(x_3)[m(\{x_3,x_2\})\\
&-m(\{x_2\})]+h_2(x_2)[m(\{x_2\})-m(\varnothing)]\\
=&0.6\times(1-0.6)+0.7\times(0.6-0.5)+0.9\times(0.5-0)\\
=&0.76.
\end{aligned}
$$

因第 1 套房产的综合评分更高, 故应选购第 1 套房产 (这与例 2.4.1 的决策结果一致).

2.5　模糊蕴涵与模糊逻辑形式系统

2.5.1　什么是模糊逻辑与模糊推理

1. 模糊逻辑简介

二值逻辑是把“真”与“假”,“是”与“非”绝对化, 只允许有 1 和 0 两个值. 对于含有模糊概念的命题, 仅用 1 和 0 两个逻辑值是不够的, 必须在 1 与 0 之间采用其他中间过渡的逻辑值来表示不同真的程度. 比如逻辑值可以为 0.7, 表示一个命题三七开, 七分真三分假, 其真的程度是 0.7. 这样, 模糊逻辑将二值逻辑中命题的真值域{0, 1}扩充为 [0, 1].

用数学的方法研究命题之间的关系、推理、证明等问题的学科叫做数理逻辑, 也叫做符号逻辑. 数理逻辑的特点在于用符号表示命题, 比如用 $A, B, \cdots$ 表示命题, 它们既可以是真命题也可以是假命题; 再引入逻辑联结词 $\neg$, 表示“并非”, 分别用逻辑联结词 $\wedge, \vee$ 与 $\rightarrow$ 表示“并且”“或者”与“蕴涵”, 这样就可以借助上述联结词去表达各种复杂命题了. 例如, 用 A 表示命题“x 是自然数”, 用 B 表示命题“$2x$ 是偶数”, 则 $A \rightarrow B$ 表示命题“如果 x 是自然数, 那么 $2x$ 是偶数”.

在经典逻辑中, 可以根据命题 A, B 的真值简单地得到命题 $\neg A$, $A \wedge B$, $A \vee B$ 及 $A \rightarrow B$ 的真值, 即 (表 2-3 中, 1 表示“真”、0 表示“假”):

表 2-3　经典逻辑真值表

A	$\neg A$
0	1
1	0

$\wedge$	0	1
0	0	0
1	0	1

$\vee$	0	1
0	0	1
1	1	1

$\rightarrow$	0	1
0	1	1
1	0	1

一个自然的问题是: 在模糊逻辑中, 如果已知模糊命题 A, B 的真值 (它们均是 [0, 1] 中的实数), 那么命题 $\neg A$, $A \wedge B$, $A \vee B$ 及 $A \rightarrow B$ 的真值如何计算呢? 有没有相应的计算公式? 真值域从{0, 1}变为 [0, 1], 上述问题变得异常复杂, 这是模糊逻辑的研究课题.

2. 模糊推理概说

逻辑是探索、阐述和确立有效推理原则的学科. 经典逻辑的推理 (规则) 常用的是假言推理、三段论推理. 肯定前件的假言推理规则英文称 MP(modus ponens) 规则, 或称为分离规则:

大前提	若 x 是 A, 则 y 是 B.
小前提	x 是 A.
结论	y 是 B.

作为传统的假言推理的发展和扩充, 基于模糊逻辑的推理 (模糊推理) 的基本形式也有相应的肯定前件式推理 (Generalized Modus Ponens, GMP):

前提 1:	若 x 是 A, 则 y 是 B.
前提 2:	x 是 A'.
结论:	y 是 B'.

注意, 在上述模糊假言推理模式中, 由于涉及模糊概念, 所以 "前提 2" 中用 A' 表示与 A 比较接近的模糊前提, 推理结果是与 B 接近的 B'. 比如下面的推理过程:

前提 1:	如果小轿车在行驶中方向盘明显抖动, 则多半是轮胎没气了.
前提 2:	当方向盘有抖动 (但不明显),
结论:	则驾驶员往往会考虑 "是否轮胎充气不足".

以上是模糊推理 (又称为近似推理) 的基本形式, 它只是逻辑结构形式, 如何对其进行推理计算 (包括其中的模糊概念如何用模糊集表示、如何用模糊蕴涵算子表示 "前提 1"、如何由 "前提 1" 及 "前提 2" 计算出模糊结果, 等等), 这需要认真加以分析和研究.

2.5.2 模糊蕴涵算子与模糊推理三 I 算法

1. 模糊 IF-THEN 规则

我们知道, 任何一种推理都包含有前提 (也称为前件) 和结论 (也称为后件) 这两个部分, 具有 "如果 ··· , 那么 ··· " 的形式, 或称为 IF-THEN 规则.

模糊系统是基于知识或基于规则的系统, 模糊系统的核心是包括模糊 IF-THEN 规则的知识库. 模糊 IF-THEN 规则是 "IF(如果) ··· THEN (那么) ··· " 的陈述句, 其中某些词用模糊集来刻画. 例如, 司机驾车一般采用以下规则:

如果速度慢, 则施加给油门较大的力;

如果速度适中, 则施加给油门正常大小的力;

如果速度快, 则施加给油门较小的力.

可以根据这些规则 (可能需要更多的规则) 来构造和设计一个自动控制汽车速度的控制器. 在汽车控制的 IF-THEN 规则里, 包含 "慢" "较大" "适中" "正常" "快" "较小" 等模糊概念, 自然可以用模糊集来描述.

含有模糊成分的命题称为模糊命题, 比如 “汽车速度慢”. 模糊命题的判断结果常常是非真非假、处于真假之间的模棱两可的状态. 对模糊命题 p, 用 $v(p)$ 表示其真值, 则 $v(p) \in[0, 1]$. 有两种形式的模糊命题: 原子模糊命题与复合模糊命题. 原子模糊命题是简单句 “X is A”, 其中 X 为语言变量, A 为 X 的语言值, A 用论域 X 上的模糊集来表示. 复合模糊命题是原子模糊命题利用联结词 “and” “or” 及 “not” 连接而成的命题, 这些联结词可分别用模糊交、模糊并、模糊补来表示.

模糊 IF-THEN 规则可以表示为如下形式的条件句子: IF ⟨ 模糊命题⟩THEN ⟨ 模糊命题⟩. 这与经典逻辑中用 “蕴涵 →” 词联结两个普通命题类似 (比如, 如果实数 $x>2$, 则 $x^2>4$). 模糊 IF-THEN 规则 $(p \to q)$ 与经典 IF-THEN 规则相比只是 p 与 q 为模糊命题而已.

一个模糊 IF-THEN 规则作为模糊命题, 它的真值如何确定呢? 即如何确定模糊命题 $p \to q$ 的真值? 这显然是一个基本而重要的问题, 但它不像经典逻辑那样能用一个简单的表格来表示, 它有各种不同的解释, 下面将对此做详细讨论.

2. 模糊蕴涵算子

与经典逻辑学不同, 模糊 IF-THEN 规则不能用 1 或 0 这两个值去判断真伪. 比如像 “如果 x 是秃顶, 那么比 x 多一根头发的人也是秃顶”, 很显然它不能算是假命题, 即不能用 0 表示这个命题的真实程度. 另一方面, 也不能用 1 表示这个命题的真实程度, 否则将会产生秃头悖论. 这时应该在 0 与 1 之间选取一个实数 α 表示上述命题的真实程度. 上述 α 究竟取多大呢? 这自然要看 x 秃的程度如何而定. 如果 x 秃得厉害, 比如 x 是连一根头发也没有的人, 则上述命题的真实程度就几乎是 1 了. 相反, 如果 x 只稍微有一点秃, 那么上述命题的真实程度就大为降低, 比如其真实程度仅有 0.4. 这说明模糊 IF-THEN 式的命题的真实程度依赖于前件和后件的真实程度.

一般地, 模糊 IF-THEN 规则常可表达为 “若 A, 则 B”, 或用 $A \to B$ 来表示. 可将 A, B 分别理解为论域 X, Y 上的模糊集, 这样 A, B 的真实程度分别表达为 $A(x)$, $B(y)$. 于是 $A \to B$ 的真实程度可表示成为 $A(x) \to B(y)$. 究竟如何计算 $A(x) \to B(y)$ 呢?

将上述问题更形式化一些, 就是寻找怎样的二元函数 R: $[0, 1]\times[0, 1]\to [0, 1]$, 以便恰当地表达模糊 IF-THEN 规则. 常把这样的二元函数 R 记为 →, 称其为模糊蕴涵算子.

由于现实问题的复杂多样性, 因而众多学者从不同角度提出了各种蕴涵算子, 且基本上都在模糊控制等领域得到不同程度的应用. 下面就其中较流行的模糊蕴涵算子做一介绍.

Mamdani 蕴涵算子: $x \to y = x \wedge y$, 或 $x \to y=xy$.

Zadeh 蕴涵算子：$x \to y = (1-x) \vee (x \wedge y)$.

Kleene-Dienes 蕴涵算子：$x \to y = (1-x) \vee y$.

Yager 蕴涵算子：$x \to y = y^x$.

Lukasiewicz 蕴涵算子：$x \to y = \min\{1, 1-x+y\}$.

Gödel 蕴涵算子：当 $x \leqslant y$ 时, $x \to y = 1$; 当 $x > y$ 时, $x \to y = y$.

乘积蕴涵算子 (又称为 Goguen 蕴涵算子)：当 $x=0$ 时 $x \to y=1$; 当 $x > 0$ 时 $x \to y = \min\{1, y/x\}$.

Wang 蕴涵算子 (又称为 R_0 蕴涵算子, 修正的 Kleene 蕴涵算子)：

$$x \to y = \begin{cases} 1, & x \leqslant y, \\ (1-x) \vee y, & x > y. \end{cases}$$

例 2.5.1　用模糊蕴涵算子表示 "小费问题" 中的基本规则. 在国外饭店就餐后一般需要付给侍者小费, 多少小费是 "合适" 的呢？通常, 人们遵循以下基本规则：

(1) 当服务很差的时候, 小费比较少;

(2) 当服务比较好的时候, 小费中等;

(3) 当服务非常好的时候, 小费比较高.

可将上述规则表达成模糊蕴涵关系, 下面以第 2 条规则为例进行说明. 分别用模糊集表示 "服务比较好" "小费中等" (它们被认为是语言变量 "服务质量" "小费额度" 的语言值), 其中 "服务好" 采用高斯隶属度函数 (称为模糊集 A, 参数取为 1.5, 5, 论域为 [0, 10]), "小费中等" 采用三角形隶属度函数 (称为模糊集 B, 参数取为 0.1, 0.15, 0.2, 论域为 [0, 0.3]). 用 MATLAB 绘制隶属函数如图 2-18 所示.

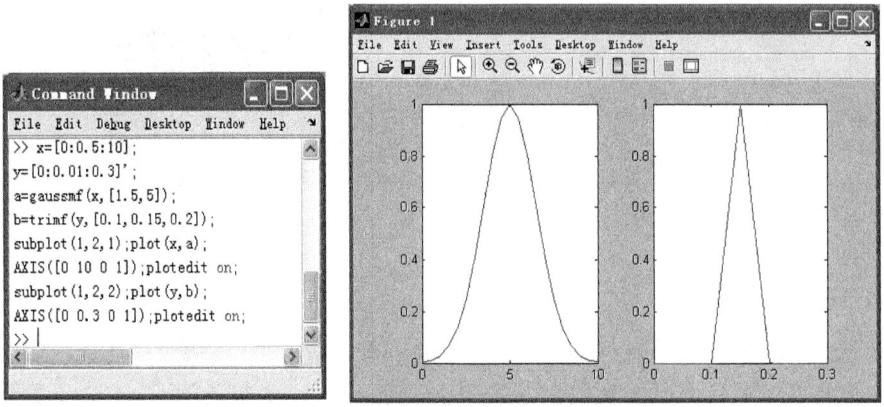

图 2-18　用模糊集表示规则中的模糊概念

如果选用 Mamdani 蕴涵算子 (取小运算) 表示蕴涵关系, 则前述规则 “当服务比较好的时候, 小费中等” 可用二元函数 $A(x) \to B(y) = A(x) \wedge B(y)$ 表示, 如图 2-19 所示. 如果选用 Lukasiewicz 蕴涵算子表示蕴涵关系, 则前述规则 “当服务比较好的时候, 小费中等” 可用二元函数 $A(x) \to B(y)= \min\{1, 1-A(x)+B(y)\}$表示, 如图 2-20 所示.

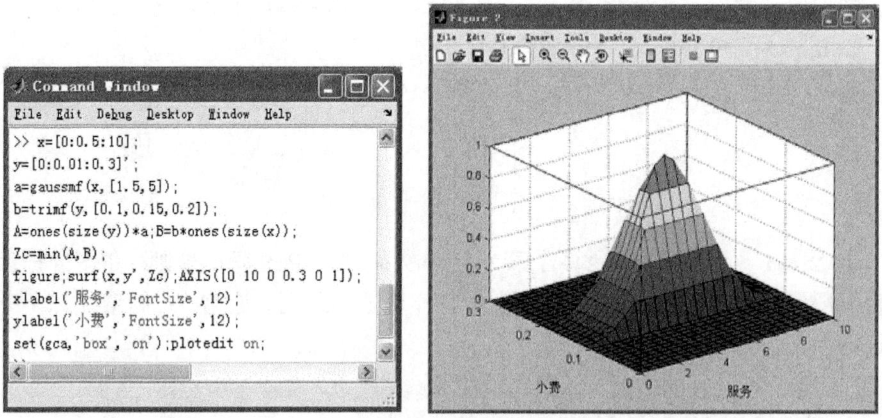

图 2-19　用蕴涵算子表示模糊 IF-THEN 规则 (一)

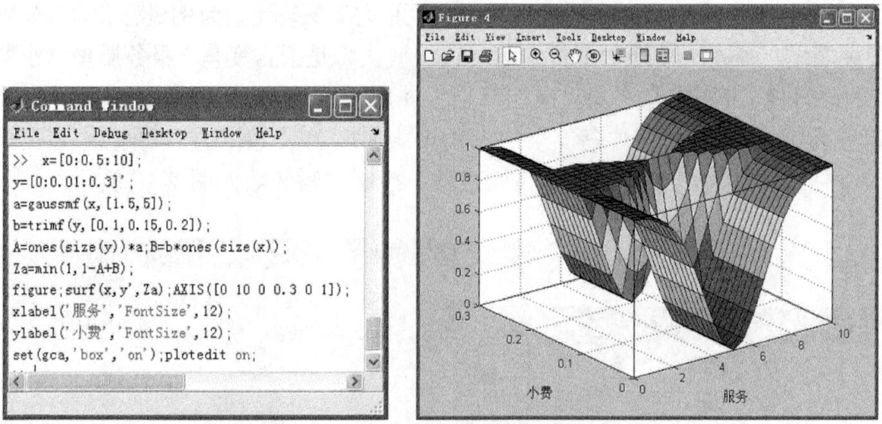

图 2-20　用蕴涵算子表示模糊 IF-THEN 规则 (二)

3. 剩余蕴涵

上述蕴涵算子可分为两大类: 一类被称为布尔型蕴涵, 其特点是将真值限制在二值情况下与经典蕴涵的真值表一致, 比如 Lukasiewicz 蕴涵算子、Gödel 蕴涵算子、乘积蕴涵算子、Wang 蕴涵算子. 另一类是 “非布尔型蕴涵”, 比如 Mamdani 蕴涵 ($x \to y = x \wedge y$, 或 $x \to y=xy$), 因为 $0\to1=0\neq1$.

后一类蕴涵算子, 从逻辑上看或从数学上看似乎有不足之处, 但它们在一些模糊控制器的设计中有重要作用. 对这一点, 王立新在其著作 [76] 中写道: Mamdani 蕴涵含义是在模糊系统与模糊控制中使用最广泛的含义. 其成立的论据是, 模糊 IF-THEN 规则为局部含义. 尽管, 也许有一些人不同意这一观点. 如, 有人可能认为, 当说 "速度快则阻力很大" 时, 其内在含义是 "速度慢则阻力小". 从这个意义上讲, 模糊 IF-THEN 规则又是非局部的. 这种争论表明, 当用模糊 IF-THEN 规则来表达人类知识时, 不同的人会有不同的解释. 因此, 要用不同的含义来处理不同的问题.

在布尔型蕴涵算子中, 与 t-模密切相关的 "剩余蕴涵" 受到学术界的重视.

定义 2.5.1 设 $\otimes$ 为 t-模, 则如下定义的蕴涵算子 $\rightarrow$: $[0, 1]\times[0, 1]\rightarrow[0, 1]$ 称为由 $\otimes$ 诱导的剩余蕴涵 (R-蕴涵):

$$b \rightarrow c = \vee\{x|x \otimes b \leqslant c\}, \quad \forall b, c \in [0,1].$$

简单地说, 剩余蕴涵就是与一个 t-模相伴的蕴涵. 容易验证, 剩余蕴涵还可如下定义.

设 $\otimes$ 为 t-模, 如果算子 $\rightarrow$:$[0, 1]\times[0, 1] \rightarrow[0, 1]$ 满足以下条件, 则称 $\rightarrow$ 为由 $\otimes$ 诱导的剩余蕴涵:

$$a \otimes b \leqslant c \text{当且仅当} a \leqslant b \rightarrow c, \forall a, b, c \in [0,1].$$

当 $\rightarrow$ 是与一个 t-模 $\otimes$ 相伴的剩余蕴涵时, 称 $(\otimes, \rightarrow)$ 为伴随对. 容易验证, 以下各组互为伴随 (表 2-4).

表 2-4 t-模及其相伴的剩余蕴涵

	t-模	蕴涵算子
Lukasiewicz	$a \otimes b = (a + b - 1) \vee 0$	$a \rightarrow b = (1 - a + b) \wedge 1$
Gödel	$a \otimes b = a \wedge b$	$a \leqslant b$时$a \rightarrow b = 1$; $a > b$时$a \rightarrow b = b$
乘积或 Goguen	$a \otimes b = ab$	$a = 0$时$a \rightarrow b = 1$; $a > 0$时$a \rightarrow b = (b/a) \wedge 1$
R_0(Wang)	$a + b > 1$时$a \otimes b = a \wedge b$; $a + b \leqslant 1$时$a \otimes b = 0$.	$a \leqslant b$时$a \rightarrow b = 1$; $a > b$时$a \rightarrow b = (1 - a) \vee b$

以 Lukasiewicz 蕴涵为例证明它与相应的 t-模相伴, 这时 $a \otimes b=(a + b-1)\vee0$, $a \rightarrow b = (1 - a + b)\wedge1$. 只需证明 $a \otimes b \leqslant c$ 当且仅当 $a \leqslant b \rightarrow c$, $\forall a, b, c \in[0, 1]$.

设 $a \otimes b \leqslant c$, 则 $(a + b-1)\vee0\leqslant c$, 从而 $a + b-1\leqslant c$, 即 $a \leqslant 1 - b + c$. 又, 显然有 $a \leqslant1$, 故 $a \leqslant (1 - b + c)\wedge1$. 即 $a \leqslant b \rightarrow c$. 反之, 设 $a \leqslant b \rightarrow c$, 则 $a \leqslant (1 - b + c)\wedge1$, 从而 $a \leqslant 1 - b + c$, 即 $a + b-1\leqslant c$. 又, 显然有 $0\leqslant c$, 故 $(a + b-1)\vee0\leqslant c$, 即 $a \otimes b \leqslant c$.

定理 2.5.1　设 $\otimes$ 为 t-模, $\to$ 是由 $\otimes$ 诱导的剩余蕴涵. 则以下结论成立 ($\forall a, b, c \in[0, 1]$):

(1) $1\to c = c$;

(2) $b \to c=1$ 当且仅当 $b \leqslant c$;

(3) $a \leqslant b \to c$ 当且仅当 $b \leqslant a \to c$;

(4) $a \to (b \to c) = b \to (a \to c)$.

4. **模糊推理的 CRI 方法**

前面已对模糊推理作了初步介绍, 这里详细讨论 GMP(广义假言推理, 也称为模糊假言推理 FMP) 问题的求解方法, 并简化为下述形式:

已知	$A \to B$	(大前提)
且给定	A^*	(小前提)
求	B^*	(结论)

早在 1973 年, L.A. Zadeh 就提出了求解上述 GMP 问题的 Compositional Rule of Inference(合成推理规则), 又称为 CRI 方法. 其步骤如下:

(1) 分别选取论域 X 与 Y 上的模糊集 $A(x)$, $A^*(x)$ 与 $B(y)$, $B^*(y)$ 表示命题 A, A^* 与 B, B^*.

(2) 选取一个蕴涵算子 $\to$, 把大前提 $A \to B$ 转化为一个 $X \times Y$ 上的模糊关系: $A(x) \to B(y)$. 当初 Zadeh 本人选取的蕴涵算子是: $a \to b =(1-a) \vee (a \wedge b)$.

(3) 将 $A^*(x)$ 与上述模糊关系进行复合即得 $B^* = A^* \circ (A \to B)$. 通常 $\circ$ 选为 “取大取小” 复合运算, 即 $B^*(y) = \vee_{x\in X}\{A^*(x)\wedge[A(x) \to B(y)]\}$, $\forall y \in Y$.

注意, 当 X 与 Y 为有限集时, $X \times Y$ 上的模糊关系 $\to$ 可用模糊矩阵表示, 而 A^* 可用向量表示 (维数为 $|X|$), 从而 $A^* \circ (A \to B)$ 也为向量 (维数为 $|Y|$). 另外, 应用中可选其他复合运算 (如取某个 t-模代替 $\wedge$).

例 2.5.2　设论域 X 与 Y 均为有限集$\{1, 2, 3, 4, 5\}$, A, B, A^* 分别是 X, Y 上的模糊集:

A=1/1+0.7/2+0.4/3　(代表 “小”),

B=0.4/3+0.7/4+1/5　(代表 “大”),

A^*=1/1+0.7/2+0.4/3+0.2/4　(相当于 “较小”).

试根据规则 “若 A 则 B” 及 A^* 确定 $B^* \in F(Y)$.

解　选取 Zadeh 蕴涵算子, 并应用 CRI 方法. 用矩阵 R 表示模糊蕴涵关系 $A \to B$ 如下:

$$R = (r_{ij})_{5\times 5} = (A(x_i) \to B(y_j))_{5\times 5} = \{[1 - A(x_i)] \vee [A(x_i) \wedge B(y_j)]\}_{5\times 5};$$

$$R=\begin{bmatrix} 0 & 0 & 0.4 & 0.7 & 1 \\ 0.3 & 0.3 & 0.4 & 0.7 & 0.7 \\ 0.6 & 0.6 & 0.6 & 0.6 & 0.6 \\ 1 & 1 & 1 & 1 & 1 \\ 1 & 1 & 1 & 1 & 1 \end{bmatrix}.$$

于是, B^* 作为 Y 上的模糊集可用如下向量表示:

$$A^*\circ(A\to B)=A^*\circ R=(1,0.7,0.4,0.2,0)\circ R=(0.4,0.4,0.4,0.7,1).$$

即 B^*=0.4/1+0.4/2+0.4/3+0.7/4+1/5. 这相当于 “较大”, 与人们的日常思维相吻合.

例 2.5.3 人工调节淋浴水温, 有如下的经验规则: 如果水温低, 则热水阀应开大. 试问水温为 “非常低” 时, 应怎样调节热水阀? (这里不考虑冷水阀, 认为其固定不变)

解 取论域 X 与 Y 均为{1, 2, 3, 4, 5}, 分别表示水温和热水阀的五个等级. 设 A 表示 X 上的模糊集 “水温低”, A=1/1+0.5/2+0.33/3+0.25/4+0.2/5. 设 B 表示 Y 上的模糊集 “开大热水阀”, B=0.2/1+0.4/2+0.6/3+0.8/4+1/5. 用 IF-THEN 规则表述题目中的经验就是: 如果 x 是 A, 则 y 是 B. 以下取 A^* 为 “非常低” 来计算对应的 B^*.

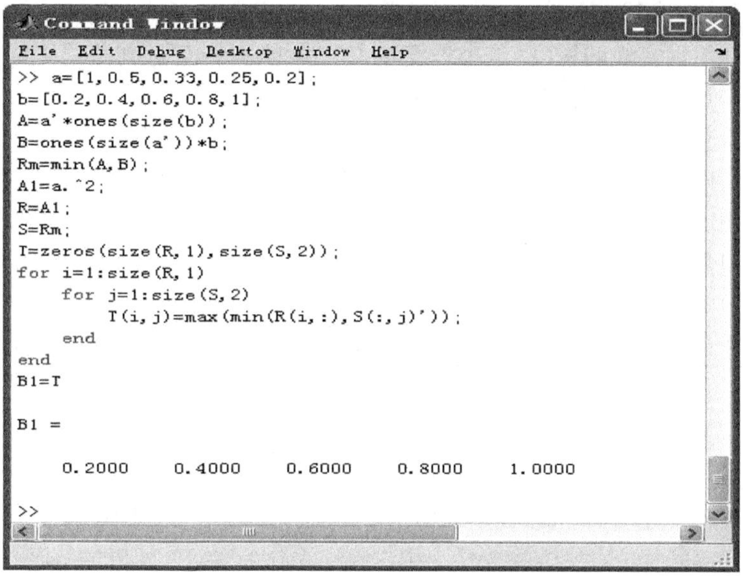

```
>> a=[1,0.5,0.33,0.25,0.2];
b=[0.2,0.4,0.6,0.8,1];
A=a'*ones(size(b));
B=ones(size(a'))*b;
Rm=min(A,B);
A1=a.^2;
R=A1;
S=Rm;
T=zeros(size(R,1),size(S,2));
for i=1:size(R,1)
    for j=1:size(S,2)
        T(i,j)=max(min(R(i,:),S(:,j)'));
    end
end
B1=T

B1 =

    0.2000    0.4000    0.6000    0.8000    1.0000

>>
```

图 2-21 模糊推理 CRI 方法示例

对于 “非常低”, 取为 A^2, 即

$$非常低 = 1/1 + 0.25/2 + 0.1089/3 + 0.0625/4 + 0.04/5.$$

对于蕴涵算子, 取为 Mamdani 算子 (即取小运算). 合成运算取为通常的 “取大取小”. 按 CRI 方法求解, 得到如图 2-21 所示的结果, 表明对应的 B^* 为 “开大热水阀”.

5. 模糊推理的三 I 算法

王国俊教授指出：事实上, 在 CRI 方法的第二步中, 用蕴涵算子表达大前提 $A \to B$ 是合理的, 它正好反映了 A 蕴涵 B 的程度. 但 CRI 方法的第三步通过将 A^* 与 $A \to B$ 做复合而给出 B^* 似无逻辑依据. 另一方面, FMP 应当是 MP 的推广, 故当 A^* 正好是 $A \to B$ 中的 A 时, 结论 B^* 应当等于 B(如果一种 FMP 算法具有这种性质, 则称它具有还原性). CRI 方法不具有还原性.

上述分析说明, CRI 方法是有缺陷的. 以下介绍由王国俊教授创立的三 I 算法 (由于在推理过程中三次运用了蕴涵 Implication, 故得名三 I).

1) 蕴涵算子的一个基本条件

前述的大部分蕴涵算子均满足如下条件：$a \leqslant b$ 当且仅当 $a \to b$=1, 称之为蕴涵算子的基本条件.

此条件可以用一个具体的例子加以说明：“如果 x 是三好学生, 那么 x 是合格学生”. 另外, 上述基本条件可以如下理解：把 a, b 分别理解为 IF-THEN 命题 P 的前件与后件得以实现的程度, 这个程度越大表示越容易实现, 则命题 P 的真度为 1 的充要条件是后件比前件容易实现.

2) 三 I 原则

首先考虑如下问题：假设结论 Q 有两个前提条件 P_1 和 P_2, 即 Q 是由 P_1 和 P_2 联合推出的. 则 $P_1 \to (P_2 \to Q)$ 真值应满足什么条件?

一个自然的答案是：P_1 应当全力支持 $P_2 \to Q$, 即 $P_1 \to (P_2 \to Q)$ 应有最大的真度 1.

现在考虑模糊 MP 问题, 其本质是由大前提 $A(x) \to B(y)$ 和小前提 $A^*(x)$ 联合推出 $B^*(y)$. 由上面的分析, $B^*(y)$ 应满足：

$$(A(x) \to B(y)) \to (A^*(x) \to B^*(y)) = 1, \quad x \in X, y \in Y.$$

满足上述条件的 $B^*(y)$ 自然很多, 比如取 $B^*(y)$=1($\forall y \in Y$), 则由蕴涵算子的基本条件知上述等式成立. 从这些 $B^*(y)$ 中选哪一个作为 FMP 问题的解呢? 王国俊教授认为应选恰好能由大、小前提所推出的那个, 即满足上述等式的最小模糊集.

三 I 原则：FMP 的结论 B^* 应是 Y 的满足上述条件的最小模糊集.

那么, 三 I 原则中的最小模糊集是什么呢? 下面的三 I 算法给出了确切的结论.

定理 2.5.2 设 $\rightarrow$ 为蕴涵算子, $\otimes$ 是与 $\rightarrow$ 伴随的 t-模, 则在三 I 原则下 FMP 的结论 B^* 由下式给出:

(三 I) $B^*(y)=\sup\{A^*(x)\otimes(A(x)\rightarrow B(y)) \colon x\in X\}$, $y\in Y$.

证明 首先证明 B^* 满足以下条件:

$$\text{(C)}\quad (A(x)\rightarrow B(y))\rightarrow(A^*(x)\rightarrow B^*(y))=1,\quad x\in X, y\in Y.$$

事实上, 由 B^* 的定义知 $A^*(x)\otimes(A(x)\rightarrow B(y))\leqslant B^*(y)$, 根据 $(\rightarrow,\otimes)$ 为伴随对得 $A(x)\rightarrow B(y)\leqslant A^*(x)\rightarrow B^*(y)$, 于是, 据蕴涵算子的基本条件知条件 (C) 成立.

下证 (三 I) 给出的 B^* 是满足条件 (C) 的最小模糊集. 设 $C(y)$ 是 Y 上的任意模糊集且满足条件 (C), 即 $(A(x)\rightarrow B(y))\rightarrow(A^*(x)\rightarrow C(y))=1$, $x\in X$, $y\in Y$. 则由剩余蕴涵算子的基本性质知

$$A(x)\rightarrow B(y)\leqslant A^*(x)\rightarrow C(y),$$

再由 $(\rightarrow,\otimes)$ 的伴随性得 $A^*(x)\otimes(A(x)\rightarrow B(y))\leqslant C(y)$, 从而 $C(y)$ 是集合$\{A^*(x)\otimes(A(x)\rightarrow B(y))\colon x\in X\}$的上界. 而由 (三 I) 知 $B^*(y)$ 是这个集合的上确界, 所以 $B^*(y)\leqslant C(y)$. 这说明 B^* 是满足条件 (C) 的最小模糊集. 于是, 由 (三 I) 确定的 B^* 是 FMP 问题的解.

3) 三 I 算法的还原性

前面已指出 CRI 方法不具有还原性, 但在很弱的条件下三 I 算法具有还原性.

定理 2.5.3 设在 FMP 问题中 A^* 等于 A 且 A 是正规模糊集, 则按三 I 算法求得的 B^* 正好等于 B.

证明 由三 I 算法知当 $A^*=A$ 时有 $B^*(y)=\sup\{A(x)\otimes(A(x)\rightarrow B(y))\colon x\in X\}$, $y\in Y$. 而由 $A(x)\rightarrow B(y)\leqslant A(x)\rightarrow B(y)$ 及 $(\rightarrow,\otimes)$ 为伴随对得 $A(x)\otimes(A(x)\rightarrow B(y))\leqslant B(y)$, 从而 $B^*(y)\leqslant B(y)$, $y\in Y$.

另一方面, 因为 $A(x)$ 为正规模糊集, 所以存在 $x_0\in X$ 使得 $A(x_0)=1$. 于是由 $B^*(y)$ 的表达式得

$$B^*(y)\geqslant A(x_0)\otimes(A(x_0)\rightarrow B(y))=1\otimes(1\rightarrow B(y))=1\rightarrow B(y)=B(y), y\in Y.$$

所以 $B^*(y)=B(y)$, $y\in Y$.

例 2.5.4 设 $X=Y=[0,1], A(x)=(x+2)/3, B(y)=1-y$, $A^*(x)=1-x$. 试按三 I 算法和 R_0 蕴涵算子求 B^*.

解 首先, 对于与 R_0 蕴涵算子相对应的 t-模 $\otimes_0$ 有

$$当a+b>1时a\otimes_0 b=\min\{a,b\}; 当a+b\leqslant 1时a\otimes_0 b=0.$$

故, 对于 R_0 蕴涵算子, 三 I 算法中的 (三 I) 可表示为 $B^*(y)=\sup\{A^*(x)\wedge(A(x)\to B(y)): x\in X_1\}$, 这里 $X_1=\{x\in X: 1-A^*(x)<A(x)\to B(y)\}$. 对于本例而言, $B^*(y)=\sup\{A^*(x)\wedge(A(x)\to B(y)): x\in X_1\}$, 这里 $X_1=\{x\in[0,1]: x<[(x+2)/3\to(1-y)]\}$.

为计算 $B^*(y)$, 下面分两种情况讨论:

(1) 设 $y>1/3$, 则 $(x+2)/3>1-y$, 从而 $(x+2)/3\to(1-y)=(1-x)/3\vee(1-y)$. 注意到 $0\in X_1$, 故

$$\begin{aligned}B^*(y)&=\sup\{A^*(x)\wedge(A(x)\to B(y)): x\in X_1\}\\&=\sup\{(1-x)\wedge((1-x)/3\vee(1-y)): x\in X_1\}=1/3\vee(1-y).\end{aligned}$$

即当 $y>1/3$ 时, $B^*(y)=1/3\vee(1-y)$.

(2) 设 $y\leqslant 1/3$, 则 $(x+2)/3\leqslant 1-y$. 此时, 仍有 $0\in X_1$ 且 $(0+2)/3\to(1-y)=1$. 于是

$$B^*(y)=\sup\{A^*(x)\wedge(A(x)\to B(y)): x\in X_1\}\geqslant(1-0)\wedge 1=1,$$

即此时 $B^*(y)=1$. 所以

$$B^*(y)=\begin{cases}1, & y\leqslant\dfrac{1}{3},\\ \dfrac{1}{3}\vee(1-y), & y>\dfrac{1}{3}.\end{cases}$$

6. α-三 I 算法

三 I 算法还有一个优点, 就是容易推广, 即按一定的 “支持度” 求得最优解, 这就是 α-三 I 算法 [101].

三 I 算法的核心思想是 $A(x)\to B(y)$ 全力支持 $A^*(x)\to B^*(y)$, 并取最大支持度为 1. 若要求以某种程度的支持度 (比如 α 量级, $\alpha\in[0,1]$), 则相应的有 α-三 I 解.

定义 2.5.2　设 $A^*, A\in F(X)$, $B\in F(Y)$, $\alpha\in[0,1]$. 则满足以下条件的 Y 上的最小模糊集 B^* 称为 FMP 问题的 α-三 I 解:

$$(A(x)\to B(y))\to(A^*(x)\to B^*(y))\geqslant\alpha,\quad x\in X, y\in Y.$$

定理 2.5.4 (α-三 I 算法)　设 $\to$ 为蕴涵算子, $\otimes$ 是与 $\to$ 伴随的 t-模, $\alpha\in[0,1]$, 则 FMP 问题的 α-三 I 解 B^* 可由下式给出:

$$B^*(y)=\sup\{A^*(x)\otimes(A(x)\to B(y))\otimes\alpha: x\in X\}, y\in Y.$$

证明　首先证明 B^* 满足以下条件

(Cα)　$(A(x)\to B(y))\to(A^*(x)\to B^*(y))\geqslant\alpha, x\in X, y\in Y.$

事实上, 由 B^* 的定义知 $A^*(x)\otimes(A(x)\to B(y))\otimes\alpha\leqslant B^*(y)$, 根据 $(\to,\otimes)$ 为伴随对得

$$(A(x)\to B(y))\otimes\alpha\leqslant A^*(x)\to B^*(y),\quad \alpha\leqslant(A(x)\to B(y))\to(A^*(x)\to B^*(y)),$$

于是, 条件 (Cα) 成立.

设 $C(y)$ 是 Y 上的任意模糊集且满足条件 (Cα), 即

$$(A(x)\to B(y))\to(A^*(x)\to C(y))\geqslant\alpha,\quad x\in X,y\in Y.$$

则由 $(\to,\otimes)$ 的伴随性得

$$(A(x)\to B(y))\otimes\alpha\leqslant A^*(x)\to C(y), A^*(x)\otimes(A(x)\to B(y))\otimes\alpha\leqslant C(y),$$

从而 $C(y)$ 是集合$\{A^*(x)\otimes(A(x)\to B(y))\otimes\alpha\colon x\in X\}$的上界. 而 $B^*(y)$ 是这个集合的上确界, 所以 $B^*(y)\leqslant C(y)$. 这说明 B^* 是满足条件 (Cα) 的最小模糊集. 于是, B^* 是 FMP 问题的 α-三 I 解.

同理, 可以证明 α-三 I 算法也具有还原性.

2.5.3 剩余格与 t-模基模糊逻辑

1. 剩余格

定义 2.5.3 设 $(P,\leqslant)$ 是偏序集, P 上的二元运算 $\otimes$ 与 $\to$ 叫做互为伴随, 若以下条件成立:

(M0) $\otimes$:$P\times P\to P$ 是单调递增的;

(R0) $\to$:$P\times P\to P$ 关于第一个变量是不增的, 关于第二个变量是不减的;

(A) $a\otimes b\leqslant c$ 当且仅当 $a\leqslant b\to c$, a, b, $c\in P$.

这时, $(\otimes,\to)$ 叫做 P 上的伴随对.

命题 2.5.1 设 $(P,\leqslant)$ 是偏序集, $(\otimes,\to)$ 是 P 上的伴随对, $a\in P$. 则下列条件成立 (当两边出现的并或交都存在时)

$$(\mathrm{M1})(\bigvee_i x_i)\otimes a=\bigvee_i(x_i\otimes a),\quad (\mathrm{R1})a\to\bigwedge_i y_i=\bigwedge_i(a\to y_i).$$

定理 2.5.5 设 L 是完备格, 其最小元、最大元记为 0 和 1.

(i) 设映射 $\otimes$: $L\times L\to L$ 满足条件 (M0) 和 (M1), 则有满足 (R0) 的唯一映射 $\to$:$L\times L\to L$ 使 (A) 成立, 且 $x\to y=\sup\{a\in L|a\otimes x\leqslant y\}$, x, $y\in L$.

(ii) 设映射 $\to$:$L\times L\to L$ 满足条件 (R0) 和 (R1), 则有满足 (M0) 的唯一映射 $\otimes$:$L\times L\to L$ 使 (A) 成立, 且 $x\otimes y=\inf\{a\in L|x\leqslant y\to a\}$, x, $y\in L$.

定理 2.5.6　设 $(P, \leqslant)$ 是偏序集, $(\otimes, \to)$ 是 P 上的伴随对, 则下列条件 (Mi) 与 (Ri) 等价 ($i = 2, 3, \cdots, 8$; 对于 i=2, 指当等式两边出现的并或交都存在时等式成立)

(M2) $a \otimes (\bigvee\limits_i x_i) = \bigvee\limits_i (a \otimes x_i)$.	(R2) $(\bigvee\limits_i y_i) \to a = \bigwedge\limits_i (y_i \to a)$.
(M3) $(a \otimes b) \otimes c \leqslant a \otimes (b \otimes c)$.	(R3) $b \to c \leqslant (a \to b) \to (a \to c)$.
(M4) $a \otimes 1 = a$.	(R4) $a = 1 \to a$.
(M5) $1 \otimes a = a$.	(R5) $a \leqslant b$ 当且仅当 $a \to b = 1$.
(M6) $a \otimes b = b \otimes a$.	(R6) $a \leqslant b \to c$ 当且仅当 $b \leqslant a \to c$.
(M7) $(a \otimes b) \otimes c \geqslant a \otimes (b \otimes c)$.	(R7) $a \to b \leqslant (a \otimes c) \to (b \otimes c)$.
(M8) $(a \otimes b) \otimes c = a \otimes (b \otimes c)$.	(R8) $(a \otimes b) \to c = a \to (b \to c)$.

定义 2.5.4　有界格 L 叫可换剩余格 (commutative residuated lattice), 若

(i) L 上有伴随对 $(\otimes, \to)$;

(ii) $(L; \otimes, 1)$ 是带单位元 1 的交换半群, 这里 1 是 L 的最大元.

文献 [56] 中的 Definition 2.3.2 也给出可换剩余格一个定义, 可以证明这两者是等价的, 即有以下定理.

定理 2.5.7　具有 4 个二元运算和两个常元的代数结构 $(L; \wedge, \vee, \otimes, \to, 0, 1)$ 是可换剩余格, 当且仅当满足:

(i) $(L; \wedge, \vee, 0, 1)$ 是有界格, 相应的序为 $\leqslant$, 0, 1 分别是最小元和最大元;

(ii) $(L; \otimes, 1)$ 是具有单位 1 的可换半群;

(iii) $\forall a, b, c \in L, a \otimes b \leqslant c$ 当且仅当 $a \leqslant b \to c$.

定理 2.5.8　设 $(L; \otimes, \wedge, \vee, \to, 0, 1)$ 是可换剩余格, 则 $(\forall x, y, z \in L)$

(1) $x \leqslant y \to x$;

(2) $x \vee y \leqslant [(x \to y) \to y] \wedge [(y \to x) \to x]$;

(3) $x \to y \leqslant (x \vee z) \to (y \vee z)$;

(4) $x \otimes (y \wedge z) \leqslant (x \otimes y) \wedge (x \otimes z)$;

(5) $x \to y \leqslant (x \wedge z) \to (y \wedge z)$.

2. 连续 t-模与模糊逻辑形式系统BL

基本逻辑系统 **BL**(basic logic) 由 P.Hájek 提出 (参见 [56]), 已被证明是所有连续 t-模基逻辑的公共完备公理化系统 (参见文献 [102, 103]).

定义 2.5.5　对于给定的连续 t-模 $*$, 命题演算系统 $PC(*)$ 具有命题变元 p_1, $p_2, \cdots$, 联结词&, $\to$ 和真值常量 $\bar{0}$. 公式 (formula) 如下定义: 每一个命题变元是公式; $\bar{0}$ 是公式; 如果 φ, ψ 是公式, 则 $\varphi \& \psi$, $\varphi \to \psi$ 是公式. 其他联结词定义如下:

$\varphi \wedge \psi$ 即是 $\varphi \& (\varphi \to \psi)$,

$\varphi\vee\psi$ 即是 $((\varphi\to\psi)\to\psi)\wedge((\psi\to\varphi)\to\varphi)$,

$\neg\varphi$ 即是 $\varphi\to\bar{0}$,

$\varphi\equiv\psi$ 即是 $(\varphi\to\psi)\&(\psi\to\varphi)$.

一个命题变元的赋值 (evaluation) 是一个作用于每个命题变元 p 的映射 e, $e(p)\in[0,1]$. e 可如下唯一扩展到所有公式:

$$e(\bar{0})=0, e(\varphi\to\psi)=e(\varphi)\ \Rightarrow\ e(\psi), e(\varphi\&\psi)=e(\varphi)*e(\psi).$$

这里 $\Rightarrow$ 是与 t-模 $*$ 相伴的蕴涵算子 (以后用 $\to$ 表示 $\Rightarrow$).

命题 2.5.2 对任意的公式 φ, ψ 及赋值 e 有

$e(\varphi\wedge\psi)=\min(e(\varphi),e(\psi)),\quad e(\varphi\vee\psi)=\max(e(\varphi),e(\psi))$.

定义 2.5.6 公式 φ 称为是 $PC(*)$ 的 1-重言式, 如果对任意的赋值 e 有 $e(\varphi)=1$.

P.Hájek 提出的如下形式系统**BL**对近年模糊逻辑的发展起着重要作用, 其中 **BL** 是英文 Basic Logic 的缩写, 意指 "基于连续 t-模的命题演算系统的公共基础", 文献 [56] 中的原文如下: "we are going to choose some formulars that are 1-tautologies of every $PC(*)$ (for any continuous t-norm) for our axioms and develop a logic that is a common base of all the logics $PC(*)$."

定义 2.5.7 以下公式是基本逻辑系统 **BL** 的公理:

(A1) $(\varphi\to\psi)\to((\psi\to\chi)\to(\varphi\to\chi))$,

(A2) $(\varphi\&\psi)\to\varphi$,

(A3) $(\varphi\&\psi)\to(\psi\&\varphi)$,

(A4) $(\varphi\&(\varphi\to\psi))\to(\psi\&(\psi\to\varphi))$,

(A5a) $(\varphi\to(\psi\to\chi))\to((\varphi\&\psi)\to\chi)$,

(A5b) $((\varphi\&\psi)\to\chi)\to(\varphi\to(\psi\to\chi))$,

(A6) $(\varphi\to(\psi\to\chi))\to(((\psi\to\varphi)\to\chi)\to\chi)$,

(A7) $\bar{0}\to\varphi$.

BL 系统的推理规则是 MP 规则, 即由 φ 及 $\varphi\to\psi$ 推得 ψ.

注 可以像数理逻辑中通常办法定义形式系统 **BL** 中的 "证明" "定理" 等概念. 若公式 φ 是 **BL** 中的定理, 则记为 **BL**$\vdash\varphi$, 也常简记为 $\vdash\varphi$, 并称 φ 在 **BL** 中是可证的 (provable).

文献 [104] 指出, 上述定义中的公理 (A3) 是多余的, 即可由其他公理推出.

命题 2.5.3 设 **BL**$^-$是 **BL** 取掉公理 (A3) 后的形式系统, 则以下公式是系统 **BL**$^-$中的定理:

(1) $\varphi\to((\varphi\to\psi)\to\psi)$,

(2) $(\varphi\to(\psi\to\chi))\to(\psi\to(\varphi\to\chi))$,

(3) $\varphi \to \varphi$,

(4) $(\varphi \& \psi) \to (\psi \& \varphi)$.

命题 2.5.4 形式系统 **BL** 中的公理都是 $PC(*)$ 的 1-重言式. 如果 φ 及 $\varphi \to \psi$ 是 $PC(*)$ 中的 1-重言式, 则 ψ 也是 $PC(*)$ 中的 1-重言式. 从而, **BL** 中的每一个可证公式 (即定理) 都是 $PC(*)$ 中的 1-重言式.

定义 2.5.8 设 $(L; \wedge, \vee, \otimes, \to, 0, 1)$ 是一个可换剩余格. 称 $(L; \wedge, \vee, \otimes, \to, 0, 1)$ 是一个 BL- 代数, 如果满足 $(\forall x, y, z \in L)$

(i) $x \wedge y = x \otimes (x \to y)$,

(ii) $(x \to y) \vee (y \to x) = 1$.

注: (1) 上述条件 (ii) 称为预线性公理或预线性性 (prelinearity).

(2) [0, 1] 关于自然序及运算 min, max, 任意确定的连续 t-模 $\otimes$ 及其相伴剩余蕴涵 $\to$ 构成一个 BL-代数 $([0, 1]; \min, \max, \otimes, \to, 0, 1)$.

(3) BL-代数是特殊的可换剩余格, 所以前述关于可换剩余格的性质在 BL-代数中均成立. 同时, BL-代数有一些特殊性质, 比如在 BL-代数中, 定理 2.5.8 中的不等式 (2) 可改为等式, 即

$$x \vee y = ((x \to y) \to y) \wedge ((y \to x) \to x).$$

BL 逻辑中所有公式关于可证等价关系形成的商代数是一个 BL-代数.

定义 2.5.9 一个可换剩余格 $(L; \wedge, \vee, \otimes, \to, 0, 1)$ 称为线性序的 (linearly ordered), 如果它的格序是线性的, 即 $\forall x, y \in L$, $x \wedge y = x$ 或 $x \wedge y = y$(这等价于: $x \vee y = y$ 或 $x \vee y = x$).

注: (1) 线性序剩余格所组成的类不是一个代数簇, 因为它对直积不封闭.

(2) BL-代数中条件 $x \wedge y = x \otimes (x \to y)$ 的成立, 使得线性序 BL-代数是可除的, 即对任意 $x, y \in L$, 若 $x > y$, 则存在 $z \in L$ 使得 $y = x \otimes z$.

定义 2.5.10 设 $(L; \wedge, \vee, \otimes, \to, 0, 1)$ 是一个 BL-代数, 一个命题变元的 L-赋值 (L-evaluation) 是一个作用于每个命题变元 p 的映射 e, $e(p) \in L$. e 可如下唯一扩展到所有公式:

$$e(\bar{0}) = 0, \quad e(\varphi \to \psi) = e(\varphi) \to e(\psi), \quad e(\varphi \& \psi) = e(\varphi) \otimes e(\psi).$$

由此可得, $e(\varphi \wedge \psi) = e(\varphi) \wedge e(\psi)$, $e(\varphi \vee \psi) = e(\varphi) \vee e(\psi)$, $e(\neg \varphi) = e(\varphi) \to 0$. 一个公式 φ 称为是一个 L-重言式, 如果对任意的 L-赋值 e 有 $e(\varphi) = 1$.

定理 2.5.9 **BL** 是完备的, 即对任意的公式 φ 以下条件等价:

(1) φ 在 **BL** 中可证;

(2) 对任意线性 BL-代数 L, φ 是 L-重言式;

(3) 对任意 BL-代数 L, φ 是 L-重言式.

2.5.4 模糊逻辑形式系统 MTL

一个 t-模可确定一个剩余蕴涵当且仅当它是左连续的, 文献 [57] 中指出: a t-norm defines a residuated implication function (also called residuum) if and only if it is a left-continuous. 逻辑系统 **MTL**(是独异点 t-模基逻辑的英文简写, 即 monoidal t-norm-based logic) 正是所有左连续 t-模基逻辑的公共完备公理化系统.

定义 2.5.11 对于给定的左连续 t-模 $*$, 命题演算系统 $QPC(*)$ 具有命题变元 $p_1, p_2, \cdots$, 联结词&, $\rightarrow$, $\wedge$ 和真值常量 $\bar{0}$. 公式 (formula) 如下定义: 每一个命题变元是公式; $\bar{0}$ 是公式; 如果 φ, ψ 是公式, 则 $\varphi\&\psi$, $\varphi\rightarrow\psi$, $\varphi\wedge\psi$ 是公式. 其他联结词定义如下:

$\neg\varphi$ 即是 $\varphi\rightarrow\bar{0}$,

$\varphi\vee\psi$ 即是 $((\varphi\rightarrow\psi)\rightarrow\psi)\wedge((\psi\rightarrow\varphi)\rightarrow\varphi)$,

$\varphi\equiv\psi$ 即是 $(\varphi\rightarrow\psi)\&(\psi\rightarrow\varphi)$.

一个赋值 (evaluation) 是一个作用于每个命题变元 p 的映射 e, $e(p)\in[0,1]$. e 可如下唯一扩展到所有公式:

$$e(\varphi\&\psi)=e(\varphi)*e(\psi), e(\varphi\rightarrow\psi)=e(\varphi)\ \Rightarrow\ e(\psi), e(\varphi\wedge\psi)=\min\{e(\varphi),e(\psi)\}.$$

这里 $\Rightarrow$ 是与左连续 t-模 $*$ 相伴的剩余蕴涵 (以后用 $\rightarrow$ 表示 $\Rightarrow$).

按常规方法, 记 S 为原子公式之集 (可数集), 即 $S=\{p_1, p_2, \cdots\}$. 记 $F(S)$ 为所有 (合式) 公式之集.

定义 2.5.12 逻辑系统 **MTL** 由 MP 规则及以下公理组成:

(A1) $(\varphi\rightarrow\psi)\rightarrow((\psi\rightarrow\chi)\rightarrow(\varphi\rightarrow\chi))$,

(A2) $(\varphi\&\psi)\rightarrow\varphi$,

(A3) $(\varphi\&\psi)\rightarrow(\psi\&\varphi)$,

(A4) $(\varphi\wedge\psi)\rightarrow\varphi$,

(A5) $(\varphi\wedge\psi)\rightarrow(\psi\wedge\varphi)$,

(A6) $(\varphi\&(\varphi\rightarrow\psi))\rightarrow(\varphi\wedge\psi)$,

(A7a) $(\varphi\rightarrow(\psi\rightarrow\chi))\rightarrow((\varphi\&\psi)\rightarrow\chi)$,

(A7b) $((\varphi\&\psi)\rightarrow\chi)\rightarrow(\varphi\rightarrow(\psi\rightarrow\chi))$,

(A8) $(\varphi\rightarrow(\psi\rightarrow\chi))\rightarrow(((\psi\rightarrow\varphi)\rightarrow\chi)\rightarrow\chi)$,

(A9) $\bar{0}\rightarrow\varphi$.

注: 容易知道, **MTL** 中添加如下公理即得 **BL** (即 **BL** 是 **MTL** 的语义扩张)

(A6′) $(\varphi\&(\varphi\rightarrow\psi))\equiv(\varphi\wedge\psi)$.

MTL 的一个理论 (theory) 是指一些公式组成的集合, 即一个理论 T 满足 $T\subseteq F(S)$. 符号 $T\vdash\varphi$ 表示 φ 在理论 T 中是可证的. 对于公式 φ 与 ψ, 如果 $T\vdash\varphi\rightarrow\psi$ 且 $T\vdash\psi\rightarrow\varphi$, 则称 φ 与 ψ 是 T-可证等价的, 记为 $\varphi\equiv_T\psi$.

逻辑系统 **IMTL, WNM** 及 **NM** 是系统 **MTL** 的语义扩张 (其名称依次是相应英文名称的缩写：involutive monoidal t-norm based logic, weak nilpotent minimums, nilpotent minimums), 即

定义 2.5.13　形式系统 **IMTL** 是在 **MTL** 系统上添加下述公理得到的：

(INV) $\neg\neg\varphi\to\varphi$.

形式系统 **WNM** 是在 **MTL** 系统上添加下述公理得到的：

(WNM) $(\varphi\&\psi\to\bar{0})\vee(\varphi\wedge\psi\to\varphi\&\psi)$.

形式系统 **NM** 是在 **MTL** 系统上添加公理 (INV) 及 (WNM) 得到的.

定义 2.5.14　设 $(L;\wedge,\vee,\otimes,\to,0,1)$ 是一个可换剩余格. $(L;\wedge,\vee,\otimes,\to,0,1)$ 称为是 MTL-代数, 如果满足如下的预线性等式 $(\forall x,y\in L)$：$(x\to y)\vee(y\to x)=1$.

注: (1) $[0,1]$ 关于自然序及运算 min, max, 任意确定的左连续 t-模 $\otimes$ 及其相伴剩余蕴涵 $\to$ 构成一个 MTL-代数, 称 $([0,1];\wedge,\vee,\otimes,\to,0,1)$ 为标准 MTL-代数.

(2)**MTL** 逻辑中所有公式关于可证等价关系形成的商代数是一个 MTL-代数.

(3) 对于任意 MTL-代数 L, 可按通常的方式定义 L-赋值、L-重言式等概念.

定义 2.5.15　设 $(L;\wedge,\vee,\otimes,\to,0,1)$ 是一个 MTL-代数. $(L;\wedge,\vee,\otimes,\to,0,1)$ 称为 $IMTL$-代数, 如果满足如下条件 $(\forall x\in L)$：

(Imtl) $(x\to 0)\to 0=x$.

MTL-代数 $(L;\wedge,\vee,\otimes,\to,0,1)$ 称为 WNM-代数, 如果满足如下条件 $(\forall x,y\in L)$

(Wnm) $(x\otimes y\to 0)\vee(x\wedge y\to x\otimes y)=1$.

$IMTL$-代数 $(L;\wedge,\vee,\otimes,\to,0,1)$ 称为 NM-代数, 如果还满足上述条件 (Wnm).

定理 2.5.10　**MTL**是完备的, 即对任意的公式 φ 以下条件等价:

(1) φ 在 **MTL** 中可证, 即 $\vdash\varphi$;

(2) 对任意 MTL-代数 L, φ 是 L-重言式;

(3) 对任意线性 MTL-代数 L, φ 是 L-重言式.

系统 **MTL** 的一个语义扩张 (schematic extension, 也译作模式扩张), 是指在系统 **MTL** 的基础上添加若干 (有限或无限多个) 公理模式后得到的逻辑系统. 设 C 是系统 **MTL** 的一个模式扩张, MTL-代数 L 称为 C-代数, 如果 C 的所有公理都是 L-重言式.

定理 2.5.11　设 C 是系统 **MTL** 的一个模式扩张, φ 是一个公式. 则以下条件等价：

(1) φ 在 C 中可证, 即 C$|\varphi$;

(2) 对于任意 C-代数 L, φ 是 L-重言式;

(3) 对于任意线性序的 C-代数 L, φ 是 L-重言式.

由上述结论, 系统 **MTL** 的扩张 **IMTL**、**WNM**、**NM**, 均有相应的完备性定理, 比如系统 **IMTL** 的完备性可叙述为: 对任意的公式 φ 以下条件等价

(1) φ 在 **IMTL** 中可证, 即 $\vdash\varphi$;

(2) 对任意 *IMTL*-代数 L, φ 是 L-重言式;

(3) 对任意线性 *IMTL*-代数 L, φ 是 L-重言式.

关于系统 **WNM** 与 **NM** 的完备性以及相关的进一步结果, 请见文献 [59, 60, 105—108].

第 3 章　模糊集的基数与模糊量化基础

本章首先介绍模糊集基数的概念, 然后介绍以 Zadeh 为代表的学者利用模糊集基数处理模糊量词的方法, 最后介绍三段论及模糊量化推理的基本方法.

3.1　模糊集的基数 (势)

3.1.1　数量基数 (非模糊基数)

De Luca 与 Termini 在 [109] 中给出如下的数量 (非模糊) 基数概念, 称为模糊集的势 (power).

定义 3.1.1　设 U 是一个论域, A 是定义在 U 上的模糊集, 即 A: $U \to[0,1]$. 如果 A 的支集 $\mathrm{supp}(A) = \{u|u \in U, A(u) > 0\}$ 是有限的, 那么 A 的势 (基数) 定义为

$$|A| = \sum_{u\in U} A(u).$$

Zadeh 使用符号 $\Sigma Count(A)$ 来表示 $|A|$. 显然, 上述定义是有限分明集合 "势"(基数) 概念的推广. 在经典集合论中, 与 "势" 密切相关的概念是 "对等" (equipotent), 即: 若两个 (分明) 集合之间存在完全一一映射, 则称它们是对等的. 对等的两个 (分明) 集合具有相同的势. 对于模糊集合, "对等" 的概念如下定义 (它是 Wygralak 在 [110] 中相关定义的特殊情况):

定义 3.1.2　设 U 是一个论域, A, B 是定义在 U 上的模糊集. 称 A 与 B 是对等的, 如果对任意自然数 i 有

$$\inf\{t : |A_t| \geqslant i\} = \inf\{t : |B_t| \geqslant i\}, \quad \sup\{t : |A_t| \leqslant i\} = \sup\{t : |B_t| \leqslant i\},$$

或者等价地说, 对任意自然数 i 有

$$\sup_i(A) = \sup_i(B),$$

这里, $\sup_i(A) = \{t : |A_t| = i\}$ 是模糊集 A 的 i- 支集.

例 3.1.1　设 $U = \{a, b, c, d, e, f, g, h\}$, A, B, C 是 U 上的模糊集, 其定义为

$$A = \begin{pmatrix} a & b & c & d & e & f & g & h \\ 0.1 & 0.3 & 0.6 & 0.6 & 0.9 & 0.7 & 1.0 & 0.2 \end{pmatrix},$$

$$B=\begin{pmatrix} a & b & c & d & e & f & g & h \\ 0.2 & 0.6 & 0.7 & 1.0 & 0.9 & 0.6 & 0.3 & 0.1 \end{pmatrix},$$

$$C=\begin{pmatrix} a & b & c & d & e & f & g & h \\ 0.1 & 0.1 & 0.2 & 1.0 & 1.0 & 1.0 & 1.0 & 0.0 \end{pmatrix},$$

则这些模糊集的势分别为

$$|A|=0.1+0.3+0.6+0.6+0.9+0.7+1.0+0.2=4.4,$$

$$|B|=0.2+0.6+0.7+1.0+0.9+0.6+0.3+0.1=4.4,$$

$$|C|=0.1+0.1+0.2+1.0+1.0+1.0+1.0+0.0=4.4.$$

易知, A 与 B 是对等的, 而 A, B 都不与 C 对等.

经典集合 "势" 的一些性质, 对于模糊集来说也是成立的, 比如 (见 Dubois 与 Prade 的 [111]) 以下命题.

命题 3.1.1 设 A, B 是论域 U 上的模糊集, 则

(1) **单调性**(monotonicity) $A\subseteq B\Rightarrow |A|\leqslant |B|$;

(2) **覆盖性**(coverage) $|A^c|=|U|-|A|$, 这里 A^c 为 A 的补集;

(3) **可加性**(additivity) $|A\bigcup B|+|A\bigcap B|=|A|+|B|$, 其中

$$(A\bigcap B)(x)=T(A(x),\,B(x)),\quad (A\bigcup B)(x)=S(A(x),\,B(x)),\quad \forall x\in U,$$

且仅对适当选取的 t-模 T 及 s-模 S 成立.

上面的 (3) 对于下述几组 t-模 T 及 s-模 S 成立:

$T(a,b)=\min(a,b), S(a,b)=\max(a,b)$;

$T(a,b)=ab, S(a,b)=a+b-ab$;

$T(a,b)=\max(0,a+b-1), S(a,b)=\min(1,a+b)$.

比如, 若 A, B 为例 3.1.1 中的模糊集, 取 $T(a,b)=\min(a,b)$ 及 $S(a,b)=\max(a,b)$, 则

$$A\bigcap B=\begin{pmatrix} a & b & c & d & e & f & g & h \\ 0.1 & 0.3 & 0.6 & 0.6 & 0.9 & 0.6 & 0.3 & 0.1 \end{pmatrix},$$

$$A\bigcup B=\begin{pmatrix} a & b & c & d & e & f & g & h \\ 0.2 & 0.6 & 0.7 & 1.0 & 0.9 & 0.7 & 1.0 & 0.2 \end{pmatrix},$$

$$|A\bigcap B|=0.1+0.3+0.6+0.6+0.9+0.6+0.3+0.1=3.5,$$

$$|A\bigcup B|=0.2+0.6+0.7+1.0+0.9+0.7+1.0+0.2=5.3,$$

$$|A|+|B|=|A\bigcup B|+|A\bigcap B|=8.8.$$

命题 3.1.2[18]　设 A、B 是论域 U 上的模糊集, 则

$$\max(|A|,|B|) \leqslant |A \bigcup B| \leqslant |A|+|B|; \quad \max(0,|A|+|B|-|U|) \leqslant |A \bigcap B| \leqslant \min(|A|,|B|).$$

注: (1) Kaufmann 将 "势" 的概念作了推广, 引入 "p-势"(p-power):

$$|A|_p = \sum_{u \in U} (A(u))^p,$$

这里 p 是一个自然数. 显然, $|A|_0 = |\mathrm{supp}(A)|$, $|A|_1 = |A|$.

(2) 以后使用 Zadeh 的符号 $\Sigma Count(A)$ 来表示 $|A|$.

3.1.2　模糊基数

一个模糊集的模糊基数 (fuzzy cardinality) 是一个自然数集上的模糊集, 不过, 根据对自然数的不同解释, 可以定义多种不同的模糊基数. 而模糊基数的第一个定义由 Zadeh 给出, 它是基于 α-截集的.

定义 3.1.3[18]　设 A 是论域 U 上的模糊集, 若 A 的支集 $\mathrm{supp}(A) = \{u|u \in U, A(u) > 0\}$ 是有限的, 则模糊集 A 的模糊基数表示为 $|A|_F$, 其隶属函数为

$$|A|_F(n) = \sup\{\alpha||A_\alpha| = n\}, \quad n \in \mathbf{N},$$

这里, 定义 $\sup\varnothing = 0$.

例 3.1.2　设 $U = \{a, b, c, d, e, f, g, h\}$, U 上的模糊集合 A, B, C 如例 3.1.1 所示, 则

$$|A|_F = \begin{pmatrix} 0 & 1 & 2 & 3 & 4 & 5 & 6 & 7 & 8 & \cdots \\ 0.0 & 1.0 & 0.9 & 0.7 & 0.0 & 0.6 & 0.3 & 0.2 & 0.1 & 0.0 \end{pmatrix},$$

$$|B|_F = \begin{pmatrix} 0 & 1 & 2 & 3 & 4 & 5 & 6 & 7 & 8 & \cdots \\ 0.0 & 1.0 & 0.9 & 0.7 & 0.0 & 0.6 & 0.3 & 0.2 & 0.1 & 0.0 \end{pmatrix},$$

$$|C|_F = \begin{pmatrix} 0 & 1 & 2 & 3 & 4 & 5 & 6 & 7 & 8 & \cdots \\ 0.0 & 0.0 & 0.0 & 0.0 & 1.0 & 0.2 & 0.0 & 0.1 & 0.0 & 0.0 \end{pmatrix}.$$

注意, 本例中 $|A|_F = |B|_F \neq |C|_F$. 一般地, 对于模糊基数, 两个模糊集是等价的 (或称等势的, equipotent) 当且仅当它们有相同的 (模糊) 基数. 而模糊集的等价可如下定义 (参见 [30, 110]).

定义 3.1.4　设 A、B 是论域 U 上的模糊集, 称 A 与 B 是等势的, 如果对任意的自然数 i 有

$$\inf\{t : |A_t| \geqslant i\} = \inf\{t : |B_t| \geqslant i\}, \quad \sup\{t : |A_t| \leqslant i\} = \sup\{t : |B_t| \leqslant i\}.$$

或等价地: 对任意的自然数 i 有

$$\mathrm{supp}_i(A) = \mathrm{supp}_i(B),$$

这里, $\mathrm{supp}_i(A)$ 表示模糊集 A 的 i-支集, 定义为 $\mathrm{supp}_i(A) = \{t : |A_t| = i\}$.

定义 3.1.5[18] 设 A 是在论域 U 上的模糊集, 集合 A 的模糊基数 $FGCount(A)$ 定义为

$$FGCount(A)(n) = \sup\{\alpha||A_\alpha \geqslant n\}, \quad n \in \mathbf{N}.$$

例 3.1.3 设 $U = \{a, b, c, d, e, f, g, h\}$, U 上的模糊集合 A, C 如例 3.1.1 所示, 则

$$FGCount(A) = \begin{pmatrix} 0 & 1 & 2 & 3 & 4 & 5 & 6 & 7 & 8 & \cdots \\ 1.0 & 1.0 & 0.9 & 0.7 & 0.6 & 0.6 & 0.3 & 0.2 & 0.1 & 0.0 \end{pmatrix},$$

$$FGCount(C) = \begin{pmatrix} 0 & 1 & 2 & 3 & 4 & 5 & 6 & 7 & 8 & \cdots \\ 1.0 & 1.0 & 1.0 & 1.0 & 1.0 & 0.2 & 0.1 & 0.1 & 0.0 & 0.0 \end{pmatrix}.$$

定义 3.1.6[18] 设 A 是在论域 U 上的模糊集, 集合 A 的模糊基数 $FECount(A)$ 定义为

$$FECount(A)(k) = \min\left(\sup\{\alpha : |A_\alpha| \geqslant k\}, \sup\{\alpha : |A_{1-\alpha}| \leqslant k\}\right),$$

这里 $n = |\mathrm{supp}(A)|$, $1 \leqslant k \leqslant n$.

上述定义可等价地表述为以下形式.

定义 3.1.7[113] 设 A 是在论域 U 上的模糊集, 集合 A 的模糊基数 $FECount(A)$ 定义为

$$FECount(A)(k) = \min\left(A_{(k)}, 1 - A_{(k+1)}\right), \quad 1 \leqslant k \leqslant n,$$

这里 $n = |\mathrm{supp}(A)|$, $A_{(1)}$, $A_{(2)}$, $\cdots$, $A_{(n)}$ 是支集 $\mathrm{supp}(A)$ 中元素在 A 中隶属度按非增顺序排列后的序列.

例 3.1.4 设 $U = \{a, b, c, d, e, f, g, h\}$, U 上的模糊集合 A, C 如例 3.1.1 所示, 则

$$FECount(A) = \begin{pmatrix} 0 & 1 & 2 & 3 & 4 & 5 & 6 & 7 & 8 & \cdots \\ 0.0 & 0.1 & 0.3 & 0.4 & 0.4 & 0.6 & 0.3 & 0.2 & 0.1 & 0.0 \end{pmatrix},$$

$$FGCount(C) = \begin{pmatrix} 0 & 1 & 2 & 3 & 4 & 5 & 6 & 7 & 8 & \cdots \\ 0.0 & 0.0 & 0.0 & 0.0 & 0.8 & 0.2 & 0.1 & 0.1 & 0.0 & 0.0 \end{pmatrix}.$$

命题 3.1.3[113] 设 A 是论域 U 上的模糊集, 则

(1) $FECount(A)(k)=1$ 当且仅当 A 是分明集合且 $|A|=k$.

(2) $FECount(A)$ 是凸模糊集.

(3) $FECount(A)(k)=FECount(A^c)(n-k)$, $n=|\mathrm{supp}(A)|$, $0\leqslant k\leqslant n$, A^c 为 A 的补集.

3.1.3 相对基数 (基数的相对测度)

定义 3.1.8[18] 设 A, B 是论域 U 上的模糊集, 则 B 关于 A 的相对基数定义如下:

$$\varSigma Count(B|A)=\frac{\varSigma Count(A\bigcap B)}{\varSigma Count(A)}.$$

在上述定义中, 模糊集的交运算 $\bigcap$ 是指通常的 "取小" 运算. Yager 在文献 [44] 中扩展了上述定义, 允许 $\bigcap$ 取任意 t-模 T, 此时 B 关于 A 的相对基数记为 $\varSigma Count_T(B|A)$.

命题 3.1.4[18] 设 A, B 是论域 U 上的模糊集, 则

$$\varSigma Count(B|A)+\varSigma Count(B^c|A)\geqslant 1.$$

命题 3.1.5[44] 设 A, B 是论域 U 上的模糊集.

(1) 如果 T 为乘积 t-模, 即 $T(a,b)=ab$, 则

$$\varSigma Count_T(B|A)+\varSigma Count_T(B^c|A)=1.$$

(2) 如果 t-模 T 满足 $T(a,b)\geqslant ab, \forall a,\ b\in[0,\ 1]$, 则

$$\varSigma Count_T(B|A)+\varSigma Count_T(B^c|A)\geqslant 1.$$

(3) 如果 t-模 T 满足 $T(a,b)\leqslant ab, \forall a,\ b\in[0,\ 1]$, 则

$$\varSigma Count_T(B|A)+\varSigma Count_T(B^c|A)\leqslant 1.$$

3.2 模糊量化初步

本节主要介绍早期关于模糊量词、模糊量化的初步探索, 3.2.1 节在简单介绍 Zadeh 对模糊量词的分类方法之后, 主要介绍 Thiele, Navák 等人的工作, 他们的方法在文献 [30] 中被称为模糊谓词的非模糊量化方法, 而 3.2.2 节主要介绍 Zadeh 基于可能性分布的模糊量化方法.

3.2.1 模糊量词与模糊谓词的量化

首先研究量化问题的是逻辑学家, 最初讨论的是一阶量词 $\forall$ 和 $\exists$, 之后又发现了大量的广义量词. 在自然语言中, 有一些表示不精确含义的量词, 比如 few(很少)、several(几个)、many(许多) 等, 可以使用来自模糊逻辑的概念进行处理, 而量化语句的求值大多采用计算模糊集的基数的方法. 该方向的最初工作是由 Zadeh 完成的 (参见 [18, 79]), 并首次使用模糊量词 (fuzzy quantifier) 的术语, 且同时使用语言量词 (linguistic quantifier) 这一术语. Zadeh 定义了两类模糊量词: 绝对量词 (absolute quantifier)、相对量词 (relative quantifier), 分别与不精确的数量、比率相对应. 绝对量词代表不精确数量或区间, 如 around 2(大约 2)、exists(存在)、approximately between 1 and 3(大约 1 到 3 之间), 可用实数集上的模糊集合来表示, 如图 3-1 所示. 相对量词代表模糊的比率, 如 at least a half(至少一半)、most(大部分)、approximately a half(接近一半), 可用单位区间 [0, 1] 上的模糊集合来表示, 如图 3-2 所示.

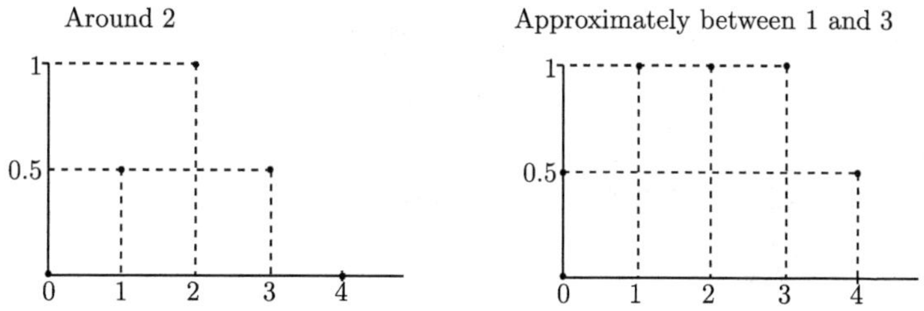

图 3-1 绝对量词示例

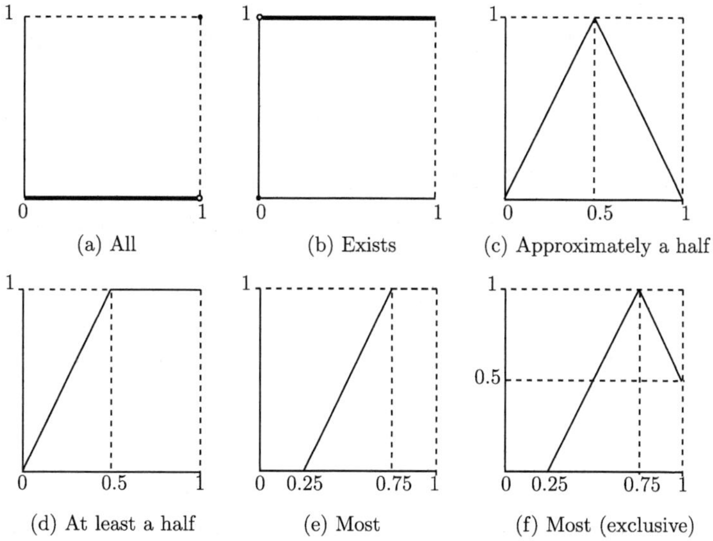

图 3-2 (a)—(b): 单目量词 (unary quantifier); (c)—(f): 相对量词

使用 [0, 1] 上的模糊集来表示相对量词, 这是 Zadeh 的发明. 如果用 Q 表示语言量词 most(大部分), 则 Q 可看作 [0, 1] 上的模糊集, 如图 3-2(e) 所示. 对任意 $r\in[0, 1]$, $Q(r)$ 代表比例 (比率)r 满足 Q 的程度. 若 $Q(0.8)=1$, 则说明 80%与 "most(大部分)" 的含义完全相容; 若 $Q(0.5)=0.7$, 则说明 50%与 "most(大部分)" 的含义仅有七成相容. 文献 [114] 也涉及到这种解释并讨论了在决策中的应用.

实际上, 人们使用多种不同方法来表达和描述语言量词, 下面介绍 Thiele, Navák 等人的工作, 另一些方法将在以后章节中介绍.

定义 3.2.1[115] 论域 U 上的一个一般的模糊量词被定义为

$$Q: F(U)\mapsto[0,1].$$

通过在上述定义的基础上增加限制条件, 可以得到在理论和应用中有重要作用的特殊模糊量词. 为了定义这些限制条件, Thiele 在两个模糊集之间引入若干等价关系.

定义 3.2.2[115] 设 F, G 是论域 U 上的模糊集, 则

(1) 称 F 与 G 是同构的 (isomorphic, 记为 $F\equiv_{iso}G$), 如果存在 U 上的双射 f 使得 $f(F)=G$, 其中 $f(F)(x)=F(f(x)), \forall x\in U$.

(2) 称 F 与 G 是基数等价的 (cardinality equivalent, 记为 $F\equiv_{card}G$), 如果对任意实数 $r\in[0,1]$ 有 (其中 $card$ 表示基数)

$$card\{x|F(x)=r, x\in U\}=card\{x|G(x)=r, x\in U\}.$$

(3) 称 F 与 G 是值等价的 (value equivalent, 记为 $F\equiv_{val}G$), 如果以下等式成立

$$\{F(x)|x\in U\}=\{G(x)|x\in U\}.$$

定义 3.2.3[115] 设 Q 是论域 U 上的一个模糊量词, 则

(1) 称 Q 是基数量词 (cardinal quantifier), 如果对于 U 上的任意模糊集 F, G 来说有

$$F\equiv_{card}G\Rightarrow Q(F)=Q(G).$$

(2) 称 Q 是扩张量词 (extensional quantifier), 如果对于 U 上的任意模糊集 F, G 来说有

$$F\equiv_{val}G\Rightarrow Q(F)=Q(G).$$

命题 3.2.1[115] 设 Q 是论域 U 上的一个模糊量词.

(1) Q 是一个基数量词当且仅当对于 U 上的任意模糊集 F, G 来说有

$$F\equiv_{iso}G\Rightarrow Q(F)=Q(G).$$

(2) 如果 Q 是一个扩张量词, 则 Q 是一个基数量词, 但反之不成立.

下面讨论带有量词 ∀、∃ 的量化命题的真值问题. 对于有限论域, $\forall x A(x)$ 等价于 $A(x_1)\wedge A(x_2)\wedge\cdots\wedge A(x_n)$, $\exists x A(x)$ 等价于 $A(x_1)\vee A(x_2)\vee\cdots\vee A(x_n)$. 如果采用真值的数值解释, 则可表示为

$$\tau(\forall x A(x))=\min_{1\leqslant i\leqslant n}\tau(A(x_i)),\quad \tau(\exists x A(x))=\max_{1\leqslant i\leqslant n}\tau(A(x_i)).$$

显然, 上述定义可拓展到论域无限的情况, 只要使用下确界 inf 及上确界 sup 即可. 同时, 这种定义形式不只局限于真值为 0, 1 的情况, 可自然地扩展到多值逻辑中.

t-模与 t-余模 (s-模) 分别是 min 与 max 的推广, 因此 Thiele 在 [116] 中引入 t-量词与 s-量词的概念. 为了介绍这两个概念, 这里先将作用于两个变元上的二元函数推广到多个变元之上, 即

设 f 是 [0,1] 上任意二元函数, f: $[0,1]^2\to[0,1]$. 定义:

(1) $f^1(r_1)=r_1$;

(2) $f^{n+1}(r_1, r_2, \cdots, r_n, r_{n+1})=f(f^n(r_1, r_2, \cdots, r_n), r_{n+1})$.

定义 3.2.4[116] 设 F 是论域 U 上的一个模糊集, T 是一个 t-模, S 是一个 s-模. 定义

$$\forall_T(F)=\inf\left\{T^n(F(x_1),\cdots,F(x_n))|n\geqslant 1,\ x_1,\cdots,x_n\in U\right\},$$

$$\exists_S(F)=\sup\left\{S^n(F(x_1),\cdots,F(x_n))|n\geqslant 1,\ x_1,\cdots,x_n\in U\right\}.$$

显然, $\forall=\forall_{\min}$, $\exists=\exists_{\max}$. 同时, $\forall_T(F)\leqslant\forall(F)$, $\exists_S(F)\geqslant\exists(F)$.

命题 3.2.2[116] 设 T 是一个 t- 模.

TQ0: $\forall_T$ 是一个基数量词.

TQ1: 对于 U 上的任意模糊集 F 及任意 $x\in U$, 如果 $F(y)=1(\forall y\in U, y\neq x)$, 则 $\forall_T(F)=F(x)$.

TQ2: 对于 U 上的任意模糊集 F, 如果存在 $x\in U$ 使得 $F(x)=0$, 则 $\forall_T(F)=0$.

TQ3: 对于 U 上的任意模糊集 F 与如果 $F\subseteq G$, 则 $\forall_T(F)\leqslant\forall_T(G)$.

TQ4: 对于 U 上的任意模糊集 F 及任意映射 f: $U\to U$, 如果 f 是 U 上的双射, 则 $\forall_T(f(F))=\forall_T(F)$, 其中 $f(F)(x)=F(f(x))$.

TQ5: 对于 U 上的任意模糊集 F, G 及任意 $x, y\in U$ 有

$$\forall_T(F^{\forall_T(G)|x})=\forall_T(G^{\forall_T(F^{G(y)|x})|y}),$$

其中

$$F^{c|x}(y)=\begin{cases} c, & x=y,\\ F(y), & \text{其他}.\end{cases}$$

Thiele 在 [116] 中定义满足 TQ1~TQ5 的量词为 t-量词, 并证明了 t-量词与 t-模之间存在一一对应关系. 类似的结果对 s-模也成立, 从而可类似地定义 s-量词.

对于模糊量词 $ALMOST\text{-}ALL$(几乎所有、几乎处处), Thiele 在 [115] 中如下定义:

(1) 当论域 U 为无限集时, 对任意 $F \in F(U)$, 定义 $ALMOST\text{-}ALL(F)$ 为

$$ALMOST\text{-}ALL(F) = \sup\{\inf\{F(x) : x \in U - V\} | V \subseteq U\text{且}V\text{是有限集}\}.$$

(2) 当论域 U 为有限集时, 对任意 $F \in F(U)$, 定义 $ALMOST\text{-}ALL(F)$ 为

$$ALMOST\text{-}ALL(F) = \left(\sum_{x \in U} F(x)\right) / card(U) = (\Sigma Count(F))/card(U).$$

由此, 可定义模糊量词 $MOST$(大部分、大多数)、$MANY$(许多、很多) 如下

$$MOST(F) = \sqrt{ALMOST - ALL(F)}, \quad MANY(F) = \sqrt{MOST(F)}.$$

Novák 在 [117] 中通过特殊格值模糊集 (L-fuzzy set) 定义了广义量词, 以下定义将其中的 "格" 取作 P([0,1]), 它表示 [0, 1] 的幂集.

定义 3.2.5[117] 一个广义量词 (generalized quantifier) 是指这样的映射 Q : $P([0,1]) \to [0,1]$, 它满足 (为了方便, 省略 Q 之后的圆括号, 这类似于 $\forall$ 及 $\exists$)

$$\begin{aligned}
&Q\{a\} = a, \forall a \in [0,1],\\
&Q\{a \otimes b | a \in K\} \leqslant QK \otimes b,\\
&\neg Q\{\neg(a \otimes b) | a \in K\} \leqslant (\neg Q\{\neg a | a \in K\}) \otimes b,\\
&\forall K \leqslant QK \leqslant \exists K,
\end{aligned}$$

其中, $a \otimes b = \max(0, a + b - 1), \neg a = 1 - a, K \subseteq [0,1]$.

定义 3.2.6[117] 设 Q 是一个广义量词, Q 的伴随量词 (adjoint quantifier) 定义为

$$\widehat{Q}K = \neg Q\{\neg a | a \in K\}, \quad \forall K \subseteq [0,1],\ K \neq \varnothing.$$

依照上述定义, $\forall$ 及 $\exists$ 是广义量词, 且它们互为伴随量词.

对于有限论域上的模糊谓词, 其对应量化命题的真值可以借助一个 (多元) 聚合算子 (aggregation operator) 计算得到; 而对于无限论域, 则需要经过一个极限过程. 所谓聚合运算, 文献 [118] 是如下描述的: Aggregation operations on fuzzy sets are operations by which several fuzzy sets are combined in a desirable way to produce a single fuzzy set. 即模糊集上的聚合运算将多个模糊集以一种理想方式生成一个单一模糊集.

定义 3.2.7[118]　一个聚合算子是满足以下条件 (至少满足前三个) 的映射 h: $[0, 1]^n \to [0, 1]$,

(1) **边界条件**(boundary condition)　$h(0, \cdots, 0) = 0, h(1, \cdots, 1) = 1$.

(2) **单调性**(monotonicity)　对于任意 $a_1, a_2, \cdots, a_n, b_1, b_2, \cdots, b_n \in [0, 1]$, 如果 $a_i \leqslant b_i (i = 1, 2, \cdots, n)$, 则 $h(a_1, a_2, \cdots, a_n) \leqslant h(b_1, b_2, \cdots, b_n)$.

(3) h 是连续函数.

(4) **可换性**(commutativity)　对于 $\{1, 2, \cdots, n\}$ 的任意排列 p 有

$$h(a_1, a_2, \cdots, a_n) = h(a_{p(1)}, a_{p(2)}, \cdots, a_{p(n)}).$$

(5) **幂等性**(idempotency)　对于任意 $a \in [0, 1], h(a, a, \cdots, a) = a$.

Yager 与 Rybalovi 在文献 [119] 中引入一致模聚合算子 (uni-norm aggregation operator), 它是一致模的多变元推广, 可用于 Thiele 意义下一般模糊量词的集成.

定义 3.2.8[119]　一个一致模 (uni-norm) 是指满足以下条件的映射 $R : [0, 1]^2 \to [0, 1]$,

(1) **可换性**(commutativity)　$R(a, b) = R(b, a)$.

(2) **单调性**(monotonicity)　如果 $a \leqslant c, b \leqslant d$, 则 $R(a, b) \leqslant R(c, d)$.

(3) **结合性**(associativity)　$R(a, R(b, c)) = R(R(a, b), c)$.

(4) **同一性**(identity)　存在 $e \in [0, 1]$ 使得对于任意 $a \in [0, 1]$ 成立 $R(a, e) = a$.

容易将上述一致模推广到 n 元一致模, 并可得到如下性质.

命题 3.2.3[119]　设 R 是一个具有单位元 e 的统一模, 则

$R(a_1, a_2, \cdots, a_n) \geqslant R(a_1, a_2, \cdots, a_n, a_{n+1})$, 当 $a_{n+1} < e$ 时;

$R(a_1, a_2, \cdots, a_n) \leqslant R(a_1, a_2, \cdots, a_n, a_{n+1})$, 当 $a_{n+1} > e$ 时.

3.2.2　可能性分布与模糊量化命题的真值

1. 可能性分布与标准模糊量化语句

可能性分布 (possibility distribution) 的概念是由 Zadeh 引入的, 可认为是模糊集理论的一种扩展. 设 U 为论域, x 是在 U 上取值的一个变量, A 是 U 上的一个模糊集, 则命题 "x 为 A" 可以解释为对 x 的取值起一种约束的作用, 这种约束用隶属函数 μ_A 来描述, 即把 $\mu_A(u)$ 解释为 $x = u$ 时的可能性程度. 以下给出规范化定义.

定义 3.2.9[120,76]　给定 U 上模糊集 A 和命题 "x 为 A", 则与 x 有关联的可能性分布记为 π_x, 在数值上定义为等于 A 的隶属函数, 即

$$\pi_x(u) = \mu_A(u), \quad u \in U.$$

给出一个模糊变量的可能性分布, 即该变量取每个值的可能性的总体情况, 显然要比给出该变量取某个指定值的可能性所提供的信息要多, 所以可能性分布更好地描述了模糊命题的语义.

模糊量化是指量化语句中所含的量词是模糊的, 即其中的量词由模糊集来表示. 这里主要研究两类标准的量化句, 即

第 I 类: 有 QA(There are QA's),

第 II 类: QA 是 B(QA's are B's),

其中的量词用可能性分布来表达.

与第一类量化命题相对应的量词, 就是绝对量词 (absolute quantifier, 或称为第一类量词), 记为 Q, 它可看成是模糊集基数的可能性分布. 与第二类量化命题相对应的量词, 就是相对量词 (relative quantifier, 或称为第二类量词), 记为 Q^{II}, 它可看成是模糊集相对基数的可能性分布. 换句话说, 一个模糊量词可看作绝对或相对基数的一个模糊特征. 这样, 前述两类标准量化命题可分别等价地表示为

有 QA(There are QA's)≡ $card(A)$ is Q^I,

QA 是 B(QA's are B's)≡ $Prop(B|A)$ is Q^{II},

其中, $Prop(B|A)$ 表示 B 在 A 中的相对基数, $card(A)$ 表示 A 的基数, 这里基数取为 $\Sigma count$. 上述等价表示的右端可以翻译成可能性分布:

$card(A)$ is $Q^I \to \pi_{card(A)} = Q^I$,

$Prop(B|A)$ is $Q^{II} \to \pi_{Prop(B|A)} = Q^{II}$.

这样, 量化命题的语义可由可能性分布来表达.

需要注意的是, 与绝对量词相关联的可能性分布可以认为是非负实数集上的模糊集, 而与相对量词相关联的可能性分布可以认为是 [0, 1] 上的模糊集. 对于相对量词, 还有以下一些特殊子范畴 (参见图 3-3).

定义 3.2.10[18] 设 Q^{II} 为相对量词 (第二类模糊量词).

(1) 称 Q^{II} 是正规非递减的 (regular non-decreasing), 如果

$$Q^{II}(0) = 0, Q^{II}(1) = 1, x_1 > x_2 \Rightarrow Q^{II}(x_1) \geqslant Q^{II}(x_2).$$

(2) 称 Q^{II} 是正规非递增的 (regular non-increasing), 如果

$$Q^{II}(0) = 1, Q^{II}(1) = 0, x_1 > x_2 \Rightarrow Q^{II}(x_1) \leqslant Q^{II}(x_2).$$

(3) 称 Q^{II} 是正规单峰的 (regular unimodal), 如果存在 $0\leqslant a \leqslant b \leqslant 1$ 使得

$$Q^{II}(0) = Q^{II}(1) = 0, \text{当} a \leqslant x \leqslant b \text{时} Q^{II}(x) = 1,$$

$$\text{当} x_1 < x_2 \leqslant a \text{时} Q^{II}(x_1) \leqslant Q^{II}(x_2), \text{当} b \leqslant x_1 < x_2 \text{时} Q^{II}(x_1) \geqslant Q^{II}(x_2).$$

(4) Q^{II} 的反义 (antonym) 量词 $ant \, Q^{II}$ 定义为

$$ant \, Q^{II}(x) = Q^{II}(1-x), \quad 0 \leqslant x \leqslant 1.$$

(a) 正规非递减量词

(b) 正规非递增量词

(c) 正规单峰量词

(d) 量词及其反义量词

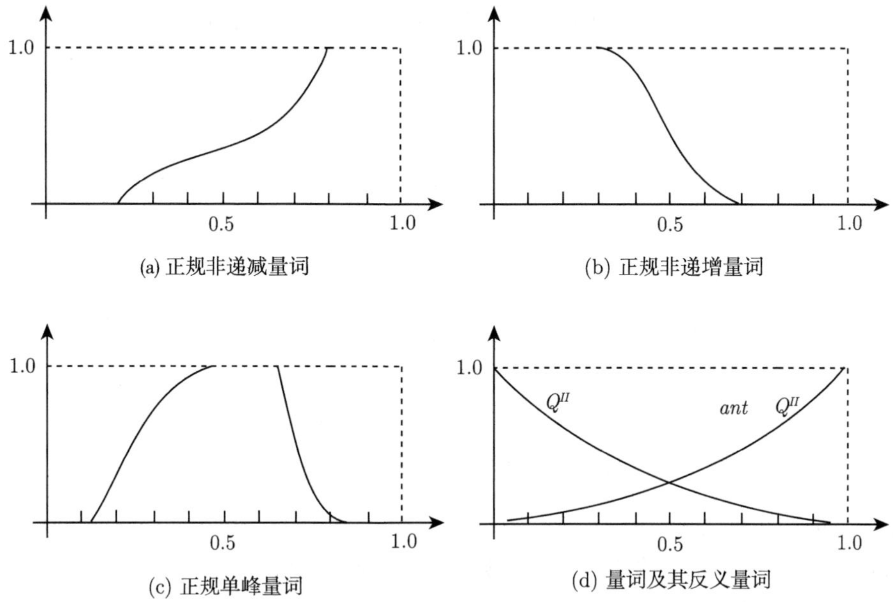

图 3-3 特殊相对量词

2. 模糊量化命题的真值

类似于多值逻辑, 模糊量化命题的真值取值于 $[0, 1]$. Zadeh 最早用模糊集的基数来计算模糊量化命题的真值, 即

$\tau(\text{There are } Q^I A\text{'s}) = Q^I \left(\sum Count(A) \right),$

$\tau(Q^{II} A\text{'s are } B\text{'s}) = Q^{II} \left(\sum Count(B|A) \right).$

以下举一个例子 (选自文献 [121]), 它属于第一类量化命题. 考虑如下命题:

p: 有大约三个学生的英语是很流利的.

假定论域 U={Adam, Bob, Cathy, David, Eve}, V 是一个取值于 $[0, 100]$ 的变量、表示英语的流利程度. 用 Q 表示模糊量词 "大约三个"(about 3), 用 $[0, 100]$ 上的模糊集 F 表示 "很流利"(high fluency), 它们的隶属函数如图 3-4 所示. 设有下述得分:

V(Adam)=35, V(Bob)=20, V(Cathy)=80, V(David)=95, V(Eve)=70.

于是, 命题 p 的真值可按如下程序计算:

(1) 构造 U 上的模糊集 E, 对任意 $u \in U$, $E(u) = F(V(u))$, 它表示 U 中成员 u 隶属于 "很流利" 的程度, 这里

E=0/Adam + 0/Bob +0.75/Cathy +1/David +0.5/Eve.

(2) 计算 E 的基数, 即

$$\sum Count(E) = |E| = 0+0+0.75+1+0.5=2.25.$$

应用前述第一类量化真值的计算方法, 得命题 p 的真值为

$$\tau(p) = Q(\sum Count(E)) = 0.625.$$

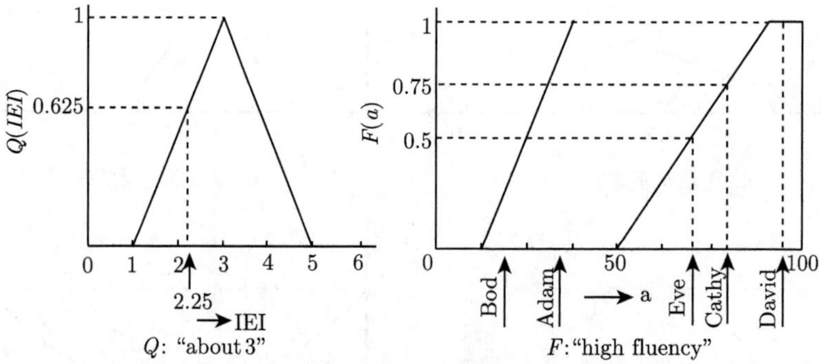

图 3-4 模糊量化命题中的模糊集

Yager 在文献 [122] 中使用 OWA 算子 (ordered weighted averaging operator, 有序加权平均算子) 来计算如下形式模糊量化命题的真值: Q^{II} U's are A's, 其中 U 是相关联的论域.

定义 3.2.11[122] 一个 n 元 OWA 算子是指这样一个映射 f: $R^n \to R$, 与之相伴的有一个 n 维向量 $W = (w_1, w_2, \cdots, w_n)$ 满足

$$\sum_{i=1}^{n} w_i = 1, \quad \forall 1 \leqslant i \leqslant n, w_i \in [0,1],$$

而且

$$f(a_1, a_2, \cdots, a_n) = \sum_{i=1}^{n} w_j b_j,$$

其中 b_j 是 $a_1, a_2, \cdots, a_n$ 中第 j 个大 (the jth largest) 的元素.

对于正规非递减模糊量词 Q^{II}, 与之对应的 OWA 算子 $f_{Q^{II}}$ 如下定义 (即 $f_{Q^{II}}$ 是与下述 n 元向量相伴的 OWA 算子):

$$w_i = Q^{II}\left(\frac{i}{n}\right) - Q^{II}\left(\frac{i-1}{n}\right), \quad 1 \leqslant i \leqslant n.$$

这样, 命题 $Q^{II}U$'s are A's 的真值如下计算:

$$\tau = f_{Q^{II}}(a_1, a_2, \cdots, a_n).$$

对于正规非递增模糊量词 Q^{II}, 可如下通过其反义量词获得相应量化命题的真值: 对于命题 $Q^{II}U$'s are A's, 考虑其等价命题

$$(ant\ Q^{II})U\text{'s are } \overline{A}\text{'s}.$$

应用前面的方法, 得到

$$w_i = \left(ant\ Q^{II}\right)\left(\frac{i}{n}\right) - \left(ant\ Q^{II}\right)\left(\frac{i-1}{n}\right), \quad 1 \leqslant i \leqslant n.$$

由于 $ant\ Q^{II}(r) = Q^{II}(1-r)$, 故

$$w_i = Q^{II}\left(1-\frac{i}{n}\right) - Q^{II}\left(1-\frac{i-1}{n}\right), \quad 1 \leqslant i \leqslant n.$$

再注意到 $\overline{A}(t) = 1 - A(t)$, 于是

$$\tau = f_{Q^{II}}(1-a_1, 1-a_2, \cdots, 1-a_n).$$

对于正规单峰量词 Q^{II}, 可应用分解的方法得到相应命题的最终真值. 实际上, 正规单峰量词 Q^{II}, 在 a 的左边是非递减的, 在 b 的右边是非递增的, 因而可以表示为一个正规非递减量词 Q_-^{II} 和一个正规非递增量词 Q_+^{II} 的交, 即

$$Q^{II} = Q_-^{II} \bigcap_T Q_+^{II}, \quad Q^{II}(x) = T\left(Q_-^{II}(x), Q_+^{II}(x)\right),$$

其中, T 是一个 t-模算子, Q_-^{II} 及 Q_+^{II} 的定义如下 (图 3-5):

$$Q_-^{II}(x) = \begin{cases} Q^{II}(x), & x \leqslant a, \\ 1; & x > a; \end{cases} \quad Q_+^{II}(x) = \begin{cases} Q^{II}(x), & x \geqslant b, \\ 1, & x < b. \end{cases}$$

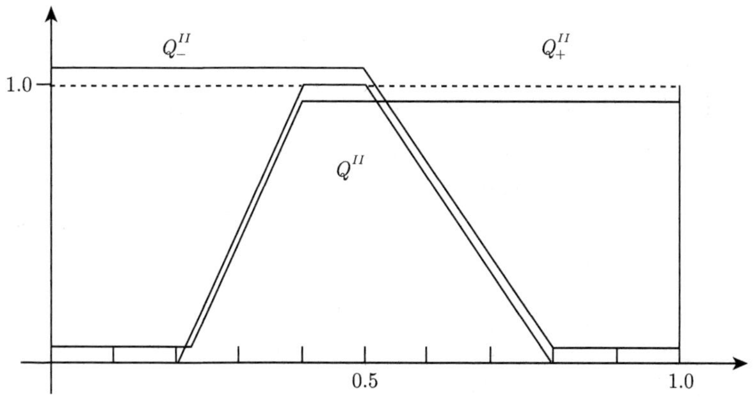

图 3-5 单峰量词的分解

于是, 量化命题 $Q^{II}U$'s are A's 的真值可如下计算:

$$\boldsymbol{\tau} = T(\tau_-, \tau_+),$$

其中, τ_- 和 τ_+ 分别是依据量词 Q_-^{II} 及 Q_+^{II} 而计算得到的真值.

对模糊量词的解释, 除以上方法外, Yager 在 [123] 中还使用了代换方法 (substitution approach). 假定我们考虑命题 P: QX's are F, 这里 X 是论域, F 是 X 上的模糊集、充当一个谓词. 令 V_F 是所有这样的逻辑语句组成的集合, 这些语句的原子命题是由 "谓词 F 施加于 X 中的一个元素" 构成的. 用 V_F 上的一个模糊集 $S_{F,Q}$ 来表示量词 Q, 对任意 $v \in V_F$, $S_{F,Q}(v)$ 表示 v 具有 Q 含义的可能性程度. 同时, 对任意 $v \in V_F$, 令 $T_F(v)$ 表示 v 的从其局部结构和谓词 F 得到的真值. 由此, 可按照以下方法得到量化命题 P 的真值:

$$\tau(P) = \max_{v \in V_F} \min\left(S_{F,Q}(v),\ T_F(v)\right).$$

3.3　三段论与模糊量化推理方法

3.3.1　关于亚里士多德的三段论推理

三段论推理 (syllogistic inference) 或三段论 (syllogism) 是一种演绎推理 (deductive reasoning), 其中涉及的语句都是量化命题. 一个经典的例子如表 3-1 所示, 其中 P_1 表示大前提 (major premise)、P_2 表示小前提 (minor premise)、C 表示结论.

表 3-1　亚里士多德的三段论推理

P_1	所有人终有一死 (All human beings are mortal)
P_2	所有希腊人是人 (All Greeks are human beings)
C	所有希腊人终有一死 (All Greeks are mortal)

一个量化命题包含两个主要成分: 量词, 诸如所有 (all)、一些或有的 (some)、25%等; 词项 (term), 通常被解释为一个集合. 在典型的二元量化语句中, 其主体 (subject) 是量词的限定 (restriction), 其谓词是量词的辖域 (scope). 比如, 在表 3-1 的量化命题 P_1 中, 人 (human beings) 是量词 "所有 (all)" 的限定、终有一死 (mortal) 是量词 "所有 (all)" 的辖域.

Aristotle(亚里士多德) 研究了如下四个量词: 所有 (all, 有时简写为 A), 没有 (none, 有时简写为 E), 一些 (some, 有时简写为 I), 并非所有 (not all, 有时简写为 O). 这些量词的语言性质及其关联关系, 可用如图 3-6 所示的逻辑对当方阵 (logic square of opposition, LSO) 来描述 (这里选自文献 [124]).

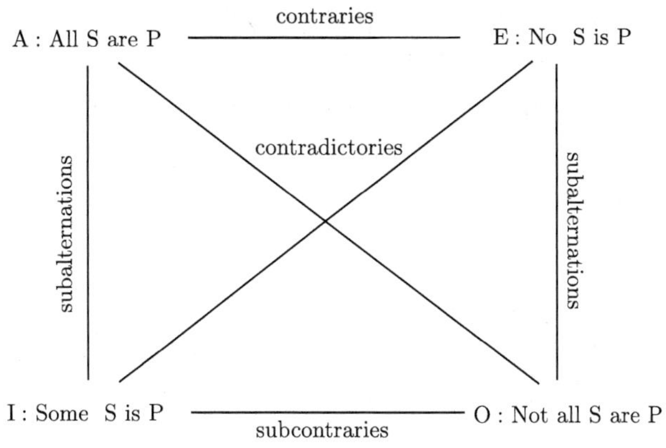

图 3-6 经典逻辑对当方阵

在图 3-6 中, contrary、subcontrary、contradictory、subalternation 分别表示 “反对”、“小反对”(或 “下反对”) 、“矛盾”、“差等” 之意, 在逻辑上分别对应如下几个命题关系:

反对关系 (contrary relation): 也称为 “上反对关系” 或 “大反对关系”, 是指素材相同 (有相同的主项和谓项) 的全称肯定命题与全称否定命题间的真假关系, 即可以同假、但不可同真的关系. 由其中一个命题的真, 可以必然推出另一个命题的假, 比如由 “所有正方形都是菱形” 的真, 可以必然推出 “所有正方形都不是菱形” 的假; 但由其中一个命题的假, 却不能必然推出另一个命题的真, 比如由 “所有菱形都是矩形” 的假, 不能必然推出 “所有菱形都不是矩形” 为真. 具有反对关系的命题称为反对命题.

下反对关系 (subcontrary relation): 也称为 “小反对关系”, 是指特称肯定命题 (简记为 I) 与特称否定命题 (简记为 O) 间的真假关系, 即两者不能同假、但可以同真的关系. 由其中一个命题的假, 可以必然推出另一个命题的真, 比如由 “有的自然数不是整数 (并非所有自然数是整数)” 的假, 可以必然推出 “有的自然数是整数” 的真; 但由其中一个命题的真, 却不能必然推出另一个命题的假, 比如由 “有的整数大于零” 的真, 不能必然推出 “并非所有整数大于零 (有的整数不大于零)” 为假.

矛盾关系 (contradictory relation): 是指素材相同 (有相同的主项和谓项) 的全称肯定命题与特称否定命题、全称否定命题与特称肯定命题之间的真假关系, 即不可同真、也不可同假的关系. 由其中一个命题的真, 可以必然推出另一个命题的假; 同时, 由其中一个命题的假, 必然推出另一个命题的真. 具有矛盾关系的命题称为矛盾命题.

差等关系 (subalternation relation): 也称为 “从属关系”, 是指素材相同 (有相同的主项和谓项) 的全称肯定命题与特称肯定命题、全称否定命题与特称否定命题之间的真假关系, 即两者可以同真、也可以同假的关系. 由全称命题的真, 可以必然推出特称命题的真; 但由全称命题的假, 不能必然推出特称命题的假. 由特称命题的假, 可以必然推出全称命题的假; 但由特称命题的真, 不能必然推出全称命题的真. 全称肯定命题和特称肯定命题、全称否定命题和特称否定命题之间的这种关系, 相当于现代逻辑中蕴涵和反蕴涵关系.

关于推理的结构, 经典三段论由大前提 (major term)、小前提 (minor term)、中项 (middle term)、结论 (conclusion) 构成. 所谓 "中项", 也称为 "中词" "中概念", 是指在三段论的两个前提中出现而在结论中不出现的词项, 通常用 M 来表示. 中项在三段论中的作用是作为大项和小项的中介, 把大项和小项联系起来, 从而必然推出结论.

根据中项在大前提和小前提中的不同位置, 可以形成四种不同的形式, 这在逻辑上称为三段论的格 (figure of syllogism), 如表 3-2 所示 (选自文献 [124], 其中 DT 代表中项, MT 代表大前提、大项, NT 代表小前提、小项).

表 3-2　亚里士多德三段论的四种格

第一格	第二格	第三格	第四格
Q_1DTs are MTs	Q_1MTs are DTs	Q_1DTs are MTs	Q_1MTs are DTs
Q_2NTs are DTs	Q_2NTs are DTs	Q_2DTs are NTs	Q_2DTs are NTs
QNTs are MTs	QNTs are MTs	QNTs are MTs	QNTs are MTs

第一格 (first figure, Figure I): 中项在大前提中为主项、在小前提中为谓项. 比如: 凡真理是不怕批评的, 马克思主义是真理, 所以马克思主义是不怕批评的. 运用三段论第一格进行推理时, 要遵守以下两条特殊规则: 大前提必须是全称命题, 小前提必须是肯定命题. 第一格典型地体现了演绎推理由一般到特殊的思维进程.

第二格 (second figure, Figure II): 中项在大前提和小前提中均为谓项. 比如: 所有矩形都有四条边, 三角形没有四条边, 所以三角形不是矩形. 运用三段论第二格进行推理时, 要遵守以下两条特殊规则: 两个前提中必须有一个是否定命题, 大前提必须是全称命题. 由于第二格中的两个前提必有一个是否定命题, 所以结论也是否定命题, 从而它常被用来确定事物间的区别.

第三格 (third figure, Figure III): 中项在大前提和小前提中均为主项. 比如: 梯形不是矩形, 梯形是四边形, 所以有的四边形不是矩形. 运用三段论第三格进行推理时, 要遵守以下两条特殊规则: 小前提必须是肯定命题, 结论必须是特称命题. 第三格的作用主要在于: 通过推出一个有关特殊事实的特称命题来反驳与之矛盾的全称命题.

第四格 (forth figure, Figure IV): 中项在大前提中为谓项、在小前提中为主项. 比如: 有的菱形是正方形, 所有正方形都是矩形, 所以有的矩形是菱形. 运用三段论第四格进行推理时, 要遵守以下三条特殊规则: 如果两个前提中有一个是否定命题, 那么大前提必须是全称命题; 如果大前提是肯定命题, 那么小前提必须是全称命题; 如果小前提是肯定命题, 那么结论必须是特称命题.

前述的四种格, 其结构可用图 3-7 来表示 (选自文献 [1]).

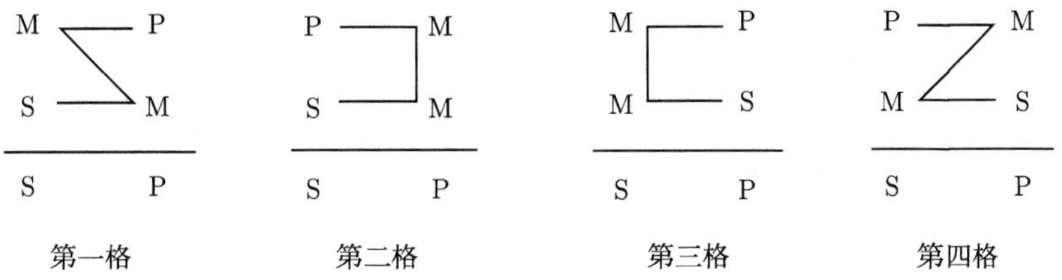

图 3-7 三段论格的结构

考虑前述四种清晰的量词 (或相应的四种直言命题, 即全称肯定命题、全称否定命题、特称肯定命题、特称否定命题) 以及三段论的四种格, 可以导出三段论的 24 种 (去除那些违反规则的无效式后的) 有效推理模式, 被称为三段论的式 (mood of syllogism), 见表 3-3.

表 3-3 亚里士多德三段论的 24 种有效推理模式

第一格	第二格	第三格	第四格
AAA	EAE	AAI	AAI
EAE	AEE	EAO	AEE
AII	EIO	IAI	IAI
EIO	AOO	AII	EAO
AAI	EAO	OAO	EIO
EAO	AEO	EIO	AEO

上表中使用传统的记号表示 "式 (mood)", 即用四个符号 A, E, I, O 来表示出现在大前提、小前提及结论中的清晰量词. 比如, "第一格的 AAA 式" 就表达了表 3-1 中的推理模式; 再如, "所有金属是能导电的 (A), 有的物体是金属 (I), 所以, 有的物体是能导电的 (I)", 这种推理就属于 "第一格的 AII 式".

在文献的中, 有两种非传统的方法, 赋予传统三段论更强的表达能力: (i) 增加新的清晰或模糊的量词 (但保持前提的数量); (ii) 增加更多的前提语句 (但仅考虑四个清晰的量词). 我们将重点考虑第一种扩展方法, 即量词被扩展到模糊量词, 比如大多数 (most)、许多 (many)、少数 (a few)、大约 25%到 30%(between approximately 25%and 30%) 等. 从语法和词项的集合解释来看, 这是最接近传统亚里士多德模型的方法. Dubois 等人提出过一个将模糊量词表达成区间的模糊三段论框架, 这将在本书 7.1 节中介绍. 这里, 将主要介绍 Zadeh 的模糊三段论, 其中, 大前提、小前提、结论都是包含模糊量词的命题, 表 3-4 给出一个例子, 它是典型的 Zadeh 模糊三段论推理.

表 3-4 Zadeh 模糊三段论推理示例

P_1	大多数学生是年轻的 (Most students are young)
P_2	大多数年轻学生是未婚的 (Most young students are single)
C	(大多数 ^{2}) 学生是年轻未婚的 ($Most^2$ students are young and single)

上表中, $Most^2 = Most \otimes Most$, 是由前提中的量词依据量词扩张原理 (quantifier extension principle, QEP) 进行计算的, 要用到模糊算术乘积 (fuzzy arithmetic product), 这将在下一节详细说明.

3.3.2 Zadeh 的模糊量化推理方法

1. Zadeh 量化推理方法概述

Zadeh 模糊三段论推理的一般形式 [125], 可用表 3-5 来表示 (其中, Q_1, Q_2 和 Q 是模糊量词, A, B, C, D, E 和 F 是相关联的模糊性质或词项).

表 3-5 Zadeh 模糊三段论的一般形式

Q_1A 是 B(Q_1A's are B's)
Q_2C 是 D(Q_2C's are D's)
QE 是 F(QE's are F's)

Zadeh 提出的各种模糊推理模式, 都是在上述一般形式的基础上增加对模糊性质 (或词项) 的某些限制 (或约束) 得到的. 同时, Zadeh 模糊推理方法的基础, 是其提出的量化框架 (Zadeh's quantification framework), 该框架的要点包括: ① 将语言 (模糊) 量词分为两类, 即绝对量词和相对量词; ② 把语言量词看成是模糊数, 这样, 绝对量词被看成绝对模糊数 (absolute fuzzy number, 非负实数集上的模糊集), 相对量词被看成比例模糊数 (proportional fuzzy number, [0, 1] 上的模糊集); ③ 利用 $\sum Count$ 基数, 将表示量词的模糊数与表示模糊性质的模糊集结合起来.

需要说明的是, Zadeh 的量化推理方法与亚里士多德三段论在方法论上是不同的, 亚里士多德使用自然逻辑得到全部的 "式 (mood)", 而 Zadeh 的推理过程使用了模糊算术 (fuzzy arithmetic), 因为量词被表示为模糊数.

Zadeh 量化推理中主要考虑如下量化句:

$$QA\text{是}B(QA\text{'s are }B\text{'s}),$$

其中, Q 是一个相对量词、对应于一个比例模糊数, A 和 B 是模糊或清晰集合. 按照表 3-5 中的一般形式, 量化推理是由两个前提推出一个结论.

Zadeh 量化推理的过程, 是基于量词扩张原理 (QEP) 的. QEP 的主要思想是

$$\text{如果}C = f(P_1, P_2, \cdots, P_n), \text{则}Q = \phi_f(Q_1, Q_2, \cdots, Q_n).$$

其中, C 是结论, $P_1, P_2, \cdots, P_n$ 是前提, f 是一个函数, Q 是结论中的量词, $Q_1, Q_2, \cdots, Q_n$ 是前提中的量词, 而 ϕ_f 是应用扩张原理由 f 得到的扩张. 这就是说, QEP 本质上是应用扩张原理由 f 得到一个模糊函数 ϕ_f, 它可直接作用于代表模糊量词的对应模糊数上, 从而量化推理被转化为使用相应的模糊算术对模糊数进行运算 (参见图 3-8 的示例).

下面来分析 Zadeh 提出的各种具体的推理模式.

2. 积链三段论 (multiplicative chaining syllogism, MC 三段论)

表 3-6 给出了积链 (multiplicative chaining) 推理模式的典型语言表达及示例, 其中, Q_1 表示大前提中的量词, Q_2 表示小前提中的量词, Q 表示结论中的量词.

表 3-6 MC 三段论推理模式及示例

语言模式 (linguistic scheme)	例子
Q_1A 是 B(所有 B 是 A)	大多数美国人的车是大的
Q_2B 是 C	大多数大车是豪华的
QA 是 C	(大多数 ^{2}) 美国人的车是豪华的

图 3-8 和图 3-9 分别描述了一般模糊量词乘积的运算方法以及表 3-6 例子中模糊量词 "大多数 ^{2}"(most^2) 的表示方法.

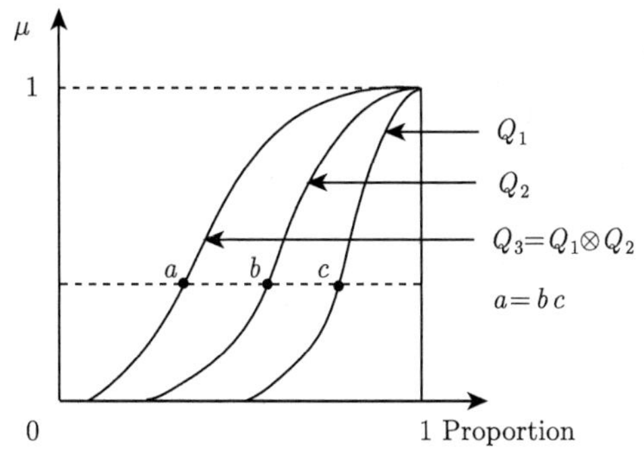

图 3-8 模糊量词的 (模糊) 乘积

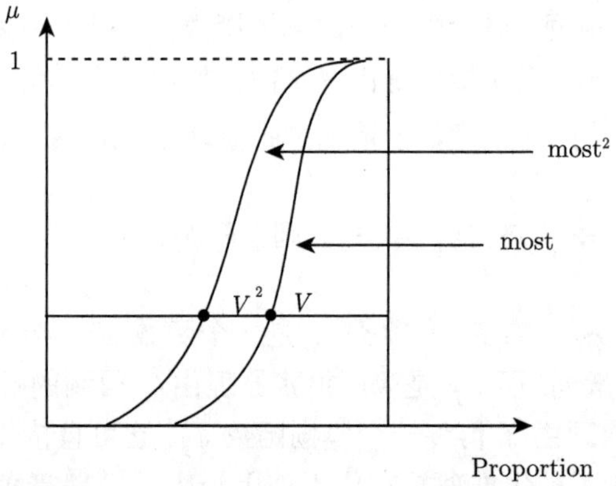

图 3-9　模糊量词 “大多数”(most) 与 “大多数 ²”(most²) 的表示

图 3-10 给出了 MC 三段论的图形表示, 涉及的三个 “词项” 的作用是: A 与 C 组成了结论, 其中 A 是主词、C 是谓词; 而 B 联结了两个词项使其能够推导出联结的结果. 由于结论中的词项是通过中间词项联结起来的, 所以被称为链模式 (chaining pattern). 同时, 需要指出的是, 这里实际上有一个约束, 即 $B \subseteq A$. 这个约束可以表示为一个附加的量化语句: 所有 B 是 A(all B's are A's), 它是重要的, 因为没有这个约束, 是不能正确推出结论的.

MC 三段论的计算过程可表示为

$$Q \geqslant (Q_1 \otimes Q_2),$$

其中, $\otimes$ 表示模糊乘积运算 (有时也直接写成 $\times$). $\geqslant (Q_1 \otimes Q_2)$ 读作 “至少 $(Q_1 \otimes Q_2)$”, 它是非模糊关系 $\geqslant$ 和一元模糊关系 $(Q_1 \otimes Q_2)$ 的合成; 如果 Q_1 和 Q_2 是单调增加的, 那么 $\geqslant (Q_1 \otimes Q_2) = (Q_1 \otimes Q_2)$ (此结论及其证明可参见文献 [126] 的定理 7.11.1), 比如 $Q_1 = Q_2 =$“大多数” 时, $\geqslant (Q_1 \otimes Q_2) =$(大多数 ²).

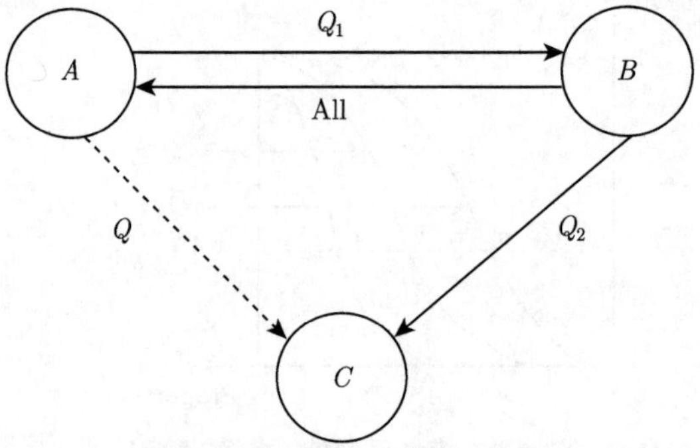

图 3-10　MC 三段论图示

3. **大前提可逆三段论** (major premise reversibility syllogism, MPR 三段论)

表 3-7 给出了 MPR 三段论的典型语言表达及示例, 其中, Q_1 表示大前提中的量词, Q_2 表示小前提中的量词, Q 表示结论中的量词.

表 3-7 MPR 三段论推理模式及示例

语言模式 (linguistic scheme)	例子
Q_1B 是 A	大多数大车是美国人的
Q_2B 是 C	大多数大车是豪华的
QA 是 C	$\geqslant 0\vee$(2 大多数 -1) 美国人的车是豪华的

上表例子中的 "$\geqslant$" 表示 "至少", "2 大多数" 表示模糊量词 "大多数" 与自己的模糊和 (即 "大多数 $\oplus$ 大多数", 也可写成 "大多数 + 大多数"), $-$(有时也写成 $\ominus$) 表示模糊减法, 而这些模糊算术运算实际都是扩张原理的应用 (参见定义 2.2.36), 比如 "模糊和" "模糊积" 可具体表示为以下形式:

模糊和 $\mu_{A\oplus B}(u)=\sup_v\left(\mu_A(u)\wedge\mu_B(u-v)\right),\ u,v\in(-\infty,\infty)$.

模糊积 $\mu_{A\otimes B}(u)=\sup_v\left(\mu_A(u)\wedge\mu_B\left(\dfrac{u}{v}\right)\right),\ u,v\in(-\infty,\infty),\ v\neq 0$.

图 3-11 给出了 MPR 三段论的结构图示. 可以认为这种推理模式是 MC 三段论的变形, 即用如下的 "大前提的可逆性" 代替 MC 模式中的 "$B\subseteq A$":

$$Q_1A\text{是}B\leftrightarrow Q_1B\text{是}A,$$

其中, $\leftrightarrow$ 表示语义上的近似等价 (而如何计算这种近似, Zadeh 将其作为一个非平凡的公开问题). 对于表 3-7 右边的例子, "大前提的可逆性" 表现为

$$\text{大多数大车是美国人的}\leftrightarrow\text{大多数美国人的车是大车},$$

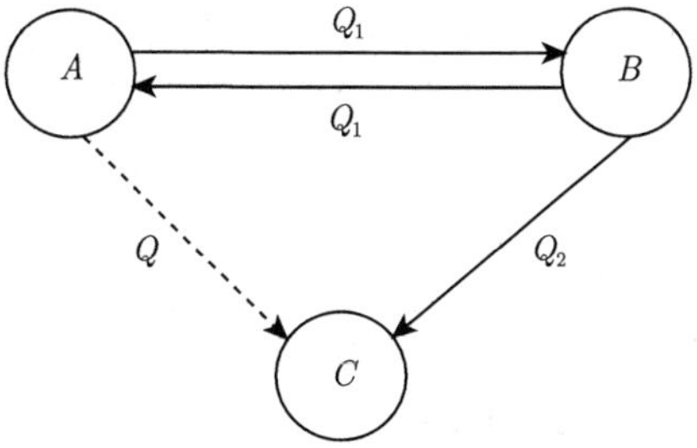

图 3-11 MPR 三段论图示

上述 "大前提的可逆性" 的限制, 对于应用来说是一个显著的障碍. 实际上, 对于比例量词来说, 一个量化语句与其相应的交换参数后的另一个量化语句, 在语言义上是不等价的, 比如上面的 "大多数大车是美国人的" 与 "大多数美国人的车是

大的"; 而对于绝对量词, 一个量化语句与其相应的交换参数后的另一个量化语句, 在语言义上是等价的, 比如: "大约十万辆大车是美国人的" 与 "大约十万辆美国人的车是大车" 在语义上是等价的.

MPR 三段论的计算过程可表示为

$$Q \geqslant \max(0, Q_1 \oplus 1Q_2 \ominus 1),$$

其中, $\oplus$ 和 $\ominus$ 分别表示模糊加法和减法运算.

4. 其他推理模式

除了上述推理模式外, Zadeh 还提出了一种非对称推理模式 (交-积推理模式, intersection-product reasoning scheme, 见表 3-8) 各两种对称推理模式 (前件合取或析取推理模式, antecedent conjunction/disjunction reasoning scheme, 见表 3-9; 后件合取或析取推理模式, consequent conjunction/disjunction reasoning scheme, 见表 3-10). 其中, 前件模式和后件模式的区别在于: 在前提中相关词项的位置, 以及逻辑算子在结论中的位置; 如果出现在主项中, 得到的是前件模式 ("and" 对应合取 conjunction, "or" 对应析取 disjunction); 如果出现在谓项中, 得到的是后件模式 (而且应用相应的逻辑算子, 合取 conjunction 或析取 disjunction).

表 3-8 交-积三段论推理模式及示例

语言模式 (linguistic scheme)	例子
Q_1A 是 B	大多数学生是年轻的
$Q_2(A \wedge B)$ 是 C	许多年轻学生是单身的
QA 是 $(B \wedge C)$	(大多数 $\otimes$ 许多) 学生是年轻的和单身的

表 3-9 前件合取 (前件析取) 三段论推理模式及示例

语言模式 (linguistic scheme)	例子
Q_1A 是 C	大多数学生是年轻的
Q_2B 是 C	几乎所有单身是年轻的
$Q(A \wedge B)$ 是 C 或 $Q(A \vee B)$ 是 C	Q 单身或学生是年轻的

表 3-10 后件合取 (后件析取)MC 三段论推理模式及示例

语言模式 (linguistic scheme)	例子
Q_1A 是 B	大多数学生是年轻的
Q_2A 是 C	几乎所有学生是单身的
QA 是 $(B \wedge C)$ 或 QA 是 $(B \vee C)$	Q 学生是年轻的和单身的

5. Zadeh 三段论与亚里士多德三段论之比较

现在讨论 Zadeh 三段论的性能, 并与亚里士多德三段论进行比较.

首先需要说明的是, 由于传统三段论的式 (mood) 是遗传型的 (非对称的), 因此 Zadeh 对称三段论模式在经典推理中是没有对应物的. 同时, 在交 - 积三段论中, 小前提及结论中涉及逻辑算子, 这在传统三段论的式 (mood) 中是没有的. 这样, 只有 MC 和 MPR 模式可以与传统三段论进行对比分析.

关于性能的比较, 根据中项 (middle term), MC 和 MPR 模式仅与第一格 (Figure I) 是相容的, 参见表 3-11 所示. 经过分析, Zadeh 的推理模式与第一格 (Figure I) 的六种 "式" 之间有表 3-12 所示的比较结果, 从中发现仅有 "AII 式" 与 MPR 模式是一致的 (参见文献 [125]).

表 3-11 中项 (middle term) 在三段论格及 Zadeh MC/MPR 模式中的位置

模式 (pattern)	大前提 (major premise)	小前提 (minor premise)
第一格 (Figure I)	主项 (subject)	谓项 (predicate)
第二格 (Figure II)	谓项 (predicate)	谓项 (predicate)
第三格 (Figure III)	主项 (subject)	主项 (subject)
第四格 (Figure IV)	谓项 (predicate)	主项 (subject)
MC	主项 (subject)	谓项 (predicate)
MPR	主项 (subject)	谓项 (predicate)

表 3-12 Zadeh 推理模式与第一格 (Figure I) 的一致性

Zadeh 模式 (Zadeh's patterns)	AAA	EAE	AII	EIO	AAI	EAO
MC	No	No	No	No	No	No
MPR	No	No	Yes	No	No	No

第 4 章　基于 Sugeno 模糊积分的模糊量词理论

本章论述应明生教授提出的基于 Sugeno 积分的模糊量词理论, 以及在此基础上的若干扩展, 包括用直觉模糊 Sugeno 积分、区间直觉模糊 Sugeno 积分处理模糊量词的方法. 此外, 本章还将涉及模糊量词的若干应用实例.

4.1　模糊量词的 Sugeno 积分语义

4.1.1　基于模糊测度的模糊量词

应用模糊集理论处理模糊量词有多种不同的方法, 在第 3 章里主要介绍了 Zadeh 等人的方法, 而应明生教授在文献 [6] 中对模糊量词的处理是基于模糊测度的, 即模糊量词被表示为一族模糊测度. 为了后面叙述的方便, 先回顾一下模糊测度与 Sugeno 积分的一些基本概念和符号 (一些内容需要参阅 2.4 节).

1. 关于模糊测度与模糊积分的基本知识

模糊测度和积分的理论最初是由 Sugeno 提出的 [93]. 模糊测度是数学分析中测度概念的推广, 它放宽了通常测度的可加性条件而仅假设具有单调性. 这样一来, 模糊测度具有一般性, 概率测度、Zadeh 的可能性测度、Shafer 的信任函数等都可看作是模糊测度的特殊情况. Sugeno 积分类似于勒贝格 (Lebesgue) 积分, 它们之间的区别在于 Sugeno 积分将勒贝格积分定义中的加法和乘法分别用运算 “min” 和 “max” 来代替. Sugeno 测度和积分理论被应用于主观评价 (subjective evaluation)、决策系统 (decision system) 和模式识别 (pattern recognition) 等领域.

在集合 X 上的模糊测度是定义在 X 的一些子集上的一个函数. 设 X 是一个非空集合, $\wp$ 是在 X 上的 Borel 域 (参见定义 2.4.1), 则 $(X, \wp)$ 称为是一个可测空间 (measurable space). 如果 m: $\wp \to [0, 1]$ 是可测空间 $(X, \wp)$ 上的一个模糊测度 (参见定义 2.4.3), 则 $(X, \wp, m)$ 称为是一个模糊测度空间 (fuzzy measure space).

文献 [127, 128] 中引入的似然测度 (plausibility measure) 类似于模糊测度, 它们之间唯一的不同是值域不同, 似然测度的值域可以是任意有最大元和最小元的偏序集而不是单位区间.

让我们首先考虑一个模糊测度的例子, 它将被用来定义存在量词.

例 4.1.1 设 X 是非空集. 如果 $\pi : X \to [0, 1]$ 是一个满足 $\sup_{x\in X} \pi(x) = 1$ 的映射, 则称 π 是一个可能性分布 (possibility distribution), 且对于每一个 $E \subseteq X$ 定义:

$$\Pi_\pi(E) = \sup_{x\in E} \pi(x).$$

则 $\Pi_\pi(\cdot)$ 是一个 $(X,\ 2^X)$ 上的模糊测度, 并称 $\Pi_\pi(\cdot)$ 是由 π 诱导的可能性测度 (possibility measure).

需要说明的是, 模糊测度定义中的连续性 (参见定义 2.4.3 (3)) 经常被忽略, 即可以不要求模糊测度满足连续性 (这时也称其为广义模糊测度). 这里的 $\Pi_\pi(\cdot)$ 就是不连续的, 即存在递减集合序列 $\{E_n\}$ 满足:

$$\Pi_\pi\left(\lim_{n\to\infty} E_n\right) < \lim_{n\to\infty} \Pi_\pi(E_n).$$

(1) 假设 $x_0 \in X$ 且

$$\pi_{x_0}(x) = \begin{cases} 1, & x = x_0, \\ 0, & \text{其他}, \end{cases}$$

则 π_{x_0} 是一个可能性分布, 且 $\Pi_{\pi_{x_0}}$ 是如下函数: 对任意 $E \subseteq X$ 有

$$\Pi_{\pi_{x_0}}(E) = \begin{cases} 1, & x_0 \in E, \\ 0, & \text{其他}. \end{cases}$$

(2) 若定义 $\pi(x) = 1(\forall x \in X)$, 则 Π_π 是如下函数: 对任意 $E \subseteq X$ 有

$$\Pi_\pi(E) = \begin{cases} 1, & E \neq \varnothing, \\ 0, & \text{其他}. \end{cases}$$

文献 [6] 中引入 "对偶模糊测度" (dual fuzzy measure) 的概念, 利用此概念可以较好地表达和处理对偶语言量词 (dual linguistic quantifier).

定义 4.1.1[6] 设 $(X, \wp, m)$ 是模糊测度空间. m 的对偶集函数 $m^* : \wp \to [0, 1]$ 定义为

$$m^*(E) = 1 - m(X - E), \quad \forall E \in \wp.$$

容易验证 m^* 也是 $(X, \wp)$ 上的模糊测度, 称为 m 的对偶模糊测度.

例 4.1.2 设 π 是 X 上的可能性分布, 且 Π_π 是由 π 诱导出的可能性测度, 则 Π_π 的对偶测度 $N_\pi = \Pi_\pi^*$ 可表示为

$$N_\pi(E) = \inf_{x\notin E} (1 - \pi(x)), \quad \forall E \subseteq X.$$

称 $N_\pi = \Pi_\pi^*$ 是由 π 诱导的必然性测度 (necessity measure).

容易验证:

(1) $N_{\pi_{x_0}} = \Pi^*_{\pi_{x_0}} = \Pi_{\pi_{x_0}}$;

(2) 如果 $\pi(x) = 1(\forall x \in X)$, 则

$$N_\pi(E) = \begin{cases} 1, & E = X, \\ 0, & \text{其他}. \end{cases}$$

下面回顾可测函数、Sugeno 积分的相关知识, 此处未提及的基本定义和性质可参见 2.4.2 节.

命题 4.1.1　设 $(X, \wp, m)$ 是模糊测度空间. (1) 对任意 $a \in [0, 1]$ 有

$$\int a \circ m = a,$$

其中左边的 "a" 看作是一个常值函数 a: $X \to [0, 1]$, 即 $a(x) = x(\forall x \in X)$.

(2) 设 $a \in [0, 1]$ 且 h:$X \to [0, 1]$ 是 $\wp$-可测函数, 则

$$\int \max(a, h) \circ m = \max\left(a, \int h \circ m\right); \quad \int \min(a, h) \circ m = \min\left(a, \int h \circ m\right).$$

模糊测度是定义在分明集合之上的, 可以将其扩展到模糊集合之上, 这类似于 Zadeh 在 [129] 中将概率测度扩展到模糊集上的方法.

定义 4.1.2[93]　设 $(X, \wp, m)$ 是模糊测度空间, 而 $\widetilde{\wp}$ 是具有 $\wp$-可测隶属函数的 X 上的模糊集构成的集合, 则 m 在 $\widetilde{\wp}$ 上的扩张 $\widetilde{m}$ 定义为

$$\widetilde{m}(h) = \int h \circ m, \quad \forall h \in \widetilde{\wp}.$$

2. 基于模糊测度的模糊量词

对于任意可测空间 $(X, \wp)$, 记 $M(X, \wp)$ 是 $(X, \wp)$ 上所有模糊测度构成的集合.

定义 4.1.3[6]　一个模糊量词 (简称为量词) 由下面两项组成:

(1) 对于每一个非空集合 X, 有 X 上的 Borel 域 $\wp_X$;

(2) 真类 $\{M(X, \wp_X)$: $(X, \wp_X)$ 是可测空间$\}$的一个选择函数

$$Q : (X, \wp_X) \mapsto Q_{(X,\wp_X)} \in M(X, \wp_X).$$

为了简便, 当 Borel 域 $\wp_X$ 可以从上下文中看出时, $Q_{(X,\wp_X)}$ 经常简写为 Q_X. 在一些应用中, 对某些 X, 允许 Q_X 未定义 (undefined) 或未具体指明 (unspecified).

对于给定的论域 X, 如果 X 中满足一个 (分明) 性质 A 的对象集合是 E, 则数量 $Q_X(E)$ 被看作是量化命题 "QX 是 A" 的真值.

例 4.1.3 全称量词 $\forall=$“all”(所有) 和存在量词 $\exists=$“some”(一些) 可分别定义如下: 对任一集合 X 和任一 $E\subseteq X$,

$$\forall_X(E)=\begin{cases}1, & E=X,\\ 0, & \text{其他},\end{cases}$$

$$\exists_X(E)=\begin{cases}1, & E\neq\varnothing,\\ 0, & \text{其他}.\end{cases}$$

全称量词和存在量词都是分明量词, 因为对任意 $E\subseteq X$, $\forall_X(E), \exists_X(E)\in\{0,1\}$.

这个例子说明, 通过模糊测度来定义模糊量词的方法是适用于全称量词和存在量词的. 但是, 当论域 X 是无限的, Zadeh 的利用基数来处理量词的方法就不能处理全称量词了, 因为很可能 X 的真子集与 X 有相同的基数.

例 4.1.4 对任一集合 X 和任一 $E\subseteq X$, 分明量词 “至少三个” 可如下定义:

$$at\ least\ three_X(E)=\begin{cases}1, & |E|\geqslant 3,\\ 0, & \text{其他}.\end{cases}$$

下面是三个典型的模糊量词的例子:

$$many_X(E)=\frac{|E|}{|X|},\quad most_X(E)\left(\frac{|E|}{|X|}\right)^{3/2},\quad almost\ all_X(E)=\left(\frac{|E|}{|X|}\right)^{2},$$

其中, X 是非空有限集, $E\subseteq X$. 上面三个典型量词定义可推广到论域 X 为无限集的情况, 此时设 $(X,\wp)$ 是可测空间, μ 是 $(X,\wp)$ 上的有限测度, 即映射 $\mu:\wp\to[0,\infty)$ 满足:

$$\mu\left(\bigcup_{n=1}^{\infty}E_n\right)=\sum_{n=1}^{\infty}\mu(E_n),$$

这里, $\{E_n\}_{n=1}^{\infty}$ 是 $\wp$ 中互不相交的子族. 这时, 前面三个典型量词可分别定义为: $\forall E\in\wp$,

$$many_X(E)=\frac{\mu(E)}{\mu(X)},$$
$$most_X(E)=\left(\frac{\mu(E)}{\mu(X)}\right)^{3/2},$$
$$almost\ all_X(E)=\left(\frac{\mu(E)}{\mu(X)}\right)^{2}.$$

显然, $almost\ all_X(E)\leqslant most_X(E)\leqslant many_X(E), \forall E\subseteq X$.

定义 4.1.4[6] 量词 Q 分别称为可能性量词、必然性量词, 如果对任意非空集 X 及任意 $E_1, E_2\in\wp_X$, Q 分别满足:

$$Q_X(E_1\bigcup E_2)=\max(Q_X(E_1),Q_X(E_2)),$$
$$Q_X(E_1\bigcap E_2)=\min(Q_X(E_1),Q_X(E_2)).$$

显然, 全称量词 ($\forall$) 和存在量词 ($\exists$) 分别是一个必然性量词和可能性量词. 更一般的, 如果对于每一个集合 X, Q_X 是由 X 上的可能性分布诱导的可能性测度 (必然性测度), 则 Q 是可能性量词 (必然性量词).

下面的定义引入模糊量词间的一种偏序关系及模糊量词之间的三种运算.

定义 4.1.5[6] 设 Q, Q_1 和 Q_2 是量词, 则

(1) 称 Q_1 强于 Q_2, 记为 $Q_1 \sqsubseteq Q_2$, 如果对任一非空集合 X 和任一 $E \in \wp_X$ 有 $Q_{1X}(E) \leqslant Q_{2X}(E)$.

(2) Q 的对偶 Q^*, Q_1 和 Q_2 的交 $Q_1 \sqcap Q_2$, Q_1 和 Q_2 的并 $Q_1 \sqcup Q_2$ 分别定义如下: 对任一非空集合 X 和任一 $E \in \wp_X$,

$Q^*_X(E) = 1 - Q_X(X - E)$,

$(Q_1 \sqcap Q_2)_X(E) = \min(Q_{1X}(E), Q_{2X}(E))$,

$(Q_1 \sqcup Q_2)_X(E) = \max(Q_{1X}(E), Q_{2X}(E))$.

例 4.1.5 (1) 全称量词和存在量词是相互对偶的, 即 $\forall^* = \exists$ 和 $\exists^* = \forall$.

(2) 对任一非空集合 X 和任一 $E \subseteq X$,

$$(almost\ all)^*_X(E) = \frac{2|E|}{|X|} - \left(\frac{|E|}{|X|}\right)^2,$$

$$(at\ least\ three \sqcap many)_X(E) = \begin{cases} \dfrac{|E|}{|X|}, & |E| \geqslant 3, \\ 0, & \text{其他}, \end{cases}$$

$$(at\ least\ three \sqcup many)_X(E) = \begin{cases} 1, & |E| \geqslant 3, \\ \dfrac{2}{|X|}, & |E| = 2, \\ \dfrac{1}{|X|}, & |E| = 1, \\ 0, & E = \varnothing. \end{cases}$$

下面的命题给出量词的几个代数运算律, 它们表明: 量词连同前面定义的运算构成一个 De Morgan 代数.

命题 4.1.2 (1) 对任意量词 Q 均有 $\forall \sqsubseteq Q \sqsubseteq \exists$, 即全称量词 ($\forall$) 是最强的量词、存在量词 ($\exists$) 是最弱的量词.

(2) 对任意量词 Q_1 和 Q_2, $Q_1 \sqcap Q_2 \sqsubseteq Q_1$, $Q_1 \sqcap Q_2 \sqsubseteq Q_2$.

(3) 对任意量词 Q_1 和 Q_2, 均有

(可换性) $Q_1 \sqcap Q_2 = Q_2 \sqcap Q_1$, $Q_1 \sqcup Q_2 = Q_2 \sqcup Q_1$;

(结合性) $Q_1 \sqcap (Q_2 \sqcap Q_3) = (Q_1 \sqcap Q_2) \sqcap Q_3$, $Q_1 \sqcup (Q_2 \sqcup Q_3) = (Q_1 \sqcup Q_2) \sqcup Q_3$;

(吸收率) $Q_1 \sqcap (Q_1 \sqcup Q_2) = Q_1$, $Q_1 \sqcup (Q_1 \sqcap Q_2) = Q_1$;

(De Morgan 律) $(Q_1 \sqcap Q_2)^* = Q_1^* \sqcup Q_2^*$, $(Q_1 \sqcup Q_2)^* = Q_1^* \sqcap Q_2^*$.

4.1.2 带有模糊量词的一阶逻辑系统 $\mathbf{L_q}$

下面将构造带有语言量词的一阶逻辑语言 $\mathbf{L_q}$.

定义 4.1.6[6] 语言 $\mathbf{L_q}$ 包含以下字母:

(1) 个体变元的可数集: $x_0, x_1, x_2, \cdots$;

(2) 谓词符号集 $\mathbf{F} = \bigcup_{n=0}^{\infty} \mathbf{F}_n$, 其中 $\mathbf{F}_n$ 是所有的 n 元谓词符号的集合 ($n \geqslant 0$). 假设 $\bigcup_{n=0}^{\infty} \mathbf{F}_n \neq \varnothing$;

(3) 命题联结词: $\sim, \wedge$;

(4) 括号: (,).

语言 $\mathbf{F_q}$ 的语法 (syntax) 由下面的定义给出.

定义 4.1.7[6] 合式公式 (well-formed formula) 集 Wff 是满足下述条件的最小符号集:

(1) 若 $n \geqslant 0$, $F \in \mathbf{F}_n$, $y_1, \cdots, y_n$ 是个体变元, 则 $F(y_1, \cdots, y_n) \in$Wff;

(2) 若 Q 是一个量词, x 是个体变元, $\varphi \in$Wff, 则 $(Qx)\varphi \in$Wff;

(3) 若 $\varphi, \varphi_1, \varphi_2 \in$Wff, 则 $\sim \varphi, \varphi_1 \wedge \varphi_2 \in$Wff.

为了方便, 引入下述一些缩写符号:

$\varphi \vee \psi \overset{\text{def}}{=} \sim (\sim \varphi \wedge \sim \psi)$,

$\varphi \to \psi \overset{\text{def}}{=} \sim \varphi \vee \psi$,

$\varphi \leftrightarrow \psi \overset{\text{def}}{=} (\varphi \to \psi) \wedge (\psi \to \varphi)$.

约束变元 (bound variable) 和自由变元 (free variable) 的概念可按通常的方法定义, 此略.

语言 $\mathbf{L_q}$ 的语义 (semantics) 由下面的定义给出.

定义 4.1.8[6] 逻辑语言的解释 I 由下面各项构成:

(1) 一个可测空间 $(X, \wp)$, 称为 I 的论域;

(2) 对于每个 $n \geqslant 0$, 有与个体变元 x_i 相对应的 X 中的元素 x_i^I;

(3) 对于每个 $n \geqslant 0$ 和任一 $F \in \mathbf{F}_n$, 存在一个 $\wp^n$-可测度函数 F^I: $X^n \to [0, 1]$.

为了简便, 以后假设在解释 I 的论域 $(X, \wp)$ 中的 Borel 域 $\wp$ 总取 X 的幂集 2^X. 对任一量词 Q, X 上的 Borel 域 $\wp_X$ 也取为 2^X.

定义 4.1.9[6] 设 I 是一个解释. 则公式 φ 在 I 下的真值 $T_I(\varphi)$ 递归定义如下:

(1) 若 $\varphi = F(y_1, \cdots, y_n)$, 则

$$T_I(\varphi) = F^I(y_1^I, \cdots, y_n^I).$$

(2) 若 $\varphi = (Qx)\psi$, 则

$$T_I(\varphi) = \int T_{I\{\cdot/x\}}(\psi) \circ Q_X,$$

其中 X 是 I 的论域, $T_{I\{\cdot/x\}}(\psi): X \to [0, 1]$ 是一个映射满足

$$T_{I\{\cdot/x\}}(\psi)(u) = T_{I\{u/x\}}(\psi), \quad \forall u \in X,$$

而 $I\{u/x\}$ 是仅在个体变元 x 上的指派不同于 I 的一个解释, 即

$$\text{对所有} y \neq x \text{时} y^{I\{u/x\}} = y^I, \text{且} x^{I\{u/x\}} = u.$$

(3) 若 $\varphi = \sim \psi$, 则 $T_I(\varphi) = 1 - T_I(\psi)$; 若 $\varphi = \varphi_1 \wedge \varphi_2$, 则 $T_I(\varphi) = \min(T_I(\varphi_1), T_I(\varphi_2))$.

应用定义 4.1.1 及定义 4.1.9(2) 可以证明如下命题, 它建立了量化命题真值计算与模糊集上模糊测度的扩张之间的紧密联系.

命题 4.1.3　设 Q 是一个量词、x 是个体变元, $\varphi \in$Wff, 则对任意一个解释 I 有

$$T_I((Qx)\varphi) = \widetilde{Q_X}(T_I(\varphi)),$$

其中 $\widetilde{Q_X}$ 是 Q_X 在模糊集上的扩张.

例 4.1.6　对于任一量词 Q 和任一 $\varphi \in$Wff, 如果 I 是论域为单点集 $X = \{u\}$ 的一个解释, 则

$$T_I((Qx)\varphi) = T_I(\varphi).$$

这说明量化在单点论域上是退化的.

下面的例子考虑最强和最弱的量词, 这个例子表明: 对于全称量词和存在量词来说, 使用 Sugeno 积分计算量化命题真值的方法与传统的方法是一致的, 这是量词 Sugeno 积分语义合理性的一个证据.

例 4.1.7　设 Q 是量词和 x 是个体变元, $\varphi \in$Wff, 则对任意具有论域 X 的一个解释 I 有

$$\begin{aligned}
T_I((\exists x)\varphi) &= \int T_{I\{u/x\}}(\varphi) \circ \exists_X \\
&= \sup_{F \subseteq X} \min\left[\inf_{u \in F} T_{I\{u/x\}}(\varphi), \exists_X(F)\right] \\
&= \sup_{\varnothing \neq F \subseteq X} \inf_{u \in F} T_{I\{u/x\}}(\varphi) \\
&= \sup_{u \in X} T_{I\{u/x\}}(\varphi).
\end{aligned}$$

类似地有

$$T_I((\forall x)\varphi) = \inf_{u \in X} T_{I\{u/x\}}(\varphi).$$

以下命题给出一充要条件, 使得在有限论域的情况下、量化命题的真值介于一个门槛之上或之下. 这个条件在实际应用中是非常有用的 (参见后面的实例).

命题 4.1.4 设 X 是一个有限集, I 是论域为 X 的一个解释, $\lambda\in[0,1]$, 则对任一量词 Q 和 $\varphi\in$Wff 有:

(i) $T_I((Qx)\varphi)\geqslant\lambda$ 当且仅当 $Q_X(\{u\in X:T_{I\{u/x\}}(\varphi)\geqslant\lambda\})\geqslant\lambda$;

(ii) $T_I((Qx)\varphi)\leqslant\lambda$ 当且仅当 $Q_X(\{u\in X:T_{I\{u/x\}}(\varphi)>\lambda\})\leqslant\lambda$.

证明 (i) 若 $Q_X(\{u\in X:T_{I\{u/x\}}(\varphi)\geqslant\lambda\})\geqslant\lambda$, 则

$$\begin{aligned}T_I((Qx)\varphi)=&\sup_{\mu\in[0,1]}\min\left(\mu,Q_X\left(\{u\in X:T_{I\{u/x\}}(\varphi)\geqslant\mu\}\right)\right)\\ \geqslant&\min\left(\lambda,Q_X\left(\{u\in X:T_{I\{u/x\}}(\varphi)\geqslant\lambda\}\right)\right)\\ \geqslant&\lambda.\end{aligned}$$

反之, 若 $T_I((Qx)\varphi)\geqslant\lambda$, 即 $\sup\limits_{F\subseteq X}\min\left[\inf\limits_{u\in F}T_{I\{u/x\}}(\varphi),\ Q_X(F)\right]\geqslant\lambda$, 则存在 $F_0\subseteq X$ 使得

$$\min\left(\inf_{u\in F_0}T_{I\{u/x\}}(\varphi),\ Q_X(F_0)\right)\geqslant\lambda,$$

因为 X 是有限的, 所以 $\inf\limits_{u\in F_0}T_{I\{u/x\}}(\varphi)\geqslant\lambda$ 和 $Q_X(F_0)\geqslant\lambda$. 进而, 对任一 $u\in F_0$ 均有 $T_{I\{u/x\}}(\varphi)\geqslant\lambda$, 从而 $\{u\in X:T_{I\{u/x\}}(\varphi)\geqslant\lambda\}\supseteq F_0$. 由此得出 $Q_X(\{u\in X:T_{I\{u/x\}}(\varphi)\geqslant\lambda\})\geqslant\lambda$.

(ii) 假设 $Q_X(\{u\in X:T_{I\{u/x\}}(\varphi)>\lambda\})\leqslant\lambda$.

若 $\mu\leqslant\lambda$, 则 $\min(\mu,Q_X(\{u\in X:T_{I\{u/x\}}(\varphi)\geqslant\mu\}))\leqslant\lambda$;

若 $\mu>\lambda$, 则 $\{u\in X:T_{I\{u/x\}}(\varphi)\geqslant\mu\}\subseteq\{u\in X:T_{I\{u/x\}}(\varphi)>\lambda\}$. 从而 $Q_X(\{u\in X:T_{I\{u/x\}}(\varphi)\geqslant\mu\})\leqslant Q_X(\{u\in X:T_{I\{u/x\}}(\varphi)>\lambda\})\leqslant\lambda$, 进而 $\min[Q_X(\{u\in X:T_{I\{u/x\}}(\varphi)\geqslant\mu\})]\leqslant\lambda$.

所以

$$\begin{aligned}T_I((Qx)\varphi)=&\sup_{\mu\in[0,1]}\min\left(\mu,Q_X\left(\{u\in X:T_{I\{u/x\}}(\varphi)\geqslant\mu\}\right)\right)\\ \leqslant&\lambda.\end{aligned}$$

反之, 假设 $T_I((Qx)\varphi)\leqslant\lambda$. 令 $\mu_0=\inf\{T_{I\{u/x\}}(\varphi):T_{I\{u/x\}}(\varphi)>\lambda\}$. 因为 X 有限, 所以成立 $\mu_0>\lambda$ 且

$$\{u\in X:T_{I\{u/x\}}(\varphi)>\lambda\}=\{u\in X:T_{I\{u/x\}}(\varphi)\geqslant\mu_0\}.$$

于是

$$\begin{aligned}&\min[\mu_0,Q_X(\{u\in X:T_{I\{u/x\}}(\varphi)>\lambda\})]\\ =&\min[\mu_0,Q_X(\{u\in X:T_{I\{u/x\}}(\varphi)\geqslant\mu_0\})]\end{aligned}$$

$$\leqslant \sup_{\mu\in[0,1]} \min[\mu, Q_X(\{u\in X : T_{I\{u/x\}}(\varphi)\geqslant \mu\})]$$
$$= T_I((Qx)\varphi)$$
$$\leqslant \lambda.$$

最后, 由 $\mu_0 > \lambda$ 得 $Q_X(\{u\in X : T_{I\{u/x\}}(\varphi) > \lambda\}) \leqslant \lambda$.

4.1.3 一阶逻辑系统 $\mathrm{L_q}$ 的逻辑性质

本节建立语言量词的各种逻辑性质, 为此先介绍一些元逻辑的概念.

定义 4.1.10[6] 设 $\varphi \in$Wff, $\Sigma \subseteq$Wff.

(1) 如果对任一解释 I, $T_I(\varphi) \geqslant 1/2$, 则 φ 称为是模糊有效的 (fuzzily valid), 记为 $\models^{Fuz} \varphi$.

(2) 如果对任一解释 I, $\inf\limits_{\psi\in\Sigma} T_I(\psi) \leqslant T_I(\varphi)$, 则 φ 称为 Σ 的结论, 记为 $\Sigma \models \varphi$. 特别地, 若 $\varnothing \models \varphi$, 即对任一解释 I 均有 $T_I(\varphi) = 1$, 则 φ 称为 (绝对) 有效的, 记为 $\models \varphi$.

(3) 如果 $\varphi \models \psi$ 且 $\psi \models \varphi$, 即对任一解释 I 均有 $T_I(\varphi) = T_I(\psi)$, 则称 φ 和 ψ 是等价的, 记为 $\varphi \equiv \psi$.

命题 4.1.5[6] (1) 如果 $\varphi_1, \varphi_2 \in$Wff, 则 $\varphi_1 \models \varphi_2$ 当且仅当对于任一量词 Q 和任一个体变元 x 均有 $(Qx)\varphi_1 \models (Qx)\varphi_2$ 成立.

(2) 对任意量词 Q 和 $\varphi_1, \varphi_2 \in$Wff 有

$$(Qx)(\varphi_1\wedge\varphi_2) \models (Qx)\varphi_1 \wedge (Qx)\varphi_2, \quad (Qx)\varphi_1 \vee (Qx)\varphi_2 \models (Qx)(\varphi_1\vee\varphi_2).$$

(3) 如果 Q 是可能性量词, 则对任意 $\varphi_1, \varphi_2 \in$Wff 有

$$(Qx)(\varphi_1(x)\vee\varphi_2(x)) \equiv (Qx)\varphi_1(x) \vee (Qx)\varphi_2(x).$$

证明 (1) 若 $\varphi_1 \models \varphi_2$, 则由 Sugeno 积分的性质 (参见定理 2.4.5 后的性质 (2)) 知对于任一量词 Q 和任一个体变元 x 均有 $(Qx)\varphi_1 \models (Qx)\varphi_2$ 成立.

假设对于任一量词 Q 和任一个体变元 x 均有 $(Qx)\varphi_1 \models (Qx)\varphi_2$ 成立. 若 I 是一个解释, X 是 I 的论域. 以下证明 $T_I(\varphi_1) \leqslant T_I(\varphi_2)$. 令

$$Q_X = \Pi_{\pi_{x^I}},$$

其中 x^I 是 I 在 x 上的指派, 且 $\Pi_{\pi_{x^I}}$ 是由单点可能性分布 π_{x^I} 导出的模糊测度 (参见例 4.1.1(1)). 则由 $(Qx)\varphi_1 \models (Qx)\varphi_2$ 和简单计算可得

$$T_I(\varphi_1) = \int T_{I\{\cdot/x\}}(\varphi_1) \circ \Pi_{\pi_{x^I}} = T_I((Qx)\varphi_1)$$

$$\leqslant T_I\left((Qx)\varphi_2\right) = \int T_{I\{\cdot/x\}}(\varphi_2) \circ \Pi_{\pi_x I} = T_I(\varphi_2).$$

(2) 可由 (1) 直接得到.

(3) 对任一解释 I, 若 X 是 I 的论域, 则

$$\begin{aligned}
&T_I((Qx)(\varphi_1 \vee \varphi_2))\\
&= \sup_{\mu\in[0,1]} \min\left[\lambda, Q_X\left(\left\{u \in X : \max\left(T_{I\{u/x\}}(\varphi_1), T_{I\{u/x\}}(\varphi_2)\right) \geqslant \lambda\right\}\right)\right]\\
&= \sup_{\mu\in[0,1]} \min\left[\lambda, Q_X\left(\left\{u \in X : T_{I\{u/x\}}(\varphi_1) \geqslant \lambda\right\} \bigcup \left\{u \in X : T_{I\{u/x\}}(\varphi_2) \geqslant \lambda\right\}\right)\right]\\
&= \sup_{\mu\in[0,1]} \min\Big[\lambda, \max\Big(Q_X\left(\left\{u \in X : T_{I\{u/x\}}(\varphi_1) \geqslant \lambda\right\}\right),\\
&\quad Q_X\left(\left\{u \in X : T_{I\{u/x\}}(\varphi_2) \geqslant \lambda\right\}\right)\Big)\Big]\\
&= \sup_{\mu\in[0,1]} \max\Big\{\min\left[\lambda, Q_X\left(\left\{u \in X : T_{I\{u/x\}}(\varphi_1) \geqslant \lambda\right\}\right)\right],\\
&\quad \min\left[\lambda, Q_X\left(\left\{u \in X : T_{I\{u/x\}}(\varphi_2) \geqslant \lambda\right\}\right)\right]\Big\}\\
&= \max\Big\{\sup_{\mu\in[0,1]} \min\left[\lambda, Q_X\left(\left\{u \in X : T_{I\{u/x\}}(\varphi_1) \geqslant \lambda\right\}\right)\right],\\
&\quad \sup_{\mu\in[0,1]} \min\left[\lambda, Q_X\left(\left\{u \in X : T_{I\{u/x\}}(\varphi_2) \geqslant \lambda\right\}\right)\right]\Big\}\\
&= T_I((Qx)\varphi_1 \vee (Qx)\varphi_2).
\end{aligned}$$

命题 4.1.6[6] 设 Q_1 和 Q_2 是两个量词, 则 $Q_1 \sqsubseteq Q_2$ 当且仅当 $(Q_1x)\varphi \vDash (Q_2x)\varphi$ 对任意 $\varphi \in$Wff 均成立.

证明 "仅当" 部分是很明显的. 对于 "当" 部分, 仅需说明对任意集合 X 和任意 $E \subseteq X$ 均有 $Q_{1X}(E) \leqslant Q_{2X}(E)$. 因前面已假定 $\bigcup_{n=0}^{\infty} \mathbf{F}_n \neq \varnothing$, 故存在 P$\in \mathbf{F}_n(n > 0)$. 设 $\varphi = P(x, \cdots, x)$, I 是论域为 X 的一个解释, 且

$$P^I(u_1, \cdots, u_n) = \begin{cases} 1, & u_1 = \cdots = u_n \in E, \\ 0, & \text{其他}, \end{cases}$$

则

$$\begin{aligned}
T_I((Q_1x)\varphi) &= \sup_{F\subseteq X} \min\left[\inf_{u\in F} P^I(u, \cdots, u), Q_{1X}(F)\right]\\
&= \sup_{F\subseteq E} Q_{1X}(F)\\
&= Q_{1X}(E).
\end{aligned}$$

上式中应用了如下事实

$$\inf_{u\in F} P^I(u,\cdots,u)=\begin{cases}1, & F\subseteq E,\\ 0, & \text{其他}.\end{cases}$$

类似地, $T_I((Q_2x)\varphi)=Q_{2X}(E)$. 因为 $(Q_1x)\varphi\vDash(Q_2x)\varphi$, 所以 $T_I((Q_1x)\varphi)\leqslant T_I((Q_2x)\varphi)$, 从而 $Q_{1X}(E)\leqslant Q_{2X}(E)$.

命题 4.1.7[6]　对任意量词 Q_1 和 Q_2、个体变元量 x 和 $\varphi\in$Wff 均有:

(1) $((Q_1\sqcap Q_2)x)\varphi=(Q_1x)\varphi\wedge(Q_2x)\varphi$;

(2) $((Q_1\sqcup Q_2)x)\varphi=(Q_1x)\varphi\vee(Q_2x)\varphi$.

证明　(1) 对任一具有论域 X 的解释 I 必有 $T_I(((Q_1\sqcap Q_2)x)\varphi)\leqslant T_I((Q_1x)\varphi\wedge(Q_2x)\varphi)$. 相反地,

$$\begin{aligned}
&T_I((Q_1x)\varphi\wedge(Q_2x)\varphi)\\
&=\min\left[T_I((Q_1x)\varphi),T_I((Q_2x)\varphi)\right]\\
&=\min\left[\sup_{F_1\subseteq X}\min\left(\inf_{u\in F_1}T_{I\{u/x\}}(\varphi),Q_{1X}(F_1)\right),\right.\\
&\qquad\left.\sup_{F_2\subseteq X}\min\left(\inf_{u\in F_2}T_{I\{u/x\}}(\varphi),Q_{2X}(F_2)\right)\right]\\
&=\sup_{F_1,F_2\subseteq X}\min\left(\inf_{u\in F_1}T_{I\{u/x\}}(\varphi),\inf_{u\in F_2}T_{I\{u/x\}}(\varphi),Q_{1X}(F_1),Q_{2X}(F_2)\right)\\
&=\sup_{F_1,F_2\subseteq X}\min\left(\inf_{u\in F_1\bigcup F_2}T_{I\{u/x\}}(\varphi),Q_{1X}(F_1),Q_{2X}(F_2)\right)\\
&\leqslant\sup_{F_1,F_2\subseteq X}\min\left(\inf_{u\in F_1\bigcup F_2}T_{I\{u/x\}}(\varphi),Q_{1X}(F_1\bigcup F_2),Q_{2X}(F_1\bigcup F_2)\right)\\
&\leqslant\sup_{F\subseteq X}\min\left(\inf_{u\in F}T_{I\{u/x\}}(\varphi),Q_{1X}(F),Q_{2X}(F)\right)\\
&=\sup_{F\subseteq X}\min\left(\inf_{u\in F}T_{I\{u/x\}}(\varphi),(Q_1\sqcap Q_2)_X(F)\right)\\
&=T_I(((Q_1\sqcap Q_2)x)\varphi).
\end{aligned}$$

(2) 设 $F_{X,\lambda}=\{u\in X\colon T_{I\{u/x\}}(\varphi)\geqslant\lambda\}$, 则

$$\begin{aligned}
&T_I(((Q_1\sqcup Q_2)x)\varphi)\\
&=\sup_\lambda\min\left[\lambda,(Q_1\sqcup Q_2)_X(F_{X,\lambda})\right]\\
&=\sup_\lambda\min\left[\lambda,\max\left(Q_{1X}(F_{X,\lambda}),Q_{2X}(F_{X,\lambda})\right)\right]\\
&=\sup_\lambda\max\left[\min\left(\lambda,Q_{1X}(F_{X,\lambda})\right),\min\left(\lambda,Q_{2X}(F_{X,\lambda})\right)\right]
\end{aligned}$$

$$
\begin{aligned}
&= \max\left[\sup_{\lambda}\min\left(\lambda, Q_{1X}(F_{X,\lambda})\right), \sup_{\lambda}\min\left(\lambda, Q_{2X}(F_{X,\lambda})\right)\right] \\
&= \max\left[T_I((Q_1x)\varphi), T_I((Q_2x)\varphi)\right] \\
&= T_I((Q_1x)\varphi \vee (Q_2x)\varphi).
\end{aligned}
$$

文献 [130] 讨论了如下的带有语言量词的推理模式:

$$\frac{(Q_1x)\varphi_1, \cdots, (Q_nx)\varphi_n}{(Qx)\varphi = ?}.$$

前述命题 4.1.7 能使我们给出上述推理问题一个解. 事实上, 由命题 4.1.7 知下面的推理是有效的:

$$\frac{(Q_1x)\varphi_1, \cdots, (Q_nx)\varphi_n}{((Q_1 \sqcap \cdots \sqcap Q_n)x)(\varphi_1 \vee \cdots \vee \varphi_n)}.$$

但是, 需要指出的是, 这样的解通常不是最优的, 更确切地说: 可能存在具有形式 $(Qx)\varphi$ 的逻辑公式 ψ 使得

$$\models \psi \to ((Q_1 \sqcap \cdots \sqcap Q_n)x)(\varphi_1 \vee \cdots \vee \varphi_n),$$

但 $\models ((Q_1 \sqcap \cdots \sqcap Q_n)x)(\varphi_1 \vee \cdots \vee \varphi_n) \to \psi$ 却不成立.

命题 4.1.8[6] 对任意量词 Q 和 φ, $\psi \in$Wff, 如果个体变元 x 在 ψ 中不是自由的, 则

$$(Qx)\varphi \wedge \psi \equiv (Qx)(\varphi \wedge \psi); \quad (Qx)\varphi \vee \psi \equiv (Qx)(\varphi \vee \psi).$$

证明 仅证明第一个等价关系, 第二个可类似证明. 对任意解释 I 有

$$
\begin{aligned}
T_I\left((Qx)(\varphi \wedge \psi)\right) &= \int T_{I,x}(\varphi \wedge \psi) \circ Q_X \\
&= \int \min\left(T_{I\{u/x\}}(\varphi), T_{I\{u/x\}}(\psi)\right) \circ Q_X,
\end{aligned}
$$

其中 X 是 I 的论域. 因为 x 在 ψ 中不是自由的, 所以 $T_{I\{u/x\}}(\psi) = T_I(\psi)$, 对任意 $u \in X$. 由命题 4.1.1(2) 得到

$$
\begin{aligned}
T_I\left((Qx)(\varphi \wedge \psi)\right) &= \min\left[\int T_{I\{u/x\}}(\varphi) \circ Q_X, T_I(\psi)\right] \\
&= \min\left[T_I\left((Qx)\varphi\right), T_I(\psi)\right] \\
&= T_I\left((Qx)\varphi \wedge \psi\right).
\end{aligned}
$$

下面的命题给出对偶量词的性质, 其中模糊有效 $\models^{Fuz}$ 不能直接推广到严格有效 $\models$.

命题 4.1.9[6] 对任意量词 Q 和任意 $\varphi \in$Wff 均有: $\models^{Fuz} \sim (Qx)\varphi \leftrightarrow (Q^*x) \sim \varphi$, 其中 Q^* 是 Q 的对偶.

证明　令 $\psi_1 =\sim (Qx)\varphi \to (Q^*x) \sim \varphi, \psi_2 = (Q^*x) \sim \varphi \to\sim (Qx)\varphi$, 则对任意具有论域 X 的解释 I 有

$$T_I(\sim (Qx)\varphi \leftrightarrow (Q^*x) \sim \varphi) = \min[T_I(\psi_1), T_I(\psi_2)].$$

故只需证明 $T_I(\psi_1) \geqslant 1/2, T_I(\psi_2) \geqslant 1/2$.

由 ψ_1 及 "→" 的定义知

$$\begin{aligned} T_I(\psi_1) &= \max[T_I((Qx)\varphi), T_I((Q^*x) \sim \varphi)] \\ &= \max\left[\int T_{I\{u/x\}}(\varphi) \circ Q_X, \int (1 - T_{I\{u/x\}}(\varphi)) \circ Q_X^*\right]. \end{aligned}$$

如果 $\int T_{I\{u/x\}}(\varphi) \circ Q_X \geqslant 1/2$, 则 $T_I(\psi_1) \geqslant 1/2$. 否则, 由定理 2.4.4 得

$$\sup_{F\subseteq X} \min\left[\inf_{x\in F} T_{I\{u/x\}}(\varphi), Q_X(F)\right] = \int T_{I\{u/x\}}(\varphi) \circ Q_X(F) < \frac{1}{2}.$$

对任意 $\varepsilon > 0$, 设 $F(\varepsilon) = \{u \in X : T_{I\{u/x\}}(\varphi) < 1/2 + \varepsilon\}$. 则对所有 $u \in F(\varepsilon)$, $1 - T_{I\{u/x\}}(\varphi) \geqslant \frac{1}{2} - \varepsilon$, 进而 $\inf\limits_{u\in F(\varepsilon)} (1 - T_{I\{u/x\}}(\varphi)) \geqslant \frac{1}{2} - \varepsilon$. 另一方面, 因为 $X - F(\varepsilon) = \left\{u \in X : T_{I\{u/x\}}(\varphi) \geqslant \frac{1}{2} + \varepsilon\right\}$, 从而 $\inf\limits_{u\in X-F(\varepsilon)} T_{I\{u/x\}}(\varphi) \geqslant \frac{1}{2} + \varepsilon$.

注意到

$$\min\left[\inf_{u\in X-F(\varepsilon)} T_{I\{u/x\}}(\varphi), Q_X(X - F(\varepsilon))\right] \leqslant \int T_{I\{u/x\}}(\varphi) \circ Q_X < \frac{1}{2}.$$

由此得 $Q_X(X - F(\varepsilon)) < \frac{1}{2}$. 这样 $Q^*(F(\varepsilon)) = 1 - Q_X(X - F(\varepsilon)) > \frac{1}{2}$, 且

$$\int (1 - T_{I\{u/x\}}(\varphi)) \circ Q_X^* \geqslant \min\left[\inf_{u\in F(\varepsilon)} (1 - T_{I\{u/x\}}(\varphi)), Q_X^*(F(\varepsilon))\right] \geqslant \frac{1}{2} - \varepsilon.$$

令 $\varepsilon \to 0$, 则有 $\int (1 - T_{I\{u/x\}}(\varphi)) \circ Q_X^* \geqslant \frac{1}{2}$, 于是 $T_1(\psi_1) \geqslant \frac{1}{2}$.

以下讨论 ψ_2. 由 ψ_2 及 "→" 的定义知

$$\begin{aligned} T_1(\psi_2) &= \max\left[1 - \int (1 - T_{I\{u/x\}}(\varphi)) \circ Q_X^*, 1 - \int T_{I\{u/x\}}(\varphi) \circ Q_X\right] \\ &= 1 - \min\left[\int (1 - T_{I\{u/x\}}(\varphi)) \circ Q_X^*, \int T_{I\{u/x\}}(\varphi) \circ Q_X\right]. \end{aligned}$$

要证明 $T_1(\psi_2) \geqslant \frac{1}{2}$, 只需证明

$$\min\left[\int (1 - T_{I\{u/x\}}(\varphi)) \circ Q{*}_X, \int T_{I\{u/x\}}(\varphi) \circ Q_X\right] \leqslant \frac{1}{2}.$$

如果 $\int T_{I\{u/x\}}(\varphi)\circ Q_X \leqslant \frac{1}{2}$, 则上述不等式成立. 否则, 我们有

$$\sup_{F\subseteq X}\min\left[\inf_{x\in F}T_{I\{u/x\}}(\varphi), Q_X(F)\right]=\int T_{I\{u/x\}}(\varphi)\circ Q_X>\frac{1}{2}.$$

所以, 存在 $F_0\subseteq X$ 使得 $\inf_{u\in F_0}T_{I\{u/x\}}(\varphi)>\frac{1}{2}$ 且 $Q_X(F_0)>\frac{1}{2}$. 这样, 对任意 $u\in F_0$, $T_{I\{u/x\}}(\varphi)>\frac{1}{2}$, $1-T_{I\{u/x\}}(\varphi)<\frac{1}{2}$, $Q_X^*(X-F_0)=1-Q_X(F_0)<\frac{1}{2}$. 至此, 我们只需证明

$$\int(1-T_{I\{u/x\}}(\varphi))\circ Q_X^*=\sup_{F\subseteq X}\min\left[\inf_{u\in F}(1-T_{I\{u/x\}}(\varphi)), Q_X^*(F)\right]\leqslant\frac{1}{2}.$$

这仅需证明对任一 $F\subseteq X$, $Q_X^*(F)\leqslant\frac{1}{2}$ 或 $\inf_{u\in F}(1-T_{I\{u/x\}}(\varphi))\leqslant\frac{1}{2}$. 事实上, 如果 $F\subseteq X-F_0$, 则 $Q_X^*(F)\leqslant Q_X^*(X-F_0)<\frac{1}{2}$; 如果 $F\not\subseteq X-F_0$, 则存在 $u_0\in F\bigcap F_0$ 使得

$$\inf_{u\in F}(1-T_{I\{u/x\}}(\varphi))\leqslant 1-T_{I\{u_0/x\}}(\varphi)<\frac{1}{2}.$$

这就完成了证明.

由前述的命题 4.1.7—命题 4.1.9 即可得到如下含有语言量词的逻辑公式的前束范式定理 (prenex normal form theorem).

定理 4.1.1[6] 对于任意的 $\varphi\in$Wff, 必定存在 $\psi\in$Wff 满足如下两个条件:

(i) ψ 具有这样的形式 $(Q_1y_1)\cdots(Q_ny_n)M$, 其中 $n\geqslant 0$, $Q_1,\cdots,Q_n$ 是量词, 而 $M\in$Wff 且不包含任意量词;

(ii) $\models^{Fuz}\varphi\leftrightarrow\psi$.

4.1.4 关于基数量词

对广义量词的研究通常是以集合的基数 (cardinality) 为基础的. 原因是, 当我们考虑量化命题时, 主要关注的是有多少个体满足命题, 通常与这些个体具体是什么对象没有多大关系. 因此, 以前关于语言量化的真值计算方法, 也大多是以模糊集基数为基础的. 应明生教授提出的基于模糊测度和 Sugeno 积分的语言量词模型, 是一个更广泛的框架, 并不需要以基数为条件. 本节主要讨论语言量词的这两种语义之间的关系.

定义 4.1.11[6] 一个量词 Q 称为基数量词 (cardinal quantifier), 如果对任意两个非空集 X 和 X'、任意双射 $f: X\to X'$, 以及任意 $E\in\wp_X$ 和 $f(E)\in\wp'_{X'}$, 均有 $Q_X(E)=Q_{X'}(f(E))$, 其中 $f(E)=\{f(x):x\in E\}$.

在上面的定义中, 条件 "双射 $f: X\to X'$" 蕴涵着 X 和 X' 有相同的基数、且 E 和 $f(E)$ 也有相同的基数. 考虑下面两个带有相同量词 Q 的量化命题:

$\varphi = QX$ 是 A,

$\varphi\prime = QX'$ 是 A'.

假设 E 是 X 中满足性质 A 的元素集合, 即 $E = \{x \in X\colon x$ 满足 $A\}$. 类似地, 令 $E' = \{x \in X' : x$ 满足 $A'\}$, 则上面定义中的条件, 其含义是: φ 和 φ' 是等价的, 只要 X 和 X'、A 和 A' 有相同的基数, 不论 X 和 X', A 和 A' 含有什么样的元素.

文献 [131] 中引入的广义量词概念类似于定义 4.1.11 中的基数量词, 唯一不同的是: 在 [131] 中, 真值集合允许是任意的完备格.

可以利用基数数 (cardinal number) 给基数量词一个简单的等价定义. 对于任意的基数数 α, 用 $m(\alpha)$ 表示所有如下的增函数构成的集合:

$$f : \{基数数\beta : \beta \leqslant \alpha\} \rightarrow [0,1],$$

这里, f 满足 $\beta_1 \leqslant \beta_2 \Rightarrow f(\beta_1) \leqslant (\beta_2)$.

定义 4.1.12[6] 数值量词 (numeric quantifier) 是类 $\{m(\alpha) : \alpha$ 是一个基数数$\}$ 的一个选择函数:

$$q : \alpha \mapsto q_\alpha \in m(\alpha).$$

对于任意基数量词 Q, 定义:

$$|Q| : \alpha \mapsto |Q|_\alpha, 对任意基数数\alpha;$$
$$|Q|_\alpha(\beta) \overset{\text{def}}{=} Q_X(E), 对任意\beta \leqslant \alpha.$$

其中 X 是满足 $|X| = \alpha$ 的集合, E 是满足 $|E| = \beta$ 的 X 的子集合.

由定义 4.1.11 知, 基数量词 Q 的定义是合理的, 且它是一个数值量词. 因此, 基数量词 Q 可由数值量词 $|Q|$ 来表示. 反之, 对任意数值量词 q, 令

$$[q]_X(E) \overset{\text{def}}{=} q_{|X|}(|E|), \quad \forall X \neq \varnothing, \forall E \subseteq X,$$

则 $[q]$ 是一个基数量词. 这样, 由一个数值量词 q 诱导出一个基数量词 $[q]$.

例 4.1.8 全称量词 $(\forall)$ 不是一个基数量词, 因为对于一个无限集合 X, 很可能有 X 的一个真子集 E 使得 $|E| = |X|$. 存在量词 $(\exists)$ 是一个基数量词, 且对任意基数数 α 和 β, 若 $\beta \leqslant \alpha$, 则

$$|\exists|_\alpha(\beta) = \begin{cases} 1, & \beta > 0, \\ 0, & 其他. \end{cases}$$

上面的例子说明, 当论域为无限集时, 全称量词不能用通常的以基数为基础的方法来处理. 从这一点上看, 利用模糊测度处理语言量词的方法是有优势的.

为了给出计算带有基数量词的量化命题真值的另一个方法, 也为了比较语言量词的模糊测度语义与其他语义之间的特点, 这里需要模糊集合之间相容性 (consistency) 的概念.

定义 4.1.13 设 X 是非空集合, A 和 B 是 X 上的两个模糊集, 则 A 与 B 的相容性定义为

$$Con(A,B)=\sup_{x\in X}\min[A(x),B(x)].$$

相容性的概念最早由 Zadeh 在文献 [132] 中引入, 有时也被用来表示两个模糊集合相似性的测度.

下面关于模糊基数 (fuzzy cardinality) 的定义来自文献 [6], 与 Zadeh 的原始定义 (参见定义 3.1.3) 略有不同, 主要区别是: ① 模糊基数作为模糊集, 其论域与定义 3.1.3 不同; ② 不限制论域是有限集.

定义 4.1.14 设 X 是非空集合, A 是 X 上的模糊集. 则 A 的模糊基数定义为集合 $\{$基数数 $\alpha:\alpha\leqslant|X|\}$ 上的模糊子集 $FC(A)$:

$$FC(A)(\alpha)=\sup\{\lambda\in[0,1]:|A_\lambda|=\alpha\}.$$

例 4.1.9 设 $X=\{a_1,a_2,\cdots,a_{10}\}$, 考虑下面 X 的模糊子集 A:

$$A=0.9/a_1+0.4/a_2+0.7/a_4+0.1/a_5+0.82/a_6+0.83/a_7+0.9a_8+1a_9+1/a_{10},$$

则

$$FC(A)=1/2+0.9/4+0.83/5+0.82/6+0.7/7+0.4/8+0.1/9.$$

容易看出, 如果 A 是分明集合和 $|A|=\alpha$, 则 $FC(A)=1/\alpha$(这是模糊集的 Zadeh 表示方法). 反之, 如果 X 是有限集合, A 是 X 的模糊子集且 $FC(A)=1/\alpha$, 则 A 是分明集合且 $|A|=\alpha$. 这表明了 $FC(\cdot)$ 是分明集合基数概念合理的模糊推广.

下面的结论明确描述了语言量词的 Sugeno 积分语义与通常基于基数的方法之间的关系.

定理 4.1.2[6] 如果 Q 是基数量词, 则对任意 $\varphi\in$Wff 和任意解释 I 均有

$$T_I((Qx)\varphi)=Con(FC(T_I(\varphi)),|Q|_X),$$

其中 $T_I(\varphi)$ 被看作是 X 的模糊子集, 且对任意 $u\in X$ 有 $T_I(\varphi)(u)=T_{I\{u/x\}}(\varphi)$, 且 $|Q|$ 是由 Q 导出的数值量词.

证明 由所给条件及相关定义得

$$T_I((Qx)\varphi)=\sup_{\lambda\in[0,1]}\min[\lambda,Q_X(\{u\in X:T_{I\{u/x\}}(\varphi)\geqslant\lambda\})]$$

$$
\begin{aligned}
&= \sup_{\lambda\in[0,1]} \min[\lambda, |Q|_{|X|}(|\{u\in X : T_{I\{u/x\}}(\varphi)\geqslant\lambda\}|)] \\
&= \sup_{\lambda\in[0,1]} \min[\lambda, |Q|_{|X|}(|(T_I(\varphi))_\lambda|)] \\
&= \sup_{\alpha\leqslant|X|} \sup_{\lambda\in[0,1] s.t |(T_I(\varphi))_\lambda|=\alpha} \min[\lambda, |Q|_{|X|}(\alpha)] \\
&= \sup_{\alpha\leqslant|X|} \min\left[\sup_{\lambda\in[0,1] s.t |(T_I(\varphi))_\lambda|=\alpha} \lambda, |Q|_{|X|}(\alpha)\right] \\
&= \sup_{\lambda\leqslant|X|} \min[FC(T_I(\varphi))(\alpha), |Q|_{|X|}(\alpha)] \\
&= Con(FC(T_I(\varphi)), |Q|_{|X|}).
\end{aligned}
$$

4.1.5　模糊量词 Sugeno 积分语义的几个应用实例

例 4.1.10[6]　量词 $Q=$“many” 如下定义在有限集合 X 上:

$$Q_X(E)=|E|/|X|, \quad \forall E\subseteq X,$$

其中 $|E|$ 是 E 的基数. 设 $P_1=$“是多云的”(to be cloudy)、$P_2=$“是冷的”(to be cold) 是两个 (模糊) 语言谓词. 考虑如下论域 X 上的一个解释 I,

$$X=\{\text{星期天},\text{星期一},\text{星期二},\text{星期三},\text{星期四},\text{星期五},\text{星期六}\}.$$

P_1 和 P_2 的真值由表 4-1 给出.

表 4-1　语言谓词 P_1 和 P_2 的真值表

	星期天	星期一	星期二	星期三	星期四	星期五	星期六
P_1^I	0.1	0	0.5	0.8	0.6	1	0.2
P_2^I	1	0.9	0.4	0.7	0.3	0.4	0

则逻辑公式

$$\varphi=(Qx)(P_1(x)\wedge\sim P_2(x))$$

的含义是 “许多天是多云的但不是冷的”, 且在 I 下的真值是

$$T_I(\varphi)=\max_{E\subseteq X}\left[\min_{u\in E}\min(P_1^I(u),1-P_2^I(u))\right]=\frac{3}{7}\approx 0.43.$$

例 4.1.11[6]　考虑由 10 个学生构成的集合 $X=\{s_1, s_2,\cdots,s_{10}\}$, 有关这些学生的健康条件的数据见表 4-2, 其中符号 H 代表语言谓词 “是健康的”(to be healthy). 现从 $Q_1=$“some”, $Q_2=$“at least three”, $Q_3=$“many”, $Q_4=$“most”, $Q_5=$“almost all” 和 $Q_6=$“all” 中找到一个合适的语言量词来总结这些数据. 换句

话说, 我们希望有一个对于这群学生的整体健康情况的更高水平的描述, 需要这个总结具有高的真值, 比如真值 $\geqslant 0.7$.

表 4-2 十个学生的健康条件

	s_1	s_2	s_3	s_4	s_5	s_6	s_7	s_8	s_9	s_{10}
$H(x)$	0.73	0.1	0.95	1	0.84	0.67	0.7	0.9	1	0.81

由上表数据可得

$$E \overset{\text{def}}{=} \{x \in X : H(x) \geqslant 0.7\} = \{s_1, s_3, s_4, s_5, s_7, s_8, s_9, s_{10}\},$$

$$Q_{4X}(E) = \left(\frac{|E|}{|X|}\right)^{3/2} = \left(\frac{4}{5}\right)^{3/2} > 0.7 > \left(\frac{4}{5}\right)^{2} = Q_{5X}(E).$$

由命题 4.1.4 得

$$T_I\left((Q_4 x)H(x)\right) > 0.7 > T_I\left((Q_5 x)H(x)\right),$$

其中 I 是依据表 4-2 确定的解释. 所以, 由上述结果可总结为: 大多数 (most) 学生是健康的.

下面的例子考虑数据库查询问题, 这类问题在文献 [133] 中使用 Zadeh 方法来处理其中的语言量词, 这里采用 Sugeno 积分语义的方法处理语言量词.

例 4.1.12[6] 假设一个记录或实体具有一列属性, 一个文件是相同类型记录的集合, 一个数据库是多种文件的集合. 一个类型 (type) 是一个由属性名组成的元组 $T = (x_1, x_2, \cdots, x_k)$. 对于每一 $i \leqslant k$, 假定属性 x_i 的可能值构成的集合是 V_i, 则一个类型为 T 的记录可表示为

$$R = (x_1 : a_1, x_2 : a_2, \cdots, x_k : a_k),$$

其中 $a_i \in V_i$ 是属性 x_i 在这个记录中的取值 ($\forall i \leqslant k$). 另一方面, 一个类型为 T 的查询可形式化地表示为如下的一个公式:

$$q = \text{“查找所有这样的记录, 其}Q\text{个属性与}\{x_1\text{是}F_1, \cdots, x_k\text{是}F_k\}\text{匹配”}.$$

$$q = \text{“find all records such that } Q \text{ of the attributes out of}$$
$$\{x_1 \text{ is } F_1, \cdots, x_k \text{ is } F_k\}\text{match”}.$$

其中, Q 是一个语言量词, $F_i(\forall i \leqslant k)$ 是给定的语言谓词、表示对属性 x_i 的软约束、可以表示为 V_i 上的模糊集. 通常用符号 $Type(R)$ 和 $Type(q)$ 分别表示记录 R 和查询 q 的类型. 上述查询可表示为逻辑语言 $\mathbf{L_q}$ 中的一个公式:

$$\varphi = (Qx)(value(x) \in constraint(x)),$$

其中, x 是个体变元, "$value$" 和 "$constraint$" 是一元函项, "$\in$" 是二元谓词. 一个记录和查询给出公式 φ 的一个解释 I:

论域是类型 $T=\{x_1,x_2,\cdots,x_k\}$,

$$\begin{aligned}&value^I(x_i)=a_i,\\&constraint^I(x_i)=F_i,\\&\in^I(a_i,F_i)=F_i(a_i),\end{aligned}$$

对任意 $i\leqslant k$、$a_i\in V_i$ 及 V_i 上的任意模糊集 F_i. 于是, 记录 R 与查询 q 的匹配度 (matching degree) 可以通过计算公式 φ 的真值得到:

$$Match(q,R)=T_I(\varphi)=\int h\circ Q_T,$$

这里, $h(x_i)=F_i(a_i)$, $\forall i\leqslant k$. 一个数据库可以如下定义:

$$D=\bigcup_{j=1}^{m}F_j,$$

其中 F_j 是类型为 T_j 的文件, 即一些类型为 T_j 的记录的集合, $\forall j\leqslant m$. 设 λ 是预先指定的门槛 (阈值), 如果记录 R 与查询 q 的匹配度超过 λ, 则该记录引入查询 q 的输出文件. 这样, 查询 q 的输出文件可如下表示:

$$OUTPUT(q)=\{R\in D:Type(R)=Type(q)\text{且}Match(q,R)\geqslant\lambda\}.$$

下面考虑一个具体的查询:

q ="查找所有这样的记录, 其几乎所有 (almost all) 的属性与 $\{x_1$ 是小的 (small), x_2 是小的 (small), x_3 是大的 (big), x_4 大约是 4(around 4), x_5 是大的 (big), x_6 很大 (very big), x_7 是小的 (small), x_8 是小的 (small), x_9 很小 (very small), x_{10} 很大 (very big)$\}$匹配".

上述查询 q 的类型是 $T=\{x_1,x_2,\cdots,x_{10}\}$. 假设 $V_1=V_2=\cdots=V_{10}=\{1,2,\cdots,8\}$, 且

$$\begin{aligned}&\text{“}small\text{”}=1/1+0.8/2+0.3/3,\\&\text{“}very\ small\text{”}=1/1+0.64/2+0.09/3,\\&\text{“}big\text{”}=0.3/6+0.8/7+1/8,\\&\text{“}very\ big\text{”}=0.09/6+0.64/7+1/8,\\&\text{“}around\ 4\text{”}=0.3/2+0.8/3+1/4+0.8/5+0.3/6.\end{aligned}$$

设有如下记录: $R=(x_1:7,x_2:2,x_3:8,x_4:3,x_5:6,x_6:6,x_7:1,x_8:2,x_9:2,x_{10}:7)$, 则由 R 和 q 确定的解释 I 可由表 4-3 给出. 于是, 应用 Sugeno 积分的简化形式 (参见定理 2.4.5) 可得 "记录 R 与查询 q 的匹配度" 为

$$Match(q,R)=\int h\circ almost\ all_T$$

$$=\min[0.64, almost\ all(\{x_2, x_3, x_4, x_7, x_8, x_9, x_{10}\})]$$
$$=0.49,$$

这里, 量词 "*almost all*" 按照例 4.1.4 的方法定义.

表 4-3 由记录 R 和查询 q 确定的解释 I

	x_1	x_2	x_3	x_4	x_5	x_6	x_7	x_8	x_9	x_{10}
$h(x_i) = F_i(a_i)$	0	0.8	1	0.8	0.3	0.09	1	0.8	0.64	0.64

4.1.6 模糊量词相关处理方法之比较

Zadeh 在 [18] 中将模糊量词区分为两类: 绝对量词和相对量词. 绝对量词指的是模糊的数量, 如 "至少三个"(at least three)、"几个"(few) 和 "不是很多"(not very many), 而相对量词指的是数量比例, 如 "大多数"(most) 和 "至多一半"(at most half). 量化命题的真值, 是通过计算模糊集的基数 (绝对和相对基数) 来实现的. 在应明生教授建立的模糊量词 Sugeno 积分语义模型中, 量化命题真值的计算是直接通过论域的子集 (并非是它们的基数) 来完成的, 而且不需要区分绝对量词和相对量词.

在文献 [130] 中, 语言量词被定义为概率值上的约束 (constraint on probability values), 可以看成是不精确概率 (imprecise probability) 的非传统形式. 从数学表示的角度看, 文献 [130] 中对语言量词的处理方法等价于 [18] 中的相对量词, 都用单位区间上的模糊集来定义. 然而, 文献 [130] 与 [18] 在量词的解释及带量词的推理方法上有较大区别: 在文献 [130] 中, 量词是用概率方法和表决模型 (voting model) 来处理的, 而带量词的推理是用贝叶斯方法 (Bayesian method) 处理的.

通过模糊测度和 Sugeno 积分处理语言量词的思想, 可追溯到应明生教授 1986 年发表的论文 [134], 那里已得到了一些语言量词的基本逻辑性质. 1994 年, Bosc 和 Lietard 在文献 [135—137] 中独立地提出了由 Sugeno 积分计算语言量化命题真值的思想. 但是, [134] 和 [135—137] 的动机是十分不同的: [134] 的主要目的是建立带有模糊量词的一阶逻辑, 而 [135—137] 更接近于 Prade 和 Yager 关于模糊量化命题的求值方法 (以 Sugeno 和 Choquet 积分为基础). 不同的目的导致了 [134] 和 [135—137] 之间有很大不同. 首先, [135—137] 中考虑的论域是有限的. 事实上, 在此之前几乎所有关于模糊量化的方法, 都仅仅考虑有限论域的情况, 因为这些方法是面向应用的、而对于实际应用确实有限论域就足够了. 但是, 在应明生教授建立的模型中, 论域允许是无限的, 这使得在此模型下模糊量词具有一些深刻的逻辑性质. 第二, 在 [135—137] 中, 在域 X 上的模糊 (绝对) 量词 Q 仍然定义为整数集上的模糊集 (沿用 Zadeh[18] 中的方法). 这样, X 上的模糊测度 m_Q 按下述方式诱导

出来: $m_Q(E) = Q(|E|), \forall E \subseteq X$, 这里 $|E|$ 为 E 的基数 (势); 而关于 m_Q 的 Sugeno 积分被用来计算带有量词 Q 的量化命题的真值. 所以, [135—137] 中处理的模糊量词均是定义 4.1.12 意义下的数值量词.

通常考虑两类模糊量化命题, 称为第 I 类、第 II 类 (参见 3.2.2 节), 或 I 型 (type I)、II 型 (type II). I 型命题的形式是 "QX 是 A", II 型命题的形式是 "QD 是 A", 其中 X 是论域, Q 是模糊量词, 且 A 和 D 是 X 上的模糊谓词. 在文献 [6] 中, 为了得到一个简洁的模糊量词的逻辑理论, 仅考虑了 I 型命题, 而每一个 II 型命题可以使用以下标准方法转化为 I 型命题:

"QD 是 A"$\Leftrightarrow$ "QX 是 ("X 是 D" 蕴涵 "X 是 A")"

或者

"QD 是 A"$\Leftrightarrow$ "QX 是 D 且 A"

转化方法的选择, 依据量词 Q 的强弱来确定. 一般地, 对于强的量词 (比如全称量词) 采用第一种方法, 对于弱的量词 (比如存在量词) 采用第二种方法.

在文献 [138—143] 中提出一些关于模糊量化的理想性质, 这里简述其中一些性质在基于模糊测度和 Sugeno 积分的模糊量词模型中的表现情况:

(1) 文献 [138, 140] 中提到的性质 "Independence of order in the elements of the referential"(原文是这样描述这一性质的: The result of evaluating a proposition involving quantitative quantifiers should not change when permutations of the elements of the referential are made) 类似于前述基数量词的定义 (即定义 4.1.11). 很明显, 许多量词不满足这一性质.

(2) 例 4.1.6 说明, 量词的 Sugeno 积分语义满足文献 [138, 140] 中提到的性质 "induced operators". 同时, 例 4.1.7 说明, 量词的 Sugeno 积分语义满足文献 [138, 139, 140] 中提到的性质 "coherence with fuzzy logic" 及 "correct generalization".

(3) Delgado、Sanchez 及 Vila 在 [139] 中提出, 量化命题真值计算不必是严格的. 精确地说, 这一准则要求: 对任意量词 Q, 必有一个模糊谓词 A, 量化语句 "$Q\ X$ 是 A" 的真值既不是 0 也不是 1(当 Q 不是分明量词时). 容易看出, 量词的 Sugeno 积分语义满足这一标准. 事实上, 设 Q 是一个量词, X 是一个集合, 且 $\exists E_0 \subseteq X$ 使得 $0 < Q_X(E_0) < 1$. 对任意一元谓词符号 P, 考虑以 X 为论域的满足下述条件的解释 I:

$$P^I(u) = \begin{cases} \lambda, & u \in E_0, \\ 0, & \text{其他}. \end{cases}$$

其中 $0 < \lambda < 1$. 则 $0 < T_T((Qx)P(x)) = \min(\lambda, Q_X(E_0)) < 1$.

(4) 命题 4.1.5 (1) 及命题 4.1.6 表明, 量词单调性 [138−140](quantifier monotonicity) 及局部单调性 (local monotonicity) 在量词的 Sugeno 积分语义框架下是有效的.

而 [138,140] 中提到的凸性 (convexity) 实际上只是是局部单调性的一个直接推论; [138] 中讨论的分解 (decomposition) 已在命题 4.1.7 (1) 中给出了.

(5) 文献 [141] 中提到的性质 "external negation" 在量词 Sugeno 积分语义中无法讨论, 因为量词 Q 的补 $\overline{Q}$ 被定义为 $\overline{Q}_X(E)=1-Q_X(E), \forall E\subseteq X$, 它不满足单调性, 所以不是一个量词. 同时, 文献 [141] 中提到的性质 "antonym" 一般也不成立; 对于文献 [141] 中提到的性质 "duality", 命题 4.1.9 给出一个较弱的版本.

(6) 为了使实际应用成为可能, 文献 [139] 指出: 量化语句求值方法应该在计算复杂性上是有效的. 假设解释 I 的论域是有限集且它的基数是 n. 根据 Sugeno 积分的定义以及定义 4.1.9 (2), 似乎在 I 下计算量化公式 $(Qx)\varphi$ 的真值 $T_I((Qx)\varphi)$ 的时间复杂性为 $O(2^n)$. 幸运的是, 定理 2.4.5 提供了一个求值算法, 使得计算复杂性为 $O(n\log n)$.

(7) 连续性 (continuity) 或光滑性 (smoothness) 的意思是在模糊性质 D 或 A 的隶属度值有小的扰动时不会带来模糊量化命题真值的极大变化. 这个性质保证了模糊量化对噪声不敏感. 为了讨论这样的性质, 需要引入模糊集合之间距离的概念. 设 A 和 B 是 X 的两个模糊子集, 则 A 和 B 之间的距离定义为

$$d(A,B)=\sup_{x\in X}|A(x)-B(x)|.$$

下面的命题描述了量词 Sugeno 积分语义下量化求值算法的连续性.

命题 4.1.10[6] 设 Q 为量词, $\varphi,\ \psi\in$Wff, 且 I 是任意一个解释, 则

$$|T_I((Qx)\varphi)-T_I((Qx)\psi)|\leqslant d(T_I(\varphi),T_I(\psi)).$$

证明 注意到, 对任意成立 $a,b,c,a_i,b_i\in[0,1](i\in J)$ 成立

$$|\min(a,c)-\min(b,c)|\leqslant|a-b|,\ \left|\inf_{i\in J}a_i-\inf_{i\in J}b_i\right|\leqslant\inf_{i\in J}|a_i-b_i|$$

且

$$\left|\sup_{i\in J}a_i-\sup_{i\in J}a_i\right|\leqslant\sup_{i\in J}|a_i-b_i|.$$

于是,

$$\begin{aligned}
&|T_I\left((Qx)\varphi\right)-T_I\left((Qx)\psi\right)|\\
=&\left|\sup_{F\subseteq X}\min\left[\inf_{u\in F}T_{I\{u/x\}}(\varphi),Q_X(F)\right]-\sup_{F\subseteq X}\min\left[\inf_{u\in F}T_{I\{u/x\}}(\psi),Q_X(F)\right]\right|\\
\leqslant&\sup_{F\subseteq X}\sup_{u\in F}\left|T_{I\{u/x\}}(\varphi)-T_{I\{u/x\}}(\psi)\right|\\
=&\sup_{x\in X}\left|T_{I\{u/x\}}(\varphi)-T_{I\{u/x\}}(\psi)\right|
\end{aligned}$$

$=d\left(T_I(\varphi)-T_I(\psi)\right).$

上面命题给出的连续性, 量化语句真值的改变是基于相同量词的. 事实上, 也有关于量词扰动的连续性 (命题 4.1.11), 这需要量词之间距离的概念. 设 Q_1 和 Q_2 是两个量词, X 是一个非空集合. Q_1 和 Q_2 之间的距离定义为 (这个定义类似于文献 [144] 中概率测度之间距离的定义)

$$d_X(Q_1,Q_2)=\sup_{E\subseteq X}|Q_{1X}(E)-Q_{2X}(E)|.$$

命题 4.1.11[6]　对任意量词 Q_1 和 Q_2, 及任意 $\varphi\in$Wff 和任意解释 I, 均有

$$|T_I((Q_1x)\varphi)-T_I((Q_2x)\psi)|\leqslant d_X(Q_1,Q_2).$$

其中 X 是 I 的论域.

证明　类似于命题 4.1.10.

需要说明的是, 上述连续性在逻辑语言 $\mathbf{L_q}$ 中是无法表达的.

4.2　强前束范式与模糊量词 Sugeno 积分语义的扩展

本节是对上一节内容的扩展, 包括两部分内容: 一是证明加强的前束范式定理, 这是王三民、赵彬教授在文献 [48] 中得到的结果; 一是利用 t- 模基 Sugeno 积分处理模糊量词, 这是依据应明生教授在 [6] 中给出的建议进行的初步探索 (参见文献 [49, 145, 146], 其中 [146] 修正了 [49, 145] 中的部分结果).

4.2.1　强前束范式定理

1. 几个引理

容易验证以下结论成立.

引理 4.2.1[48]　(i) $1-\inf_{i\in I}x_i=\sup_{i\in I}(1-x_i)$,

(ii) $1-\sup_{i\in I}x_i=\inf_{i\in I}(1-x_i)$,

(iii) $1-\min(x,y)=\max(1-x,1-y)$,

(iv) $1-\max(x,y)=\min(1-x,1-y)$.

引理 4.2.2　对于 Sugeno 积分, 有下述等式成立:

$$\int_A h\circ m=\sup_{\lambda\in[0,1]}\min\left[\lambda,m\left(A\bigcap\{x\in X:h(x)>\lambda\}\right)\right].$$

从而是, 当 $A=X$ 时有

$$\int h\circ m=\sup_{\lambda\in[0,1]}\min\left[\lambda,m\left(\{x\in X:h(x)>\lambda\}\right)\right].$$

以上结论出自文献 [147] 定理 6.2.10.

引理 4.2.3 设 P 是一个格, $S, T \subseteq P$, 且 $\sup S, \sup T, \inf S, \inf T$ 均存在 (属于 P), 则

$$\sup(S \bigcup T) = \sup S \vee \sup T,$$

$$\inf(S \bigcup T) = \inf S \wedge \inf T.$$

以上结论出自文献 [H. A. Priestly, B. A. Davey, Introduction to Lattices and Order, Cambridge University Press, England, 1997] 中的引理 2.10.

引理 4.2.4[48] 对于单调减函数 $f:[0,1] \to [0,1]$, 成立

$$\inf_{x\in[0,1]} \max(x, f(x)) = \sup_{x\in[0,1]} \min(x, f(x)).$$

证明 令 $S = \{x \in [0,1] : f(x) \geqslant x\}, \sup S = s$, 则

(i) $\forall x \in [0,s), f(x) \geqslant x$, 即 $[0,s) \subseteq S$. 这是因为, $\forall x \in [0,s)$, $\exists n \in \mathbf{N}, x < s - 1/n$. 由 $\sup S = s$ 可知, $\exists a \in S$, $a > s - 1/n$. 从而 $x < a$. 由于 f 为单调减函数, 所以 $f(x) \geqslant f(a) \geqslant a > x$, 于是 $f(x) \geqslant x$, 即 $x \in S$.

(ii) $\forall x \in (s,1], f(x) < x$. 否则, 若 $f(x) \geqslant x$, 则 $x \in S$, 进而有 $x \leqslant s$. 这与 $x > s$ 矛盾.

(iii) $\inf\limits_{x\in[0,s)} f(x) \geqslant s$. 事实上, 设 $\inf\limits_{x\in[0,s)} f(x) = a$, 则.

$\forall \varepsilon > 0, \exists x_0 \in [0,s)$, $a \leqslant f(x_0) < a + \varepsilon$. 令 $\delta = s - x_0$, 则当 $0 < s - x < \delta$ 时 $f(x) \leqslant f(x_0)$, 从而 $f(x) - a \leqslant f(x_0) - a < \varepsilon$. 于是, $\forall \varepsilon > 0, \exists \delta > 0$, 当 $0 < s - x < \delta$ 时 $f(x) - a < \varepsilon$. 此即 $\lim\limits_{x\to s-0} f(x) = a$.

又设 $\{x_n = s - 1/n\}_{n\in\mathbf{N}}$ 是一个数列, 则 $\lim\limits_{n\to\infty} x_n = s$, $f(x_n) \geqslant x_n$(由 (i)). 进而, $\lim\limits_{n\to\infty} f(x_n) \geqslant \lim\limits_{n\to\infty} x_n = s$, 于是 $\lim\limits_{x\to s-0} f(x) = \lim\limits_{n\to\infty} f(x_n) \geqslant s$, 即

$$\inf_{x\in[0,s)} f(x) = a = \lim_{x\to s-0} f(x) \geqslant s.$$

(iv) $\sup\limits_{x\in(s,1]} f(x) = \lim\limits_{x\to s+0} f(x) < s$. 事实上, 设 $\sup\limits_{x\in(s,1]} f(x) = a$, 则.

$\forall \varepsilon > 0, \exists x_0 \in (s,1], a - \varepsilon < f(x_0) \leqslant a$. 令 $\delta = x_0 - s$, 则当 $0 < x - s < \delta$ 时 $f(x) \geqslant f(x_0)$, 从而 $f(x) \geqslant f(x_0) > a - \varepsilon$. 于是, $\forall \varepsilon > 0$, $\exists \delta > 0$, 当 $0 < x - s < \delta$ 时 $a - f(x) < \varepsilon$. 此即 $\lim\limits_{x\to s+0} f(x) = a$.

又设 $\{x_n = s + 1/n\}_{n\in\mathbf{N}}$ 是一个数列, 则 $\lim\limits_{n\to\infty} x_n = s$, $f(x_n) < x_n$(由 (ii)). 进而, $\lim\limits_{n\to\infty} f(x_n) \leqslant \lim\limits_{n\to\infty} x_n = s$, 于是 $\lim\limits_{x\to s+0} f(x) = \lim\limits_{n\to\infty} f(x_n) \leqslant s$, 即

$$\sup_{x\in(s,1]} f(x) = a = \lim_{x\to s+0} f(x) \leqslant s.$$

于是, 由引理 4.2.3 及刚才证明的 (i)、(ii)、(iii) 得

$$\begin{aligned}&\inf_{x\in[0,1]}\max(x,f(x))\\&=\left[\inf_{x\in[0,s)}\max(x,f(x))\right]\bigwedge\max(s,f(s))\bigwedge\left[\inf_{x\in(s,1]}\max(x,f(x))\right]\\&=\left[\inf_{x\in[0,s)}f(x)\right]\bigwedge\max(s,f(s))\bigwedge\left[\inf_{x\in(s,1]}x\right]\\&=s.\end{aligned}$$

同时, 由引理 4.2.3 及刚才证明的 (i)、(ii)、(iv) 得

$$\begin{aligned}&\sup_{x\in[0,1]}\min(x,f(x))\\&=\left[\sup_{x\in[0,s)}\min(x,f(x))\right]\bigvee\min(s,f(s))\bigwedge\left[\sup_{x\in(s,1]}\min(x,f(x))\right]\\&=\left[\sup_{x\in[0,s)}x\right]\bigvee\min(s,f(s))\bigvee\left[\sup_{x\in(s,1]}f(x)\right]\\&=s.\end{aligned}$$

所以, $\inf\limits_{x\in[0,1]}\max(x,f(x))=\sup\limits_{x\in[0,1]}\min(x,f(x))$.

引理 4.2.5[48]　设 m^* 是模糊测度 m 的对偶, 则

$$\int h\circ m^*=1-\int(1-h)\circ m.$$

证明　由引理 4.2.1 可得

$$\begin{aligned}1-\int(1-h)\circ m&=1-\sup_{\lambda\in[0,1]}\min\left[\lambda,m\left(\{x\in X:1-h(x)\geqslant\lambda\}\right)\right]\\&=\inf_{\lambda\in[0,1]}\max\left[1-\lambda,1-m\left(\{x\in X:1-h(x)\geqslant\lambda\}\right)\right]\\&=\inf_{\mu=1-\lambda\in[0,1]}\max\left[\mu,1-m\left(\{x\in X:h(x)\leqslant\mu\}\right)\right]\\&=\inf_{\lambda\in[0,1]}\max\left[\lambda,1-m\left(\{x\in X:h(x)\leqslant\lambda\}\right)\right].\end{aligned}$$

由引理 4.2.2 可得

$$\begin{aligned}\int h\circ m^*&=\sup_{\lambda\in[0,1]}\min\left[\lambda,m^*\left(\{x\in X:h(x)>\lambda\}\right)\right]\\&=\sup_{\lambda\in[0,1]}\min\left[\lambda,1-m\left(X-\{x\in X:h(x)>\lambda\}\right)\right]\\&=\sup_{\lambda\in[0,1]}\min\left[\lambda,1-m\left(\{x\in X:h(x)\leqslant\lambda\}\right)\right].\end{aligned}$$

这样, 只需证明

$$\begin{aligned}&\inf_{\lambda\in[0,1]}\max\left[\lambda,1-m\left(\{x\in X:h(x)\leqslant\lambda\}\right)\right]\\=&\sup_{\lambda\in[0,1]}\min\left[\lambda,1-m\left(\{x\in X:h(x)\leqslant\lambda\}\right)\right].\end{aligned}$$

$\forall\lambda\in[0,1]$, 令 $f(\lambda)=1-m(\{x\in X:h(x)\leqslant\lambda\})$, 则对任意 $a,b\in[0,1],a\leqslant b$ 有 $\{x\in X:h(x)\leqslant a\}\subseteq\{x\in X:h(x)\leqslant b\}$. 进而

$$m(\{x\in X:h(x)\leqslant a\})\leqslant m(\{x\in X:h(x)\leqslant b\}),$$

$$1-m(\{x\in X:h(x)\leqslant b\})\leqslant 1-m(\{x\in X:h(x)\leqslant a\}),$$

此即, $f(b)\leqslant f(a)$, 这说明 $f(\lambda)$ 是单调递减的, 应用引理 4.2.4 得

$$\inf_{\lambda\in[0,1]}\max(\lambda,f(\lambda))=\sup_{\lambda\in[0,1]}\min(\lambda,f(\lambda)).$$

由 $f(\lambda)$ 的定义知, 上式即为

$$\begin{aligned}&\inf_{\lambda\in[0,1]}\max\left[\lambda,1-m\left(\{x\in X:h(x)\leqslant\lambda\}\right)\right]\\=&\sup_{\lambda\in[0,1]}\min\left[\lambda,1-m\left(\{x\in X:h(x)\leqslant\lambda\}\right)\right].\end{aligned}$$

2. 主要结果及强前束范式定理

定理 4.2.1[48] 对任意量词 Q 和任意 $\varphi\in$Wff 均有: $\sim(Qx)\varphi\equiv(Q^*x)\sim\varphi$, 其中 Q^* 是 Q 的对偶.

证明 设 I 是任意一个解释, X 是其论域, 则

$$T_I\left((Q^*x)\sim\varphi\right)=\int T_{I\{\cdot/x\}}(\sim\varphi)\circ Q_X^*,$$

$$T_I\left(\sim(Qx)\varphi\right)=1-T_I((Qx)\varphi)=1-\int T_{I\{\cdot/x\}}(\varphi)\circ Q_X,$$

其中, $T_{I\{./x\}}(\varphi):X\to[0,1]$ 是一个映射, 满足 $T_{I\{./x\}}(\varphi)(u)=T_{I\{u/x\}}(\varphi)$, $\forall u\in X$. 记

$$h=T_{I\{./x\}}(\varphi).$$

由于 $(\forall u\in X)$

$$\begin{aligned}&T_{I\{./x\}}(\sim\varphi)(u)\\=&T_{I\{u/x\}}(\sim\varphi)=1-T_{I\{u/x\}}(\varphi)\end{aligned}$$

$$\begin{aligned}&=1-T_{I\{./x\}}(\varphi)(u)\\&=(1-T_{I\{./x\}}(\varphi))(u)\\&=(1-h)(u).\end{aligned}$$

所以,

$$T_I\left((Q^*x)\sim\varphi\right)=\int(1-h)\circ Q_X^*,$$

$$T_I\left(\sim(Qx)\varphi\right)=1-\int h\circ Q_X.$$

应用引理 4.2.5 得

$$\int(1-h)\circ Q_X^*=1-\int(1-(1-h))\circ Q_X^*=1-\int h\circ Q_X.$$

于是,

$$T_I\left((Q^*x)\sim\varphi\right)=T_I\left(\sim(Qx)\varphi\right).$$

这样, 由命题 4.1.7、命题 4.1.8 及定理 4.2.1 即得下述加强的前束范式定理 (强于定理 4.1.1).

定理 4.2.2[48] 对于任意的 $\varphi\in$Wff, 必定存在 $\psi\in$Wff 满足如下两个条件:

(i) ψ 具有这样的形式

$$(Q_1y_1)\cdots(Q_ny_n)M,$$

其中 $n\geqslant 0, Q_1,\cdots,Q_n$ 是量词, 而 $M\in$Wff 且不包含任意量词;

(ii) $\varphi\equiv\psi$.

4.2.2 模糊量词的 t-模基 Sugeno 积分语义

1. t-模基 Sugeno 积分

在 Sugeno 积分的原始定义中 (即定义 2.4.6), 使用 "取小" 算子 min. 因此, Sugeno 积分的一种自然推广是将 min 用一般 t-模算子取代, 这种积分被国内外许多学者独立地研究过, 比如张文修、赵汝怀 (参见 [147]), S. Weber(见 [148] 中的等式 (5.10) 及 [149] 中的等式 (12). 也可参见 [78, 150, 151]). 需要注意的是, 对这种积分, 文献中使用的名称很不一致, 在 [146] 中称为 TF 积分, 在 [149] 中称为 Sugeno 积分的 "T-modified version", [151] 中称这种积分为 Sugeno-Weber 积分, 也称为广义 Sugeno 积分 (见 [49, 145]) 等. 为了指明其主要特征, 本书使用 "t-模基 Sugeno 积分" 的名字, 并在积分号右上角加 (TS) 以便与其他积分区别.

此外, 关于模糊积分的推广, 已有相当丰富的研究成果, 其中包括许多与 t-模相关的内容, 许多内容与本节的 "t-模基 Sugeno 积分" 是有区别的, 特别需要说明的是: ① 一些广义模糊积分, 是首先对模糊测度进行推广的, 包括基于 t-模或 t-余模的广义模糊测度 (比如 [78, 148, 149, 152, 153]). 而本节中的模糊测度沿用最初的定义 (未加特别说明时均指定义 2.4.3 中的模糊测度), 测度的值域为 [0, 1]. 实际上, 许多文献中已将模糊测度或非可加测度的值域放宽到 $[0, \infty]$, 比如王震源教授等的著名著作和论文 [154—156]. ② 吴从炘教授等 [157] 于 1993 年引入广义三角模, 并基于此建立了一类广义 Sugeno 积分, 称为 (G) 模糊积分. 对该类积分, 文献 [158—161] 中有进一步的研究. 由于广义三角模是定义在 $[0, \infty]$ 上的二元函数, 而三角模 (即 t- 模) 是定义在 [0, 1] 上的二元函数, 因此 (G) 模糊积分中涉及的模糊测度及积分取值均为 $[0, \infty]$, 这与本节的 "t-模基 Sugeno 积分" 是不同的.

定义 4.2.1 设 $(X, \wp, m)$ 是模糊测度空间, $\otimes$ 是一个连续 t-模, $h : X \to [0,1]$ 是 $\wp$-可测函数. 则 h 在 $A \in \wp$ 上关于 m 的 t-模基 Sugeno 积分定义为

$$\int_A^{(\mathrm{TS})} h \circ m = \sup_{\lambda \in [0,1]} [\lambda \otimes m(A \bigcap h_\lambda)],$$

其中对于每一个 $\lambda \in [0,1], h_\lambda = \{x \in X : h(x) \geqslant \lambda\}$.

当可测空间中的 Borel 域 $\wp$ 是 X 的幂集 2^X 时, t-模基 Sugeno 积分可得到简化.

命题 4.2.1 设 $(X, \wp, m)$ 是模糊测度空间, $\wp = 2^X, \otimes$ 是连续 t-模, $A \subseteq X$, 则对任意 $\wp$-可测函数 h: $X \to [0,1]$ 有

(1) $\displaystyle\int_A^{(\mathrm{TS})} h \circ m = \sup_{\lambda \in [0,1]} [\lambda \otimes m(A \bigcap h_{\lambda+})]$, 这里 $h_{\lambda+} = \{x \in X : h(x) > \lambda\}$;

(2) $\displaystyle\int_A^{(\mathrm{TS})} h \circ m = \sup_{F \subseteq X} \left[\left(\inf_{x \in F} h(x)\right) \otimes m(A \bigcap F)\right]$.

上述命题可仿照 [157] 中 Theorem 3.1 进行证明, 此略. 另外, 对于论域为有限集的情况, t-模基 Sugeno 积分可进一步得到简化.

命题 4.2.2 设 $X = \{x_1, \cdots, x_n\}$ 是一个有限集, $(X, \wp, m)$ 是模糊测度空间, $\wp = 2^X$, $\otimes$ 是连续 t-模, $A \subseteq X$. 如果 $\wp$-可测函数 h: $X \to [0, 1]$ 满足: $h(x_i) \leqslant h(x_{i+1})$, $1 \leqslant i \leqslant n-1$. 则

$$\int_A^{(\mathrm{TS})} h \circ m = \max_{i=1}^{n} [h(x_i) \otimes m(A \bigcap X_i)],$$

其中, $X_i = \{x_j : i \leqslant j \leqslant n\}, 1 \leqslant i \leqslant n$.

类似于 [157] 中 Theorem 3.2 的证明, 可得如下性质.

命题 4.2.3 设 $(X, \wp, m)$ 是模糊测度空间, $\wp = 2^X$, $\otimes$ 是连续 t-模, $A \subseteq X$. 如果 h, h_1, h_2: $X \to [0, 1]$ 是 $\wp$-可测函数, 则

(1) 若 $h_1 \leqslant h_2$, 则 $\displaystyle\int_A^{(\mathrm{TS})} h_1 \circ m \leqslant \int_A^{(\mathrm{TS})} h_2 \circ m$;

(2) 若 $m(A)=0$, 则 $\int_A^{(\mathrm{TS})} h\circ m=0$;

(3) 若 $c\in[0,1]$, 则 $\int_A^{(\mathrm{TS})} c\circ m=c\otimes m(A)$;

(4) 若 $c\in[0,1]$, 则 $\int_A^{(\mathrm{TS})} \max(c,h)\circ m=\max\left(\int_A^{(\mathrm{TS})} c\circ m,\int_A^{(\mathrm{TS})} h\circ m\right)$;

(5) 若 $A_1\subseteq A_2$, 则 $\int_{A_1}^{(\mathrm{TS})} h\circ m\leqslant\int_{A_2}^{(\mathrm{TS})} h\circ m$;

(6) $\int_A^{(\mathrm{TS})} \max(h_1,h_2)\circ m\geqslant\max\left(\int_A^{(\mathrm{TS})} h_1\circ m,\int_A^{(\mathrm{TS})} h_2\circ m\right)$.

2. 一阶逻辑语言 $\mathbf{L_q^{(TS)}}$ 及其逻辑性质

为了给出模糊量词的 t-模基 Sugeno 积分语义, 需要定义相应的逻辑语言, 称为 $\mathbf{L_q^{(TS)}}$, 它是改造 4.1.2 节中 $\mathbf{L_q}$ 得来的, 主要不同之处是将 Sugeno 积分变成 "t-模基 Sugeno 积分"(选定某个 t-模 $\otimes$). 这里仅列出不同于 $\mathbf{L_q}$ 的部分, 未作重新定义的概念、术语直接将沿用 4.1.2 节的内容.

定义 4.2.2　设 X 是论域, I 是论域 X 中的一个解释. 则公式 φ 在解释 I 下的真值 $T_I(\varphi)$ 的递归定义如下:

(1) 若 $\varphi=F(y_1,\cdots,y_n)$, 则 $T_I(\varphi)=F(y_1^I,\cdots,y_n^I)$;

(2) 若 $\varphi=(Qx)\psi$, 则 $T_I(\phi)=\int_A^{(\mathrm{TS})} T_{I\{\cdot/x\}}(\psi)\circ Q_X$, 其中 $T_{I\{\cdot/x\}}(\psi):X\to[0,1]$ 是一个映射, 对所有 $u\in X$, $T_{I\{\cdot/x\}}(\psi)(u)=T_{I\{u/x\}}(\varphi)$, 而 $I\{u/x\}$ 是仅对个体变元 x 的指派不同于 I 的解释, 即对所有 $y\neq x$, $y^{I\{u/x\}}=y^I$ 和 $x^{I\{u/x\}}=u$;

(3) 若 $\varphi=\sim\psi$, 则 $T_I(\varphi)=1-T_I(\psi)$; 若 $\varphi=\varphi_1\wedge\varphi_2$, 则

$$T_I(\varphi)=\min(T_I(\varphi_1),T_I(\varphi_2))=\int^{(\mathrm{TS})} T_{I\{./x\}}(\varphi)\circ Q_X.$$

命题 4.2.4　设 X 为论域, Q 是量词, x 是个体变元, $\varphi\in$Wff, 则对于论域 X 上的任一解释 I, 有

(1) $T_I((\exists x)\varphi)=\sup\limits_{u\in X} T_{I\{u/x\}}(\varphi)$,

(2) $T_I((\forall x)\varphi)=\inf\limits_{u\in X} T_{I\{u/x\}}(\varphi)$.

证明　(1)

$$\begin{aligned}T_I((\exists x)\varphi)&=\int^{(\mathrm{TS})} T_{I\{u/x\}}(\varphi)\circ\exists_X\\&=\sup_{F\subseteq X}\left[\left(\inf_{u\in F} T_{I\{u/x\}}(\varphi)\right)\otimes\exists_X(F)\right]\end{aligned}$$

$$
\begin{aligned}
&= \sup_{\varnothing \neq F \subseteq X} \left[\left(\inf_{u\in F} T_{I\{u/x\}}(\varphi)\right) \otimes \exists_X(F)\right] \\
&= \sup_{\varnothing \neq F \subseteq X} \left[\left(\inf_{u\in F} T_{I\{u/x\}}(\varphi)\right) \otimes 1\right] = \sup_{u\in X} T_{I\{u/x\}}(\varphi).
\end{aligned}
$$

(2)

$$
\begin{aligned}
T_I((\forall x)\varphi) &= \int^{(\mathrm{TS})} T_{I\{u/x\}}(\varphi) \circ \forall_X \\
&= \sup_{F\subseteq X} \left[\left(\inf_{u\in F} T_{I\{u/x\}}(\varphi)\right) \otimes \forall_X(F)\right] \\
&= \left(\sup_{F\subset X} \left[\left(\inf_{u\in F} T_{I\{u/x\}}(\varphi)\right) \otimes \forall_X(F)\right]\right) \\
&\quad \bigvee \left[\left(\inf_{u\in X} T_{I\{u/x\}}(\varphi)\right) \otimes \forall_X(X)\right] \\
&= 0 \bigvee \left[\left(\inf_{u\in X} T_{I\{u/x\}}(\varphi)\right) \otimes 1\right] = \inf_{u\in X} T_{I\{u/x\}}(\varphi).
\end{aligned}
$$

前面在讨论模糊量词的 Sugeno 积分语义时, 证明了如下性质 (见命题 4.1.4):

$$
T_I((Qx)\varphi) \geqslant \lambda \text{当且仅当} Q_X(\{u\in X : T_{I\{u/x\}}(\varphi) \geqslant \lambda\}) \geqslant \lambda.
$$

下面的例子表明, 此结论在 t-模基 Sugeno 积分语义下不再成立.

例 4.2.1 考虑例 4.1.11 中 10 个学生的健康数据, 对于其中的量词 $Q_4=$“most”, 取 $Q_{4X}(E)=(|E|/|X|)^{3/2}$, $\forall E\subseteq X$. 易得

$$
Q_{4X}\{u\in X : H(x)\geqslant 0.7\} = \left(\frac{4}{5}\right)^{3/2} \approx 0.7155 > 0.7.
$$

而由定义 4.2.2 (2) 及命题 4.2.2 可得 (这里取 “t-模基 Sugeno 积分” 中的 t-模 $\otimes$ 为 “乘积 t-模”):

$$
\begin{aligned}
&T_I((Q_4x)H(x)) \\
&= \int^{(\mathrm{TS})} H(x)\circ Q_{4X} = \max_{i=1}^{10}[H(x_i)\otimes Q_{4X}(X_i)] \\
&= (0.1\otimes 1) \bigvee \left[0.67\otimes\left(\frac{9}{10}\right)^{3/2}\right] \bigvee \left[0.7\otimes\left(\frac{8}{10}\right)^{3/2}\right] \\
&\quad \bigvee \left[0.73\otimes\left(\frac{7}{10}\right)^{3/2}\right] \bigvee \left[0.81\otimes\left(\frac{6}{10}\right)^{3/2}\right] \bigvee \left[0.84\otimes\left(\frac{5}{10}\right)^{3/2}\right] \\
&\quad \bigvee \left[0.9\otimes\left(\frac{4}{10}\right)^{3/2}\right] \bigvee \left[0.95\otimes\left(\frac{3}{10}\right)^{3/2}\right] \bigvee \left[1\otimes\left(\frac{2}{10}\right)^{3/2}\right] \bigvee \left[1\otimes\left(\frac{1}{10}\right)^{3/2}\right]
\end{aligned}
$$

$$=0.67 \otimes \left(\frac{9}{10}\right)^{3/2} \approx 0.5721 < 0.7.$$

下面的几个结论表明, 一些 $\mathbf{L_q}$ 的逻辑性质在 $\mathbf{L_q^{(TS)}}$ 中也成立.

命题 4.2.5　(1) 如果 $\varphi_1, \varphi_2 \in$Wff, 则 $\varphi_1 \vDash \varphi_2$ 当且仅当 $(Qx)\varphi_1 \vDash (Qx)\varphi_2$ 对于任一量词 Q 和任一个体变元 x 都成立.

(2) 对于任一量词 Q 和任意 $\varphi_1, \varphi_2 \in$Wff, 有

$$(Qx)(\varphi_1 \wedge \varphi_2) \vDash (Qx)\varphi_1 \wedge (Qx)\varphi_2, (Qx)\varphi_1 \vee (Qx)\varphi_2 \vDash (Qx)(\varphi_1 \vee \varphi_2).$$

(3) 如果 Q 是可能量词, 则对于任意 $\varphi_1, \varphi_2 \in$Wff, 有:

$$(Qx)(\varphi_1(x) \vee \varphi_2(x)) \equiv (Qx)\varphi_1(x) \vee (Qx)\varphi_2(x).$$

证明　(1) 若 $\varphi_1 \vDash \varphi_2$, 则由定义 4.2.2 (2) 及命题 4.2.3 (1) 可知, $(Qx)\varphi_1 \vDash (Qx)\varphi_2$ 对于任一量词 Q 和任一个体变元 x 都成立.

反之, 假设 $(Qx)\varphi_1 \vDash (Qx)\varphi_2$ 对于任一量词 Q 和任一个体变元 x 都成立. 对于论域 X 上的解释 I, 令 $Q_X = \Pi_{\pi_{x^I}}$, 其中 x^I 是 I 在 x 上的指派, $\Pi_{\pi_{x^I}}$ 是由单点可能性分布 π_{x^I} 诱导的模糊测度, 则 $(Qx)\varphi_1 \vDash (Qx)\varphi_2$ 可得

$$\begin{aligned} T_I(\varphi_1) &= \int^{(TS)} \int T_{I\{./x\}}(\varphi_1) \circ \Pi_{\pi_{x^I}} \\ &= T_I((Qx)\varphi_1) \leqslant T_I((Qx)\varphi_2) \\ &= \int^{(TS)} \int T_{I\{./x\}}(\varphi_2) \circ \Pi_{\pi_{x^I}} = T_I(\varphi_2). \end{aligned}$$

(2) 可由 (1) 直接得到.

(3) 对于任一解释 I, 设 X 是 I 的论域, 则

$$\begin{aligned} & T_I((Qx)(\varphi_1 \vee \varphi_2)) \\ =& \sup_{\lambda\in[0,1]} \left[\lambda \otimes Q_X(\{u \in X : \max(T_{I\{u/x\}}(\varphi_1), T_{I\{u/x\}}(\varphi_2)) \geqslant \lambda\})\right] \\ =& \sup_{\lambda\in[0,1]} \max \left\{ \begin{array}{l} \left[\lambda \otimes Q_X(\{u \in X : T_{I\{u/x\}}(\varphi_1) \geqslant \lambda\})\right], \\ \left[\lambda \otimes Q_X(\{u \in X : T_{I\{u/x\}}(\varphi_2) \geqslant \lambda\})\right] \end{array} \right\} \\ =& \max \left\{ \begin{array}{l} \sup\limits_{\lambda\in[0,1]} \left[\lambda \otimes Q_X(\{u \in X : T_{I\{u/x\}}(\varphi_1) \geqslant \lambda\})\right], \\ \sup\limits_{\lambda\in[0,1]} \left[\lambda \otimes Q_X(\{u \in X : T_{I\{u/x\}}(\varphi_2) \geqslant \lambda\})\right] \end{array} \right\} \\ =& \max[T_I((Qx)\varphi_1), T_I((Qx)\varphi_2)] \\ =& T_I((Qx)\varphi_1 \vee (Qx)\varphi_2). \end{aligned}$$

命题 4.2.6 设 Q_1 和 Q_2 是两个量词, 则 $Q_1 \sqsubseteq Q_2$ 当且仅当 $(Q_1x)\varphi \vDash (Q_2x)\varphi$ 对任意 $\varphi \in$Wff 均成立.

证明 "仅当" 部分是很明显的. 对于 "当" 部分, 仅需说明对任意集合 X 和任意 $E \subseteq X$ 均有 $Q_{1X}(E) \leqslant Q_{2X}(E)$. 因 $\bigcup_{n=0}^{\infty} \mathbf{F}_n \neq \varnothing$(对逻辑语言 $\mathbf{L_q^{(TS)}}$ 的假定), 故存在 P$\in \mathbf{F}_n(n>0)$. 设 $\varphi = P(x,\cdots,x)$, I 是论域为 X 的一个解释, 且

$$P^I(u_1,\cdots,u_n) = \begin{cases} 1, & u_1 = \cdots = u_n \in E, \\ 0, & \text{其他}, \end{cases}$$

则

$$\begin{aligned} T_I((Q_1x)\varphi) &= \sup_{F\subseteq X}\left[\left(\inf_{u\in F} P^I(u,\cdots,u)\right)\otimes Q_{1X}(F)\right] \\ &= \sup_{F\subseteq E}[1\otimes Q_{1X}(F)] \\ &= \sup_{F\subseteq E} Q_{1X}(F) \\ &= Q_{1X}(E). \end{aligned}$$

类似地, $T_I((Q_2x)\varphi) = Q_{2X}(E)$. 因为 $(Q_1x)\varphi \vDash (Q_2x)\varphi$, 所以 $T_I((Q_1x)\varphi) \leqslant T_I((Q_2x)\varphi)$, 从而 $Q_{1X}(E) \leqslant Q_{2X}(E)$.

命题 4.2.7 对任意量词 Q_1 和 Q_2、个体变元量 x 和 $\varphi \in$Wff 均有

(1) $((Q_1 \sqcap Q_2)x)\varphi = (Q_1x)\varphi \wedge (Q_2x)\varphi$;

(2) $((Q_1 \sqcup Q_2)x)\varphi = (Q_1x)\varphi \vee (Q_2x)\varphi$.

证明 (1) 对任一具有论域 X 的解释 I 必有 $T_I(((Q_1 \sqcap Q_2)x)\varphi) \leqslant T_I((Q_1x)\varphi \wedge (Q_2x)\varphi)$. 相反地,

$$\begin{aligned} & T_I((Q_1x)\varphi \wedge (Q_2x)\varphi) \\ =& \min\left[T_I((Q_1x)\varphi), T_I((Q_2x)\varphi)\right] \\ =& \min\left\{\sup_{F_1\subseteq X}\left[\left(\inf_{u\in F_1} T_{I\{u/x\}}(\varphi)\right)\otimes Q_{1X}(F_1)\right],\right. \\ & \left.\sup_{F_2\subseteq X}\left[\left(\inf_{u\in F_2} T_{I\{u/x\}}(\varphi)\right)\otimes Q_{2X}(F_2)\right]\right\} \\ =& \sup_{F_1,F_2\subseteq X}\min\left\{\left[\left(\inf_{u\in F_1} T_{I\{u/x\}}(\varphi)\right)\otimes Q_{1X}(F_1)\right],\right. \\ & \left.\left[\left(\inf_{u\in F_2} T_{I\{u/x\}}(\varphi)\right)\otimes Q_{2X}(F_2)\right]\right\} \\ \leqslant& \sup_{F_1,F_2\subseteq X}\min\left\{\left[\left(\inf_{u\in F_1\cap F_2} T_{I\{u/x\}}(\varphi)\right)\otimes Q_{1X}(F_1)\right],\right. \end{aligned}$$

$$
\begin{aligned}
&\left[\left(\inf_{u\in F_1\bigcap F_2} T_{I\{u/x\}}(\varphi)\right)\otimes Q_{2X}(F_2)\right]\Bigg\}\\
=&\sup_{F_1,F_2\subseteq X}\left\{\left(\inf_{u\in F_1\bigcap F_2} T_{I\{u/x\}}(\varphi)\right)\otimes \min\left[Q_{1X}(F_1),Q_{2X}(F_2)\right]\right\}\\
\leqslant&\sup_{F_1\bigcap F_2\subseteq X}\left\{\left(\inf_{u\in F_1\bigcap F_2} T_{I\{u/x\}}(\varphi)\right)\otimes \min\left[Q_{1X}(F_1),Q_{2X}(F_2)\right]\right\}\\
\leqslant&\sup_{F\subseteq X}\left\{\left(\inf_{u\in F} T_{I\{u/x\}}(\varphi)\right)\otimes \min\left[Q_{1X}(F),Q_{2X}(F)\right]\right\}\\
\leqslant&\sup_{F\subseteq X}\left[\left(\inf_{u\in F} T_{I\{u/x\}}(\varphi)\right)\otimes (Q_1\sqcap Q_2)(F)\right]\\
=&T_I(((Q_1\sqcap Q_2)x)\varphi).
\end{aligned}
$$

在上述证明中应用了连续 t- 模的如下性质: $a\otimes(b\wedge c)=(a\otimes b)\wedge(a\otimes c)$.

(2) 设 $F_{X,\lambda}=\{u\in X:T_{I\{u/x\}}(\varphi)\geqslant\lambda\}$, 则

$$
\begin{aligned}
&T_I(((Q_1\sqcup Q_2)x)\varphi)\\
=&\sup_{\lambda\in[0,1]}\{\lambda\otimes[(Q_1\sqcup Q_2)_X(F_{X,\lambda})]\}\\
=&\sup_{\lambda\in[0,1]}\{\lambda\otimes[\max(Q_{1X}(F_{X,\lambda}),Q_{2X}(F_{X,\lambda}))]\}\\
=&\sup_{\lambda\in[0,1]}\max[\lambda\otimes Q_{1X}(F_{X,\lambda}),\lambda\otimes Q_{2X}(F_{X,\lambda})]\\
=&\max\left\{\sup_{\lambda\in[0,1]}[\lambda\otimes Q_{1X}(F_{X,\lambda})],\ \sup_{\lambda\in[0,1]}[\lambda\otimes Q_{2X}(F_{X,\lambda})]\right\}\\
=&\max[T_I((Q_1x)\varphi),T_I((Q_2x)\varphi)]\\
=&T_I((Q_1x)\varphi\vee(Q_2x)\varphi).
\end{aligned}
$$

在上述 (2) 的证明中应用了 t-模的如下性质: $a\otimes(b\vee c)=(a\otimes b)\vee(a\otimes c)$.

命题 4.2.8　对任意量词 Q 和 $\varphi,\psi\in$Wff, 如果个体变元 x 在 ψ 中不是自由的, 则 $(Qx)\varphi\vee\psi\equiv(Qx)(\varphi\vee\psi)$.

证明　对任意解释 I 有

$$
\begin{aligned}
T_I\left((Qx)(\varphi\vee\psi)\right)&=\int^{(\mathrm{TS})} T_{I,x}(\varphi\vee\psi)\circ Q_X\\
&=\int^{(\mathrm{TS})} \max\left(T_{I\{u/x\}}(\varphi),T_{I\{u/x\}}(\psi)\right)\circ Q_X,
\end{aligned}
$$

其中 X 是 I 的论域. 因为 x 在 ψ 中不是自由的, 所以 $T_{I\{u/x\}}(\psi)=T_I(\psi)$, 对任意 $u\in X$. 由命题 4.2.3 (3) 及 (4) 得到

$$
T_I\left((Qx)(\varphi\vee\psi)\right)=\max\left[\int T_{I\{u/x\}}(\varphi)\circ Q_X,T_I(\psi)\right]
$$

$$=\max\left[T_I\left((Qx)\varphi\right), T_I(\psi)\right]$$
$$=T_I\left((Qx)\varphi\vee\psi\right).$$

例 4.2.2 令 $X=\{1,2\}, \wp=2^X$, 对任意 $E\in\wp$ 定义 $m(E)=|E|/|X|$. 设 h 是如下定义的函数: $h(1)=0.9$, $h(2)=0.4$, 则

$$m(\varnothing)=0,\quad m(\{1\})=m(\{2\})=0.5,\quad m(\{1,2\})=1;$$

$$\inf_{x\in\varnothing}h(x)=1,\quad \inf_{x\in\{1\}}h(x)=0.9,\quad \inf_{x\in\{2\}}h(x)=0.4,\quad \inf_{x\in\{1,2\}}h(x)=0.4.$$

取常数 $c=0.85$, 并令函数 $h_1=\min(c,h)$, 即 $h_1(1)=0.85, h_1(2)=0.4$. 于是

$$\inf_{x\in\varnothing}h_1(x)=1,\quad \inf_{x\in\{1\}}h_1(x)=0.85,\quad \inf_{x\in\{2\}}h_1(x)=0.4,\quad \inf_{x\in\{1,2\}}h_1(x)=0.4.$$

从而 (取 $\otimes$ 为乘积 t-模)

$$\begin{aligned}\int^{(\mathrm{TS})}h\circ m=&\max\Big[\inf_{x\in\varnothing}h(x)\otimes m(\varnothing),\inf_{x\in\{1\}}h(x)\otimes m(\{1\}),\\&\inf_{x\in\{2\}}h(x)\otimes m(\{2\}),\inf_{x\in\{1,2\}}h(x)\otimes m(\{1,2\})\Big]\\=&\max(1\otimes0,0.9\otimes0.5,0.4\otimes0.5,0.4\otimes1)\\=&0.45,\end{aligned}$$

$$\begin{aligned}\int^{(\mathrm{TS})}h_1\circ m=&\max\Big[\inf_{x\in\varnothing}h_1(x)\otimes m(\varnothing),\inf_{x\in\{1\}}h_1(x)\otimes m(\{1\}),\\&\inf_{x\in\{2\}}h_1(x)\otimes m(\{2\}),\inf_{x\in\{1,2\}}h_1(x)\otimes m(\{1,2\})\Big]\\=&\max(1\otimes0,0.85\otimes0.5,0.4\otimes0.5,0.4\otimes1)\\=&0.425,\end{aligned}$$

所以

$$\min\left[\int^{(\mathrm{TS})}c\circ m,\int^{(\mathrm{TS})}h\circ m\right]=\min(0.85,0.45)=0.45.$$

$$\int^{(\mathrm{TS})}\min(c,h)\circ m=\int^{(\mathrm{TS})}h_1\circ m=0.425\neq0.45=\min\left[\int^{(\mathrm{TS})}c\circ m,\int^{(\mathrm{TS})}h\circ m\right].$$

上述例子表明, 命题 4.1.1 (2) 中第二个等式在 t-模基 Sugeno 积分之下不再成立. 因此, 命题 4.1.8 (1) 中第一个等价关系不能推广到 $\mathbf{L}_{\mathbf{q}}^{(\mathbf{TS})}$ 中, 即 $(Qx)\varphi\wedge\psi$

与 $(Qx)(\varphi \wedge \psi)$ 在 $\mathbf{L_q^{(TS)}}$ 中不等价. 因此, 4.1.1 节中的前束范式定理不能推广到 $\mathbf{L_q^{(TS)}}$ 中.

例 4.2.3 令 $X=\{1,2\}, \wp=2^X$, 对任意 $E\in\wp$ 定义 $m(E)=|E|/|X|$. 设 h 是如下定义的函数: $h(1)=1, h(2)=0.6$, 则 m 是 X 上的模糊测度, 其对偶测度 m^* 为

$$m^*(E)=1-m(X-E)=m(E),\quad \forall E\subseteq X.$$

易得

$$m(\varnothing)=0,\quad m(\{1\})=m(\{2\})=0.5,\quad m(\{1,2\})=1;$$

$$\inf_{x\in\varnothing} h(x)=1,\quad \inf_{x\in\{1\}} h(x)=1,\quad \inf_{x\in\{2\}} h(x)=0.6,\quad \inf_{x\in\{1,2\}} h(x)=0.6;$$

$$\inf_{x\in\varnothing}(1-h)(x)=0,\quad \inf_{x\in\{1\}}(1-h)(x)=0,\quad \inf_{x\in\{2\}}(1-h)(x)=0.4,\quad \inf_{x\in\{1,2\}}(1-h)(x)=0.$$

从而 (取 $\otimes$ 为乘积 t-模)

$$\begin{aligned}\int^{(\mathrm{TS})} h\circ m^* = \int^{(\mathrm{TS})} h\circ m &= \max\Big[\inf_{x\in\varnothing} h(x)\otimes m(\varnothing), \inf_{x\in\{1\}} h(x)\otimes m(\{1\}),\\ &\quad \inf_{x\in\{2\}} h(x)\otimes m(\{2\}), \inf_{x\in\{1,2\}} h(x)\otimes m(\{1,2\})\Big]\\ &= \max(1\otimes 0, 1\otimes 0.5, 0.6\otimes 0.5, 0.6\otimes 1)\\ &=0.6,\end{aligned}$$

$$\begin{aligned}\int^{(\mathrm{TS})}(1-h)\circ m &= \max\Big[\inf_{x\in\varnothing}(1-h)(x)\otimes m(\varnothing), \inf_{x\in\{1\}}(1-h)(x)\otimes m(\{1\}),\\ &\quad \inf_{x\in\{2\}}(1-h)(x)\otimes m(\{2\}), \inf_{x\in\{1,2\}}(1-h)(x)\otimes m(\{1,2\})\Big]\\ &= \max(1\otimes 0, 0\otimes 0.5, 0.4\otimes 0.5, 0\otimes 1)\\ &=0.2.\end{aligned}$$

所以

$$\int^{(\mathrm{TS})} h\circ m^* \neq 1-\int^{(\mathrm{TS})}(1-h)\circ m.$$

上述例子表明, 引理 4.2.5 在 t-模基 Sugeno 积分之下不再成立. 因此, 4.2.1 节中的强前束范式定理不能推广到 $\mathbf{L_q^{(TS)}}$ 中.

3. 应用举例

例 4.2.4 考虑例 4.1.10 中的逻辑公式 $\varphi=(Qx)(P_1(x)\wedge\sim P_2(x))$, 其含义是“许多天是多云的但不是冷的”, 在表 4-1 所示的解释下, 在 t-模基 Sugeno 积分语义下 φ 的真值为 (这里取 $\otimes$ 为乘积 t-模):

$$
\begin{aligned}
T_I(\varphi) &= \int^{(\mathrm{TS})} T_{I\{./x\}}[P_1^I(x)\wedge\sim P_2^I(x)]\circ Q_X \\
&= \max_{E\subseteq X}\left\{\left[\min_{u\in E}\min\left(P_1^I(u),1-P_2^I(u)\right)\right]\otimes m(E)\right\} \\
&= \max_{i=1}^{7}[h(x_i)\otimes m(X_i)],
\end{aligned}
$$

其中 $h(x_i)$ 是对 $\min(P_1(u),\ 1-P_2(u))$ 的可能值按不减的顺序进行排列的结果, $X_i=\{x_j: i\leqslant j\leqslant 7\}$, 参见命题 4.2.2. 容易得到 $\min(P_1(u),1-P_2(u))$ 取值序列为: 0, 0, 0.2, 0.3, 0.5, 0.6, 0.6. 于是,

$$
\begin{aligned}
T_I(\varphi) &= \max_{i=1}^{7}[h(x_i)\otimes m(X_i)] \\
&= \max\left(0\otimes\frac{7}{7},0\otimes\frac{6}{7},0.2\otimes\frac{5}{7},0.3\otimes\frac{4}{7},0.5\otimes\frac{3}{7},0.6\otimes\frac{2}{7},0.6\otimes\frac{1}{7}\right) \\
&=0.5\times\frac{3}{7} \\
&\approx 0.21.
\end{aligned}
$$

例 4.2.5 要在 3 名高中学生中选出一名最优秀的保送重点大学, 所依据的是学生的数学、物理、生物、化学和文学水平, 相关数据见表 4-4. 这些数据分别表示了各学生在各课程上的优秀程度, 为了得到一个综合评价结果, 我们考虑这样一个命题: (某学生) 在几乎所有课程上表现突出. 取量词 $Q=$“almost all”(几乎所有), 其论域为 $X=\{x_1(\text{数学}), x_2(\text{物理}), x_3(\text{生物}), x_4(\text{化学}), x_5(\text{文学})\}$, 并用 $\varphi(x)$ 表示谓词 “在 x 上表现突出”, 则可认为最优秀的学生就是使公式 $(Qx)\varphi(x)$ 取最大真值的中学生. 这里, 将每一个学生在各课程上的表现看作是一个解释 I, 并记

$$
D(s)=T_I((Qx)\varphi(x))=\int^{(\mathrm{TS})} s_x\circ Q_X,\quad \forall s\in S=\{s_1,s_2,s_3\},
$$

上式中 s_x 表示 X 上的模糊集, 即

$$
s_x=\frac{x_1(s)}{x_1}+\frac{x_2(s)}{x_2}+\frac{x_3(s)}{x_3}+\frac{x_4(s)}{x_4}+\frac{x_5(s)}{x_5},
$$

$x_k(s)$ 表示学生 s 在课程 x_k 上的优秀程度, $k=1,2,3,4,5$. 对于量词 Q, 定义如下:

$$
Q_X(E)=\left(\frac{|E|}{|X|}\right)^2,\quad \forall E\subseteq X.
$$

表 4-4　3 名学生的表现

学生	数学	物理	生物	化学	文学
s_1	0.75	0.85	0.95	0.9	0.86
s_2	0.85	0.92	0.91	0.95	0.86
s_3	0.92	0.87	0.9	0.89	0.91

于是, 通过计算可得 (取 $\otimes$ 为 "取小"t-模)

$$D(s_1)=\int^{(\mathrm{TS})} s_1\circ Q_X$$
$$=\max\left[0.75\otimes\left(\frac{5}{5}\right)^2, 0.85\otimes\left(\frac{4}{5}\right)^2, 0.86\otimes\left(\frac{3}{5}\right)^2, 0.9\otimes\left(\frac{2}{5}\right)^2, 0.95\otimes\left(\frac{1}{5}\right)^2\right]$$
$$=0.75.$$

$$D(s_2)=\int^{(\mathrm{TS})} s_2\circ Q_X$$
$$=\max\left[0.85\otimes\left(\frac{5}{5}\right)^2, 0.86\otimes\left(\frac{4}{5}\right)^2, 0.91\otimes\left(\frac{3}{5}\right)^2, 0.92\otimes\left(\frac{2}{5}\right)^2, 0.95\otimes\left(\frac{1}{5}\right)^2\right]$$
$$=0.85.$$

$$D(s_3)=\int^{(\mathrm{TS})} s_3\circ Q_X$$
$$=\max\left[0.87\otimes\left(\frac{5}{5}\right)^2, 0.89\otimes\left(\frac{4}{5}\right)^2, 0.9\otimes\left(\frac{3}{5}\right)^2, 0.91\otimes\left(\frac{2}{5}\right)^2, 0.92\otimes\left(\frac{1}{5}\right)^2\right]$$
$$=0.87.$$

所以学生 s_3 最优秀.

例 4.2.6　某工厂欲确定某关键原材料的供应商, 拟从现有 4 家供应商 s_1, s_2, s_3, s_4 中选择. 通过对供应商在产品价格、产品质量、服务水平、信誉 4 个方面 (决策属性) 进行评价, 获得如表 4-5 所示的数据.

表 4-5　对供应商的评价

供应商	产品价格	产品质量	服务水平	信誉
s_1	0.95	0.71	0.85	0.80
s_2	0.80	0.76	0.92	0.83
s_3	0.85	0.81	0.70	0.86
s_4	0.76	0.90	0.75	0.84

为了得到一个综合评价结果, 考虑命题: (某供应商) 在大多数属性上满足要求. 取量词 $Q=$"most"(大多数), 其论域为 $X=\{x_1$(产品价格), x_2(产品质量), x_3(服务

水平), x_4(信誉)}, 并用 $\varphi(x)$ 表示谓词 "在 x 上满足要求", 则可认为最满意的供应商就是使公式 $(Qx)\varphi(x)$ 取最大真值的供应商. 这里, 将各供应商在 4 个决策属性上的表现看作是一个解释 I, 并记

$$D(s)=T_I((Qx)\varphi(x))=\int^{(\mathrm{TS})} s_x\circ Q_X,\quad \forall s\in S=\{s_1,s_2,s_3,s_4\},$$

上式中 s_x 表示 X 上的模糊集, 即

$$s_x=\frac{x_1(s)}{x_1}+\frac{x_2(s)}{x_2}+\frac{x_3(s)}{x_3}+\frac{x_4(s)}{x_4},$$

$x_k(s)$ 表示供应商 s 在决策属性 x_k 上的满足程度, $k=1,2,3,4$. 对于量词 Q, 定义如下:

$$Q_X(E)=\left(\frac{|E|}{|X|}\right)^{3/2},\quad \forall E\subseteq X.$$

通过计算可得 (取 $\otimes$ 为乘积 t-模)

$$\begin{aligned}D(s_1)&=\int^{(\mathrm{TS})} s_1\circ Q_X\\&=\max\left[0.71\otimes\left(\frac{4}{4}\right)^{3/2},0.8\otimes\left(\frac{3}{4}\right)^{3/2},0.85\otimes\left(\frac{2}{4}\right)^{3/2},0.95\otimes\left(\frac{1}{4}\right)^{3/2}\right]\\&=0.71.\end{aligned}$$

$$\begin{aligned}D(s_2)&=\int^{(\mathrm{TS})} s_2\circ Q_X\\&=\max\left[0.76\otimes\left(\frac{4}{4}\right)^{3/2},0.8\otimes\left(\frac{3}{4}\right)^{3/2},0.83\otimes\left(\frac{2}{4}\right)^{3/2},0.92\otimes\left(\frac{1}{4}\right)^{3/2}\right]\\&=0.76.\end{aligned}$$

$$\begin{aligned}D(s_3)&=\int^{(\mathrm{TS})} s_3\circ Q_X\\&=\max\left[0.70\otimes\left(\frac{4}{4}\right)^{3/2},0.81\otimes\left(\frac{3}{4}\right)^{3/2},0.85\otimes\left(\frac{2}{4}\right)^{3/2},0.86\otimes\left(\frac{1}{4}\right)^{3/2}\right]\\&=0.70.\end{aligned}$$

$$\begin{aligned}D(s_4)&=\int^{(\mathrm{TS})} s_4\circ Q_X\\&=\max\left[0.75\otimes\left(\frac{4}{4}\right)^{3/2},0.76\otimes\left(\frac{3}{4}\right)^{3/2},0.84\otimes\left(\frac{2}{4}\right)^{3/2},0.9\otimes\left(\frac{1}{4}\right)^{3/2}\right]\\&=0.75.\end{aligned}$$

所以, 对 s_2 的评价最高, 应选择供应商 s_2.

4.3 直觉模糊量词及其 Sugeno 积分语义

Sugeno 最初提出的模糊测度是定义在经典集族、取值为 [0, 1] 的函数 (见定义 2.4.3), 它与经典测度的根本区别是将可加性减弱为单调性, 因而又被称为非可加测度. 目前, 模糊测度已从多种不同角度进行了推广, 提出了众多广义模糊测度, 比如将取值域由 [0, 1] 推广到格而引入格值模糊测度 (相应地提出格值模糊积分, 见 [162—165]), 又比如将测度函数的定义域从经典集族推广到由模糊集组成的集族上 (见 [95, 166]), 等等.

作为模糊测度的一种推广, A. I. Ban 于 2014 年引入直觉模糊值模糊测度 (也称为直觉模糊测度), 并随后建立了基于直觉模糊测度的 Sugeno 积分理论 (见 [167—171]). 文献 [172] 中的 "直觉模糊积分" 是传统意义上的二重积分, 与模糊测度没关系, 因此与本节涉及的基于直觉模糊测度的直觉模糊积分不是同一概念, 请读者注意.

文献 [35] 利用直觉模糊测度来处理语言量词, 提出直觉模糊量词的概念, 建立了含有直觉模糊量词的一阶逻辑系统, 从而推广了文献 [6] 中的语言量词模型. 本节将介绍 [35] 中的主要结果, 需要说明的是, 直觉模糊测度 (直觉模糊积分) 实际上是格值模糊测度 (格值模糊积分) 的特例, 而本书将在 6.1 节论述格值模糊测度、格值模糊积分的相关内容, 本节的一些相关结论可看成 6.1 节更广泛框架下相应结果的推论.

4.3.1 直觉模糊值测度与直觉模糊 Sugeno 积分

1. 关于直觉模糊值构成的格

在直觉模糊集理论中, 所有直觉模糊数 (也称为直觉模糊值) 构成的集合是经常用到的, 本书记为 $\mathcal{L}^{(\mathbf{Iu})}$, 即

$$\mathcal{L}^{(\mathbf{Iu})} = \{(x_1, x_2) \in [0,1]^2 | x_1 + x_2 \leqslant 1\}.$$

在 $\mathcal{L}^{(\mathbf{Iu})}$ 定义如下二元关系 $\preceq$:

$$(x_1, x_2) \preceq (y_1, y_2) \text{当且仅当} (x_1 \leqslant y_1 \text{且} x_2 \geqslant y_2).$$

则 $(\mathcal{L}^{(\mathbf{Iu})}, \preceq)$ 构成完备格, 且相应的上、下确界分别为

$$(x_1, x_2) \vee (y_1, y_2) = (x_1 \vee y_1, x_2 \wedge y_2), \quad (x_1, x_2) \wedge (y_1, y_2) = (x_1 \wedge y_1, x_2 \vee y_2).$$

注意:

(1) 我们仍沿用 $\vee$, $\wedge$ 等这些记号, 读者应该能从上下文中分辨出来, 何时是实数间的运算, 何时是直觉模糊数之间的运算.

(2) 由于论域 X 上的一个直觉模糊集 A 实质上就是论域 X 到 $\mathcal{L}^{(\mathbf{Iu})}$ 的一个映射, 因此本书直接用大写字母 A 表示直觉模糊集, 而不像有些文献中使用带有上下标记等复杂标记的符号.

(3) 若 $\alpha\in\mathcal{L}^{(\mathbf{Iu})}$, 则常用 $\alpha^{(1)},\alpha^{(2)}$ 分别表示其第一、二个分量. 类似地, 若 A 是直觉模糊集, 则常用 $A^{(1)}$, $A^{(2)}$ 分别表示 $\mu_A(x)$, $\nu_A(x)$.

对任一 $M\subseteq\mathcal{L}^{(\mathbf{Iu})}$, 有

$$\begin{aligned}\sup_{\mathcal{L}^{(\mathbf{Iu})}}(M)=\vee M=&\big(\vee\{x_1\in[0,1]|\exists x_2\in[0,1]\text{ s.t. }(x_1,x_2)\in M\},\\&\wedge\{x_2\in[0,1]|\exists x_1\in[0,1]\text{ s.t. }(x_1,x_2)\in M\}\big),\\\inf_{\mathcal{L}^{(\mathbf{Iu})}}(M)=\wedge M=&(\wedge\{x_1\in[0,1]|\exists x_2\in[0,1]\text{ s.t. }(x_1,x_2)\in M\},\\&\vee\{x_2\in[0,1]|\exists x_1\in[0,1]\text{ s.t. }(x_1,x_2)\in M\}).\end{aligned}$$

2. 直觉模糊 (值) 测度

定义 4.3.1[167,169] 可测空间 $(X,\wp)$ 上的直觉模糊值模糊测度是一个满足下列条件的映射 m: $\wp\to\mathcal{L}^{(\mathbf{Iu})}$:

(1) $m(\varnothing)=(0,1)$;

(2) $m(X)=(1,0)$;

(3) 若 E, $F\in\wp$ 且 $E\subseteq F$, 则 $m(E)\preceq m(F)$.

对任一可测空间 $(X,\wp)$, 记 $\mathrm{IFM}(X,\wp)$ 为 $(X,\wp)$ 上的所有直觉模糊值模糊测度构成的集合.

容易验证, 直觉模糊值模糊测度 m 可由 $(m^{(1)},m^{(2)})$ 表示, 这里 $m^{(1)}:\wp\to[0,1]$ 和 $m^{(2)}:\wp\to[0,1]$ 是满足下列条件的两个映射:

(1) $m^{(1)}(\varnothing)=0,m^{(2)}(\varnothing)=1$;

(2) $m^{(1)}(X)=1,m^{(2)}(X)=0$;

(3) 若 E, $F\in\wp$ 且 $E\subseteq F$, 则 $m^{(1)}(E)\leqslant m^{(1)}(F)$ 且 $m^{(2)}(E)\geqslant m^{(2)}(F)$;

(4) 对任一 $E\in\wp$, 则 $m^{(1)}(E)+m^{(2)}(E)\leqslant 1$.

定义 4.3.2[167,169] 设 $(X,\wp)$ 是可测空间, $f:X\to\mathcal{L}^{(\mathbf{Iu})}$ 是一直觉模糊值模糊映射. 若对所有 $\alpha\in\mathcal{L}^{(\mathbf{Iu})}$ 有

$$\{x\in X:f(x)\preceq\alpha\}\in\wp\text{且}\{x\in X:f(x)\succeq\alpha\}\in\wp,$$

则称 f 是 $\wp$-可测的.

命题 4.3.1[167,169]　设 $\wp$ 是 X 上的 Borel 域, $f: X \to \boldsymbol{\mathcal{L}}^{(\mathbf{Iu})}$ 是一直觉模糊值模糊映射且 $f(x) = (f^{(1)}(x), f^{(2)}(x))$. 则直觉模糊值映射 f 是 $\wp$-可测的当且仅当 $f^{(1)}(x)$ 和 $f^{(2)}(x)$, 是 $\wp$-可测的.

命题 4.3.2　若 f, f_1 和 f_2 都是 $\wp$-可测的, 则 $\overline{f}$, $f_1 \vee f_2$ 和 $f_1 \wedge f_2$ 也是 $\wp$-可测的.

3. 基于直觉模糊值模糊测度的 Sugeno 积分

定义 4.3.3[168,169]　设 $(X, \wp)$ 是可测空间, $m: \wp \to \boldsymbol{\mathcal{L}}^{(\mathbf{Iu})}$, $m = (m^{(1)}, m^{(2)})$ 是直觉模糊值模糊测度, $f: X \to \boldsymbol{\mathcal{L}}^{(\mathbf{Iu})}$, $f = (f^{(1)}, f^{(2)})$ 是 $\wp$-可测的直觉模糊值模糊映射, 则 f 在 $A \in \wp$ 上关于 m 的 Sugeno 积分定义为

$$\int_A^{(\mathrm{IuS})} f \circ m = \bigvee_{\alpha \in \boldsymbol{\mathcal{L}}^{(\mathbf{Iu})}} \left[\alpha \wedge m\left(A \bigcap f_\alpha\right)\right],$$

其中, $f_\alpha = \{x \in X : f(x) \succeq \alpha\}$.

命题 4.3.3[168,169]　设 $(X, \wp)$ 是可测空间, $m: \wp \to \boldsymbol{\mathcal{L}}^{(\mathbf{Iu})}$, $m = (m^{(1)}, m^{(2)})$ 是直觉模糊值模糊测度, $f: X \to \boldsymbol{\mathcal{L}}^{(\mathbf{Iu})}$, $f = (f^{(1)}, f^{(2)})$ 是 $\wp$-可测的直觉模糊值模糊映射, 则

$$\int_X^{(\mathrm{IuS})} f \circ m = \left(\bigvee_{\alpha_1 \in [0,1]} \left[\alpha_1 \wedge m^{(1)}\left(f^{(1)}_{\geqslant \alpha_1}\right)\right], \bigwedge_{\alpha_2 \in [0,1]} \left[\alpha_2 \vee m^{(2)}\left(f^{(2)}_{\leqslant \alpha_2}\right)\right] \right),$$

其中,

$$f^{(1)}_{\geqslant \alpha_1} = \{x \in X : f^{(1)}(x) \geqslant \alpha_1\},$$

$$f^{(2)}_{\leqslant \alpha_2} = \{x \in X : f^{(2)}(x) \leqslant \alpha_2\}.$$

上述结论表明, 直觉模糊值映射 $f = (f^{(1)}, f^{(2)})$ 的 Sugeno 积分可以用其分量 $f^{(1)}$ 和 $f^{(2)}$ 的 Sugeno 积分来表示, 这被称为 Sugeno 积分的组件分解 (componen-twise decomposition).

命题 4.3.4[168,169]　设 m: $\wp \to \boldsymbol{\mathcal{L}}^{(\mathbf{Iu})}$, $m = (m^{(1)}, m^{(2)})$ 是直觉模糊值模糊测度, $f: X \to \boldsymbol{\mathcal{L}}^{(\mathbf{Iu})}$, $f = (f^{(1)}, f^{(2)})$ 是 $\wp$-可测的直觉模糊值模糊映射, 则

$$\int_A^{(\mathrm{IuS})} f \circ m = \left(\int_A f^{(1)} \circ m^{(1)}, \overline{\int_A \overline{f^{(2)}} \circ \overline{m^{(2)}}} \right),$$

其中, $\int_A f^{(1)} \circ m^{(1)}$ 是 $f^{(1)}$ 关于 $m^{(1)}$ 的 Sugeno 积分, 且

$$\overline{f^{(2)}} : X \to [0,1];\ \overline{f^{(2)}}\,(x) = 1 - f^{(2)}\,(x)\,, \forall x \in [0,1].$$

$$\overline{m^{(2)}}:\wp\to[0,1];\ \overline{m^{(2)}}(E)=1-m^{(2)}(E),\forall E\in\wp.$$

$$\overline{\alpha_2}=1-\alpha_2,\forall\alpha_2\in[0,1].$$

以下, 若 h 是从 X 到 [0, 1] 的映射, 则 $\overline{h}$ 定义为: $\overline{h}(x)=1-h(x)$, $\forall x\in X$. 若 v 是可测空间 $(X,\wp)$ 上的模糊测度, 则 $\overline{v}(E)=1-v(E)$, $\forall E\in\wp$. 若 $f=(f^{(1)}, f^{(2)})$ 是 X 到 $\mathcal{L}^{(\mathbf{Iu})}$ 的直觉模糊值映射, 则 $\overline{f}$ 定义为: $\overline{f}=(f^{(2)}, f^{(1)})$. 若 $m=(m^{(1)}, m^{(2)})$ 是可测空间 $(X,\wp)$ 上的直觉模糊值模糊测度, 则 $\overline{m}=(m^{(2)}, m^{(1)})$. 若 $r\in[0, 1]$, 则 $\overline{r}=1-r$. 若 $\alpha=(\alpha^{(1)}, \alpha^{(2)})\in\mathcal{L}^{(\mathbf{Iu})}$, 则 $\overline{\alpha}=(\alpha^{(2)}, \alpha^{(1)})$.

定理 4.3.1[33,35] 设 $(X,\wp)$ 是可测空间, m, m_1, $m_2:\wp\to\mathcal{L}^{(\mathbf{Iu})}$ 是直觉模糊值模糊测度, $f:X\to\mathcal{L}^{(\mathbf{Iu})}$ 是 $\wp$-可测的直觉模糊值模糊映射, 则

(1) 若 Borel 域 $\wp$ 是 X 的幂集 2^X, 则

$$\int_A^{(\mathrm{IuS})} f\circ m=\bigvee_{F\in 2^X}\left[\left(\bigwedge_{x\in F} f(x)\right)\bigwedge m\left(A\bigcap F\right)\right],$$

即

$$\int_A^{(\mathrm{IuS})} f\circ m=\left(\bigvee_{F\in 2^X}\left[\left(\bigwedge_{x\in F} f^{(1)}(x)\right)\bigwedge m^{(1)}\left(A\bigcap F\right)\right],\right.$$
$$\left.\bigwedge_{F\in 2^X}\left[\left(\bigvee_{x\in F} f^{(2)}(x)\right)\bigvee m^{(2)}\left(A\bigcap F\right)\right]\right).$$

(2) 若 $\alpha\in\mathcal{L}^{(\mathbf{Iu})}$, 则

$$\int_X^{(\mathrm{IuS})}(\alpha\vee f)\circ m=\alpha\bigvee\int_X^{(\mathrm{IuS})} f\circ m,$$
$$\int_X^{(\mathrm{IuS})}(\alpha\wedge f)\circ m=\alpha\bigwedge\int_X^{(\mathrm{IuS})} f\circ m.$$

(3) 若 $X=\{x_1,x_2,\cdots,x_n\}$, 则

$$\int_A^{(\mathrm{IuS})} f\circ m=\left(\bigvee_{i=1}^{n}\left[f^{(1)}(x_i)\bigwedge m^{(1)}\left(A\bigcap X_i^{(1)}\right)\right],\bigwedge_{i=1}^{n}\left[f^{(2)}(y_i)\bigvee m^{(2)}\left(A\bigcap X_i^{(2)}\right)\right]\right),$$

其中, $f^{(1)}:X\to[0,1]$ 满足 $f^{(1)}(x_i)\leqslant f^{(1)}(x_{i+1})(1\leqslant i\leqslant n-1)$, 否则重排 $f^{(1)}(x_i)(1\leqslant i\leqslant n)$; $X_i^{(1)}=\{x_i,x_{i+1},\cdots,x_n\}(1\leqslant i\leqslant n)$. $f^{(2)}:X\to[0,1]$ 满足 $f^{(2)}(y_i)\geqslant f^{(2)}(y_{i+1})(1\leqslant i\leqslant n-1)$, 否则重排 $f^{(2)}(y_i)(1\leqslant i\leqslant n)$; $X_i^{(2)}=\{y_i,y_{i+1},\cdots,y_n\}(1\leqslant i\leqslant n)$, 即这里的 $\{y_i\}(1\leqslant i\leqslant n)$ 是对 X 中元素的一种重新排序结果 (依据 X 中元素在函数 $f^{(2)}$ 下的函数值由大到小排序).

4.3.2 直觉模糊量词及一阶逻辑系统 $\mathbf{L}_{\mathbf{q}}^{(\mathbf{IuS})}$

本节推广了文献 [6] 中的模型, 用一族直觉模糊值模糊测度来表示直觉模糊量词, 并把文献 [6] 中的模型作为一个特例.

1. 直觉模糊量词

定义 4.3.4[33,35]　直觉模糊量词 (简称为直觉量词) 由以下项组成

(1) 对任一非空集 X, 有 X 上的 Borel 域 $\wp_X$;

(2) 真类 $\{\mathrm{IFM}(X,\wp_X):(X,\wp_X)$ 是可测空间$\}$的选择函数

$$Q:(X,\wp_X)\mapsto Q_{(X,\wp_X)}\in \mathrm{IFM}(X,\wp_X).$$

注: 关于直觉模糊量词的概念, 最早见于文献 [173], 被称为 intuitionistic fuzzy linguistic quantifiers. 但文献 [173] 中的讨论, 仅基于直觉模糊集概念进行描述性讨论, 与直觉模糊测度没有关系, 也没有给出直觉模糊量词的严格定义; 而上述定义 4.3.4 是基于直觉模糊测度的, 且使用了更加严格的数学语言.

例 4.3.1　直觉全称量词 $\forall=$“all” 和直觉存在量词 $\exists=$“some” 的定义如下: 对任一集合 X 和任一 $E\subseteq X$,

$$\forall_X(E)=\begin{cases}(1,0), & E=X,\\(0,1), & \text{否则}.\end{cases}$$

$$\exists_X(E)=\begin{cases}(1,0), & E\neq\varnothing,\\(0,1), & \text{否则}.\end{cases}$$

例 4.3.2　直觉量词 “most” 可定义为: 对任一集合 X 和任一 $E\subseteq X$,

$$most_X^{(1)}(E)=\begin{cases}1, & \dfrac{\mu(E)}{\mu(X)}\geqslant 0.8,\\[2mm] 2\dfrac{\mu(E)}{\mu(X)}-0.6, & 0.3<\dfrac{\mu(E)}{\mu(X)}<0.8,\\[2mm] 0, & \dfrac{\mu(E)}{\mu(X)}\leqslant 0.3.\end{cases}$$

$$most_X^{(2)}(E)=\begin{cases}0, & \dfrac{\mu(E)}{\mu(X)}\geqslant 0.8,\\[2mm] 0.8-\dfrac{\mu(E)}{\mu(X)}, & 0.3<\dfrac{\mu(E)}{\mu(X)}<0.8,\\[2mm] 1, & \dfrac{\mu(E)}{\mu(X)}\leqslant 0.3.\end{cases}$$

这里 μ 是 $(X,\wp_X)$ 上的有限测度.

直觉量词 “almost all” 可定义为: 对任一集合 X 和任一 $E \subseteq X$,

$$allmost\ all_X(E) = \left(\left(\frac{\mu(E)}{\mu(X)}\right)^2, \left(\frac{\mu(X-E)}{\mu(X)}\right)^2\right),$$

特别地, 若 X 是非空有限集合, 则取 μ 为 E 的基数.

注意到量词的含义可能因人而异, 因此由直觉模糊值模糊测度来表示量词使得我们能够考虑不同人对量词的不同理解.

下面的定义给出了直觉模糊量词的一些运算.

定义 4.3.5[33,35] 设 Q, Q_1, Q_2 是直觉模糊量词, 则 Q 的对偶 Q^*, Q_1 与 Q_2 的交 $Q_1 \sqcap Q_2$, Q_1 与 Q_2 的并 $Q_1 \sqcup Q_2$ 分别定义如下: 对任一集合 X 和任一 $E \subseteq X$,

$$Q^*_X(E) \stackrel{\text{def}}{=} \overline{Q_X(X-E)} = \left(Q_X^{(2)}(X-E), Q_X^{(1)}(X-E)\right);$$

$$\begin{aligned}(Q_1 \sqcap Q_2)_X(E) &\stackrel{\text{def}}{=} Q_{1X}(E) \wedge Q_{2X}(E)\\ &= \left(Q_{1X}^{(1)}(E) \wedge Q_{2X}^{(1)}(E), Q_{1X}^{(2)}(E) \vee Q_{2X}^{(2)}(E)\right);\end{aligned}$$

$$\begin{aligned}(Q_1 \sqcup Q_2)_X(E) &\stackrel{\text{def}}{=} Q_{1X}(E) \vee Q_{2X}(E)\\ &= \left(Q_{1X}^{(1)}(E) \vee Q_{2X}^{(1)}(E), Q_{1X}^{(2)}(E) \wedge Q_{2X}^{(2)}(E)\right).\end{aligned}$$

2. 含直觉模糊量词的一阶语言 $\mathbf{L}_\mathbf{q}^{(\mathbf{IuS})}$ 及其逻辑性质

$\mathbf{L}_\mathbf{q}^{(\mathbf{IuS})}$ 的字母表的定义与定义 4.1.6 相同, 合式公式的定义与定义 4.1.7 相同.

定义 4.3.6[33,35] 逻辑语言 $\mathbf{L}_\mathbf{q}^{(\mathbf{IuS})}$ 的直觉解释 I 由下面各项构成:

(1) 一个可测空间 $(X, \wp)$, 称为 I 的论域;

(2) 对于每个 $n \geqslant 0$, 有与个体变元 x_i 相对应的 X 中的元素 x_i^I;

(3) 对于每个 $n \geqslant 0$ 和任一 $F \in \mathbf{F}_n$, 存在一个 $\wp^n$-可测的直觉模糊值函数 $F^I : X^n \to \boldsymbol{\mathcal{L}}^{(\mathbf{Iu})}$.

为了简便, 以后假设在解释 I 的论域 $(X, \wp)$ 中的 Borel 域 $\wp$ 总取 X 的幂集 2^X. 对任一量词 Q, X 上的 Borel 域 $\wp_X$ 也取为 2^X.

定义 4.3.7[33,35] 设 I 是一个直觉解释, 则公式 φ 在 I 下的直觉真值 $T_I(\varphi)$ 递归定义如下:

(1) 若 $\varphi = F(y_1, \cdots, y_n)$, 则

$$T_I(\varphi) = F^I(y_1^I, \cdots, y_n^I).$$

(2) 若 $\varphi=(Qx)\psi$, 则

$$T_I(\varphi)=\int_X^{(\mathrm{IuS})}T_{I\{\cdot/x\}}(\psi)\circ Q_X=\left(\int_X T_{I\{\cdot/x\}}(\psi)^{(1)}\circ Q_X^{(1)},\overline{\int_X\overline{T_{I\{\cdot/x\}}(\psi)^{(2)}}\circ\overline{Q_X^{(2)}}}\right),$$

其中 X 是 I 的论域, $T_{I\{\cdot/x\}}(\psi):X\to\boldsymbol{\mathcal{L}}^{(\mathbf{Iu})}$ 是一个直觉模糊值映射满足

$$T_{I\{\cdot/x\}}(\psi)(u)=T_{I\{u/x\}}(\psi),\quad \forall u\in X,$$

而 $I\{u/x\}$ 是仅在个体变元 x 上的指派不同于 I 的一个解释, 即

$$\text{对所有 } y\neq x \text{ 时 } y^{I\{u/x\}}=y^I, \text{且} x^{I\{u/x\}}=u.$$

(3) 若 $\varphi=\sim\psi$, 则

$$T_I(\varphi)=\overline{T_I(\psi)}=\left(T_I(\psi)^{(2)},T_I(\psi)^{(1)}\right).$$

(4) 若 $\varphi=\varphi_1\wedge\varphi_2$, 则

$$T_I(\varphi)=T_I(\varphi_1)\wedge T_I(\varphi_2)=\left(T_I(\varphi_1)^{(1)}\wedge T_I(\varphi_2)^{(1)},T_I(\varphi_1)^{(2)}\vee T_I(\varphi_2)^{(2)}\right).$$

定义 4.3.8 设 $\varphi,\psi\in$Wff. 若对任一直觉解释 I 有 $T_I(\varphi)=T_I(\psi)$, 则称 φ 和 ψ 是直觉等价的, 记为 $\varphi\equiv\psi$.

命题 4.3.5[33,35] 设 Q 是直觉模糊量词、x 是个体变元, $\varphi\in$Wff, 则对任意一个解释 I(论域为 X) 有

$$T_I((\forall x)\varphi)=\inf_{u\in X}T_{I\{u/x\}}(\varphi),\quad T_I((\exists x)\varphi)=\sup_{u\in X}T_{I\{u/x\}}(\varphi).$$

命题 4.3.6[33,35] 对任一直觉模糊量词 Q 和任一 $\varphi\in$Wff, 若 I 是以 $X=\{u\}$ 为论域的一个直觉解释, 则 $T_I((Qx)\varphi)=T_I(\varphi)$.

命题 4.3.7[33,35] 对任一直觉模糊量词 Q 和任一 $\varphi\in$Wff, 有 $\sim(Qx)\varphi\equiv(Q^*x)\sim\varphi$, 这里 Q^* 是 Q 的对偶.

命题 4.3.8[33,35] 对任一直觉模糊量词 Q, φ, $\psi\in$Wff. 若个体变元 x 在 ψ 中不是自由的, 则

$$(Qx)\varphi\wedge\psi\equiv(Qx)(\varphi\wedge\psi),\quad (Qx)\varphi\vee\psi\equiv(Qx)(\varphi\vee\psi).$$

命题 4.3.9[33,35] 对任一直觉模糊量词 Q_1, Q_2, 个体变元 x, $\varphi\in$Wff, 有

$$((Q_1\sqcap Q_2)x)\varphi\equiv(Q_1x)\varphi\wedge(Q_2x)\varphi,\quad ((Q_1\sqcup Q_2)x)\varphi\equiv(Q_1x)\varphi\vee(Q_2x)\varphi.$$

结合命题 4.3.7—命题 4.3.9 的结论可以得到关于含直觉语言量词的逻辑公式的前束范式定理.

定理 4.3.2[33,35] 对任一 $\varphi\in$Wff, 存在 $\psi\in$Wff 使得 $\varphi\equiv(Q_1x_1)\cdots(Q_nx_n)\psi$, 其中 $n\geqslant 0$, $Q_1,\cdots,Q_n$ 是直觉量词, $\psi\in$Wff 不含直觉量词.

4.3.3 直觉模糊量词应用举例

这一节给出一个简单例子, 说明直觉语言量词在多准则决策 (或称为多属性决策) 问题中的应用.

例 4.3.3 假设 $X=\{x_1,x_2,\cdots,x_n\}$ 是需要满足的准则之集, $S=\{s_1,s_2,\cdots,s_m\}$ 是可能的解决方案之集. 对任一方案 $s_j\in S$ 和任一准则 x_i, $x_i(s_j)\in\mathcal{L}^{(\mathbf{Iu})}$ 的两个分量分别表示方案 s_j 对准则 x_i 的满足度和不满足度. 换句话说, 方案 s_j 形成准则集 X 上的直觉模糊集. 我们希望找出最佳方案使得 “Q of criteria are satisfied by it”(Q 个准则被满足), 这里 Q 是以 X 为论域的直觉量词 (比如 “几乎所有”), “最佳方案” 指的是该方案满足度越高越好、不满足度越低越好、犹豫部分越低越好. 若用 $\varphi(x)$ 表示 “the criteria x is satisfied”(准则 x 被满足), 则上述问题可按以下步骤解决.

(1) 对每个 $s_j\in S$, 计算

$$D(s_j)=T_{I_j}((Qx)\varphi(x))=\int_X^{(\mathrm{IuS})}s_{jx}\circ Q_X,$$

这里 I_j 是由 X 上的直觉模糊集 s_{jx} 给出的直觉解释

$$s_{jx}=\left\{\left(x_i,x_i(s_j)^{(1)},x_i(s_j)^{(2)}\right)\middle|i=1,\cdots,n\right\},$$

$D(s_j)$ 的两个分量分别表示 “Q of criteria are satisfied by s_j” 的满足度和不满足度.

(2) 对每个 $s_j\in S$, 计算 $D_j=D(s_j)^{(1)}-D(s_j)^{(2)}\cdot\pi_{D(s_j)}$, 这里

$$\pi_{D(s_j)}=1-D(s_j)^{(1)}-D(s_j)^{(2)}.$$

(3) 选出最佳方案 s_p 使得 $D_p=\max\{D_j|j=1,\cdots,m\}$.

下面利用上述方法讨论文献 [174, 175] 中关于选择空调系统的问题. 假设有三个候选的空调系统 $S=\{s_1,\ s_2,s_3\}$, 选择时要考虑三个准则 $X=\{x_1,\ x_2,x_3\}$, 这里 x_1, x_2,x_3 分别表示 “经济”“实用”“易操作”. 方案 $s_j(1\leqslant j\leqslant 3)$ 对准则的满足度和不满足度见表 4-6.

表 4-6 三个空调系统的性能

	s_1	s_2	s_3
x_1	(0.75, 0.10)	(0.80, 0.15)	(0.40, 0.45)
x_2	(0.60, 0.25)	(0.68, 0.20)	(0.75, 0.05)
x_3	(0.80, 0.20)	(0.45, 0.50)	(0.60, 0.30)

取 Q=“almost all”, 即对任一 $E\subseteq X$,

$$allmost\ all_X(E)=\left(\left(\frac{\mu(E)}{\mu(X)}\right)^2,\left(\frac{\mu(X-E)}{\mu(X)}\right)^2\right),$$

这里取 $\mu(E)$ 为 E 的基数. 于是

$$D(s_1) = \int_X^{(\mathrm{IuS})} s_{1x} \circ Q_X = \left(D(s_1)^{(1)}, D(s_1)^{(2)}\right),$$

其中 (依据定理 4.3.1)

$$\begin{aligned}
D(s_1)^{(1)} &= \bigvee_{i=1}^{3} \left(s_{1x}^{(1)}(x_i) \wedge Q^{(1)}(X_i^{(1)})\right) \\
&= \left[0.6 \wedge Q^{(1)}(\{x_2, x_1, x_3\})\right] \vee \left[0.75 \wedge Q^{(1)}(\{x_1, x_3\})\right] \vee \left[0.8 \wedge Q^{(1)}(\{x_3\})\right] \\
&= \left[0.6 \wedge \left(\frac{3}{3}\right)^2\right] \vee \left[0.75 \wedge \left(\frac{2}{3}\right)^2\right] \vee \left[0.8 \wedge \left(\frac{1}{3}\right)^2\right] \\
&= \max\left(0.6, \frac{4}{9}, \frac{1}{9}\right) \\
&= 0.6,
\end{aligned}$$

$$\begin{aligned}
D(s_1)^{(2)} &= \bigwedge_{i=1}^{3} \left(s_{1x}^{(2)}(x_i) \vee Q^{(2)}(X_i^{(2)})\right) \\
&= \left[0.25 \vee Q^{(2)}(\{x_2, x_3, x_1\})\right] \wedge \left[0.2 \vee Q^{(2)}(\{x_3, x_1\})\right] \wedge \left[0.1 \vee Q^{(2)}(\{x_1\})\right] \\
&= \left[0.25 \vee \left(\frac{0}{3}\right)^2\right] \wedge \left[0.2 \vee \left(\frac{1}{3}\right)^2\right] \wedge \left[0.1 \vee \left(\frac{2}{3}\right)^2\right] \\
&= \min\left(0.25, 0.2, \frac{4}{9}\right) \\
&= 0.2,
\end{aligned}$$

即

$$D(s_1) = \int_X^{(\mathrm{IuS})} s_{1x} \circ Q_X = (0.6, 0.2).$$

同理可得

$$D(s_2) = \int_X^{(\mathrm{IuS})} s_{2x} \circ Q_X = (0.45, 0.2),$$

$$D(s_3) = \int_X^{(\mathrm{IuS})} s_{3x} \circ Q_X = (0.44, 0.3).$$

从而,

$$D_1 = 0.6 - 0.2 \times (1 - 0.6 - 0.2) = 0.56,$$

$$D_2 = 0.45 - 0.2 \times (1 - 0.45 - 0.2) = 0.38,$$

$$D_3 = 0.44 - 0.3 \times (1 - 0.44 - 0.3) = 0.362.$$

所以 s_1 是最佳选择.

注: 前述步骤 (2) 中, 计算 $D_j = D(s_j)^{(1)} - D(s_j)^{(2)} \cdot \pi_{D(s_j)}$ 实际是为了比较直觉模糊数的大小, 决策时依据 D_j 的顺序选择最佳对象. 事实上, 比较直觉模糊数的大小有多种方法, 这里只是其中一种方法, 更多的方法及其合理性的讨论可参见文献 [176, 177]. 此外, 文献 [33, 35] 在计算上述例子中的 $D(s_j)^{(2)}$ 时出现错误, 这里已做了纠正.

4.4 使用区间直觉 Sugeno 积分处理模糊量词

本节用一族区间直觉模糊测度来表示区间直觉模糊量词, 将文献 [6] 中的语言量词模型推广到更广泛的情形之下.

关于区间直觉模糊测度和区间直觉 Sugeno 积分, 最早出现在文献 [178] 中, 本节内容的原始文献 [52, 145, 179] 沿用了这些概念. 需要注意的是, 文献 [180, 181] 虽然也表示 "引入" 了区间直觉模糊测度和区间直觉 Sugeno 积分等概念, 但明显晚于文献 [178]; 同时, 区间直觉模糊测度和区间直觉 Sugeno 积分可看成格值模糊测度和格值模糊积分的特例, 而后者最早出现于 1987 年发表的论文 [182]. 另外, 文献 [178](以及后来出版的著作 [100]) 研究了区间直觉 Sugeno 积分在多属性决策中的应用, 但没有涉及在模糊 (语言) 量词中的应用, 而本节重点论述如何应用区间直觉模糊测度和区间直觉 Sugeno 积分来处理模糊量词.

4.4.1 区间直觉模糊测度与区间直觉模糊 Sugeno 积分

1. 区间直觉模糊测度

定义 4.4.1[52,145] 设 X 是非空集合, $(X, \wp)$ 是可测空间. $(X, \wp)$ 上的区间直觉模糊值模糊测度 (简称区间直觉模糊测度) 是一个满足以下条件的映射 $\pi : \wp \to \boldsymbol{\mathcal{L}}^{(\mathbf{IvIu})}$:

(1) $\boldsymbol{\pi}(\varnothing) = \mathbf{0}^{(\mathbf{IvIu})} = ([0,0],[1,1])$;

(2) $\boldsymbol{\pi}(X) = \mathbf{1}^{(\mathbf{IvIu})} = ([1,1],[0,0])$;

(3) 若 $E, F \in \wp$ 且 $E \subseteq F$, 则 $\pi(E) \preccurlyeq \pi(F)$.

注: 上述定义比文献 [178] 中原始定义的条件弱, 去掉了原定义中后两个条件.

为了简便起见, 我们主要考虑特殊的可测空间 $(X, \wp)$, 其中 $\wp = 2^X$.

在以下的内容中, 我们使用以下记号.

(1) 如果 f: $X \to [0,1]$ 是从 X 到 [0, 1] 的映射, 则 $\overline{f}$ 被定义为: 对于任一 $x \in X$, $\overline{f}(x) = 1 - f(x)$; 如果 π 是可测空间 $(X, \wp)$ 上的模糊测度, 则对于任一 $E \in \wp$, $\overline{\pi}(E) = 1 - \pi(E)$.

(2) 如果 $f=(f^{(1)},f^{(2)}):X\to\boldsymbol{\mathcal{L}}^{(\mathbf{Iu})}$ 是一个直觉模糊值映射 (注意, 本书没有使用符号 $\tilde{f}$, 读者可以根据上下文来自行区别 "直觉模糊值映射 f" 与 "取值于 [0, 1] 的函数 f"), 则 $\overline{f}=(f^{(2)},f^{(1)})$; 如果 $m=(m^{(1)},\ m^{(2)})$ 是一个直觉模糊测度, 则 $\overline{m}=(\ m^{(2)},m^{(1)})$.

(3) 如果 $f=([f^{(1)},f^{(2)}],[f^{(3)},f^{(4)}]):\wp\to\boldsymbol{\mathcal{L}}^{(\mathbf{IvIu})}$ 是一个区间直觉模糊值映射, 则 $\overline{f}=(\ [f^{(3)},f^{(4)}],[f^{(1)},f^{(2)}])$; 如果 $\pi=([\pi^{(1)},\ \pi^{(2)}],[\pi^{(3)},\pi^{(4)}):X\to\boldsymbol{\mathcal{L}}^{(\mathbf{IvIu})}$ 是一个区间直觉模糊测度, 则 $\overline{\pi}=(\ [\pi^{(3)},\pi^{(4)}],[\pi^{(1)},\pi^{(2)}])$.

(4) 如果 $a\in[0,1]$, 则 $\overline{a}=1-a$; 如果 $a=(a_1,\ a_2)$, 则 $\overline{a}=(a_2,a_1)$; 如果 $a=[(a_1,\ a_2),\ (a_3,a_4)]$, 则 $\overline{a}=[(a_3,a_4),(a_1,a_2)]$.

对于任一可测空间 $(X,\wp)$, 我们把 $(X,\wp)$ 上的所有区间直觉模糊值模糊测度的集合记为 IVIFM$(X,\wp)$.

定义 4.4.2 设 $(X,\wp)$ 是可测空间, $f:\wp\to\boldsymbol{\mathcal{L}}^{(\mathbf{IvIu})}$ 是一个区间直觉模糊值映射. 如果 $\forall\alpha\in\boldsymbol{\mathcal{L}}^{(\mathbf{IvIu})}$ 有

$$f_{\preccurlyeq\alpha}=\{x\in X:f(x)\preccurlyeq\alpha\}\in\wp,\quad f_{\succcurlyeq\alpha}=\{x\in X:f(x)\succcurlyeq\alpha\}\in\wp,$$

则函数 f 被称为 $\wp$-可测的.

下面的命题将区间直觉模糊值映射的可测性简化为其分量的可测性.

命题 4.4.1 如果 $\wp$ 是论域 X 上的 Borel 域, $f:X\to\boldsymbol{\mathcal{L}}^{(\mathbf{IvIu})}$ 是一个区间直觉模糊值映射, $f(x)=([f^{(1)}(x),f^{(2)}(x)],\ [f^{(3)}(x),f^{(4)}(x)])$, $\forall x\in X$, 则区间直觉模糊值函数 f 是 $\wp$-可测的当且仅当 $f^{(1)}(x)$, $f^{(2)}(x)$, $f^{(3)}(x)$, $f^{(4)}(x)$ 都是 $\wp$-可测的.

上述结论的证明, 可参阅文献 [178] 中的定理 1 或 [100] 中的定理 10.6.

2. 区间直觉模糊积分

下面给出区间直觉模糊值映射在分明集合上关于区间直觉模糊测度的 Sugeno 积分的定义.

定义 4.4.3 如果 $(X,\wp)$ 是可测空间, $\pi:X\to\boldsymbol{\mathcal{L}}^{(\mathbf{IvIu})}$ 是一个区间直觉模糊测度, f: $X\to\boldsymbol{\mathcal{L}}^{(\mathbf{IvIu})}$ 是一个区间直觉模糊值映射, 则 f 在 $X\in\wp$ 上的区间直觉模糊 Sugeno 积分定义为

$$\int_X^{(\mathrm{IvIuS})}f\circ\pi=\bigvee_{\alpha\in\mathcal{L}^{(\mathbf{IvIu})}}(\alpha\wedge\pi(f_{\succcurlyeq\alpha})),$$

其中对每一个 $\alpha\in\boldsymbol{\mathcal{L}}^{(\mathbf{IvIu})}$ 都有 $f_{\succcurlyeq\alpha}=\{x\in X:f(x)\succcurlyeq\alpha\}$.

命题 4.4.2[178] 如果 $(X,\wp)$ 是可测空间, $\pi:X\to\boldsymbol{\mathcal{L}}^{(\mathbf{IvIu})}$, $\pi=([\pi^{(1)},\ \pi^{(2)}],[\pi^{(3)},\pi^{(4)}])$ 是一个区间直觉模糊测度, f: $X\to\boldsymbol{\mathcal{L}}^{(\mathbf{IvIu})}$, $f=([f^{(1)},f^{(2)}],[f^{(3)},f^{(4)}])$

是一个区间直觉模糊值映射, 则

$$\int_X^{(\mathrm{IvIuS})} f\circ\pi = \left(\left[\bigvee_{\alpha_1\in[0,1]}(\alpha_1\wedge\pi^{(1)}(f^{(1)}_{\geqslant\alpha_1})),\ \bigvee_{\alpha_2\in[0,1]}(\alpha_2\wedge\pi^{(2)}(f^{(2)}_{\geqslant\alpha_2}))\right],\right.$$
$$\left.\left[\bigwedge_{\alpha_3\in[0,1]}(\alpha_3\vee\pi^{(3)}(f^{(3)}_{<\alpha_3})),\ \bigwedge_{\alpha_4\in[0,1]}(\alpha_4\vee\pi^{(4)}(f^{(4)}_{<\alpha_4}))\right]\right),$$

其中

$$f^{(1)}_{\geqslant\alpha_1}=\{x\in X: f^{(1)}(x)\geqslant\alpha_1\},\quad f^{(2)}_{\geqslant\alpha_2}=\{x\in X: f^{(2)}(x)\geqslant\alpha_2\},$$
$$f^{(3)}_{<\alpha_3}=\{x\in X: f^{(3)}(x)<\alpha_3\},\quad f^{(4)}_{<\alpha_4}=\{x\in X: f^{(4)}(x)<\alpha_4\}.$$

从上面的定理可知, 区间直觉模糊值映射 $f=([f^{(1)},f^{(2)}],\ [f^{(3)},f^{(4)}])$ 的区间直觉 Sugeno 积分可以用它的分量 $f^{(1)},f^{(2)}$, $f^{(3)}$ 和 $f^{(4)}$ 的 Sugeno 积分来表示.

命题 4.4.3 如果 $\pi: X\to\mathcal{L}^{(\mathbf{IvIu})}$, $\pi=([\pi^{(1)},\pi^{(2)}],[\pi^{(3)},\pi^{(4)}])$ 是一个区间直觉模糊值模糊测度, $f: X\to\mathcal{L}^{(\mathbf{IvIu})}$, $f=([f^{(1)},f^{(2)}],\ [f^{(3)},f^{(4)}])$ 是一个区间直觉模糊值映射, 则

$$\int_X^{(\mathrm{IvIuS})} f\circ\pi=\left(\left[\int_X f^{(1)}\circ\pi^{(1)},\int_X f^{(2)}\circ\pi^{(2)}\right],\left[\overline{\int_X \overline{f^{(3)}}\circ\overline{\pi^{(3)}}},\ \overline{\int_X \overline{f^{(4)}}\circ\overline{\pi^{(4)}}}\right]\right),$$

其中 $\int_X$ 表示普通 Sugeno 积分.

上述结论的证明, 可参阅文献 [178] 中的定理 3 或 [100] 中的定理 10.7.

定理 4.4.1 设 $(X,\wp)$ 是可测空间, $\pi,\pi_1,\pi_2:\wp\to\mathcal{L}^{(\mathbf{IvIu})}$ 是区间直觉模糊值模糊测度, $f: X\to\mathcal{L}^{(\mathbf{IvIu})}$ 是一个 $\wp$-可测的区间直觉模糊值映射.

(1) 如果 $\pi_1\preccurlyeq\pi_2$, 即对所有的 $E\in\wp$ 有 $\pi_1(E)\preccurlyeq\pi_2(E)$, 则

$$\int_X^{(\mathrm{IvIuS})} f\circ\pi_1\preccurlyeq\int_X^{(\mathrm{IvIuS})} f\circ\pi_2.$$

(2) 如果 Borel 域 $\wp$ 是 X 的幂集 2^X, 则

$$\int_X^{(\mathrm{IvIuS})} f\circ\pi=\left(\left[\bigvee_{F\in 2^X}\left(\bigwedge_{x\in F}f^{(1)}(x)\wedge\pi^{(1)}(F)\right),\ \bigvee_{F\in 2^X}\left(\bigwedge_{x\in F}f^{(2)}(x)\wedge\pi^{(2)}(F)\right)\right],\right.$$
$$\left.\left[\bigwedge_{F\in 2^X}\left(\bigvee_{x\in F}f^{(3)}(x)\vee\pi^{(3)}(F)\right),\ \bigwedge_{F\in 2^X}\left(\bigvee_{x\in F}f^{(4)}(x)\vee\pi^{(4)}(F)\right)\right]\right).$$

(3) 设 $\alpha\in\mathcal{L}^{(\mathbf{IvIu})}$, 则

$$\int_X^{(\mathrm{IvIuS})}(\alpha\vee f)\circ\pi=\alpha\vee\int_X^{(\mathrm{IvIuS})} f\circ\pi,$$

$$\int_X^{(\mathrm{IvIuS})} (\alpha \wedge f) \circ \pi = \alpha \wedge \int_X^{(\mathrm{IvIuS})} f \circ \pi.$$

(4) 如果 $X = \{x_1, \cdots, x_n\}$ 是一个有限集合, 则

$$\int_X^{(\mathrm{IvIuS})} f \circ \pi = \left(\left[\bigvee_{i=1}^{n}(f^{(1)}(x_i^{(1)}) \wedge \pi^{(1)}(X_i^{(1)})),\ \bigvee_{i=1}^{n}(f^{(2)}(x_i^{(2)}) \wedge \pi^{(2)}(X_i^{(2)}))\right],\right.$$
$$\left.\left[\bigwedge_{i=1}^{n}(f^{(3)}(x_i^{(3)}) \vee \pi^{(3)}(X_i^{(3)})), \bigwedge_{i=1}^{n}(f^{(4)}(x_i^{(4)}) \vee \pi^{(4)}(X_i^{(4)}))\right]\right),$$

其中 $f^{(m)} : X \to [0,\ 1]$ 满足 $f^{(m)}(x_i^{(m)}) \leqslant f^{(m)}(x_{i+1}^{(m)})(1 \leqslant i \leqslant n-1), X_i^{(m)} = \{x_i^{(m)},\ x_{i+1}^{(m)}, \cdots, x_n^{(m)}\}, \{x_1^{(m)}, x_2^{(m)}, \cdots, x_n^{(m)}\}$ 是 $\{x_1, x_2, \cdots, x_n\}$ 的排列 (根据其在 $f^{(m)}$ 之下的函数值重新排序), $m = 1, 2; f^{(m)} : X \to [0,\ 1]$ 满足 $f^{(m)}(x_i^{(m)}) \geqslant f^{(m)}(x_{i+1}^{(m)})(1 \leqslant i \leqslant n-1), X_i^{(m)} = \{x_i^{(m)}, x_{i+1}^{(m)}, \cdots, x_n^{(m)}\}, \{x_1^{(m)}, x_2^{(m)}, \cdots, x_n^{(m)}\}$ 是 $\{x_1, x_2, \cdots, x_n\}$ 的排列, $m = 3, 4$.

证明 (1) 可由定义 4.4.3 直接得到.

(2) 由命题 4.4.3 及定理 2.4.5 知, 只需证明

$$\overline{\int_X^{(\mathrm{IvIuS})} \overline{f^{(i)}} \circ \overline{\pi^{(i)}}} = \bigwedge_{F \in 2^X} \left(\bigvee_{x \in F} f^{(i)}(x) \vee \pi^{(i)}(F)\right), \quad i = 3, 4.$$

实际上, 当 $i = 3, 4$ 时, 由定理 2.4.5 可得

$$\begin{aligned}\overline{\int_X^{(\mathrm{IvIuS})} \overline{f^{(i)}} \circ \overline{\pi^{(i)}}} &= \overline{\bigvee_{F \in 2^X} [(\bigwedge_{x \in F} \overline{f^{(i)}}(x)) \wedge \overline{\pi^{(i)}}(F)]} \\ &= 1 - \bigvee_{F \in 2^X} [\bigwedge_{x \in F}(1 - f^{(i)}(x)) \wedge (1 - \pi^{(i)}(F))] \\ &= 1 - \bigvee_{F \in 2^X} [(1 - \textstyle\bigvee_{x \in F} f^{(i)}(x)) \wedge (1 - \pi^{(i)}(F))] \\ &= \bigwedge_{F \in 2^X} (\bigvee_{x \in F} f^{(i)}(x) \vee \pi^{(i)}(F)).\end{aligned}$$

(3) 对于第一个式子, 只需证明

$$\overline{\int_X^{(\mathrm{IvIuS})} \overline{\alpha_i \vee f^{(i)}} \circ \overline{\pi^{(i)}}} = \alpha_i \vee \overline{\int_X^{(\mathrm{IvIuS})} \overline{f^{(i)}} \circ \overline{\pi^{(i)}}}, \quad i = 3, 4.$$

事实上, 当 $i = 3, 4$ 时有

$$\overline{\int_X^{(\mathrm{IvIuS})} \overline{\alpha_i \vee f^{(i)}} \circ \overline{\pi^{(i)}}} = 1 - \int_X^{(\mathrm{IvIuS})} (1 - \alpha_i) \wedge \overline{f^{(i)}} \circ \overline{\pi^{(i)}}$$

$$
\begin{aligned}
&=1-(1-\alpha_i)\wedge\int_X^{(\mathrm{IvIuS})}\overline{f^{(i)}}\circ\overline{\pi^{(i)}}\\
&=\alpha_i\vee\overline{\int_X^{(\mathrm{IvIuS})}\overline{f^{(i)}}\circ\overline{\pi^{(i)}}}.
\end{aligned}
$$

同理可证 $\int_X^{(\mathrm{IvIuS})}(\alpha\wedge f)\circ\pi=\alpha\wedge\int_X^{(\mathrm{IvIuS})}f\circ\pi$.

(4) 只需证明

$$
\overline{\int_X^{(\mathrm{IvIuS})}\overline{f^{(j)}}\circ\overline{\pi^{(j)}}}=\bigwedge_{i=1}^{n}(f^{(j)}(x_i^{(j)})\vee\pi^{(j)}(X_i^{(j)})),\quad j=3,4.
$$

其中 $f^{(j)}(x_i^{(j)})$ 呈降序排列 ($1\leqslant i\leqslant n$). 实际上, 当 $j=3,4$ 时, 由定理 2.4.5 可得

$$
\begin{aligned}
\overline{\int_X^{(\mathrm{IvIuS})}\overline{f^{(j)}}\circ\overline{\pi^{(j)}}}&=\overline{\bigvee_{i=1}^{n}[\overline{f^{(j)}}(x_i^{(j)})\wedge\overline{\pi^{(j)}}(X_i^{(j)})]}\\
&=\overline{\bigvee_{i=1}^{n}[(1-f^{(j)}(x_i^{(j)}))\wedge(1-\pi^{(j)}(X_i^{(j)}))]}\\
&=\bigwedge_{i=1}^{n}(f^{(j)}(x_i^{(j)})\vee\pi^{(j)}(X_i^{(j)})),
\end{aligned}
$$

其中 $\overline{f^{(j)}(x_i^{(j)})}$ 呈升序排列, $f^{(j)}(x_i^{(j)})$ 呈降序排列.

4.4.2 区间直觉模糊量词及一阶逻辑语言 $\mathbf{L_q^{(IvIuS)}}$

1. 区间直觉模糊量词

定义 4.4.4 区间直觉模糊量词有以下两项构成:

(1) 对于任一非空集 X, 有 X 上的 Borel 域 $\wp_X$;

(2) 真类 {IVIFM $(X,\wp_X)$: $(X,\wp_X)$ 是可测空间}的选择函数

$$
Q:(X,\wp_X)\to Q_{(X,\wp_X)}\in\mathrm{IVIFM}(X,\wp_X).
$$

其中 $\mathrm{IVIFM}(X,\wp_X)$ 表示 $(X,\wp_X)$ 上所有区间直觉模糊测度的集合.

为了解释上面的定义, 下面给出一些区间直觉模糊量词的例子.

例 4.4.1 最简单的区间直觉模糊量词是区间直觉全称量词 $\forall=$“all” 和区间直觉存在量词 $\exists=$“some”, 它们的定义分别如下: 对任一集合 X 和任一 $E\subseteq X$,

$$
\forall_X(E)=\begin{cases}([1,1],\ [0,0]), & E=X,\\ ([0,0],\ [1,1]), & \text{否则}.\end{cases}
$$

$$\exists_X(E)=\begin{cases}([1,1],\ [0,0]), & E\neq\varnothing,\\ ([0,0],\ [1,1]), & \text{否则}.\end{cases}$$

例 4.4.2　设 X 为一非空有限集合, 对于任一 $E\subseteq X$, 区间直觉模糊量词 $Q=$"many" 定义为

$$many_X(E)=\left(\left[0.9\frac{\mu(E)}{\mu(X)},\ \frac{\mu(E)}{\mu(X)}\right],\ \left[0.85\frac{\mu(X-E)}{\mu(X)},\ \frac{\mu(X-E)}{\mu(X)}\right]\right).$$

区间直觉模糊量词 "almost all" 可定义为 (其中 $\mu(E)$ 是 E 的基数)

$$\begin{aligned}&almost\ all_X(E)\\ =&\left(\left[0.80\left(\frac{\mu(E)}{\mu(X)}\right)^2,0.90\left(\frac{\mu(E)}{\mu(X)}\right)^2\right],\left[0.05\left(\frac{\mu(E)}{\mu(X)}\right)^2,0.10\left(\frac{\mu(E)}{\mu(X)}\right)^2\right]\right).\end{aligned}$$

区间直觉模糊量词 $Q=$"almost all" 也可以定义为

$$\begin{aligned}&almost\ all_X(E)\\ =&\left(\left[0.9\left(\frac{\mu(E)}{\mu(X)}\right)^2,\left(\frac{\mu(E)}{\mu(X)}\right)^2\right],\left[0.9\left(\frac{\mu(X-E)}{\mu(X)}\right)^2,\left(\frac{\mu(X-E)}{\mu(X)}\right)^2\right]\right).\end{aligned}$$

其中 $\mu(E)$ 是 E 的基数.

定义 4.4.5　设 Q, Q_1, Q_2 是区间直觉模糊量词, 则 Q 的对偶 Q^*, Q_1 与 Q_2 的交 $Q_1\sqcap Q_2$ 和并 $Q_1\sqcap Q_2$ 分别定义如下: 对于任一非空集合 X 和任一 $E\in\wp_X$,

$$\begin{aligned}Q^*_X(E)&\overset{\textbf{def}}{=}\overline{Q_X(X-E)}\\ &=([Q^{(3)}_X(X-E),Q^{(4)}_X(X-E)],\ [Q^{(1)}_X(X-E),Q^{(2)}_X(X-E)]);\end{aligned}$$

$$\begin{aligned}(Q_1\sqcap Q_2)_X(E)&\overset{\textbf{def}}{=}Q_{1X}(E)\wedge Q_{2X}(E)\\ &=([Q^{(1)}_{1X}(E)\wedge Q^{(1)}_{2X}(E),Q^{(2)}_{1X}(E)\wedge Q^{(2)}_{2X}(E)],\\ &\quad\ [Q^{(3)}_{1X}(E)\vee Q^{(3)}_{2X}(E),Q^{(4)}_{1X}(E)\vee Q^{(4)}_{2X}(E)]);\end{aligned}$$

$$\begin{aligned}(Q_1\sqcup Q_2)_X(E)&\overset{\textbf{def}}{=}Q_{1X}(E)\vee Q_{2X}(E)\\ &=([Q^{(1)}_{1X}(E)\vee Q^{(1)}_{2X}(E),\ Q^{(2)}_{1X}(E)\vee Q^{(2)}_{2X}(E)],\\ &\quad\ [Q^{(3)}_{1X}(E_1)\wedge Q^{(3)}_{2X}(E_1),\ Q^{(4)}_{1X}(E_2)\wedge Q^{(4)}_{2X}(E_2)]).\end{aligned}$$

2. 一阶逻辑语言 $\mathbf{L}_{\mathbf{q}}^{(\mathbf{IvIuS})}$

$\mathbf{L}_{\mathbf{q}}^{(\mathbf{IvIuS})}$ 的字母表的定义与定义 4.1.6 相同.

定义 4.4.6 合式公式集 (简记为 Wff) 是满足下列条件的最小符号集:

(1) 如果 $n \geqslant 0$, $P \in \mathbf{P}_n$, 且 $x_1, \cdots, x_n$ 是个体变元, 则 $P(x_1, \cdots, x_n) \in$Wff;

(2) 如果 Q 是区间直觉模糊量词, x 是个体变元, $\varphi \in$Wff, 则 $(Qx)\varphi \in$Wff;

(3) 如果 φ, φ_1, $\varphi_2 \in$Wff, 则 $\neg\varphi$, $\varphi_1 \wedge \varphi_2 \in$Wff.

下面的两个定义给出了语言 $\mathbf{L}_{\mathbf{q}}^{(\mathbf{IvIuS})}$ 的语义.

定义 4.4.7 语言 $\mathbf{L}_{\mathbf{q}}^{(\mathbf{IvIuS})}$ 的区间直觉解释 I 由以下各项构成:

(1) 可测空间 $(X, \wp)$, 称为 I 的论域;

(2) 对于每一个 $n \geqslant 0$, 有与个体变元相对应的 X 中的元素 x_i^I;

(3) 对于每一个 $n \geqslant 0$ 和任一 $P \in \mathbf{P}_n$, 有 $\wp^n$-可测的区间直觉模糊值函数 $P^I: X^n \to \mathcal{L}^{(\mathbf{IvIu})}$.

定义 4.4.8 设 I 是一个区间直觉解释, 则公式 φ 在解释 I 下的区间直觉真值 $T_I(\varphi)$ 递归定义如下:

(1) 如果 $\varphi = P(x_1, \cdots, x_n)$, 则 $T_I(\varphi) = P^I(x_1^I, \cdots, x_n^I)$.

(2) 如果 $\varphi = (Qx)\psi$, 则

$$\begin{aligned}T_I(\varphi) &= \int_X^{(\mathrm{IvIuS})} T_{I\{./x\}}(\psi) \circ Q_X \\ &= \left(\left[\int_X^{(\mathrm{IvIuS})} T_{I\{./x\}}(\psi)^{(1)} \circ Q_X^{(1)}, \int_X^{(\mathrm{IvIuS})} T_{I\{./x\}}(\psi)^{(2)} \circ Q_X^{(2)}\right],\right. \\ &\quad \left.\left[\overline{\int_X^{(\mathrm{IvIuS})} \overline{T_{I\{./x\}}(\psi)^{(3)}} \circ \overline{Q_X^{(3)}}}, \overline{\int_X^{(\mathrm{IvIuS})} \overline{T_{I\{./x\}}(\psi)^{(4)}} \circ \overline{Q_X^{(4)}}}\right]\right),\end{aligned}$$

其中 X 是解释 I 的论域, $T_{I\{\cdot/x\}}(\psi)$: $X \to [0, 1]$ 是满足以下条件的一个区间直觉模糊值映射:

$$T_{I\{./x\}}(\psi)(u) = T_{I\{u/x\}}(\varphi), \quad \forall u \in X,$$

且 $I\{u/x\}$ 是仅对个体变元 x 的指派不同于 I 的一个区间直觉解释, 即对所有的 $y \neq x$, 有 $y^{I\{u/x\}} = y^I$ 而 $x^{I\{u/x\}} = u$.

(3) 如果 $\varphi = \neg\psi$, 则

$$T_I(\varphi) = \overline{T_I(\psi)} = ([T_I(\psi)^{(3)}, T_I(\psi)^{(4)}],\ [T_I(\psi)^{(1)}, T_I(\psi)^{(2)}]).$$

(4) 如果 $\varphi = \varphi_1 \wedge \varphi_2$, 则

$$T_I(\varphi) = T_I(\varphi_1) \wedge T_I(\varphi_2)$$

$$\begin{aligned}&=([T_I(\varphi_1)^{(1)}\wedge T_I(\varphi_2)^{(1)},\ T_I(\varphi_1)^{(2)}\wedge T_I(\varphi_2)^{(2)}],\\&\quad[T_I(\varphi_1)^{(3)}\vee T_I(\varphi_2)^{(3)},\ T_I(\varphi_1)^{(4)}\vee T_I(\varphi_2)^{(4)}]),\end{aligned}$$

如果 $\varphi=\varphi_1\vee\varphi_2$, 则

$$\begin{aligned}T_I(\varphi)=&T_I(\varphi_1)\vee T_I(\varphi_2)\\=&([T_I(\varphi_1)^{(1)}\vee T_I(\varphi_2)^{(1)},\ T_I(\varphi_1)^{(2)}\vee T_I(\varphi_2)^{(2)}],\\&[T_I(\varphi_1)^{(3)}\wedge T_I(\varphi_2)^{(3)},\ T_I(\varphi_1)^{(4)}\wedge T_I(\varphi_2)^{(4)}]).\end{aligned}$$

3. 逻辑语言 $\mathrm{L}_{\mathrm{q}}^{(\mathbf{IvIuS})}$ 的逻辑性质

引理 4.4.1 设 $(X,\wp)$ 是可测空间, $\pi:\wp\to\mathcal{L}^{(\mathbf{IvIu})}$ 是区间直觉模糊值模糊测度, $f:X\to\mathcal{L}^{(\mathbf{IvIu})}$ 是一个 $\wp$ -可测的区间直觉模糊值映射. 如果 Borel 域 $\wp$ 是 X 的幂集 2^X, 则

$$\int_X^{(\mathrm{IvIuS})} f\circ\pi=\bigvee_{F\in 2^X}(\bigwedge_{x\in F}f(x)\wedge\pi(F)),$$

其中 $\vee,\wedge$ 是 $\mathcal{L}^{(\mathbf{IvIu})}$ 中的格运算.

上述引理是命题 4.4.2 与定理 2.4.4 的直接推论.

命题 4.4.4[179] 设 Q 是区间直觉模糊量词, x 是个体变元, $\varphi\in$Wff. 则对于任一区间直觉解释 I(论域为 X), 有

$$T_I((\forall x)\varphi)=\bigwedge_{u\in X}T_{I\{u/x\}}(\varphi),\quad T_I((\exists x)\varphi)=\bigvee_{u\in X}T_{I\{u/x\}}(\varphi).$$

证明 对于任一区间直觉解释 I, 由定义 4.4.8(2) 及引理 4.4.1 得

$$\begin{aligned}T_I((\forall x)\varphi)&=\int^{(\mathrm{IvIuS})}T_{I\{./x\}}(\varphi)\circ\forall_X\\&=\bigvee_{F\subseteq X}[(\bigwedge_{u\in F}T_{I\{u/x\}}(\varphi))\wedge\forall_X(F)]\\&=\mathbf{0}^{(\mathbf{IvIu})}\vee[(\bigwedge_{u\in X}T_{I\{u/x\}}(\varphi))\wedge\mathbf{1}^{(\mathbf{IvIu})}]\\&=\bigwedge_{u\in X}T_{I\{u/x\}}(\varphi).\end{aligned}$$

同理可证 $T_I((\exists x)\varphi)=\bigvee_{u\in X}T_{I\{u/x\}}(\varphi)$.

注: 文献 [52, 145] 对上述命题的证明是不严格的, 我们在文献 [179] 中通过增加引理 4.4.1 修正了证明过程 (即前述证明).

命题 4.4.5 对于任一区间直觉量词 Q 和任一 $\varphi\in$Wff, 如果 I 是论域 $X=\{u\}$ 上的区间直觉解释, 则 $T_I((Qx)\varphi)=T_I(\varphi)$.

证明 对于任一区间直觉量词 Q 和任一 $\varphi\in$Wff, 由定义 4.4.8(2) 及引理 4.4.1 得

$$
\begin{aligned}
T_I((Qx)\varphi) &= \int^{(\mathrm{IvIuS})} T_{I\{./x\}}(\varphi)\circ Q_X\\
&= \bigvee_{F\subseteq X}[(\bigwedge_{u\in F} T_{I\{u/x\}}(\varphi))\wedge Q_X(F)]\\
&=[(\bigwedge_{u\in\varnothing} T_{I\{u/x\}}(\varphi))\wedge Q_X(\varnothing)]\vee[T_{I\{u/x\}}(\varphi)\wedge Q_X(\{u\})]\\
&=[(\bigwedge_{u\in\varnothing} T_{I\{u/x\}}(\varphi))\wedge \mathbf{0}^{(\mathrm{IvIu})}]\vee[T_{I\{u/x\}}(\varphi)\wedge \mathbf{1}^{(\mathrm{IvIu})}]\\
&=\mathbf{0}^{(\mathbf{IvIu})}\vee T_{I\{u/x\}}(\varphi)\\
&=T_{I\{u/x\}}(\varphi)\\
&=T_I(\varphi).
\end{aligned}
$$

引理 4.4.2 设 $(X,\wp)$ 是可测空间, $\pi:\wp\to[0,1]$ 是模糊测度, $f:X\to[0,1]$ 是一个 $\wp$-可测映射. 如果 Borel 域 $\wp$ 是 X 的幂集 2^X, 则

$$
\int_X f\circ\pi=\bigvee_{\alpha\in[0,1]}(\alpha\wedge\pi(f_{\geqslant\alpha}))=\bigwedge_{\alpha\in[0,1]}(\alpha\vee\pi(f_{>\alpha})).
$$

上述引理是文献 [182] 中 **Theorem 3.1** 的直接推论, 也可参见文献 [162] 中的 Note 1.2.2.

命题 4.4.6[179] 对于任一区间直觉量词 Q 和任一 $\varphi\in$Wff, 有

$$
\neg(Qx)\varphi=(Q^*x)\neg\varphi,
$$

其中 Q^* 是 Q 的对偶.

证明 首先对于任一区间直觉量词 Q 和任一 $\varphi\in$Wff, 证明

$$
\int_X^{(\mathrm{IvIuS})} f\circ\pi^*=\overline{\int_X^{(\mathrm{IvIuS})}\overline{f}\circ\pi}.
$$

事实上, 由定义 4.4.8(2) 及引理 4.4.1 得

$$
\begin{aligned}
\int_X^{(\mathrm{IvIuS})} f\circ\pi^* =&\Bigg(\Bigg[\bigvee_{\alpha\in[0,1]}[\alpha\wedge\pi^{*(1)}(f^{(1)}_{\geqslant\alpha})],\bigvee_{\alpha\in[0,1]}[\alpha\wedge\pi^{*(2)}(f^{(2)}_{\geqslant\alpha})]\Bigg],\\
&\Bigg[\bigwedge_{\alpha\in[0,1]}[\alpha\vee\pi^{*(3)}(f^{(3)}_{<\alpha})],\bigwedge_{\alpha\in[0,1]}[\alpha\vee\pi^{*(4)}(f^{(4)}_{<\alpha})]\Bigg]\Bigg)
\end{aligned}
$$

$$=\left(\left[\bigvee_{\alpha\in[0,1]}[\alpha\wedge\pi^{(3)}(f^{(1)}_{<\alpha})],\ \bigvee_{\alpha\in[0,1]}[\alpha\wedge\pi^{(4)}(f^{(2)}_{<\alpha})]\right],\right.$$
$$\left.\left[\bigwedge_{\alpha\in[0,1]}[\alpha\vee\pi^{(1)}(f^{(3)}_{\geqslant\alpha})],\ \bigwedge_{\alpha\in[0,1]}[\alpha\vee\pi^{(2)}(f^{(4)}_{\geqslant\alpha})]\right]\right).$$

又,

$$\overline{\int_X^{(\mathrm{IvIuS})}\overline{f}\circ\pi}=\overline{\int_X^{(\mathrm{IvIuS})}([f^{(3)},f^{(4)}],[f^{(1)},f^{(2)}])\circ\pi}$$
$$=\overline{([\bigvee_{\alpha\in[0,1]}[\alpha\wedge\pi^{(1)}(f^{(3)}_{\geqslant\alpha})],\ \bigvee_{\alpha\in[0,1]}[\alpha\wedge\pi^{(2)}(f^{(4)}_{\geqslant\alpha})]],}$$
$$\overline{[\bigwedge_{\alpha\in[0,1]}[\alpha\bigvee\pi^{(3)}(f^{(1)}_{<\alpha})],\ \bigwedge_{\alpha\in[0,1]}[\alpha\vee\pi^{(4)}(f^{(2)}_{<\alpha})]])}$$
$$=([\bigwedge_{\alpha\in[0,1]}[\alpha\vee\pi^{(3)}(f^{(1)}_{<\alpha})],\ \bigwedge_{\alpha\in[0,1]}[\alpha\vee\pi^{(4)}(f^{(2)}_{<\alpha})]],$$
$$[\bigvee_{\alpha\in[0,1]}[\alpha\wedge\pi^{(1)}(f^{(3)}_{\geqslant\alpha})],\ \bigvee_{\alpha\in[0,1]}[\alpha\wedge\pi^{(2)}(f^{(4)}_{\geqslant\alpha})]]).$$

应用引理 4.4.2 得

$$\left(\left[\bigvee_{\alpha\in[0,1]}[\alpha\wedge\pi^{(3)}(f^{(1)}_{<\alpha})],\ \bigvee_{\alpha\in[0,1]}[\alpha\wedge\pi^{(4)}(f^{(2)}_{<\alpha})]\right],\right.$$
$$\left.\left[\bigwedge_{\alpha\in[0,1]}[\alpha\vee\pi^{(1)}(f^{(3)}_{\geqslant\alpha})],\ \bigwedge_{\alpha\in[0,1]}[\alpha\vee\pi^{(2)}(f^{(4)}_{\geqslant\alpha})]\right]\right)$$
$$=\left(\left[\bigwedge_{\alpha\in[0,1]}[\alpha\vee\pi^{(3)}(f^{(1)}_{<\alpha})],\ \bigwedge_{\alpha\in[0,1]}[\alpha\vee\pi^{(4)}(f^{(2)}_{<\alpha})]\right],\right.$$
$$\left.\left[\bigvee_{\alpha\in[0,1]}[\alpha\wedge\pi^{(1)}(f^{(3)}_{\geqslant\alpha})],\ \bigvee_{\alpha\in[0,1]}[\alpha\wedge\pi^{(2)}(f^{(4)}_{\geqslant\alpha})]\right]\right).$$

于是, $\int_X^{(\mathrm{IvIuS})}f\circ\pi^*=\overline{\int_X^{(\mathrm{IvIuS})}\overline{f}\circ\pi}$. 从而, 对于论域 X 上的任一区间直觉解释 I, 有

$$T_I((Q^*x)\neg\varphi)=\int_X^{(\mathrm{IvIuS})}T_{I\{./x\}}(\neg\varphi)\circ Q^*_X$$
$$=\overline{\int_X^{(\mathrm{IvIuS})}\overline{T_{I\{./x\}}(\neg\varphi)}\circ Q_X}$$
$$=\overline{\int_X^{(\mathrm{IvIuS})}T_{I\{./x\}}(\varphi)\circ Q_X}$$

$$
\begin{aligned}
&=\overline{T_I((Qx)\varphi)}\\
&=T_I((Qx)\varphi\wedge\psi).
\end{aligned}
$$

注: 文献 [52, 145] 对上述结论的证明是有问题的, 我们在文献 [179] 中做了修正 (即前述证明).

命题 4.4.7 对于任意区间直觉量词 Q 和任一 $\varphi,\psi\in$Wff, 如果个体变元 x 在 ψ 中不是自由的, 则

$$(Qx)\varphi\wedge\psi\equiv(Qx)(\varphi\wedge\psi),(Qx)\varphi\vee\psi\equiv(Qx)(\varphi\vee\psi).$$

证明 下面只证明第一个等价关系, 第二个等价关系同理可证.

对于任一区间直觉量词 Q 和任意 $\varphi,\psi\in$Wff. 因为 x 在 ψ 中不是自由的, 则对每一个 $u\in X$, 有 $T_{I\{u/x\}}(\psi)=T_I(\psi)$. 对于任一区间直觉解释 I, 有

$$
\begin{aligned}
T_I((Qx)(\varphi\wedge\psi))&=\int^{(\text{IvIuS})}T_{I\{u/x\}}(\varphi\wedge\psi)\circ Q_X\\
&=\int^{(\text{IvIuS})}\left(T_{I\{u/x\}}(\varphi)\wedge T_{I\{u/x\}}(\psi)\right)\circ Q_X\\
&=\int^{(\text{IvIuS})}\left(T_{I\{u/x\}}(\varphi)\wedge T_I(\psi)\right)\circ Q_X\\
&=\left(\int^{(\text{IvIuS})}T_{I\{u/x\}}(\varphi)\circ Q_X\right)\wedge T_I(\psi)\\
&=T_I((Qx)\varphi)\wedge T_I(\psi)\\
&=T_I((Qx)\varphi\wedge\psi),
\end{aligned}
$$

所以 $(Qx)\varphi\wedge\psi\equiv(Qx)(\varphi\wedge\psi)$.

命题 4.4.8 对于任意区间直觉量词 Q_1 和 Q_2, 个体变元 x, $\varphi\in$Wff, 则

(1) $((Q_1\sqcap Q_2)x)\varphi\equiv(Q_1x)\varphi\wedge(Q_2x)\varphi$;

(2) $((Q_1\sqcup Q_2)x)\varphi\equiv(Q_1x)\varphi\vee(Q_2x)\varphi$.

证明 (1) 对于论域 X 上的任一区间直觉解释 I, 有

$$T_I(((Q_1\sqcap Q_2)x)\varphi)\leqslant T_I((Q_1x)\varphi\wedge(Q_2x)\varphi).$$

反之, 有

$$
\begin{aligned}
&T_I((Q_1x)\varphi\wedge(Q_2x)\varphi)\\
=&\int_X^{(\text{IvIuS})}T_{I\{./x\}}(\varphi)\circ Q_{1X}\wedge\int_X^{(\text{IvIuS})}T_{I\{./x\}}(\varphi)\circ Q_{2X}
\end{aligned}
$$

$$
\begin{aligned}
&= \left(\bigvee_{\alpha}[\alpha \wedge Q_{1X}(T_{I\{./x\}}(\varphi)_{\geqslant\alpha})]\right) \wedge \left(\bigvee_{\beta}[\beta \wedge Q_{2X}(T_{I\{./x\}}(\varphi)_{\geqslant\beta})]\right)\\
&= \left(\left[\left(\bigvee_{\alpha_1}\left(\alpha_1 \wedge Q_{1X}^{(1)}(T_{I\{./x\}}(\varphi)^{(1)}_{\geqslant\alpha_1})\right)\right) \wedge \left(\bigvee_{\beta_1}\left(\beta_1 \wedge Q_{2X}^{(1)}(T_{I\{./x\}}(\varphi)^{(1)}_{\geqslant\beta_1})\right)\right),\right.\right.\\
&\quad \left.\left(\bigvee_{\alpha_2}\left(\alpha_2 \wedge Q_{1X}^{(2)}(T_{I\{./x\}}(\varphi)^{(2)}_{\geqslant\alpha_2})\right)\right) \wedge \left(\bigvee_{\beta_2}\left(\beta_2 \wedge Q_{2X}^{(2)}(T_{I\{./x\}}(\varphi)^{(2)}_{\geqslant\beta_2})\right)\right)\right],\\
&\quad \left[\left(\bigwedge_{\alpha_3}\left(\alpha_3 \vee Q_{1X}^{(3)}(T_{I\{./x\}}(\varphi)^{(3)}_{<\alpha_3})\right)\right) \vee \left(\bigwedge_{\beta_3}\left(\beta_3 \vee Q_{2X}^{(3)}(T_{I\{./x\}}(\varphi)^{(3)}_{<\beta_3})\right)\right),\right.\\
&\quad \left.\left(\bigwedge_{\alpha_4}\left(\alpha_4 \vee Q_{1X}^{(4)}(T_{I\{./x\}}(\varphi)^{(4)}_{<\alpha_4})\right)\right) \vee \left(\bigwedge_{\beta_4}\left(\beta_4 \vee Q_{2X}^{(4)}(T_{I\{./x\}}(\varphi)^{(4)}_{<\beta_4})\right)\right)\right]\\
&\leqslant ([\bigvee_{\alpha_1,\beta_1}(\alpha_1 \wedge \beta_1 \wedge Q_{1X}^{(1)}(T_{I\{./x\}}(\varphi)^{(1)}_{\geqslant\alpha_1}) \wedge Q_{2X}^{(1)}(T_{I\{./x\}}(\varphi)^{(1)}_{\geqslant\beta_1})),\\
&\quad \bigvee_{\alpha_2,\beta_2}(\alpha_2 \wedge \beta_2 \wedge Q_{1X}^{(2)}(T_{I\{./x\}}(\varphi)^{(2)}_{\geqslant\alpha_2}) \wedge Q_{2X}^{(2)}(T_{I\{./x\}}(\varphi)^{(2)}_{\geqslant\beta_2}))],\\
&\quad [\bigwedge_{\alpha_3,\beta_3}(\alpha_3 \vee \beta_3 \vee Q_{1X}^{(3)}(T_{I\{./x\}}(\varphi)^{(3)}_{<\alpha_3}) \vee Q_{2X}^{(3)}(T_{I\{./x\}}(\varphi)^{(3)}_{<\beta_3})),\\
&\quad \bigwedge_{\alpha_4,\beta_4}(\alpha_4 \vee \beta_4 \vee Q_{1X}^{(4)}(T_{I\{./x\}}(\varphi)^{(4)}_{<\alpha_4}) \vee Q_{2X}^{(4)}(T_{I\{./x\}}(\varphi)^{(4)}_{<\beta_4}))])\\
&\leqslant ([\bigvee_{\alpha_1,\beta_1}(\alpha_1 \wedge \beta_1 \wedge Q_{1X}^{(1)}(T_{I\{./x\}}(\varphi)^{(1)}_{\geqslant\alpha_1\wedge\beta_1}) \wedge Q_{2X}^{(1)}(T_{I\{./x\}}(\varphi)^{(1)}_{\geqslant\alpha_1\wedge\beta_1})),\\
&\quad \bigvee_{\alpha_2,\beta_2}(\alpha_2 \wedge \beta_2 \wedge Q_{1X}^{(2)}(T_{I\{./x\}}(\varphi)^{(2)}_{\geqslant\alpha_2\wedge\beta_2}) \wedge Q_{2X}^{(2)}(T_{I\{./x\}}(\varphi)^{(2)}_{\geqslant\alpha_2\wedge\beta_2}))],\\
&\quad [\bigwedge_{\alpha_3,\beta_3}(\alpha_3 \vee \beta_3 \vee Q_{1X}^{(3)}(T_{I\{./x\}}(\varphi)^{(3)}_{<\alpha_3\vee\beta_3}) \vee Q_{2X}^{(3)}(T_{I\{./x\}}(\varphi)^{(3)}_{<\alpha_3\vee\beta_3})),\\
&\quad \bigwedge_{\alpha_4,\beta_4}(\alpha_4 \vee \beta_4 \vee Q_{1X}^{(4)}(T_{I\{./x\}}(\varphi)^{(4)}_{<\alpha_4\vee\beta_4}) \vee Q_{2X}^{(4)}(T_{I\{./x\}}(\varphi)^{(4)}_{<\alpha_4\vee\beta_4}))])\\
&\leqslant ([\bigvee_{\gamma_1}(\gamma_1 \wedge Q_{1X}^{(1)}(T_{I\{./x\}}(\varphi)^{(1)}_{\geqslant\gamma_1}) \wedge Q_{2X}^{(1)}(T_{I\{./x\}}(\varphi)^{(1)}_{\geqslant\gamma_1})),\\
&\quad \bigvee_{\gamma_2}(\gamma_2 \wedge Q_{1X}^{(2)}(T_{I\{./x\}}(\varphi)^{(2)}_{\geqslant\gamma_2}) \wedge Q_{2X}^{(2)}(T_{I\{./x\}}(\varphi)^{(2)}_{\geqslant\gamma_2}))],\\
&\quad [\bigwedge_{\gamma_3}(\gamma_3 \vee Q_{1X}^{(3)}(T_{I\{./x\}}(\varphi)^{(3)}_{<\gamma_3}) \vee Q_{2X}^{(3)}(T_{I\{./x\}}(\varphi)^{(3)}_{<\gamma_3})),\\
&\quad \bigwedge_{\gamma_4}(\gamma_4 \vee Q_{1X}^{(4)}(T_{I\{./x\}}(\varphi)^{(4)}_{<\gamma_4}) \vee Q_{2X}^{(4)}(T_{I\{./x\}}(\varphi)^{(4)}_{<\gamma_4}))])
\end{aligned}
$$

$$
\begin{aligned}
&= \left(\left[\bigvee_{\gamma_1}(\gamma_1 \wedge (Q_1 \sqcap Q_2)_X^{(1)}(T_{I\{./x\}}(\varphi)_{\geqslant\gamma_1}^{(1)})), \bigvee_{\gamma_2}(\gamma_2 \wedge (Q_1 \sqcap Q_2)_X^{(2)}(T_{I\{./x\}}(\varphi)_{\geqslant\gamma_2}^{(2)}))\right],\right.\\
&\quad \left.\left[\bigwedge_{\gamma_3}(\gamma_3 \vee (Q_1 \sqcap Q_2)_X^{(3)}(T_{I\{./x\}}(\varphi)_{<\gamma_3}^{(3)})), \bigwedge_{\gamma_4}(\gamma_4 \vee (Q_1 \sqcap Q_2)_X^{(4)}(T_{I\{./x\}}(\varphi)_{<\gamma_4}^{(4)}))\right]\right)\\
&= \int_X^{(\mathrm{IvIuS})} T_{I\{./x\}}(\varphi) \circ (Q_1 \sqcap Q_2)_X\\
&= T_I(((Q_1 \sqcap Q_2)x)\varphi),
\end{aligned}
$$

其中 $\alpha, \beta, \alpha_i, \beta_i, \gamma_i \in [0,1]$, $i = 1, 2, 3, 4$.

(2) 对于论域 X 上的任一区间直觉解释 I, 有

$$
\begin{aligned}
&T_I(((Q_1 \sqcup Q_2)x)\varphi)\\
&= \int_X^{(\mathrm{IvIuS})} T_{I\{./x\}}(\varphi) \circ (Q_1 \sqcup Q_2)_X\\
&= ([\bigvee_{\alpha_1}(\alpha_1 \wedge (Q_1 \sqcup Q_2)^{(1)}(T_{I\{./x\}}(\varphi)_{\geqslant\alpha_1}^{(1)})), \bigvee_{\alpha_2}(\alpha_2 \wedge (Q_1 \sqcup Q_2)^{(2)}(T_{I\{./x\}}(\varphi)_{\geqslant\alpha_2}^{(2)}))],\\
&\quad [\bigwedge_{\alpha_3}(\alpha_3 \vee (Q_1 \sqcup Q_2)^{(3)}(T_{I\{./x\}}(\varphi)_{<\alpha_3}^{(3)})), \bigwedge_{\alpha_4}(\alpha_4 \vee (Q_1 \sqcup Q_2)^{(4)}(T_{I\{./x\}}(\varphi)_{<\alpha_4}^{(4)}))])\\
&= ([\bigvee_{\alpha_1}(\alpha_1 \wedge (Q_{1X}^{(1)}(T_{I\{./x\}}(\varphi)_{\geqslant\alpha_1}^{(1)}) \vee Q_{2X}^{(1)}(T_{I\{./x\}}(\varphi)_{\geqslant\alpha_1}^{(1)}))),\\
&\quad \bigvee_{\alpha_2}(\alpha_2 \wedge (Q_{1X}^{(2)}(T_{I\{./x\}}(\varphi)_{\geqslant\alpha_2}^{(2)}) \vee Q_{2X}^{(2)}(T_{I\{./x\}}(\varphi)_{\geqslant\alpha_2}^{(2)})))],\\
&\quad [\bigwedge_{\alpha_3}(\alpha_3 \vee (Q_{1X}^{(3)}(T_{I\{./x\}}(\varphi)_{<\alpha_3}^{(3)}) \wedge Q_{2X}^{(3)}(T_{I\{./x\}}(\varphi)_{<\alpha_3}^{(3)}))),\\
&\quad \bigwedge_{\alpha_4}(\alpha_4 \vee (Q_{1X}^{(4)}(T_{I\{./x\}}(\varphi)_{<\alpha_4}^{(4)}) \wedge Q_{2X}^{(4)}(T_{I\{./x\}}(\varphi)_{<\alpha_4}^{(4)})))])\\
&= ([\bigvee_{\alpha_1}(\alpha_1 \wedge (Q_{1X}^{(1)}(T_{I\{./x\}}(\varphi)_{\geqslant\alpha_1}^{(1)})) \vee \bigvee_{\alpha_1}(\alpha_1 \wedge Q_{2X}^{(1)}(T_{I\{./x\}}(\varphi)_{\geqslant\alpha_1}^{(1)})),\\
&\quad \bigvee_{\alpha_2}(\alpha_2 \wedge (Q_{1X}^{(2)}(T_{I\{./x\}}(\varphi)_{\geqslant\alpha_2}^{(2)})) \vee \bigvee_{\alpha_2}(\alpha_2 \wedge Q_{2X}^{(2)}(T_{I\{./x\}}(\varphi)_{\geqslant\alpha_2}^{(2)}))],\\
&\quad [\bigwedge_{\alpha_3}(\alpha_3 \vee (Q_{1X}^{(3)}(T_{I\{./x\}}(\varphi)_{<\alpha_3}^{(3)})) \wedge \bigwedge_{\alpha_3}(\alpha_3 \vee Q_{2X}^{(3)}(T_{I\{./x\}}(\varphi)_{<\alpha_3}^{(3)})),\\
&\quad \bigwedge_{\alpha_4}(\alpha_4 \vee (Q_{1X}^{(4)}(T_{I\{./x\}}(\varphi)_{<\alpha_4}^{(4)})) \wedge \bigwedge_{\alpha_4}(\alpha_4 \vee Q_{2X}^{(4)}(T_{I\{./x\}}(\varphi)_{<\alpha_4}^{(4)}))])\\
&= T_I((Q_1x)\varphi) \vee T_I((Q_2x)\varphi)\\
&= T_I((Q_1x)\varphi \vee (Q_2x)\varphi),
\end{aligned}
$$

其中 $\alpha_i \in [0,\ 1]$, $i = 1, 2, 3, 4$.

由命题 4.4.6—命题 4.4.8 所得到的结论可得以下定理.

定理 4.4.2(前束范式定理) 对于任一 $\varphi \in$Wff, 存在 $\phi \in$Wff, 使得

$$\varphi \equiv (Q_1x_1)\cdots(Q_nx_n)\phi,$$

其中 $n \geqslant 0$, $Q_1, \cdots, Q_n$ 是区间直觉模糊量词, $\phi \in$Wff 不包含区间直觉模糊量词.

4.4.3 区间直觉模糊量词的应用

现在考虑区间直觉语言量词在多目标决策问题中的应用. 首先, 为了比较区间直觉模糊数, 需要得分函数和精确函数这两个概念 (详见文献 [183]).

定义 4.4.9 设 $\alpha = ([a,b],[c,d])$ 为一个区间直觉模糊数. 称

$$s(\alpha) = \frac{1}{2}(a - c + b - d)$$

为 α 的得分值, 称 s 为得分函数.

显然, $s(\alpha) \in [-1,1]$. 可根据得分函数值的大小来定义区间直觉模糊数的大小, $s(\alpha)$ 越大, 则 α 越大. 特别地, 若 $s(\alpha) = 1$, 则 α 取最大值 $([1,1],[0,0])$; 若 $s(\alpha) = -1$, 则 α 取最小值 $([0,0],[1,1])$. 然而, 若取 $\alpha_1 = ([0.4,0.5],[0.4,0.5])$, $\alpha_2 = ([0.2,0.3],[0.2,0.3])$, 则 $s(\alpha_1) = s(\alpha_2) =0$, 即得分函数不能对 α_1 和 α_2 进行比较. 为解决这类特殊情况, 引入如下的精确函数.

定义 4.4.10 设 $\alpha = ([a,b],[c,d])$ 为一个区间直觉模糊数. 称

$$h(\alpha) = \frac{1}{2}(a + b + c + d)$$

为 α 的精确函数, 其中 $h(\alpha) \in [0,1]$.

对于前述 $\alpha_1 = ([0.4,0.5],[0.4,0.5])$ 和 $\alpha_2 = ([0.2,0.3],[0.2,0.3])$, 利用定义 4.4.10 可得 $h(\alpha_1) = 0.9$, $h(\alpha_2) = 0.5$.

定义 4.4.11 设 α_1 和 α_2 为任意两个区间直觉模糊数. 若 $s(\alpha_1) < s(\alpha_2)$, 则定义 $\alpha_1 < \alpha_2$; 若 $s(\alpha_1) = s(\alpha_2)$, 则如下定义 α_1 和 α_2 的大小关系:

(1) 若 $h(\alpha_1) = h(\alpha_2)$, 则 $\alpha_1 = \alpha_2$;

(2) 若 $h(\alpha_1) < h(\alpha_2)$, 则 $\alpha_1 < \alpha_2$;

(3) 若 $h(\alpha_1) > h(\alpha_2)$, 则 $\alpha_1 > \alpha_2$.

注: 取 $\alpha_1 = ([0.2,0.4],[0.5,0.55]), \alpha_2 = ([0.25,0.35],[0.45,0.6])$, 则 $s(\alpha_1) = s(\alpha_2)$, $h(\alpha_1) = h(\alpha_2)$. 对于区间直觉模糊数大小比较的进一步研究, 可参见文献 [184, 185](本节实际只应用定义 4.4.9 即可).

下面考虑区间直觉语言量词在多准则目标决策中的应用.

设 $X = \{x_1, x_2, \cdots, x_n\}$ 是需要满足的准则的集合, $S = \{s_1, s_2, \cdots, s_n\}$ 是可能的解决方案的集合. 对于任一方案 $s_j \in S$ 和任一准则 $x_i \in X$, $x_i(s_j) \in \mathcal{L}^{(\mathbf{IvIu})}$

的两个区间值分量分别表示方案 s_j 对准则 x_i 的满足度区间和不满足度区间. 希望找出最佳方案使得 "Q of criteria are satisfied by it", 其中 Q 是论域 X 上的区间直觉语言量词. 如果用 $\varphi(x)$ 表示 "the criterion x is satisfied", 则上述问题的具体步骤如下:

(1) 对任一 $s_j \in S$, 计算

$$D(s_j) = T_{I_j}((Qx)\varphi(x)) = \int_X^{(\mathrm{IvIuS})} s_{jx} \circ Q_X,$$

其中 I_j 是由 X 上的区间直觉模糊集 s_{jx} 给出的区间直觉解释

$$s_{jx} = \{(x_i, [x_i(s_j)^{(1)}, x_i(s_j)^{(2)}], [x_i(s_j)^{(3)}, x_i(s_j)^{(4)}])\,|i = 1, \cdots, n\},$$

$D(s_j)$ 的两个分量分别表示 "Q of criteria are satisfied by it" 的满足度区间和不满足度区间;

(2) 对任一 $s_j \in S$, 计算得分函数值 $s(D(s_j))$;

(3) 选出最佳方案 s_k 使得

$$s\left(D(s_k)\right) = \max\{s\left(D(s_j)\right) : j = 1, \cdots, m\}.$$

例 4.4.3 某公司欲安装空调, 有 s_1, s_2, s_3 三种空调可供选择, 通过空调价格、耗电量与售后服务三个决策属性对空调进行评价. 假设 $S = \{s_1, s_2, s_3\}$, 考虑的三个准则 $X = \{x_1, x_2, x_3\}$, s_j 对准则 x_i 的满足度和不满足度在表 4-7 中给出. 取 Q ="almost all", 对于任一 $E \subseteq X$,

$$Q_X(E) = \left(\left[0.80\left(\frac{\mu(E)}{\mu(X)}\right)^2, 0.90\left(\frac{\mu(E)}{\mu(X)}\right)^2\right], \left[0.05\left(\frac{\mu(E)}{\mu(X)}\right)^2, 0.10\left(\frac{\mu(E)}{\mu(X)}\right)^2\right]\right),$$

其中 $\mu(E)$ 是 E 的基数.

表 4-7 用区间直觉模糊数表达空调系统的性能

	s_1	s_2	s_3
x_1	([0.70, 0.80],[0.05, 0.15])	([0.75, 0.80],[0.10, 0.15])	([0.35, 0.45],[0.40, 0.50])
x_2	([0.55, 0.65],[0.20, 0.30])	([0.65, 0.70],[0.15, 0.25])	([0.70, 0.80],[0.05, 0.10])
x_3	([0.75, 0.85],[0.10, 0.15])	([0.40, 0.45],[0.45, 0.50])	([0.55, 0.60],[0.25, 0.35])

则计算可得

$$D(s_1) = \int_X^{(\mathrm{IvIuS})} s_{1x} \circ Q_X = ([0.55,\ 0.65],\ [0.05,\ 0.10]),$$

$$D(s_2) = \int_X^{(\mathrm{IvIuS})} s_{2x} \circ Q_X = ([0.40,\ 0.45],\ [0.10,\ 0.15]),$$

$$D(s_3) = \int_X^{(\mathrm{IvIuS})} s_{3x} \circ Q_X = ([0.356,\ 0.45],\ [0.05,\ 0.10]).$$

利用定义 4.4.9, 经计算可以得到上面三个区间直觉模糊数的得分值如下:

$$s(D(s_1)) = 0.525, \quad s(D(s_2)) = 0.3, \quad s(D(s_3)) = 0.328.$$

因此 $D(s_1) > D(s_3) > D(s_2)$, 由此得知 s_1 是最佳方案.

注: 在我们的论文 [52] 的 Example 4.3 中, 使用文献 [185] 中提出的区间直觉模糊数的新排序方法, 对上述例子重新计算, 同样得到最佳方案为 s_1. 另外, 对于量词 Q="almost all", 也可选择如下的定义 (经过验算, 可得到同样的决策结果):

$$Q_X(E) = \left(\left[0.9\left(\frac{\mu(E)}{\mu(X)}\right)^2, \left(\frac{\mu(E)}{\mu(X)}\right)^2 \right],\ \left[0.9\left(\frac{\mu(X-E)}{\mu(X)}\right)^2, \left(\frac{\mu(X-E)}{\mu(X)}\right)^2 \right] \right).$$

第 5 章　基于 Choquet 模糊积分的模糊量词理论

本章讨论基于 Choquet 模糊积分、直觉模糊 Choquet 积分的模糊量词模型, 并讨论模糊量词在数据库模糊查询、数据的语言摘要中的应用.

5.1　模糊量词的 Choquet 积分语义

本节内容主要选自文献 [33, 34], 不再每次说明. 另外, 本节关于量词及未加重新说明的预备概念和基础术语, 均与 4.1 节一致.

5.1.1　使用 Choquet 积分处理模糊量词

1. 模糊量词的几种运算

下面的定义引入了模糊量词之间的偏序关系和模糊量词的几种运算.

定义 5.1.1　设 Q, Q_1 和 Q_2 是量词, 则

(1) 若对任一非空集 X 及任一 $E \in \wp_X$ 有 $Q_{1X}(E) \leqslant Q_{2X}(E)$, 则称 Q_1 比 Q_2 强, 记为 $Q_1 \sqsubseteq Q_2$.

(2) Q 的对偶 Q^*, Q_1 和 Q_2 的蕴涵 $Q_1 \to Q_2$、交 $Q_1 \sqcap Q_2$ 及并 $Q_1 \sqcup Q_2$ 分别定义如下: 对任一非空集 X 及任一 $E \in \wp_X$,

$$
\begin{aligned}
&Q^*_X(E) \overset{\text{def}}{=} 1 - Q_X(X - E),\\
&(Q_1 \to Q_2)_X(E) \overset{\text{def}}{=} 1 - Q_{1X}(E) + Q_{1X}(E)Q_{2X}(E),\\
&(Q_1 \sqcap Q_2)_X(E) \overset{\text{def}}{=} Q_{1X}(E)Q_{2X}(E),\\
&(Q_1 \sqcup Q_2)_X(E) \overset{\text{def}}{=} Q_{1X}(E) + Q_{2X}(E) - Q_{1X}(E)Q_{2X}(E).
\end{aligned}
$$

注: 在文献 [6] 中, 量词之间的交、并运算的定义和用于量化命题真值计算的积分都是基于 “取小” 和 “取大” 这两种运算的; 本节将采用定义 5.1.1, 即量词之间的运算和量化命题的真值计算是基于运算 “乘积” 和 “概率和” 的.

命题 5.1.1　设 Q, Q_1,Q_2 和 Q_3 是量词, 则

(1) $\forall \sqsubseteq Q \sqsubseteq \exists$;

(2) $Q_1 \sqcap Q_2 \sqsubseteq Q_1$, $Q_1 \sqcap Q_2 \sqsubseteq Q_2$;

(3) $Q_1 \sqcap Q_2 = Q_2 \sqcap Q_1$, $Q_1 \sqcup Q_2 = Q_2 \sqcup Q_1$;

(4) $Q_1 \sqcap (Q_2 \sqcap Q_3)=(Q_1 \sqcap Q_2) \sqcap Q_3$, $Q_1 \sqcup (Q_2 \sqcup Q_3)=(Q_1 \sqcup Q_2) \sqcup Q_3$;

(5) $(Q_1 \sqcap Q_2)^* = Q_1^* \sqcup Q_2^*$, $(Q_1 \sqcup Q_2)^* = Q_1^* \sqcap Q_2^*$.

2. 一阶逻辑语言 $\mathbf{L}_{\mathbf{q}}^{(\mathbf{C})}$

这一部分从语义与句法两方面给出了含语言量词的一阶语言 $\mathbf{L}_{\mathbf{q}}^{(\mathbf{C})}$.

定义 5.1.2 语言 $\mathbf{L}_{\mathbf{q}}^{(\mathbf{C})}$ 的字母表如下:

(1) 个体变元的可数集: $x_0, x_1, x_2, \cdots$;

(2) 谓词符号集 $\mathrm{P} = \bigcup_{n=0}^{\infty} \mathrm{P_n}$, 这里 $\mathrm{P_n}$ 是所有 n 元谓词符号的集合 $(n \geqslant 0)$. 假设 $\bigcup_{n=1}^{\infty} \mathrm{P_n} \neq \varnothing$;

(3) 命题联结词: $\sim, \to$;

(4) 括号: (,).

定义 5.1.3 合式公式集是满足下列条件的最小符号集:

(1) 若 $n \geqslant 0, P \in \mathrm{P_n}$, 且 $x_1, \cdots, x_n$ 是个体变元, 则 $P(x_1, \cdots, x_n) \in \mathrm{Wff}$;

(2) 若 Q 是量词, x 是个体变元, 且 $\varphi \in \mathrm{Wff}$, 则 $(Qx)\varphi \in \mathrm{Wff}$;

(3) 若 $\varphi, \varphi_1, \varphi_2 \in \mathrm{Wff}$, 则 $\sim \varphi, \varphi_1 \to \varphi_2 \in \mathrm{Wff}$.

为了方便, 引入以下简写记号:

$$\varphi \vee \psi \overset{\text{def}}{=} \sim \varphi \to \psi,$$

$$\varphi \wedge \psi \overset{\text{def}}{=} \sim (\varphi \to \sim \psi),$$

$$\varphi \leftrightarrow \psi \overset{\text{def}}{=} (\varphi \to \psi) \wedge (\psi \to \varphi).$$

定义 5.1.4 逻辑语言 $\mathbf{L}_{\mathbf{q}}^{(\mathbf{C})}$ 的解释由以下各项组成:

(1) 可测空间 $(X, \wp)$, 称为 I 的论域;

(2) 对每个 $n \geqslant 0$, 有与个体变元 x_i 相对应的 X 中的元素 x_i^I;

(3) 对每个 $n \geqslant 0$ 和任一 $P \in \mathbf{P}_{\boldsymbol{n}}$, 有 $\wp^n$-可测的函数 P^I: $X^n \to [0, 1]$.

以下假设 I 的论域 $(X, \wp)$ 中 Borel 域 $\wp$ 总取 2^X; 且对任一量词 Q, X 的 Borel 域 $\wp_X$ 总取 2^X.

定义 5.1.5 设 I 是一个解释, 则公式 φ 在解释 I 下的真值 $T_I(\varphi)$ 可递归定义如下:

(1) 若 $\varphi = P(x_1, \cdots, x_n)$, 则

$$T_I(\varphi) = P^I(x_1^I, \cdots, x_n^I).$$

(2) 若 $\varphi = (Qx)\psi$, 则

$$T_I(\varphi) = \int^{(\mathrm{C})} T_{I\{./x\}}(\psi) \circ Q_X,$$

这里 X 是 I 的论域, $T_{I\{./x\}}(\psi)$ 是 X 到 $[0, 1]$ 的一个映射使得对所有的 $u \in X$,

$$T_{I\{./x\}}(\psi)(u) = T_{I\{u/x\}}(\psi),$$

且 $I\{u/x\}$ 是仅对个体变元 x 的指派不同于 I 的一个解释, 即对所有的 $y \neq x$ 有 $y^{I\{u/x\}} = y^I$ 且 $x^{I\{u/x\}} = u$;

(3) 若 $\varphi =\sim \psi$, 则

$$T_I(\varphi) = 1 - T_I(\psi);$$

(4) 若 $\varphi = \varphi_1 \to \varphi_2$, 则

$$T_I(\varphi) = 1 - T_I(\varphi_1) + T_I(\varphi_1)T_I(\varphi_2).$$

从上面的定义很容易验证

$$T_I(\varphi \wedge \varphi_2) = T_I(\varphi_1)T_I(\varphi_2),$$

$$T_I(\varphi_1 \vee \varphi_2) = T_I(\varphi_1) + T_I(\varphi_2) - T_1(\varphi_1)T_I(\varphi_2).$$

命题 5.1.2 设 Q 是一个量词, x 是一个个体变元, $\varphi \in$Wff, 则对任一解释 I 有

$$T_I((Qx)\varphi) = \tilde{Q}_X(T_{I\{./x\}}(\varphi)),$$

这里 $\tilde{Q}_X$ 是 Q_X 在模糊集上的扩张.

定义 5.1.6 设 $\varphi \in$Wff, $\Sigma \subseteq$Wff.

(1) 若对任一解释 I, 有 $T_I(\varphi) \geqslant \dfrac{1}{2}$, 则称 φ 是模糊有效的, 记为 $\models^{Fuz} \varphi$;

(2) 若对任一解释 I, 有

$$\bigwedge_{\psi \in \Sigma} T_I(\psi) \leqslant T_I(\varphi),$$

则称 φ 是 Σ 的结论, 记为 $\Sigma \models \varphi$. 特别地, 若 $\varnothing \models \varphi$, 即对任一解释 I 有 $T_I(\varphi) = 1$, 则称 φ 是绝对有效的. 此外, 若对任一解释 I 有 $T_I(\varphi) = 0$, 则称 φ 是绝对无效的.

(3) 若 $\varphi \models \psi$ 且 $\psi \models \phi$, 即对任一解释 I 有 $T_I(\varphi) = T_I(\psi)$, 则称 φ 和 ψ 是等价的, 记作 $\varphi \equiv \psi$.

容易验证, 若 $\varphi \models \psi$, 则 $\models^{Fuz} \varphi \to \psi$.

3. 两个例子

例 5.1.1 论域 X 上的量词 Q="many" 定义为: 对任一 $E \subseteq X$,

$$many_X(E) = \frac{\mu(E)}{\mu(X)}.$$

设 $\varphi(x)$ ="to satisfy $x^2 > x$" 是一个谓词. 考虑论域为 $X = [-10, 10]$ 的解释 I, 则 $\varphi(x)$ 的真值是

$$\varphi^I(x) = \begin{cases} 0, & x \in [0,1], \\ 1, & x \in [-10,10] - [0,1]. \end{cases}$$

则逻辑公式 $(Qx)\varphi(x)$ 表示 "many x's in $[-10, 10]$ satisfy $x^2 > x$", 且它在 I 下的真值是

$$\begin{aligned}
&T_I((Qx)\varphi(x)) \\
=&\int_0^1 Q_X(\{u \in X : T_{I\{u/x\}}(\varphi(x)) \geqslant \alpha\})d\alpha \\
=&\int_0^1 Q_X(\{u \in X : \varphi^I(u) \geqslant \alpha\})d\alpha \\
=&\int_0^1 \frac{19}{20}d\alpha \\
=&\frac{19}{20}.
\end{aligned}$$

注: 这里将$\mu(E)$ 取作实数集 E 的 Lebesgue 测度.

例 5.1.2 设 $X=\{x_1, \cdots, x_n\}$是需要满足的准则之集, S 是可能的解决方案之集. 对任一 $s \in S$ 和任一准则 x_i, $x_i(s)$ 表示方案 s 满足准则 x_i 的程度. 我们想要找出最佳方案使得 "Q of criteria are satisfied", 这里 Q 是以 X 为论域的语言量词. 如果我们用模糊谓词 $\varphi(x)$ 来表示 "the criterion x is satisfied", 则上面的问题转化为找出与公式 $(Qx)\varphi(x)$ 的最大真值相对应的 $s^* \in S$. 步骤如下.

(1) 对所有的 $s \in S$, 计算

$$D(s) = T_I((Qx)\varphi(x)) = \int^{(\mathrm{C})} s_x \circ Q_X,$$

这里 I 是由 X 上的模糊子集 s_x 给出的解释 (采用 Zadeh 关于模糊集的记号)

$$s_x = \frac{x_1(s)}{x_1} + \frac{x_2(s)}{x_2} + \cdots + \frac{x_n(s)}{x_n};$$

(2) 选择最佳方案使得

$$D(s^*) = \max\{D(s) : s \in S\}.$$

下面给出一个具体的例子. 某高中的班主任要从三个学生中选出最优秀的一名, 选择标准是他们的数学、物理、生物、化学、语文的学业水平, 相关数据见表 5-1.

表 5-1 3 个学生的学业水平

	数学	物理	生物	化学	语文
s_1	0.75	0.85	0.95	0.9	0.86
s_2	0.85	0.92	0.91	0.95	0.86
s_3	0.92	0.87	0.9	0.89	0.91

取 Q=“almost all”, 即对任一 $E \subseteq X$,

$$Q_X(E) = \left(\frac{|E|}{|X|}\right)^2,$$

这里 $|E|$ 是 E 的基数. 经计算可得

$$\begin{aligned}
D(s_1) &= \int^{(\mathrm{C})} s_{1x} \circ Q_X \\
&= 0.75\times\left[\left(\frac{5}{5}\right)^2-\left(\frac{4}{5}\right)^2\right]+0.85\times\left[\left(\frac{4}{5}\right)^2-\left(\frac{3}{5}\right)^2\right]+0.86\times\left[\left(\frac{3}{5}\right)^2-\left(\frac{2}{5}\right)^2\right] \\
&\quad + 0.90\times\left[\left(\frac{2}{5}\right)^2-\left(\frac{1}{5}\right)^2\right]+0.95\times\left[\left(\frac{1}{5}\right)^2-\left(\frac{0}{5}\right)^2\right] \\
&= 0.75\times\frac{9}{25}+0.85\times\frac{7}{25}+0.86\times\frac{5}{25}+0.90\times\frac{3}{25}+0.95\times\frac{1}{25} \\
&= 0.8260.
\end{aligned}$$

同理可得

$$D(s_2) = \int^{(\mathrm{C})} s_{2x} \circ Q_X = 0.8772,$$

$$D(s_3) = \int^{(\mathrm{C})} s_{3x} \circ Q_X = 0.8884.$$

因此, s_3 最优秀.

5.1.2 一阶逻辑 $\mathbf{L}_{\mathbf{q}}^{(\mathrm{C})}$ 的前束范式定理

命题 5.1.3 对任一量词 Q 和任一 $\varphi \in$Wff, 若 I 是以 $X=\{u\}$为论域的一个解释, 则 $T_I((Qx)\varphi) = T_I(\varphi)$.

证明 对任一量词 Q 和任一 $\varphi \in$Wff, 有

$$\begin{aligned}
T_I((Qx)\varphi) &= \int^{(\mathrm{C})} T_{I\{./x\}}(\varphi) \circ Q_X \\
&= (C)\int T_{I\{./x\}}(\varphi) \circ Q_X \\
&= \int_0^1 Q_X(\{u \in X : T_{I\{u/x\}}(\varphi) > \alpha\})d\alpha \\
&= \int_0^1 Q_X(\{u \in X : T_I(\varphi) > \alpha\})d\alpha \\
&= \int_0^{T_I(\varphi)} 1d\alpha + \int_{T_I(\varphi)}^1 0d\alpha \\
&= T_I(\varphi).
\end{aligned}$$

命题 5.1.4 设 Q 是一个量词, x 是一个个体变元, φ ∈Wff, 则对任一解释 I(论域为 X) 有

$$T_I((\forall x)\varphi)=\bigwedge_{u\in X}T_{I\{u/x\}}(\varphi),$$

$$T_I((\exists x)\varphi)=\bigvee_{u\in X}T_{I\{u/x\}}(\varphi).$$

证明 对任一解释 I(论域为 X), 有

$$\begin{aligned}T_I((\forall x)\varphi)&=\int_0^1\forall_X(\{u\in X:T_{I\{u/x\}}(\varphi)>\alpha\})d\alpha\\&=\int_0^{\bigwedge_{u\in X}T_{I\{u/x\}}}(\varphi)1d\alpha+\int_{\bigwedge_{u\in X}T_{I\{u/x\}}}^1(\varphi)0d\alpha\\&=\bigwedge_{u\in X}T_{I\{u/x\}}(\varphi);\end{aligned}$$

另一等式可类似得到证明.

命题 5.1.5 对任一量词 Q 和任一 φ ∈Wff, 有 $\sim(\mathrm{Qx})\varphi\equiv(Q^*x)\sim\varphi$, 这里 Q^* 是 Q 的对偶.

证明 对任一解释 I(论域为 X),

$$\begin{aligned}T_I((Q^*x)\sim\varphi)&=\int^{(\mathrm{C})}\left(1-T_{I\{.\,/x\}}(\varphi)\right)\circ Q_X^*\\&=\int_0^1 Q_X^*(\{u\in X:1-T_{I\{u/x\}}(\varphi)\geqslant\alpha\})d\alpha\\&=\int_0^1[1-Q_X(X-\{u\in X:1-T_{I\{u/x\}}(\varphi)\geqslant\alpha\})]d\alpha\\&=\int_0^1[1-Q_X(\{u\in X:T_{I\{u/x\}}(\varphi)>1-\alpha\})]d\alpha\\&=\int_0^1[1-Q_X(\{u\in X:T_{I\{u/x\}}(\varphi)>\beta\})]d\beta\\&=1-\int_0^1 Q_X(\{u\in X:T_{I\{u/x\}}(\varphi)>\beta\})d\beta\\&=1-T_I((Qx)\varphi)\\&=T_I(\sim(Qx)\varphi).\end{aligned}$$

上述结论表明, 对偶性在逻辑系统 $\mathbf{L_q^{(C)}}$ 中成立. 由于 “all” 和 “some” 互为对偶, 即 $\forall^*=\exists$、$\exists^*=\forall$, 因此上述结论保证了 “Some men are not bald” 与 “It is not the case that all men are bald” 的意思相同.

命题 5.1.6 设 $\varphi_1, \varphi_2 \in$Wff, 则 $\varphi_1 \to \varphi_2 \equiv \sim \varphi_2 \to \sim \varphi_1$.

上述结论可由定义 5.1.5 (3) 及 (4) 直接得到.

命题 5.1.7 (1) 对任一量词 Q, φ, $\psi\in$Wff. 若个体变元 x 在ψ中不是自由的, 则

$$(Qx)\varphi \to \psi \equiv (Q^*x)(\varphi \wedge \psi).$$

(2) 对任一量词 Q, φ, $\psi\in$Wff. 若个体变元 x 在 φ 中不是自由的, 则

$$\varphi \to (Qx)\psi \equiv (Qx)(\varphi \to \psi).$$

证明 (1) 由 x 在ψ中不是自由的可知, 对任意 $u \in X$ 有 $T_{I\{u/x\}}(\psi)=T_I(\psi)$. 即 $T_{I\{./x\}}(\psi) = T_I(\psi)$, 则对任一解释 I(论域为 X), 有

$$\begin{aligned}
T_I((Q^*x)(\varphi \to \psi) &= \int^{(\mathrm{C})} \left(1 - T_{I\{./x\}}(\varphi) + T_{I\{./x\}}(\varphi)T_I(\psi)\right) \circ Q_X^* \\
&= \int_0^1 Q_X^*(\{u \in X : 1 - T_{I\{u/x\}}(\varphi) + T_{I\{u/x\}}(\varphi)T_I(\psi) \geqslant \alpha\})d\alpha \\
&= \int_0^1 [1 - Q_X(\{u \in X : 1 - T_{I\{u/x\}}(\varphi) + T_{I\{u/x\}}(\varphi)T_I(\psi) < \alpha\})d\alpha \\
&= 1 - \int_0^1 Q_X\left(\left\{u \in X : T_{I\{u/x\}}(\varphi) > \frac{1-\alpha}{1-T_I(\psi)}\right\}\right)d\alpha \\
&= 1 - (1 - T_I(\psi)) \int_0^{\frac{1}{1-T_I(\psi)}} Q_X(\{u \in X : T_{I\{u/x\}}(\varphi) > \gamma\})d\gamma \\
&= 1 - (1 - T_I(\psi)) \int_0^1 Q_X(\{u \in X : T_{I\{u/x\}}(\varphi) > \gamma\})d\gamma \\
&= 1 - (1 - T_I(\psi))T_I((Qx)\varphi) \\
&= 1 - T_I((Qx)\varphi) + T_I((Qx)\varphi)T_I(\psi) \\
&= T_I((Qx)\varphi \to \psi).
\end{aligned}$$

(2) $\varphi \to (Qx)\psi \equiv \sim (Qx)\psi \to \sim \varphi$

$$\begin{aligned}
&\equiv (Q^*x) \sim \psi \to \sim \varphi \\
&\equiv (Qx)(\sim \psi \to \sim \varphi) \\
&\equiv (Qx)(\varphi \to \psi).
\end{aligned}$$

推论 5.1.1 对任一量词 Q, φ, $\psi\in$Wff. 若个体变元 x 在ψ中不是自由的, 则

$$(Qx)\varphi \vee \psi \equiv (Qx)(\varphi \vee \psi), \quad (Qx)\varphi \wedge \psi \equiv (Qx)(\varphi \wedge \psi).$$

证明 对于第一个式子, 对任一量词 Q 和任意 $\varphi, \psi\in$Wff, 若个体变元 x 在ψ中不是自由的, 则

$$\begin{aligned}(Qx)\varphi\vee\psi &\equiv\sim(Qx)\varphi\to\psi\\ &\equiv(Q^*x)\sim\varphi\to\psi\\ &\equiv(Qx)(\sim\varphi\to\psi)\\ &\equiv(Qx)(\varphi\vee\psi).\end{aligned}$$

对于第二个式子, 可用以下两种方法证明.

方法一 对任一量词 Q 和任意 $\varphi, \psi\in$Wff, 若个体变元 x 在 ψ 中不是自由的, 则

$$\begin{aligned}(Qx)\varphi\wedge\psi &\equiv\sim((Qx)\varphi\to\sim\psi)\\ &\equiv\sim(\psi\to(Q^*x)\sim\varphi)\\ &\equiv\sim(Q^*x)(\psi\to\sim\varphi)\\ &\equiv(Qx)\sim(\psi\to\sim\varphi)\\ &\equiv(Qx)(\varphi\wedge\psi).\end{aligned}$$

方法二 对任一解释 I(论域为 X) 有

$$\begin{aligned}T_I((Qx)(\varphi\wedge\psi)) &= \int^{(\mathrm{C})}\left(T_{I\{./x\}}(\varphi)T_{I\{./x\}}(\psi)\right)\circ Q_X\\ &= \int^{(\mathrm{C})}\left(T_{I\{./x\}}(\varphi)T_I(\psi)\right)\circ Q_X\\ &= T_I(\psi)\int^{(\mathrm{C})}T_{I\{./x\}}(\varphi)\circ Q_X\\ &= T_I(\psi)T_I((Qx)\varphi)\\ &= T_I((Qx)\varphi\wedge\psi).\end{aligned}$$

引理 5.1.1[186] 设 $f(\alpha)$ 和 $g(\alpha)$ 满足对任意$\alpha, \beta\in[a, b]$ 有 $(f(\alpha)-f(\beta))(g(\alpha)g(\beta))\geqslant 0$, 则

$$\int_a^b f(\alpha)d\alpha\int_a^b g(\alpha)d\alpha\leqslant(b-a)\int_a^b f(\alpha)g(\alpha)d\alpha.$$

特别地,

$$\int_0^1 f(\alpha)d\alpha\int_0^1 g(\alpha)d\alpha\leqslant\int_0^1 f(\alpha)g(\alpha)d\alpha.$$

命题 5.1.8 对任一量词 Q_1, Q_2, 个体变元 x, $\varphi\in$Wff, 有

$$(Q_1x)\varphi\to(Q_2x)\varphi\models((Q_1\to Q_2)x)\varphi.$$

证明 对任一解释 I(论域为 X), 若记 $\{u\in X:T_{I\{u/x\}}(\varphi)\geqslant\alpha\}$ 为 U_α, 则

$$\begin{aligned}T_I((Q_1x)\varphi\to(Q_2x)\varphi)&=1-T_I((Q_1x)\varphi)+T_I((Q_1x)\varphi)T_I((Q_2x)\varphi)\\&=1-\int_0^1Q_{1X}(U_\alpha)d\alpha+\int_0^1Q_{1X}(U_\alpha)d\alpha\int_0^1Q_{2X}(U_\alpha)d\alpha\\&\leqslant1-\int_0^1Q_{1X}(U_\alpha)d\alpha+\int_0^1Q_{1X}(U_\alpha)Q_{2X}(U_\alpha)d\alpha\\&=\int_0^1(1-Q_{1X}(U_\alpha)+Q_{1X}(U_\alpha)Q_{2X}(U_\alpha))d\alpha\\&=\int_0^1(Q_1\to Q_2)_X(U_\alpha)d\alpha\\&=T_I(((Q_1\to Q_2)x)\varphi).\end{aligned}$$

下面的两个定理主要解决两个问题. 第一个问题是量词如何保持结论关系, 第二个问题是两个量化命题的结论关系是否取决于相关量词的强弱.

定理 5.1.1 设 φ_1, $\varphi_2\in$Wff, 则 $\varphi_1\models\varphi_2$ 当且仅当 $(Qx)\varphi_1\models(Qx)\varphi_2$ 对任一量词 Q 和任一个体变元 x 都成立.

证明 必要性是显然的 (应用 Choquet 积分的性质, 见定理 2.4.6 之后的性质 (2)).

下证充分性, 设 I 是以 X 为论域的一个解释. 为了证明 $T_I(\varphi_1)\leqslant T_I(\varphi_2)$, 令 Q_X 如下:

$$Q_X(F)=\begin{cases}1, & x^I\in F,\\0, & \text{否则},\end{cases}$$

这里 x^I 是 I 对 x 的指派, 则

$$\begin{aligned}T_I((Qx)\varphi_1)&=\int_0^1Q_X(\{u\in X:T_{I\{u/x\}}(\varphi_1)>\alpha\})d\alpha\\&=\int_0^{T_{I\{x^I/x\}}(\varphi_1)}1d\alpha+\int_{T_{I\{x^I/x\}}(\varphi_1)}^1 0d\alpha\\&=T_{I\{x^I/x\}}(\varphi_1).\end{aligned}$$

同理可证

$$T_I((Qx)\varphi_2)=T_{I\{x^I/x\}}(\varphi_2).$$

由 $(Qx)\varphi_1 \models (Qx)\varphi_2$ 可得

$$T_{I\{x^I/x\}}(\varphi_1) \leqslant T_{I\{x^I/x\}}(\varphi_2),$$

即 $T_I(\varphi_1) \leqslant T_I(\varphi_2)$.

定理 5.1.2 设 Q_1 和 Q_2 是量词, 则 $Q_1 \sqsubseteq Q_2$ 当且仅当 $(Q_1x)\varphi \models (Q_2x)\varphi$ 对任一 $\varphi \in$Wff 都成立.

证明 必要性是显然的 (应用 Choquet 积分的性质, 见定理 2.4.6 之后的性质 (3)).

下证充分性, 只需证明对任一集合 X 和任一 $E \subseteq X$, $Q_{1X}(E) \leqslant Q_{2X}(E)$. 由假设 $\bigcup\limits_{n=1}^{\infty} \mathbf{P}_n \neq \varnothing$ 知存在 $P \in \mathbf{P}_n (n \geqslant 1)$. 考虑以 X 为论域的解释 I, 设 $\varphi = P(x, x, \cdots, x)$,

$$P^I(x_1, x_2, \cdots, x_n) = \begin{cases} 1, & x_1 = x_2 = \cdots = x_n \in E, \\ 0, & \text{否则}, \end{cases}$$

则由 Choquet 积分的性质 (见定理 2.4.6 之后的性质 (5)) 得

$$\begin{aligned} T_I((Q_1x)\varphi) &= \int^{(\mathrm{C})} T_{I\{.\,/x\}}(\varphi) \circ Q_{1X} \\ &= \int_0^1 Q_{1X}(\{u \in X : T_{I\{u/x\}}(\varphi) \geqslant \alpha\}) d\alpha \\ &= \int_0^1 Q_{1X}(E) d\alpha \\ &= Q_{1X}(E). \end{aligned}$$

同理可证

$$T_I((Q_2x)\varphi) = Q_{2X}(E).$$

由 $(Q_1x)\varphi \models (Q_2x)\varphi$ 可得

$$T_I((Q_1x)\varphi) \leqslant T_I((Q_2x)\varphi),$$

从而 $Q_{1X}(E) \leqslant Q_{2X}(E)$.

定理 5.1.1 及定理 5.1.2 说明量词的单调性和局部单调性成立. 同时, 容易证明以下结论成立.

命题 5.1.9 设 Q 是量词. 若 x_i 在 $\varphi(x_i)$ 中自由出现, 且 x_j 不在 $\varphi(x_i)$ 中出现, 则 $(Qx_i)\varphi(x_i) \equiv (Qx_j)\varphi(x_j)$.

命题 5.1.10 设公式 A_0 包含有子公式 A. 如果把 A_0 中的一处或多处出现的 A 用公式 B 去代换而得公式 B_0, 那么: 若 $A \equiv B$, 则 $A_0 \equiv B_0$.

定理 5.1.3(前束范式定理) 对任一 $\varphi\in$Wff, 存在$\psi\in$Wff 使得

$$\varphi\equiv(Q_1x_{i1})\cdots(Q_nx_{in})\psi,$$

其中 $n\geqslant 0$, $Q_1,\cdots,Q_n$ 是量词, $\psi\in$Wff 不含量词.

证明 由命题 5.1.9 和命题 5.1.10 知, 可设 φ 中所有的约束变元都互不相同, 同时都不同于 φ 中自由变元. 以下用关于 φ 中联结词与量词的总个数的归纳法进行证明.

若 φ 不含联结词和量词, 则 φ 是原子公式, 自然是前束范式. 设 φ 不是原子公式, 且假定每个所含联结词与量词的总个数比 φ 的少的公式都可化为与之等价的前束范式.

(1) 设 φ 是 $\sim C$. 由归纳假设, 存在前束范式 C_1, 使得 $C_1\equiv C$. 设 C_1 为

$$(Q_1x_{i_1})\cdots(Q_kx_{i_k})D,$$

这里 D 不含量词, 于是由命题 5.1.5 得

$$\varphi\equiv\sim C_1\equiv(Q_1^*x_{i_1})\cdots(Q_k^*x_{i_k})\sim D.$$

(2) 设 φ 是 $C\to D$. 由归纳假设, φ 等价于一个如下形式的前束范式:

$$(Q_1x_{i_1})\cdots(Q_kx_{i_k})C_1\to(R_1x_{j_1})\cdots(R_lx_{j_l})D_1,$$

这里 C_1 和 D_1 不含量词, 于是由命题 5.1.7 得

$$\begin{aligned}\varphi&\equiv(Q_1x_{i_1})\cdots(Q_kx_{i_k})C_1\to(R_1x_{j_1})\cdots(R_lx_{j_l})D_1\\&\equiv(Q_1^*x_{i_1})\cdots(Q_k^*x_{i_k})(C_1\to(R_1x_{j_1})\cdots(R_lx_{j_l})D_1)\\&\equiv(Q_1^*x_{i_1})\cdots(Q_k^*x_{i_k})(R_1x_{j_1})\cdots(R_lx_{j_l})(C_1\to D_1).\end{aligned}$$

(3) 设 φ 是 $(Qx)C$. 由归纳假设知 C 等价于某前束范式, 这时 φ 显然也等价于一个前束范式.

可将合式公式按下列步骤转化为前束范式的形式:

(1) 用 $\sim$ 和 $\to$ 表示 $\vee$ 和 $\wedge$;

(2) 将 $\sim$ 移到原子公式前面;

(3) 若有必要的话重新命名约束变元;

(4) 将量词移到整个公式的最前面.

例 5.1.3 $(Q_1x_1)\sim A(x_1,x_2)\to(B(x_1)\vee\sim(Q_2x_3)C(x_1,x_3))$

$$\equiv(Q_1x_1)\sim A(x_1,x_2)\to(\sim B(x_1)\to\sim(Q_2x_3)C(x_1,x_3))$$

$$\equiv (Q_1x_1) \sim A(x_1,x_2) \to (\sim B(x_1) \to (Q_2^*x_3) \sim C(x_1,x_3))$$
$$\equiv (Q_1x_1) \sim A(x_1,x_2) \to (Q_2^*x_3)(\sim B(x_1) \to\sim C(x_1,x_3))$$
$$\equiv (Q_1x_4) \sim A(x_4,x_2) \to (Q_2^*x_3)(\sim B(x_1) \to\sim C(x_1,x_3))$$
$$\equiv (Q_1^*x_4)(\sim A(x_4,x_2) \to (Q_2^*x_3)(\sim B(x_1) \to\sim C(x_1,x_3)))$$
$$\equiv (Q_1^*x_4)(Q_2^*x_3)(\sim A(x_4,x_2) \to (\sim B(x_1) \to\sim C(x_1,x_3))).$$

5.1.3 $\mathbf{L_q^{(C)}}$ 的其他逻辑性质

命题 5.1.11 对任意量词 Q_1, Q_2, 个体变元 x, $\varphi \in$Wff 有

$$(Q_1x)\varphi \wedge (Q_2x)\varphi \models ((Q_1 \sqcap Q_2)x)\varphi,$$

$$\models^{Fuz} ((Q_1 \sqcap Q_2)x)\varphi \to ((Q_1x)\varphi \wedge (Q_2x)\varphi).$$

证明 对任一解释 I(论域为 X), 若记 $\{u \in X : T_{I\{u/x\}}(\varphi) \geqslant \alpha\}$ 为 U_α, 则

$$\begin{aligned}T_I((Q_1x)\varphi \wedge (Q_2x)\varphi) &= T_I((Q_1x)\varphi)T_I((Q_2x)\varphi)\\ &= \int_0^1 Q_{1X}(U_\alpha)d\alpha \int_0^1 Q_{2X}(U\alpha)d\alpha\\ &\leqslant \int_0^1 Q_{1X}(U_\alpha)Q_{2X}(U_\alpha)d\alpha\\ &= \int_0^1 (Q_1 \sqcap Q_2)_X(U_\alpha)d\alpha\\ &= T_I(((Q_1 \sqcap Q_2)x)\varphi).\end{aligned}$$

通过简单计算可知对每个 $\alpha \in [0,1]$, 有 $1-\alpha+\alpha^3 > 1/2$, 则对任一解释 I(论域为 X), 有

$$\begin{aligned}&T_I(((Q_1 \sqcap Q_2)x)\varphi \to ((Q_1x)\varphi \wedge (Q_2x)\varphi))\\ =&1 - T_I(((Q_1 \sqcap Q_2)x)\varphi) + T_I(((Q_1 \sqcap Q_2)x)\varphi)T_I((Q_1x)\varphi)T_I((Q_2x)\varphi)\\ \geqslant&1 - T_I(((Q_1 \sqcap Q_2)x)\varphi) + (T_I(((Q_1 \sqcap Q_2)x)\varphi))^3\\ >&1/2.\end{aligned}$$

命题 5.1.12 对任意量词 Q_1, Q_2, 个体变元 x, $\varphi \in$Wff 有

$$((Q_1 \sqcup Q_2)x)\varphi \models (Q_1x)\varphi \vee (Q_2x)\varphi.$$

而且, 若 $\models^{Fuz} ((Q_1 \sqcup Q_2)x)\varphi$, 则 $\models^{Fuz} ((Q_1x)\varphi \vee (Q_2x)\varphi) \to ((Q_1 \sqcup Q_2)x)\varphi$; 否则,

如果 $T_I((Q_1x)\varphi \vee (Q_2x)\varphi) \leqslant \dfrac{1}{2(1-T_I(((Q_1 \sqcup Q_2)x)\varphi))}$, 那么

$$\models^{Fuz} ((Q_1x)\varphi \vee (Q_2x)\varphi) \to ((Q_1 \sqcup Q_2)x)\varphi.$$

证明　对任一解释 I(论域为 X), 若记 $\{u \in X : T_{I\{u/x\}}(\varphi) \geqslant \alpha\}$ 为 U_α, 则

$$\begin{aligned}
&T_I(((Q_1 \sqcup Q_2)x)\varphi)\\
=&\int_0^1 Q_{1X}(U_\alpha) + Q_{2X}(U_\alpha) - Q_{1X}(U_\alpha)Q_{2X}(U_\alpha)d\alpha\\
=&\int_0^1 Q_{1X}(U_\alpha)d\alpha + \int_0^1 Q_{2X}(U_\alpha)d\alpha - \int_0^1 Q_{1X}(U_\alpha)Q_{2X}(U_\alpha)d\alpha\\
\leqslant&\int_0^1 Q_{1X}(U_\alpha)d\alpha + \int_0^1 Q_{2X}(U_\alpha)d\alpha - \int_0^1 Q_{1X}(U_\alpha)d\alpha\int_0^1 Q_{2X}(U_\alpha)d\alpha\\
=&T_I((Q_1x)\varphi \vee (Q_2x)\varphi).
\end{aligned}$$

剩余部分显然成立.

模糊量化的连续性是指模糊量化对干扰的不敏感性, 即隶属度的微小改变不会引起量化命题真值的很大变化. 下面的两个结论说明量词的 Choquet 积分语义方法满足连续性. 需要说明的是, 这里将 Riemann 可积分函数 f, g: [0, 1]→ [0, 1] 的距离定义为

$$d(f,g) = \int_0^1 |f(\alpha) - g(\alpha)|\, d\alpha.$$

命题 5.1.13　对任意量词 Q_1, Q_2, $\varphi \in$Wff, 解释 I(论域为 X), 有

$$|T_I((Q_1x)\varphi) - T_1((Q_2x)\varphi)| \leqslant d(Q_1, Q_2).$$

证明　若记 $\{u \in X : T_{I\{u/x\}}(\varphi) \geqslant \alpha\}$ 为 U_α, 则

$$\begin{aligned}
|T_I((Q_1x)\varphi) - T_I((Q_2x)\varphi)| &= \left|\int_0^1 Q_{1X}(U_\alpha)d\alpha - \int_0^1 Q_{2X}(U_\alpha)d\alpha\right|\\
&= \left|\int_0^1 (Q_{1X}(U_\alpha) - Q_{2X}(U_\alpha))d\alpha\right|\\
&\leqslant \int_0^1 |Q_{1X}(U_\alpha) - Q_{2X}(U_\alpha)|d\alpha\\
&= d(Q_1, Q_2),
\end{aligned}$$

这里我们将 Q_1 和 Q_2 看作 [0, 1] 到 [0, 1] 的不增函数.

上述命题说明, 在相同量化公式前的量词具有连续性.

命题 5.1.14 对任意量词 Q, φ_1, φ_2 ∈Wff, 解释 I(论域为 X), 有

$$|T_I((Qx)\varphi_1)-T_I((Qx)\varphi_2)|\leqslant d\left(T_{I\{./x\}}(\varphi_1),T_{I\{./x\}}(\varphi_2)\right).$$

证明 类似于命题 5.1.13.

上述命题说明, 由相同量词约束的量化语句真值具有连续性.

4.1 节介绍了用 Sugeno 积分计算量化命题真值的方法, 本节讨论了用 Choquet 积分计算量化命题真值的方法, 这两种方法得到的真值之间有何联系和区别呢? 回答这个问题, 需要以下结论.

引理 5.1.2[187] 设 $(X, \wp, m)$ 是模糊测度空间, h: $X\to[0,1]$ 是 $\wp$-可测的, 则

$$\left|\int^{(\mathrm{C})}h\circ m-\int^{(\mathrm{S})}h\circ m\right|\leqslant\int^{(\mathrm{S})}h\circ m\left(1-\int^{(\mathrm{S})}h\circ m\right)\leqslant\frac{1}{4}.$$

上述引理表明, 分别利用 Sugeno 积分和 Choquet 积分计算量化命题所得真值之差的绝对值不超过 1/4. 同时, 由上述结论知, 若 $\int^{(\mathrm{S})}h\circ m$ 取值为 0 或 1 时, $\int^{(\mathrm{C})}h\circ m=\int^{(\mathrm{S})}h\circ m$, 这说明如果量化公式 $(Qx)\varphi$ 在 Sugeno 积分语义下是绝对有效或绝对无效的, 那么它在 Choquet 积分语义下也是如此.

5.2 直觉模糊 Choquet 积分及其在语言量词上的应用

本节讨论基于直觉模糊集的直觉模糊 Choquet 积分及其在语言量词模型中的应用, 主要结果来自文献 [50, 51](将不再每次说明). 本节的基本思想是: 由一族直觉模糊测度表示直觉模糊量词 (在这一点上与 4.3 节一致), 通过直觉模糊 Choquet 积分 (这与 4.3 节不同) 来计算语言量化命题的真值 (满足度和不满足度). 本节将建立含直觉模糊量词的一阶语言的 $\mathbf{L}_\mathbf{q}^{(\mathbf{IuC})}$, 详细研究 $\mathbf{L}_\mathbf{q}^{(\mathbf{IuC})}$ 的逻辑性质, 也将涉及直觉模糊测度和直觉模糊 Choquet 积分的应用实例.

5.2.1 基于直觉模糊集的 Choquet 积分及其性质

关于直觉模糊测度和直觉模糊量词, 已在 4.3 节中详细介绍过了, 这里简述一下直觉模糊 Choquet 积分的基本情况. Choquet 积分和 Sugeno 积分定义的不同之处在于, 前者使用运算 (+, ×)、后者使用运算 (∨, ∧). 而直觉模糊 Choquet 积分是对模糊 Choquet 积分的推广, 是直觉模糊值函数相对于直觉模糊测度的 “累积” 结果. 2010 年, 在研究直觉模糊信息环境下多标准决策方法时, 徐泽水、谭春桥、陈晓红等人分别在文献 [188, 189] 中最早提出直觉模糊 Choquet 积分 (其中, 文献 [188] 中称为 “直觉模糊关联平均算子”), 但他们的定义均假定是有限论域 (因此可以称

为是离散型直觉模糊 Choquet 积分)、且没有使用直觉模糊测度的概念; 2011 年, 李永明、李璐首次基于直觉模糊测度给出直觉模糊 Choquet 积分的一般定义 (即文献 [50, 51]), 本节介绍这种积分的定义 (包括连续型、离散型)、性质及其分解方法.

1. 基于直觉模糊集的 Choquet 积分

定义 5.2.1 设 $(X, \wp)$ 是可测空间, $m:\wp \to \boldsymbol{\mathcal{L}}^{(\mathbf{Iu})}$ 是直觉模糊测度, $f : X \to \boldsymbol{\mathcal{L}}^{(\mathbf{Iu})}$ 是 $\wp$-可测的直觉模糊值函数, 则 f 关于 m 的直觉模糊 Choquet 积分定义为

$$\int_X^{(\mathrm{IuC})} f \circ m = \left(\int_0^1 m^{(1)}\left(f^{(1)}_{\geqslant \alpha_1}\right) d\alpha_1, \int_0^1 m^{(2)}\left(f^{(2)}_{\leqslant \alpha_2}\right) d\alpha_2\right),$$

其中, 对每个$\alpha=(\alpha_1, \alpha_2) \in \boldsymbol{\mathcal{L}}^{(\mathbf{Iu})}$ 有

$$f_{\succcurlyeq \alpha} = \{x \in X | f(x) \succcurlyeq \alpha\} = \left(f^{(1)}_{\geqslant \alpha_1}, f^{(2)}_{\leqslant \alpha_2}\right),$$

$$f^{(1)}_{\geqslant \alpha_1} = \{x \in X | f^{(1)}(x) \geqslant \alpha_1\}, \quad f^{(2)}_{\leqslant \alpha_2} = \{x \in X | f^{(2)}(x) \leqslant \alpha_2\}.$$

为了方便, 若 r 是 $[0, 1]$ 上的一个实数, 则定义 $\overline{r} = 1 - r$.

下面给出关于直觉模糊集分量的分解定理.

定理 5.2.1 设 $m : \wp \to \boldsymbol{\mathcal{L}}^{(\mathbf{Iu})}$, $m(A)=(m^{(1)}(A), m^{(2)}(A))$ 是直觉模糊测度, $f:X \to \boldsymbol{\mathcal{L}}^{(\mathbf{Iu})}$, $f(x)=(f^{(1)}(x), f^{(2)}(x))$ 是$\wp$ -可测的直觉模糊值函数, 则

$$\int_X^{(\mathrm{IuC})} f \circ m = \left(\int_X^{(\mathrm{C})} f^{(1)} \circ m^{(1)}, \overline{\int_X^{(\mathrm{C})} \overline{f^{(2)}} \circ \overline{m^{(2)}}}\right).$$

特别地, 当 $m(A) = (m^{(1)}(A), 1 - m^{(1)}(A))$ 且 $f(x)=(f^{(1)}(x), 1 - f^{(1)}(x))$ 时有

$$\int_X^{(\mathrm{IuC})} f \circ m = \left(\int_X^{(\mathrm{C})} f^{(1)} \circ m^{(1)}, 1 - \int_X^{(\mathrm{C})} f^{(1)} \circ m^{(1)}\right).$$

这表明: 模糊 Choquet 积分可看成直觉模糊 Choquet 积分的一个特例.

证明 由模糊 Choquet 积分的定义 (见定义 2.4.7) 得

$$\int_X^{(\mathrm{C})} f^{(1)} \circ m^{(1)} = \int_0^1 m^{(1)}\left(\{x \in X : f^{(1)}(x) \geqslant \alpha_1\}\right) d\alpha_1 = \int_0^1 m^{(1)}\left(f^{(1)}_{\geqslant \alpha_1}\right) d\alpha_1.$$

因此, 只需再证明

$$\overline{\int_X^{(\mathrm{C})} \overline{f^{(2)}} \circ \overline{m^{(2)}}} = \int_0^1 m^{(2)}\left(f^{(2)}_{\leqslant \alpha_2}\right) d\alpha_2.$$

上式的证明过程如下:

$$\begin{aligned}\overline{\int_X^{(\mathrm{C})}\overline{f^{(2)}}\circ\overline{m^{(2)}}} &= 1-\int_X^{(\mathrm{C})}\overline{f^{(2)}}\circ\overline{m^{(2)}}\\ &= 1-\int_0^1\overline{m^{(2)}}\left(\overline{f^{(2)}}_{\geqslant\alpha_3}\right)\mathrm{d}\alpha_3\\ &= 1-\int_0^1\left(1-m^{(2)}\left(\overline{f^{(2)}}_{\geqslant\alpha_3}\right)\right)\mathrm{d}\alpha_3\\ &= \int_0^1 m^{(2)}\left(\overline{f^{(2)}}_{\geqslant\alpha_3}\right)\mathrm{d}\alpha_3\\ &= \int_0^1 m^{(2)}\left(f^{(2)}_{\leqslant 1-\alpha_3}\right)\mathrm{d}\alpha_3\\ &= \int_0^1 m^{(2)}\left(f^{(2)}_{\leqslant\alpha_2}\right)\mathrm{d}\alpha_2.\end{aligned}$$

由定理 5.2.1 可以说明定义 5.2.1 是合理的 (见文献 [190]), 这需要证明

$$\int_X^{(\mathrm{C})}f^{(1)}\circ m^{(1)}+\overline{\int_X^{(\mathrm{C})}\overline{f^{(2)}}\circ\overline{m^{(2)}}}\leqslant 1.$$

事实上, 因为

$$f^{(1)}+f^{(2)}\leqslant 1,\ m^{(1)}+m^{(2)}\leqslant 1, \text{即} f^{(1)}\leqslant\overline{f^{(2)}},\ m^{(1)}\leqslant\overline{m^{(2)}}.$$

所以

$$\int_X^{(\mathrm{C})}\overline{f^{(2)}}\circ\overline{m^{(2)}}\geqslant\int_X^{(\mathrm{C})}f^{(1)}\circ\overline{m^{(2)}}\geqslant\int_X^{(\mathrm{C})}f^{(1)}\circ m^{(1)}.$$

于是

$$\begin{aligned}&\int_X^{(\mathrm{C})}f^{(1)}\circ m^{(1)}+\overline{\int_X^{(\mathrm{C})}\overline{f^{(2)}}\circ\overline{m^{(2)}}}\\ =&\int_X^{(\mathrm{C})}f^{(1)}\circ m^{(1)}+1-\int_X^{(\mathrm{C})}\overline{f^{(2)}}\circ\overline{m^{(2)}}\\ \leqslant&\int_X^{(\mathrm{C})}f^{(1)}\circ m^{(1)}+1-\int_X^{(\mathrm{C})}f^{(1)}\circ m^{(1)}=1.\end{aligned}$$

2. 直觉模糊 Choquet 积分的基本性质

先引入直觉模糊数的两个新运算 $\oplus$ 与 $\otimes$. 设$\alpha=(\alpha_1,\ \alpha_2)$, $\beta=(\beta_1,\ \beta_2)\in\boldsymbol{\mathcal{L}}^{(\mathbf{Iu})}$, 定义:

$$\alpha\oplus\beta=(\alpha_1+\beta_1-\alpha_1\beta_1,\alpha_2\beta_2)\in\boldsymbol{\mathcal{L}}^{(\mathbf{Iu})},$$

$$\alpha \otimes \beta = (\alpha_1\beta_1, \alpha_2 + \beta_2 - \alpha_2\beta_2) \in \boldsymbol{\mathcal{L}}^{(\mathbf{Iu})}.$$

命题 5.2.1 设 $(X, \wp)$ 是可测空间, $m=(m^{(1)}, m^{(2)})$: $\wp \to \boldsymbol{\mathcal{L}}^{(\mathbf{Iu})}$ 是直觉模糊测度, $f=(f^{(1)}, f^{(2)})$ 是$\wp$-可测的直觉模糊值函数, 则

(1) 若 m_1, m_2 是直觉模糊测度且 $m_1 \preccurlyeq m_2$, 即对任意 $E \in \wp$ 有 $m_1(E) \preccurlyeq m_2(E)$, 则

$$\int_X^{(\mathrm{IuC})} f \circ m_1 \preccurlyeq \int_X^{(\mathrm{IuC})} f \circ m_2.$$

(2) 若 g 也是直觉模糊值函数且对任意 $x \in X$ 有 $f(x) \preccurlyeq g(x)$, 则

$$\int_X^{(\mathrm{IuC})} f \circ m \preccurlyeq \int_X^{(\mathrm{IuC})} g \circ m.$$

(3) 若$\beta\in \boldsymbol{\mathcal{L}}^{(\mathbf{Iu})}$, 则对于常函数$\beta$来说有 $\displaystyle\int_X^{(\mathrm{IuC})} \beta \circ m = \beta$.

(4) 若$\beta\in \boldsymbol{\mathcal{L}}^{(\mathbf{Iu})}$, 则 $\displaystyle\int_X^{(\mathrm{IuC})} (\beta \otimes f) \circ m = \beta \otimes \int_X^{(\mathrm{IuC})} f \circ m$.

(5) 若$\beta\in \boldsymbol{\mathcal{L}}^{(\mathbf{Iu})}$, 则 $\displaystyle\int_X^{(\mathrm{IuC})} (\beta \oplus f) \circ m = \beta \oplus \int_X^{(\mathrm{IuC})} f \circ m$.

(6) 若 h 是分明集合 $A \in \wp$ 的特征函数, 即对任意 $x \in A$ 有 $h(x)=(1, 0)$, 否则 $h(x)=(0, 1)$. 则 $\displaystyle\int_X^{(\mathrm{IuC})} h \circ m = m(A)$.

(7) 总有

$$\begin{aligned}\int_X^{(\mathrm{IuC})} f \circ m &= \left(\int_0^1 m^{(1)}\left(f^{(1)}_{>\alpha_1}\right) d\alpha_1, \int_0^1 m^{(2)}\left(f^{(2)}_{\leqslant\alpha_2}\right) d\alpha_2\right)\\ &= \left(\int_0^1 m^{(1)}\left(f^{(1)}_{>\alpha_1}\right) d\alpha_1, \int_0^1 m^{(2)}\left(f^{(2)}_{<\alpha_2}\right) d\alpha_2\right).\end{aligned}$$

证明 容易证明 (1)、(2) 成立.

(3) 对任意$\alpha\in \boldsymbol{\mathcal{L}}^{(\mathbf{Iu})}$, 若$\beta=(\beta_1, \beta_2) \succcurlyeq \alpha=(\alpha_1, \alpha_2)$, 则 $m(\{x \in X\colon \beta \succcurlyeq \alpha\}) = m(X) = \mathbf{1}^{(\mathbf{Iu})}$; 否则, $m(\{x \in X\colon \beta \succcurlyeq \alpha\})=m(\varnothing)=\mathbf{0}^{(\mathbf{Iu})}$. 由定义 5.2.1 得

$$\begin{aligned}\int_X^{(\mathrm{IuC})} \beta \circ m &= \left(\int_0^1 m^{(1)}\left(\beta^{(1)}_{\geqslant\alpha_1}\right) d\alpha_1, \int_0^1 m^{(2)}\left(\beta^{(2)}_{\leqslant\alpha_2}\right) d\alpha_2\right)\\ &= \left(\int_0^{\beta_1} 1 d\alpha_1, \int_0^{\beta_2} 1 d\alpha_2\right)\\ &= (\beta_1, \beta_2) = \beta.\end{aligned}$$

(4) 若$\beta=\mathbf{0}^{(\mathbf{Iu})}$, $\mathbf{1}^{(\mathbf{Iu})}$, 则结论成立. 若$\beta=(\beta_1, \beta_2) \in \boldsymbol{\mathcal{L}}^{(\mathbf{Iu})}$, 则

$$\int_X^{(\mathrm{IuC})} (\beta \otimes f) \circ m$$

$$=\left(\int_0^1 m^{(1)}\left(\beta_1 f^{(1)}\right)_{\geqslant\alpha_1} d\alpha_1, \int_0^1 m^{(2)}\left(\beta_2+f^{(2)}-\beta_2 f^{(2)}\right)_{\leqslant\alpha_2} d\alpha_2\right).$$

又

$$\begin{aligned}
&\int_0^1 m^{(1)}\left(\left(\beta_1 f^{(1)}\right)_{\geqslant\alpha_1}\right)\mathrm{d}\alpha_1=\int_0^1 m^{(1)}\left(\left\{x\in X:\beta_1 f^{(1)}(x)\geqslant\alpha_1\right\}\right)\mathrm{d}\alpha_1\\
=&\int_0^1 m^{(1)}\left(\left\{x\in X:f^{(1)}(x)\geqslant\frac{\alpha_1}{\beta_1}\right\}\right)\mathrm{d}\alpha_1\\
=&\beta_1\int_0^{1/\beta_1} m^{(1)}\left(\left\{x\in X:f^{(1)}(x)\geqslant\gamma_1\right\}\right)\mathrm{d}\gamma_1\\
=&\beta_1\int_0^{1/\beta_1} m^{(1)}\left(\left\{x\in X:f^{(1)}(x)\geqslant\gamma_1\right\}\right)\mathrm{d}\gamma_1+\beta_1\int_1^{1/\beta_1}0\mathrm{d}\gamma_1\\
=&\beta_1\int_0^1 m^{(1)}\left(f^{(1)}_{\geqslant\alpha_1}\right)\mathrm{d}\alpha_1.
\end{aligned}$$

$$\begin{aligned}
&\int_0^1 m^{(2)}\left(\left(\beta_2+f^{(2)}-\beta_2 f^{(2)}\right)_{\leqslant\alpha_2}\right)\mathrm{d}\alpha_2\\
=&\int_0^1 m^{(2)}\left(\left\{x\in X:\left(\beta_2+f^{(2)}(x)-\beta_2 f^{(2)}(x)\right)\leqslant\alpha_2\right\}\right)\mathrm{d}\alpha_2\\
=&\int_0^1 m^{(2)}\left(\left\{x\in X:f^{(2)}(x)+\frac{\beta_2}{1-\beta_2}\leqslant\frac{\alpha_2}{1-\beta_2}\right\}\right)\mathrm{d}\alpha_2\\
=&(1-\beta_2)\int_0^{\frac{1}{1-\beta_2}} m^{(2)}\left(\left\{x\in X:f^{(2)}(x)+\frac{\beta_2}{1-\beta_2}\leqslant\gamma_2\right\}\right)\mathrm{d}\gamma_2\\
=&(1-\beta_2)\int_0^{\frac{\beta_2}{1-\beta_2}} m^{(2)}\left(\left\{x\in X:f^{(2)}(x)+\frac{\beta_2}{1-\beta_2}\leqslant\gamma_2\right\}\right)\mathrm{d}\gamma_2\\
&+(1-\beta_2)\int_{\frac{\beta_2}{1-\beta_2}}^{\frac{1}{1-\beta_2}} m^{(2)}\left(\left\{x\in X:f^{(2)}(x)+\frac{\beta_2}{1-\beta_2}\leqslant\gamma_2\right\}\right)\mathrm{d}\gamma_2\\
=&(1-\beta_2)\int_0^{\frac{\beta_2}{1-\beta_2}}1\mathrm{d}\gamma_2+(1-\beta_2)\int_{\frac{\beta_2}{1-\beta_2}}^{\frac{1}{1-\beta_2}} m^{(2)}\left(\left\{x\in X:f^{(2)}(x)\leqslant\gamma_2-\frac{\beta_2}{1-\beta_2}\right\}\right)\mathrm{d}\gamma_2\\
=&\beta_2+(1-\beta_2)\int_0^1 m^{(2)}\left(\left\{x\in X:f^{(2)}(x)\leqslant\xi\right\}\right)\mathrm{d}\xi\\
=&\beta_2+\int_0^1 m^{(2)}\left(f^{(2)}_{\leqslant\xi}\right)\mathrm{d}\xi-\beta_2\int_0^1 m^{(2)}\left(f^{(2)}_{\leqslant\xi}\right)\mathrm{d}\xi\\
=&\beta_2+\int_0^1 m^{(2)}\left(f^{(2)}_{\leqslant\alpha_2}\right)\mathrm{d}\alpha_2-\beta_2\int_0^1 m^{(2)}\left(f^{(2)}_{\leqslant\alpha_2}\right)\mathrm{d}\alpha_2.
\end{aligned}$$

而

$$\beta\otimes\int_X^{(\mathrm{IuC})} f\circ m$$
$$=\left(\beta_1\int_0^1 m^{(1)}\left(f^{(1)}_{\geqslant\alpha_1}\right)\mathrm{d}\alpha_1,\beta_2+\int_0^1 m^{(2)}\left(f^{(2)}_{\leqslant\alpha_2}\right)\mathrm{d}\alpha_2-\beta_2\int_0^1 m^{(2)}\left(f^{(2)}_{\leqslant\alpha_2}\right)\mathrm{d}\alpha_2\right).$$

所以 $\int_X^{(\mathrm{IuC})}(\beta\otimes f)\circ m=\beta\otimes\int_X^{(\mathrm{IuC})} f\circ m.$

(5) 证明类似于 (4).

(6) 由定理 5.2.1 可得.

(7) 令 $h(\alpha_1)=m^{(1)}(f^{(1)}_{\geqslant\alpha_1})$, $h'(\alpha_1)=m^{(1)}(f^{(1)}_{>\alpha_1})$, 以下证明

$$\int_0^1 h(\alpha_1)\mathrm{d}\alpha_1=\int_0^1 h'(\alpha_1)\mathrm{d}\alpha_1.$$

一方面, $h'(\alpha_1)\leqslant h(\alpha_1)$, 则

$$\int_0^1 h'(\alpha_1)\mathrm{d}\alpha_1\leqslant\int_0^1 h(\alpha_1)\mathrm{d}\alpha_1;$$

另一方面, 对任一 $\varepsilon>0$, $\alpha_1>0$, 有 $h(\alpha_1+\varepsilon)\leqslant h'(\alpha_1)$, 则

$$\int_0^1 h(\alpha_1+\varepsilon)\mathrm{d}\alpha_1\leqslant\int_0^1 h'(\alpha_1)\mathrm{d}\alpha_1.$$

即 $\int_\varepsilon^{1+\varepsilon} h(\gamma_1)\mathrm{d}\gamma_1\leqslant\int_0^1 h'(\alpha_1)\mathrm{d}\alpha_1$, 令 $\varepsilon\to 0$, 可得

$$\int_0^1 h(\gamma_1)\mathrm{d}\gamma_1\leqslant\int_0^1 h'(\alpha_1)\mathrm{d}\alpha_1.$$

所以

$$\int_0^1 m^{(1)}\left(f^{(1)}_{\geqslant\alpha_1}\right)\mathrm{d}\alpha_1=\int_0^1 m^{(1)}\left(f^{(1)}_{>\alpha_1}\right)\mathrm{d}\alpha_1.$$

同理可证

$$\int_0^1 m^{(2)}\left(f^{(2)}_{\leqslant\alpha_2}\right)\mathrm{d}\alpha_2=\int_0^1 m^{(2)}\left(f^{(2)}_{<\alpha_2}\right)\mathrm{d}\alpha_2.$$

推论 5.2.1 在命题 5.2.1 的前提下有

$$\int_X^{(\mathrm{IuC})}(\gamma\oplus(\beta\otimes f))\circ m=\gamma\oplus\left(\beta\otimes\int_X^{(\mathrm{IuC})} f\circ m\right).$$

3. 直觉模糊 Choquet 积分的对偶性质与离散性质

对任意$\alpha\in \mathcal{L}^{(\mathbf{Iu})}$, 若$\alpha=(\alpha_1, \alpha_2)$, 以下记$\alpha^*=(\alpha_2, \alpha_1)$, 称为$\alpha$的对偶. 类似地, $f=(f^{(1)}, f^{(2)})$: $X\to\mathcal{L}^{(\mathbf{Iu})}$ 的对偶 $f^*=(f^{(2)}, f^{(1)})$.

定理 5.2.2　设 $(X, \wp, m)$ 是直觉模糊可测空间, $f=(f^{(1)}, f^{(2)})$: $X\to\mathcal{L}^{(\mathrm{Iu})}$ 是$\wp$-可测的直觉模糊值映射, 则

$$\int_X^{(\mathrm{IuC})} f\circ m^* = \left(\int_X^{(\mathrm{IuC})} f^*\circ m\right)^*.$$

证明　由定理 5.2.1 有

$$\int_X^{(\mathrm{IuC})} f\circ m^* = \left(\int_X^{(\mathrm{C})} f^{(1)}\circ m^{*(1)}, \overline{\int_X^{(\mathrm{IuC})} \overline{f^{(2)}}\circ \overline{m^{*(2)}}}\right).$$

而

$$\begin{aligned}\int_X^{(\mathrm{C})} f^{(1)}\circ m^{*(1)} &= \int_0^1 m^{*(1)}\left(f^{(1)}_{\geqslant\alpha_1}\right)d\alpha_1\\ &= \int_0^1 m^{(2)}\left(X-f^{(1)}_{\geqslant\alpha_1}\right)d\alpha_1\\ &= \int_0^1 m^{(2)}\left(f^{(1)}_{<\alpha_1}\right)d\alpha_1.\end{aligned}$$

$$\begin{aligned}\overline{\int_X^{(\mathrm{IuC})} \overline{f^{(2)}}\circ \overline{m^{*(2)}}} &= 1-\int_X^{(\mathrm{IuC})} \overline{f^{(2)}}\circ \overline{m^{*(2)}}\\ &= 1-\int_0^1 \overline{m^{*(2)}}\left(\left(\overline{f^{(2)}}\right)_{\geqslant\alpha_2}\right)d\alpha_2\\ &= 1-\int_0^1 \left(1-m^{*(2)}\left(\left(\overline{f^{(2)}}\right)_{\geqslant\alpha_2}\right)\right)d\alpha_2\\ &= \int_0^1 m^{*(2)}\left(\left(\overline{f^{(2)}}\right)_{\geqslant\alpha_2}\right)d\alpha_2\\ &= \int_0^1 m^{(1)}\left(X-\left(\overline{f^{(2)}}\right)_{\geqslant\alpha_2}\right)d\alpha_2\\ &= \int_0^1 m^{(1)}\left(\left(\overline{f^{(2)}}\right)_{<\alpha_2}\right)d\alpha_2\\ &= \int_0^1 m^{(1)}\left(f^{(2)}_{>1-\alpha_2}\right)d\alpha_2\\ &= \int_0^1 m^{(1)}\left(f^{(2)}_{>\alpha_2}\right)d\alpha_2,\end{aligned}$$

所以

$$\int_X^{(\mathrm{IuC})} f\circ m^* = \left(\int_0^1 m^{(2)}\left(f^{(1)}_{<\alpha_1}\right)d\alpha_1, \int_0^1 m^{(1)}\left(f^{(2)}_{>\alpha_2}\right)d\alpha_2\right).$$

另一方面, 由定理 5.2.1 及命题 5.2.1 (7) 得

$$\begin{aligned}\int_X^{(\mathrm{IuC})} f^*\circ m &= \left(\int_0^1 m^{(1)}\left((f^*)^{(1)}_{\geqslant\alpha_1}\right)d\alpha_1, \int_0^1 m^{(2)}\left((f^*)^{(2)}_{\leqslant\alpha_2}\right)d\alpha_2\right)\\ &= \left(\int_0^1 m^{(1)}\left(f^{(2)}_{\geqslant\alpha_1}\right)d\alpha_1, \int_0^1 m^{(2)}\left(f^{(1)}_{\leqslant\alpha_2}\right)d\alpha_2\right)\\ &= \left(\int_0^1 m^{(1)}\left(f^{(2)}_{\geqslant\alpha_1}\right)d\alpha_1, \int_0^1 m^{(2)}\left(f^{(1)}_{<\alpha_2}\right)d\alpha_2\right).\end{aligned}$$

故

$$\begin{aligned}\left(\int_X^{(\mathrm{IuC})} f^*\circ m\right)^* &= \left(\int_0^1 m^{(2)}\left(f^{(1)}_{<\alpha_2}\right)d\alpha_2, \int_0^1 m^{(1)}\left(f^{(2)}_{\geqslant\alpha_1}\right)d\alpha_1\right)\\ &= \left(\int_0^1 m^{(2)}\left(f^{(1)}_{<\alpha_1}\right)d\alpha_1, \int_0^1 m^{(1)}\left(f^{(2)}_{\geqslant\alpha_2}\right)d\alpha_2\right).\end{aligned}$$

所以 $\int_X^{(\mathrm{IuC})} f\circ m^* = \left(\int_X^{(\mathrm{IuC})} f^*\circ m\right)^*$.

推论 5.2.2 设 $(X, \wp, m)$ 是直觉模糊可测空间, $f=(f^{(1)}, f^{(2)})$: $X\to \boldsymbol{\mathcal{L}}^{(\mathbf{Iu})}$ 是$\wp$ -可测的直觉模糊值函数, 则

$$\left(\int_X^{(\mathrm{IuC})} f\circ m\right)^* = \int_X^{(\mathrm{IuC})} f^*\circ m^*.$$

定理 5.2.3 若 $X=\{x_1,x_2, \cdots, x_n\}=\{y_1,y_2, \cdots, y_n\}$($\{y_i\}$是$\{x_i\}$的一个重排) 是有限集, $f=(f^{(1)}, f^{(2)})$: $X\to \boldsymbol{\mathcal{L}}^{(\mathbf{Iu})}$ 满足

$f^{(1)}(x_1)\leqslant f^{(1)}(x_2)\leqslant\cdots\leqslant f^{(1)}(x_n)$, 且 $f^{(2)}(y_1)\geqslant f^{(2)}(y_2)\geqslant\cdots\geqslant f^{(2)}(y_n)$, 当 $1\leqslant i\leqslant n-1$ (否则, 重排 $f^{(1)}(x_i), f^{(2)}(y_i), 1\leqslant i\leqslant n$), 则

$$\begin{aligned}\int_X^{(\mathrm{IuC})} f\circ m =\Bigg(&\sum_{i=1}^n f^{(1)}(x_i)[m^{(1)}(X_i)-m^{(1)}(X_{i+1})], \sum_{i=1}^n f^{(2)}(y_i)[m^{(2)}(Y_{i+1})\\ &-m^{(2)}(Y_i)]\Bigg),\end{aligned}$$

这里 $X_i=\{x_i,x_{i+1},\cdots,x_n\}$, $Y_i=\{y_i,y_{i+1},\cdots,y_n\}$, 当 $1\leqslant i\leqslant n$ 且 $X_{n+1}=Y_{n+1}=\varnothing$.

证明 由定理 5.2.1 及定理 2.4.6 可得

$$\int_X^{(\mathrm{C})} f^{(1)}\circ m^{(1)}=\sum_{i=1}^n f^{(1)}(x_i)\left[m^{(1)}(X_i)-m^{(1)}(X_{i+1})\right].$$

由假设 (否则重排 $f^{(2)}(y_i)$, $1\leqslant i\leqslant n$)

$$f^{(2)}(y_1)\geqslant f^{(2)}(y_2)\geqslant\cdots\geqslant f^{(2)}(y_n)\quad 且\quad m^{(2)}(Y_1)\leqslant m^{(2)}(Y_2)\leqslant\cdots\leqslant m^{(2)}(Y_n),$$

可得

$$\overline{f^{(2)}}(y_1)\leqslant \overline{f^{(2)}}(y_2)\leqslant\cdots\leqslant \overline{f^{(2)}}(y_n)\quad 且\quad \overline{m^{(2)}}(Y_1)\geqslant \overline{m^{(2)}}(Y_2)\leqslant\cdots\geqslant \overline{m^{(2)}}(Y_n).$$

于是

$$\begin{aligned}\overline{\int_X^{(\mathrm{C})} \overline{f^{(2)}}\circ \overline{m^{(2)}}}&=1-\int_X^{(\mathrm{C})} \overline{f^{(2)}}\circ \overline{m^{(2)}}\\&=1-\sum_{i=1}^n \overline{f^{(2)}}(y_i)[\overline{m^{(2)}}(Y_i)-\overline{m^{(2)}}(Y_{i+1})]\\&=1-\sum_{i=1}^n \overline{f^{(2)}}(y_i)[(1-m^{(2)}(Y_i))-(1-m^{(2)}(Y_{i+1}))]\\&=\sum_{i=1}^n[m^{(2)}(Y_{i+1})-m^{(2)}(Y_i)]-\sum_{i=1}^n \overline{f^{(2)}}(y_i)[m^{(2)}(Y_{i+1})-m^{(2)}(Y_i)]\\&=\sum_{i=1}^n[m^{(2)}(Y_{i+1})-m^{(2)}(Y_i)](1-\overline{f^{(2)}}(y_i))\\&=\sum_{i=1}^n f^{(2)}(y_i)[m^{(2)}(Y_{i+1})-m^{(2)}(Y_i)].\end{aligned}$$

由上述结论可知: (1) 如果函数 f 仅取值$\{\mathbf{0}^{(\mathbf{Iu})},\mathbf{1}^{(\mathbf{Iu})}\}$, 即存在 j 使得 $f(x_1)\leqslant\cdots\leqslant f(x_{j-1})=\mathbf{0}^{(\mathbf{Iu})}$, $f(x_j)\leqslant\cdots\leqslant f(x_n)=\mathbf{1}^{(\mathbf{Iu})}$, 则

$$\int_X^{(\mathrm{IuC})} f\circ m=\left(\sum_{i=j}^n(m^{(1)}(X_i)-m^{(1)}(X_{i+1})),\sum_{i=j}^n(m^{(2)}(Y_{i+1})-m^{(2)}(Y_i))\right).$$

(2) 如果 $f(x)=c=(c^{(1)},c^{(2)})$ 是常函数 (1), 则

$$\begin{aligned}&\int_X^{(\mathrm{IuC})} f\circ m\\&=\left(\sum_{i=1}^n c^{(1)}[m^{(1)}(X_i)-m^{(1)}(X_{i+1})],\sum_{i=1}^n c^{(2)}[m^{(2)}(Y_{i+1})-m^{(2)}(Y_i)]\right)\\&=\left(c^{(1)},c^{(2)}\right)=c.\end{aligned}$$

5.2.2 含直觉模糊量词的一阶语言 $\mathbf{L}_{\mathbf{q}}^{(\mathbf{IuC})}$ 及其性质

1. 关于直觉模糊量词的运算

关于直觉模糊量词的概念, 请参阅 4.3.2 节.

在 4.3 节中定义了直觉模糊量词的运算 (见定义 4.3.5), 它们与一阶逻辑语言 $\mathbf{L}_{\mathbf{q}}^{(\mathbf{IuS})}$ 相配套. 这里重新给出直觉模糊量词的一些运算, 它们与后面论述的一阶逻辑语言 $\mathbf{L}_{\mathbf{q}}^{(\mathbf{IuC})}$ 相配套.

定义 5.2.2 设 Q, Q_1, Q_2 是直觉模糊量词, 则 Q 的对偶 Q^*, Q_1 与 Q_2 的蕴涵 $Q_1 \to Q_2$, Q_1 与 Q_2 的交 $Q_1 \Cap Q_2$, Q_1 与 Q_2 的并 $Q_1 \Cup Q_2$ 分别定义如下: 对任一集合 X 和任一 $E \subseteq X$,

$$Q_X^*(E) \stackrel{\text{def}}{=} (Q_X(X-E))^* = \left(Q_X^{(2)}(X-E), Q_X^{(1)}(X-E)\right);$$

$$(Q_1 \to Q_2)_X(E) \stackrel{\text{def}}{=} \left(1 - Q_{1X}^{(1)}(E) + Q_{1X}^{(1)}(E)Q_{2X}^{(1)}(E), (1 - Q_{1X}^{(2)}(E))Q_{2X}^{(2)}(E)\right);$$

$$\begin{aligned}(Q_1 \Cap Q_2)_X(E) &\stackrel{\text{def}}{=} Q_{1X}(E) \otimes Q_{2X}(E) \\ &= \left(Q_{1X}^{(1)}(E)Q_{2X}^{(1)}(E), Q_{1X}^{(2)}(E) + Q_{2X}^{(2)}(E) - Q_{1X}^{(2)}(E)Q_{2X}^{(2)}(E)\right);\end{aligned}$$

$$\begin{aligned}(Q_1 \Cup Q_2)_X(E) &\stackrel{\text{def}}{=} Q_{1X}(E) \oplus Q_{2X}(E) \\ &= \left(Q_{1X}^{(1)}(E) + Q_{2X}^{(1)}(E) - Q_{1X}^{(1)}(E)Q_{2X}^{(1)}(E), Q_{1X}^{(2)}(E)Q_{2X}^{(2)}(E)\right).\end{aligned}$$

2. 一阶逻辑语言 $\mathrm{L}_{\mathbf{q}}^{(\mathbf{IuC})}$

定义 5.2.3 语言 $\mathbf{L}_{\mathbf{q}}^{(\mathbf{IuC})}$ 的字母表如下:

(i) 个体变元的可数集: $x_0, x_1, x_2, \cdots$;

(ii) 谓词符号集: 谓词符号集 $\mathbf{F} = \bigcup_{n=0}^{\infty} \mathbf{F}_n$, 其中 $\mathbf{F}_n$ 是所有的 n 元谓词符号的集合 ($n \geqslant 0$);

(iii) 命题联结词: $\neg, \to$;

(iv) 括号: (,);

(v) 直觉语言量词: Q.

定义 5.2.4 合式公式集 Wff 是满足下述条件的最小符号集:

(1) 若 $n \geqslant 0$, $F \in \mathbf{F}_n$, $y_1, \cdots, y_n$ 是个体变元, 则 $F(y_1, \cdots, y_n) \in$Wff;

(2) 若 Q 是一个直觉量词, x 是个体变元, $\varphi \in$Wff, 则 $(Qx)\varphi \in$Wff;

(3) 若 $\varphi, \varphi_1, \varphi_2 \in$Wff, 则 $\neg\varphi, \varphi_1 \to \varphi_2 \in$Wff.

为了方便, 引入下述一些缩写符号:

$$\varphi \vee \psi \stackrel{\text{def}}{=} \neg\varphi \to \psi,$$

$$\varphi \wedge \psi \overset{\text{def}}{=} \neg(\varphi \to \neg\psi),$$

$$\varphi \leftrightarrow \psi \overset{\text{def}}{=} (\varphi \to \psi) \wedge (\psi \to \phi).$$

定义 5.2.5 逻辑语言 $\mathbf{L_q^{(IuC)}}$ 的直觉解释 I 由下面各项构成:

(1) 一个可测空间 $(X, \wp)$, 称为 I 的论域;

(2) 对于每个 $n \geqslant 0$, 有与个体变元 x_i 相对应的 X 中的元素 x_i^I;

(3) 对于每个 $n \geqslant 0$ 和任一 $F \in \mathbf{F}_n$, 存在一个$\wp^n$-可测的直觉模糊值函数 F^I: $X^n \to \boldsymbol{\mathcal{L}}^{(\mathbf{Iu})}$.

为了简便, 以后假设在解释 I 的论域 $(X, \wp)$ 中的 Borel 域$\wp$总取 X 的幂集 2^X. 对任一量词 Q, X 上的 Borel 域$\wp_X$ 也取为 2^X.

定义 5.2.6 设 I 是一直觉解释, 则公式 φ 在 I 下的直觉真值 $T_I(\varphi)$ 的递归定义如下:

(1) 若 $\varphi = F(y_1, \cdots, y_n)$, 则

$$T_I(\varphi) = F^I(y_1^I, \cdots, y_n^I).$$

(2) 若 $\varphi = (Qx)\psi$, 则

$$\begin{aligned} T_I(\varphi) &= \int_X^{(\mathrm{IuC})} T_{I\{\cdot/x\}}(\psi) \circ Q_X \\ &= \left(\int_X^{(\mathrm{C})} T_{I\{\cdot/x\}}(\psi)^{(1)} \circ Q_X^{(1)}, \overline{\int_X^{(\mathrm{C})} \overline{T_{I\{\cdot/x\}}(\psi)^{(2)}} \circ \overline{Q_X^{(2)}}} \right), \end{aligned}$$

其中 X 是 I 的论域, $T_{I\{./x\}}(\psi)$: $X \to \boldsymbol{\mathcal{L}}^{(\mathbf{Iu})}$ 是一个直觉模糊值映射满足

$$T_{I\{\cdot/x\}}(\psi)(u) = T_{I\{u/x\}}(\psi), \quad \forall u \in X,$$

而 $I\{u/x\}$是仅在个体变元 x 上的指派不同于 I 的一个解释, 即对所有 $y \neq x$ 时 $y^{I\{u/x\}} = y^I$, 且 $x^{I\{u/x\}} = u$.

(3) 若 $\varphi = \neg\psi$, 则

$$T_I(\varphi) = (T_I(\psi))^* = \left(T_I(\psi)^{(2)}, T_I(\psi)^{(1)} \right).$$

若 $\varphi = \varphi_1 \to \varphi_2$, 则

$$T_I(\varphi) = \left(1 - T_I^{(1)}(\varphi_1) + T_I^{(1)}(\varphi_1) T_I^{(1)}(\varphi_2), (1 - T_I^{(2)}(\varphi_1)) T_I^{(2)}(\varphi_2) \right).$$

(4) 若 $\varphi = \varphi_1 \wedge \varphi_2$, 则

$$T_I(\varphi) = T_I(\varphi_1) \otimes T_I(\varphi_2)$$

$$= \left(T_I(\varphi_1)^{(1)}T_I(\varphi_2)^{(1)}, T_I(\varphi_1)^{(2)} + T_I(\varphi_2)^{(2)} - T_I(\varphi_1)^{(2)}T_I(\varphi_2)^{(2)}\right).$$

若 $\varphi = \varphi_1 \vee \varphi_2$, 则

$$\begin{aligned} T_I(\varphi) &= T_I(\varphi_1) \oplus T_I(\varphi_2) \\ &= \left(T_I(\varphi_1)^{(1)} + T_I(\varphi_2)^{(1)} - T_I(\varphi_1)^{(1)}T_I(\varphi_2)^{(1)}, T_I(\varphi_1)^{(2)}T_I(\varphi_2)^{(2)}\right). \end{aligned}$$

定义 5.2.7 设 φ, $\psi\in$Wff, 若对每一个直觉解释 I 有 $T_I(\varphi)=T_I(\psi)$, 则称 φ 与ψ等价, 记为 $\varphi \equiv \psi$.

引理 5.2.1 设 m 是取值于$\{\mathbf{0}^{(\mathbf{Iu})}, \mathbf{1}^{(\mathbf{Iu})}\}$的直觉模糊测度, 则对于 X 上的每一个$\wp$-可测的直觉模糊值函数 f: $X \to \boldsymbol{\mathcal{L}}^{(\mathbf{Iu})}$ 有

$$\int_X^{(\mathrm{IuC})} f \circ m = \sup_{A:m(A)=1^{(\mathrm{Iu})}} \inf_{x\in A} f(x).$$

命题 5.2.2 设 $\forall, \exists$ 是直觉全称模糊量词、直觉存在模糊量词, x 是个体变元, $\varphi\in$Wff, 则对任意一个直觉解释 I(论域为 X) 有

$$T_I((\forall x)\varphi) = \bigwedge_{u\in X} T_{I\{u/x\}}(\varphi), \quad T_I((\exists x)\varphi) = \bigvee_{u\in X} T_{I\{u/x\}}(\varphi).$$

命题 5.2.3 对任意直觉模糊量词 Q 和任一 $\varphi\in$Wff, 若 I 是以 $X=\{u\}$为论域的一个直觉解释, 则 $T_I((Qx)\varphi) = T_I(\varphi)$.

上述引理及命题的证明, 请参阅文献 [51], 此略.

3. $\mathbf{L}_{\mathbf{q}}^{(\mathbf{IuC})}$ 的前束范式定理

命题 5.2.4 对任意直觉模糊量词 Q 和任一 $\varphi\in$Wff, 有 $\neg(Qx)\varphi \equiv (Q^*x)\neg\varphi$, 这里 Q^* 是 Q 的对偶.

证明 对任一解释 I(论域为 X),

$$\begin{aligned} T_I((Q^*x)\neg\varphi) &= \int^{(\mathrm{C})} T_{I\{./x\}}(\neg\varphi) \circ Q^*_X \\ &= \int^{(\mathrm{C})} \left(T_{I\{./x\}}(\varphi)^{(2)}, T_{I\{./x\}}(\varphi)^{(1)}\right) \circ Q^*_X \\ &= \int^{(\mathrm{C})} \left(T_{I\{./x\}}(\varphi)^{(1)}, T_{I\{./x\}}(\varphi)^{(2)}\right)^* \circ Q^*_X. \end{aligned}$$

应用推论 5.2.2 得

$$T_I((Q^*x)\neg\varphi)$$

$$
\begin{aligned}
&=\int^{(c)}\left(T_{I\{./x\}}(\varphi)^{(1)},T_{I\{./x\}}(\varphi)^{(2)}\right)^{*}\circ Q_X^{*}\\
&=\left(\int^{(C)}\left(T_{I\{./x\}}(\varphi)^{(1)},T_{I\{./x\}}(\varphi)^{(2)}\right)\circ Q_X\right)^{*}\\
&=(T_I((Qx)\varphi))^{*}\\
&=T_I(\neg(Qx)\varphi).
\end{aligned}
$$

命题 5.2.5　对任意直觉模糊量词 Q, φ, $\psi\in$Wff, 若个体变元 x 在ψ中是不自由的, 则

$$(Qx)\varphi\wedge\psi=(Qx)(\varphi\wedge\psi),$$

$$(Qx)\varphi\vee\psi=(Qx)(\varphi\vee\psi).$$

证明　因为 x 在 ψ 中不自由, 则对所有 $u\in X$,

$$T_{I\{u/x\}}(\psi)=T_I(\psi).$$

对任意直觉解释 I 有

$$
\begin{aligned}
T_I((Qx)(\varphi\wedge\psi))&=\int_X^{(C)}\left(T_{I\{./x\}}(\varphi)\otimes T_{I\{./x\}}(\psi)\right)\circ Q_X\\
&=\int_X^{(C)}\left(T_{I\{./x\}}(\varphi)\otimes T_I(\psi)\right)\circ Q_X\\
&=T_I(\psi)\otimes\int_X^{(C)}T_{I\{./x\}}(\varphi)\circ Q_X\quad(\text{由命题 5.2.1(4)})\\
&=T_I(\psi)\otimes T_I((Qx)\varphi)\\
&=T_I((Qx)\varphi\wedge\psi).
\end{aligned}
$$

同理, 可得

$$(Qx)\varphi\vee\psi=(Qx)(\varphi\vee\psi).$$

命题 5.2.6　对任意直觉模糊量词 Q_1, Q_2, 个体变元 x, $\varphi\in$Wff 有

(1) $((Q_1\Cap Q_2)x)\varphi\equiv(Q_1x)\varphi\wedge(Q_2x)\varphi$;

(2) $((Q_1\Cup Q_2)x)\varphi\equiv(Q_1x)\varphi\vee(Q_2x)\varphi$.

证明　(1) 对论域 X 上的任一直觉解释 I, 应用命题 5.2.1 (1) 可得

$$T_I\left(((Q_1\Cap Q_2)x)\,\varphi\right)\preccurlyeq T_I\left((Q_1x)\,\varphi\wedge(Q_2x)\,\varphi\right).$$

若$\alpha=(\alpha_1,\alpha_2)\in\boldsymbol{\mathcal{L}}^{(\mathbf{Iu})}$, 则令

$$F_\alpha=\{x\in X:T_{I\{./x\}}(\varphi)\geqslant(\alpha_1,\alpha_2)\}$$

$$
\begin{aligned}
&= \{x \in X : T_{I\{./x\}}(\varphi)^{(1)} \geqslant \alpha_1\} \cap \{x \in X : T_{I\{./x\}}(\varphi)^{(2)} \leqslant \alpha_2\} \\
&= G_{\alpha_1} \cap H^{\alpha_2},
\end{aligned}
$$

其中, $G_{\alpha_1} = \{x \in X : T_{I\{./x\}}(\varphi)^{(1)} \geqslant \alpha_1\}, H^{\alpha_2} = \{x \in X : T_{I\{./x\}}(\varphi)^{(2)} \leqslant \alpha_2\}$.

应用定义 5.2.6 及引理 5.1.1 得

$$
\begin{aligned}
&T_I\left((Q_1x)\,\varphi \wedge (Q_2x)\,\varphi\right) \\
=&T_I\left((Q_1x)\,\varphi\right) \otimes T_I\left((Q_2x)\,\varphi\right) \\
=&\Big(T_I^{(1)}((Q_1x)\varphi)T_I^{(1)}((Q_2x)\varphi), T_I^{(2)}((Q_1x)\varphi) + T_I^{(2)}((Q_2x)\varphi) \\
&-T_I^{(2)}((Q_1x)\varphi)T_I^{(2)}((Q_2x)\varphi)\Big) \\
=&\left(\int_0^1 Q_{1X}^{(1)}(T_{I\{./x\}}(\varphi)^{(1)}_{\geqslant\alpha_1})d\alpha_1 \int_0^1 Q_{2X}^{(1)}(T_{I\{./x\}}(\varphi)^{(1)}_{\geqslant\alpha_1})d\alpha_1,\right. \\
&\int_0^1 Q_{1X}^{(2)}(T_{I\{./x\}}(\varphi)^{(2)}_{\leqslant\alpha_2})d\alpha_2 + \int_0^1 Q_{2X}^{(2)}(T_{I\{./x\}}(\varphi)^{(2)}_{\leqslant\alpha_2})d\alpha_2 \\
&\left.-\int_0^1 Q_{1X}^{(2)}(T_{I\{./x\}}(\varphi)^{(2)}_{\leqslant\alpha_2})d\alpha_2 \int_0^1 Q_{2X}^{(2)}(T_{I\{./x\}}(\varphi)^{(2)}_{\leqslant\alpha_2})d\alpha_2\right) \\
=&\left(\int_0^1 Q_{1X}^{(1)}(G_{\alpha_1})d\alpha_1 \int_1^0 Q_{2X}^{(1)}(G_{\alpha_1})d\alpha_1, \int_0^1 Q_{1X}^{(2)}(H^{\alpha_2})d\alpha_2 + \int_0^1 Q_{2X}^{(2)}(H^{\alpha_2})d\alpha_2\right. \\
&\left.-\int_0^1 Q_{1X}^{(2)}(H^{\alpha_2})d\alpha_2 \int_0^1 Q_{2X}^{(2)}(H^{\alpha_2})d\alpha_2\right) \\
\preceq&\left(\int_0^1 Q_{1X}^{(1)}(G_{\alpha_1})Q_{2X}^{(1)}(G_{\alpha_1})d\alpha_1, \int_0^1 (Q_{1X}^{(2)}(H^{\alpha_2})\right. \\
&\left.+Q_{2X}^{(2)}(H^{\alpha_2}) - Q_{1X}^{(2)}(H^{\alpha_2})Q_{2X}^{(2)}(H^{\alpha_2}))d\alpha_2\right) \\
=&T_I\left(((Q_1 \Cap Q_2)x)\,\varphi\right).
\end{aligned}
$$

所以, $((Q_1 \Cap Q_2)x)\,\varphi \equiv (Q_1x)\,\varphi \wedge (Q_2x)\,\varphi$.

(2) 同理, 可证

$$((Q_1 \Cup Q_2)x)\varphi \equiv (Q_1x)\varphi \vee (Q_2x)\varphi.$$

结合命题 5.2.4—命题 5.2.6 得以下定理.

定理 5.2.4(前束范式定理) 对任意 $\varphi \in$Wff, 存在$\phi\in$Wff 使得

$$\varphi \equiv (Q_1x_1)\cdots(Q_nx_n)\phi,$$

其中 $n \geqslant 0, Q_1, \cdots, Q_n$ 是直觉模糊量词, 且 $\phi \in$Wff 不含直觉模糊量词.

5.2.3 直觉模糊 Choquet 积分的应用

1. 在综合评判中的应用

考虑对一道中国菜的评价 (基于模糊集的方法参见 [155]), 从菜的味道 (T), 气味 (S) 和品相 (A) 三个品质因素来评判, 则论域为 $X = \{T, S, A\}$. 每个因素的重要度已由专家给出:

$$\mu(T) = (0.7, 0.2),\quad \mu(S) = (0.1, 0.7),\quad \mu(A) = (0, 1),\quad \mu(T, S) = (0.9, 0.1),$$
$$\mu(T, A) = (0.8, 0.2),\quad \mu(S, A) = (0.3, 0.6),\quad \mu(X) = (1, 0),\quad \mu(\varnothing) = (0, 1).$$

显然, μ满足直觉模糊测度的基本条件, 即μ: $2^X \to \mathcal{L}^{(\mathbf{Iu})}$ 是 X 上的一个直觉模糊测度. 另一方面, 顾客对这道菜的三个属性打分, 由于人的主观性, 不同顾客有不同见解. 如果一个顾客打分如下:

$$f(T) = (0.9, 0.1),\quad f(S) = (0.6, 0.3),\quad f(A) = (0.8, 0.1).$$

利用直觉模糊 Choquet 积分表示综合评判的情况, 那么这道菜的综合分数 (H) 计算如下:

$$\begin{aligned} H &= \int_X^{(\mathrm{IuC})} f \circ \mu \\ &= \begin{pmatrix} 0.6 \times (1 - 0.8) + 0.8 \times (0.8 - 0.7) + 0.9 \times (0.7 - 0), \\ 0.3 \times (0.2 - 0) + 0.1 \times (1 - 0.2) + 0.1 \times (1 - 1) \end{pmatrix} \\ &= (0.83, 0.14). \end{aligned}$$

如果另一顾客对这道菜的打分为: $f(T)$=(1, 0), $f(S)$ = $f(A)$= (0, 1). 则相应的综合分数 H=(0.7, 0.2). 故第一个顾客对这道菜的评价较高.

2. 直觉语言量词在多准则决策问题中的应用

要解决的问题及方法步骤类似于例 4.3.3, 只是这里使用直觉模糊 Choquet 积分, 而那里使用的是直觉模糊 Sugeno 积分. 下面考虑一个购买房子的决策问题.

用直觉模糊集来表示房子的某一特点对想买房子的 R 先生的吸引力. 假定在考虑的范围内, 有三所房子可供选择 S={h_1, h_2, h_3}, 而 X={ξ_1, ξ_2, ξ_3, ξ_4, ξ_5}是决策参数 (决策准则) 的集合. X 中的ξ_i(i=1, 2, 3, 4, 5) 分别表示 “房子的价格合理程度”“房子的漂亮程度”“房子的居家面积大小程度”“交通便利程度” 以及 “小区绿化程度”, 表 5-2 给出评价数据.

取 Q=“almost all”, 即对任一 $E \subseteq X$,

$$\text{allmost all}_X(E) = \left(\left(\frac{\mu(E)}{\mu(X)} \right)^2, \left(\frac{\mu(X - E)}{\mu(X)} \right)^2 \right),$$

这里取$\mu(E)$ 为 E 的基数. 于是依据直觉模糊 Choquet 积分的计算方法可得

$$D(h_1)=\int_X^{(\mathrm{IuC})} h_{1\xi}\circ Q_X=\left(D(h_1)^{(1)},D(h_1)^{(2)}\right),$$

表 5-2　三所房子的评价数据

	ξ_1	ξ_2	ξ_3	ξ_4	ξ_5
h_1	(0.85, 0.1)	(0.8, 0.1)	(0.6, 0.2)	(0.4, 0.4)	(0.7, 0.1)
h_2	(0.7, 0.2)	(0.7, 0.1)	(0.5, 0.2)	(0.8, 0.1)	(0.4, 0.5)
h_3	(0.7, 0.3)	(0.5, 0.3)	(0.6, 0.2)	(0.8, 0.1)	(0.7, 0.2)

其中 (依据定理 5.2.3)

$$\begin{aligned}
D(h_1)^{(1)}=&\sum_{i=1}^{5}h_{1\xi}^{(1)}(\xi_i)\left[Q^{(1)}(X_i)-Q^{(1)}(X_{i+1})\right]\\
=&0.4\times\left[Q^{(1)}(\{\xi_4,\xi_3,\xi_5,\xi_2,\xi_1\})-Q^{(1)}(\{\xi_3,\xi_5,\xi_2,\xi_1\})\right]\\
&+0.6\times\left[Q^{(1)}(\{\xi_3,\xi_5,\xi_2,\xi_1\})-Q^{(1)}(\{\xi_5,\xi_2,\xi_1\})\right]\\
&+0.7\times\left[Q^{(1)}(\{\xi_5,\xi_2,\xi_1\})-Q^{(1)}(\{\xi_2,\xi_1\})\right]\\
&+0.8\times\left[Q^{(1)}(\{\xi_2,\xi_1\})-Q^{(1)}(\{\xi_1\})\right]+0.85\times\left[Q^{(1)}(\{\xi_1\})-Q^{(1)}(\varnothing)\right]\\
=&0.4\times\left[1-\left(\frac{4}{5}\right)^2\right]+0.6\times\left[\left(\frac{4}{5}\right)^2-\left(\frac{3}{5}\right)^2\right]\\
&+0.7\times\left[\left(\frac{3}{5}\right)^2-\left(\frac{2}{5}\right)^2\right]+0.8\times\left[\left(\frac{2}{5}\right)^2-\left(\frac{1}{5}\right)^2\right]\\
&+0.85\times\left[\left(\frac{1}{5}\right)^2-\left(\frac{0}{5}\right)^2\right]\\
=&0.4\times0.36+0.6\times0.28+0.7\times0.2+0.8\times0.12+0.85\times0.04\\
=&0.582.
\end{aligned}$$

$$\begin{aligned}
D(h_1)^{(2)}=&\sum_{i=1}^{5}h_{1\xi}^{(2)}(\xi_i)\left[Q^{(2)}(Y_{i+1})-Q^{(1)}(Y_i)\right]\\
=&0.4\times\left[Q^{(2)}(\{\xi_3,\xi_1,\xi_2,\xi_5\})-Q^{(2)}(\{\xi_4,\xi_3,\xi_1,\xi_2,\xi_5\})\right]\\
&+0.2\times\left[Q^{(2)}(\{\xi_1,\xi_2,\xi_5\})-Q^{(2)}(\{\xi_3,\xi_1,\xi_2,\xi_5\})\right]\\
&+0.1\times\left[Q^{(2)}(\{\xi_2,\xi_5\})-Q^{(2)}(\{\xi_1,\xi_2,\xi_5\})\right]\\
&+0.1\times\left[Q^{(2)}(\{\xi_5\})-Q^{(2)}(\{\xi_2,\xi_5\})\right]+0.1\times\left[Q^{(2)}(\varnothing)-Q^{(2)}(\{\xi_5\})\right]
\end{aligned}$$

$$
\begin{aligned}
&=0.4\times\left[\left(\frac{1}{5}\right)^2-\left(\frac{0}{5}\right)^2\right]+0.2\times\left[\left(\frac{2}{5}\right)^2-\left(\frac{1}{5}\right)^2\right]\\
&\quad+0.1\times\left[\left(\frac{3}{5}\right)^2-\left(\frac{2}{5}\right)^2\right]+0.1\times\left[\left(\frac{4}{5}\right)^2-\left(\frac{3}{5}\right)^2\right]+0.1\times\left[\left(\frac{5}{5}\right)^2-\left(\frac{4}{5}\right)^2\right]\\
&=0.4\times 0.04+0.2\times 0.12+0.1\times 0.2+0.1\times 0.28+0.1\times 0.36\\
&=0.124.
\end{aligned}
$$

即

$$
D(h_1)=\int_X^{(\mathrm{IuC})} h_{1\xi}\circ Q_X=(0.582,0.124).
$$

同理可得

$$
D(h_2)=\int_X^{(\mathrm{IuC})} h_{2\xi}\circ Q_X=(0.54,0.148),
$$

$$
D(h_3)=\int_X^{(\mathrm{IuC})} h_{3\xi}\circ Q_X=(0.604,0.18).
$$

从而,

$$
D_1=0.582-0.124\times(1-0.582-0.124)=0.5455,
$$

$$
D_2=0.54-0.148\times(1-0.54-0.148)=0.4938,
$$

$$
D_3=0.604-0.18\times(1-0.604-0.18)=0.5651.
$$

所以 h_3 是最佳选择.

5.3 模糊量词在模糊查询中的应用

5.3.1 模糊查询概述

1. 什么是模糊查询

模糊查询来源于人们在进行数据查询 (检索) 时使用自然语言的基本需求. 举个简单的例子, 要在学生数据库系统中查找 “外语成绩 90 分的女生”, 这里 “90” 和 “女” 都是精确数据, 这是传统查询, 在传统关系数据库中使用 SQL(structured query language, 结构化查询语言) 可以实现; 而要查找 “外语成绩优秀的高个子女生”, 这里 “优秀” 和 “高个子” 都是模糊的词语, 这是模糊查询, 在传统关系数据库理论中没有提供实现这种查询的机制和方法.

一般地, 模糊查询 (fuzzy query) 是指通过使用模糊集合或具有模糊特征的语言词对数据库进行查询. 也就是说, 查询标准或查询条件可包含模糊集合或语言词, 而数据库本身则可以是传统 (非模糊) 数据库, 也可以是模糊数据库.

以上对模糊查询的描述来自文献 [191], 尽管时间很早了, 但仍很贴切. 在 2015 年发表的最新综述性论文 [192] 中, 同样有如下表述: Among the two main lines of research on fuzziness in data(base) management the first concerns the standard data(base) and allows for the fuzziness only in queries. The second assumes the data themselves to be fuzzy, and concerns the concept of a fuzzy database. 当然, 一些新的变化也需要补充说明. 模糊查询也常被称为软查询 (soft query)、柔性查询 (flexible query)、模糊偏好查询 (fuzzy preference query, 见文献 [37]), 同时, "查询" 和 "检索" 含义相近, 因此模糊查询与模糊检索 (fuzzy retrieval) 是模糊同义语. 随着互联网及 "互联网 +" 的飞速发展, 原来主要用于数据库 (特别是关系数据库) 管理系统的模糊查询也已拓展到基于 Web 的数据查询或信息检索 (参见文献 [193—197]).

2. *模糊查询方法的研究概况*

1977 年, Zadeh 的学生 Tahani 首次基于模糊集理论研究模糊查询问题 [198]; 之后, 基于模糊逻辑的非经典逻辑联结词 (处理查询条件中的联结词语) 被应用于模糊查询, 以更好地聚合原子条件的匹配度, 如文献 [133, 199—205] 中的工作.

特别指出的是, Kacprzyk、Ziołowski 及 Zadrozny 在 [133, 199] 中首次提出基于模糊语言量词的聚合原子条件匹配度的方法, 可以处理用户如下的查询需求: most of the atomic conditions to be fulfilled(大多数原子条件被满足). 比如针对一个产品数据库, 可以询问: "大多数的产品是可靠的吗?" 其中 "大多数" 是一个模糊量词. 在文献 [133, 199] 中, 总的匹配度是使用 Zadeh 的模糊量化方法计算的, 即对模糊量词的处理应用了 Zadeh 的模糊基数模型; 而在文献 [6, 54, 203—205] 中, 使用模糊积分来解决模糊查询中原子条件匹配度的聚合问题.

美国路易斯维尔大学的 Antonio Badia 在 2009 年出版的专著 [200] 中, 详细论述了查询、逻辑、自然语言中的广义量化问题, 其理论基础是广义量词理论.

P. Bosc 等人在 [201, 202] 中对传统关系数据库中广泛使用的 SQL 进行了模糊扩展, 提出 SQLf 语言, 使其具有处理含有不精确查询条件的模糊查询. 比如, 一个 SQLf 语句可在 WHERE 子句中引入模糊条件:

```
SELECT S#, SNAME
FROM STUDENT
WHERE AGE is"young"
```

模糊条件 (如, AGE is "young") 与数据库中的年龄值进行模糊匹配, 从而决定数据库中每一元组满足查询标准的程度. 用户通常可能给出一个阈值λ, 使得系统仅输出那些匹配度至少为λ的元组.

Takahashi 在 [206, 207](也可参见 [208] 中的 P365–384) 中提出关系演算的一个模糊版本, 其模糊查询语言 FQL(fuzzy query language) 可以认为是 domain 关系

演算 (domain relational calculus, DRC) 的模糊扩展.

以上这些方法都是针对经典的关系数据库, 扩展查询语言来解决模糊查询问题. 下面介绍模糊数据库及其上的模糊查询问题. 所谓模糊数据库, 就是能够处理模糊数据的数据库, 其核心问题是模糊数据的表达、运算以及模糊数据的管理设计. Skrbic 等人在 [209] 中基于模糊逻辑和模糊集理论扩展了经典的关系数据库模型, 构建了模糊的关系数据模型, 使之可以包含模糊或不精确的属性值; Benali-Sougui 等人在 [210] 中使用语言变量在 SQLf 方法的基础上给出了模糊数据库的柔性查询方法 Fuzzy-SaintEtiq.

近年, 一些学者对双极模糊查询 (bipolar fuzzy query) 产生了兴趣, 关于这方面的研究内容以及关于模糊集理论在数据库管理系统中应用的更全面介绍, 请参见综述文章 [192] 及专著 [37].

此外, 学者们不仅关注基于数据库系统的模糊查询问题, 而且关注基于互联网的模糊查询 (检索) 问题. 比如, Kacprzyk 等人在文献 [211] 中提到通过模糊查询 Internet 数据的方式实现数据挖掘, 并在文献 [212] 中提出了使用模糊逻辑描述术语间的关系, 将模糊查询技术应用于 Web 数据的查询方法, 并建立 FQUERY 支持 Web 数据的模糊搜索; Nambiar 等人 ([213]) 提出了使用近似函数依赖的柔性查询策略, 给出了一个自动评价属性值相似度的方法来支持 Web 数据库的模糊查询; Goncalves 等人 ([214]) 基于模糊集理论扩展了 XQuery 语言 (即 XML Query, W3C 所制定的一套标准, 用来从 "类 XML" 文档中提取信息), 提出了 Fuzzy XQuery 方法, 允许在用户提交的查询请求中包含模糊术语.

最后, 我们简单提一下 RDF 数据模糊查询方法的研究.

语义 Web 是对现有万维网的一种扩展, 目标是使计算机能够更好地理解 Web 信息, 支持基于语义的信息搜索与导航, 以及数据整合与自动化处理等. 语义 Web 应用的关键技术是资源描述框架 (resource description framework, RDF) 和 RDF 查询语言 SPARQL 等. RDF 是一种用于表达语义信息, 并使其能在应用程序间交换而不丧失语义的通用语言, 它允许用户使用自己的词汇描述资源, 具有领域无关的特性, 因此在越来越多的领域得到广泛应用. 随着语义 Web 的发展, RDF 数据呈现爆炸式增长趋势, 这些数据蕴涵着大量的有用信息, 使得用户对它的查询需求随之增加, 致使 RDF 查询问题日益受到关注. 而现有 SPARQL 只支持 RDF 数据的精确查询, 实际应用中信息的获取有时需要通过模糊查询得到近似结果. 因此, 支持模糊表达的 RDF 查询方法的研究成为了一个重要课题. 该方向的研究进展, 请参见综述文章 [196, 197].

5.3.2 模糊量词 Choquet 积分语义在传统数据库查询中的应用

本节通过例子具体说明模糊量词是如何应用于模糊查询中的, 其中模糊量词的处理采用 Choquet 积分语义.

1. 使用模糊 Choquet 积分计算模糊查询的匹配度

例 5.3.1 考虑一个具体的查询 (未作特别说明的概念和术语均与例 4.1.12 保持一致):

q=“查找所有这样的记录, 其几乎所有 (almost all) 的属性与$\{x_1$ 是小的 (small), x_2 是小的 (small), x_3 是大的 (big), x_4 大约是 4(around 4), x_5 是大的 (big), x_6 很大 (very big), x_7 是小的 (small), x_8 是小的 (small), x_9 很小 (very small), x_{10} 很大 (very big)$\}$匹配”.

上述查询 q 的类型是 $T=\{x_1, x_2, \cdots, x_{10}\}$. 假设 $V_1=V_2=\cdots=V_{10}=\{1, 2, \cdots, 8\}$, 且

$$\begin{aligned}
&\text{“}small\text{”} = 1/1 + 0.8/2 + 0.3/3,\\
&\text{“}very\ small\text{”} = 1/1 + 0.64/2 + 0.09/3,\\
&\text{“}big\text{”} = 0.3/6 + 0.8/7 + 1/8,\\
&\text{“}very\ big\text{”} = 0.09/6 + 0.64/7 + 1/8,\\
&\text{“}around\ 4\text{”} = 0.3/2 + 0.8/3 + 1/4 + 0.8/5 + 0.3/6.
\end{aligned}$$

设有如下记录: $R=(x_1{:}7, x_2{:}2, x_3{:}8, x_4{:}3, x_5{:}6, x_6{:}6, x_7{:}1, x_8{:}2, x_9{:}2, x_{10}{:}7)$, 则由 R 和 q 确定的解释 I 可由表 5-3 给出. 于是, 应用 Choquet 积分的简化形式 (参见定理 2.4.6) 可得 “记录 R 与查询 q 的匹配度” 为

$$\begin{aligned}
Match(q,R) = &\int^{(\mathrm{C})} h \circ almost\ all_T\\
=&0.09 \times \left[\left(\frac{9}{10}\right)^2 - \left(\frac{8}{10}\right)^2\right] + 0.3 \times \left[\left(\frac{8}{10}\right)^2 - \left(\frac{7}{10}\right)^2\right]\\
&+ 0.64 \times \left[\left(\frac{7}{10}\right)^2 - \left(\frac{6}{10}\right)^2\right]\\
&+ 0.64 \times \left[\left(\frac{6}{10}\right)^2 - \left(\frac{5}{10}\right)^2\right] + 0.8 \times \left[\left(\frac{5}{10}\right)^2 - \left(\frac{4}{10}\right)^2\right]\\
&+ 0.8 \times \left[\left(\frac{4}{10}\right)^2 - \left(\frac{3}{10}\right)^2\right]\\
&+ 0.8 \times \left[\left(\frac{3}{10}\right)^2 - \left(\frac{2}{10}\right)^2\right] + 1 \times \left[\left(\frac{2}{10}\right)^2 - \left(\frac{1}{10}\right)^2\right]\\
&+ 1 \times \left[\left(\frac{1}{10}\right)^2 - \left(\frac{0}{10}\right)^2\right]
\end{aligned}$$

$$=0.01 \times (0.09 \times 17 + 0.3 \times 15 + 0.64 \times 24 + 0.8 \times 21 + 1 \times 4)$$
$$=0.4219.$$

这里, 量词 "*almost all*" 按照例 4.1.4 的方法定义.

表 5-3 由记录 R 和查询 q 确定的解释 I

	x_1	x_2	x_3	x_4	x_5	x_6	x_7	x_8	x_9	x_{10}
$h(x_i) = F_i(a_i)$	0	0.8	1	0.8	0.3	0.09	1	0.8	0.64	0.64

于是, 可以根据预先设定的阈值, 来确定本记录是否满足查询条件.

2. 使用直觉模糊 Choquet 积分计算模糊查询的匹配度

例 5.3.2 考虑一个具体的查询 (未作特别说明的概念和术语均与例 4.1.12 保持一致):

q="查找所有这样的记录, 其几乎所有 (almost all) 的属性与{x_1 是小的 (small), x_2 是小的 (small), x_3 是大的 (big), x_4 大约是 4(around 4), x_5 是大的 (big), x_6 很大 (very big), x_7 是小的 (small), x_8 是小的 (small), x_9 很小 (very small), x_{10} 很大 (very big)}匹配".

上述查询 q 的类型是 T ={x_1, x_2, $\cdots$, x_{10}}. 假设 V_1 = V_2 =$\cdots$ =V_{10}={1, 2, $\cdots$, 8}, 且 (用直觉模糊集表示, 一些元素对应的直觉模糊数未写出, 默认为 (0, 1))

"*small*"=(1, 0)/1 +(0.8, 0.1)/2+(0.3, 0.65)/3,

"*very small*"=(1, 0)/1+ (0.64, 032)/2+(0.09, 0.88)/3,

"*big*"=(0.3, 0.69)/6+(0.8, 0.15)/7+ (1, 0)/8,

"*very big*"=(0.09, 0.9)/6+(0.64, 0.32)/7+(1, 0)/8,

"*around* 4"=(0.3, 0.67)/2+(0.8, 0.16)/3+(1, 0)/4 +(0.8, 0.16)/5+(0.3, 0.68)/6.

设有如下记录: R=(x_1:7, x_2:2, x_3:8, x_4:3, x_5:6, x_6:6, x_7:1, x_8:2, x_9:2, x_{10}:7), 则由 R 和 q 确定的直觉解释 I 可由表 5-4 给出. 于是, 应用直觉模糊 Choquet 积分的分解性质 (参见定理 5.2.1) 可得 "记录 R 与查询 q 的匹配度" 为

$$Match(q, R) = \int^{(\mathrm{IuC})} h \circ Q_T = \left(\int^{(\mathrm{C})} h^{(1)} \circ Q_T^{(1)}, \overline{\int^{(\mathrm{C})} \overline{h^{(2)}} \circ \overline{Q_T^{(2)}}} \right),$$

这里 Q_T 表示 T 上的直觉模糊量词 "*almost all*", 按照例 4.3.2 的方法定义. 应用直觉模糊 Choquet 积分的离散形式 (参见定理 5.2.3) 知, 上式右端第一个分量实际就是例 5.3.1 得到的积分结果 (表 5-4 中各直觉模糊数的第一个分量与表 5-3 中对应数据一致), 即为 0.4219; 而第二个分量计算如下:

$$
\begin{aligned}
&\overline{\int^{(C)} \overline{h^{(2)}} \circ \overline{Q_T^{(2)}}}\\
=&1 \times \left[\left(\frac{1}{10}\right)^2 - \left(\frac{0}{10}\right)^2\right]\\
&+ 0.9 \times \left[\left(\frac{2}{10}\right)^2 - \left(\frac{1}{10}\right)^2\right] + 0.69 \times \left[\left(\frac{3}{10}\right)^2 - \left(\frac{2}{10}\right)^2\right]\\
&+ 0.32 \times \left[\left(\frac{4}{10}\right)^2 - \left(\frac{3}{10}\right)^2\right] + 0.32 \times \left[\left(\frac{5}{10}\right)^2 - \left(\frac{4}{10}\right)^2\right]\\
&+ 0.16 \times \left[\left(\frac{6}{10}\right)^2 - \left(\frac{5}{10}\right)^2\right]\\
&+ 0.1 \times \left[\left(\frac{7}{10}\right)^2 - \left(\frac{6}{10}\right)^2\right] + 0.1 \times \left[\left(\frac{8}{10}\right)^2 - \left(\frac{7}{10}\right)^2\right]\\
=&0.01 \times (1 + 0.9 \times 3 + 0.69 \times 5 + 0.32 \times 16 + 0.16 \times 11 + 0.1 \times 28)\\
=&0.1683.
\end{aligned}
$$

所以, "记录 R 与查询 q 的匹配度" 为 (0.4219, 0.1683).

表 5-4 由记录 R 和查询 q 确定的直觉解释 I

	x_1	x_2	x_3	x_4	x_5
$h(x_i) = F_i(a_i)$	(0, 1)	(0.8, 0.1)	(1, 0)	(0.8, 0.16)	(0.3, 0.69)
	x_6	x_7	x_8	x_9	x_{10}
$h(x_i) = F_i(a_i)$	(0.09, 0.9)	(1, 0)	(0.8, 0.1)	(0.64, 0.32)	(0.64, 0.32)

于是, 可以根据预先设定的阈值, 来确定本记录是否满足查询条件. 对于本例来说, 阈值应为 (λ_1, λ_2), 当 (直觉) 匹配度的第一个分量大于等于λ_1、且第二个分量小于等于λ_2 时, 可判定为记录满足查询条件.

关于利用直觉模糊集进行模糊查询, 文献 [215] 进行了有益的讨论, 而专著 [37] 用整个一章的篇幅讲述了更一般的双极模糊查询 (bipolar fuzzy query). 对此感兴趣的读者请参阅相关文献.

5.3.3 模糊量词 Choquet 积分语义在模糊数据库查询中的应用

本节通过具体例子说明模糊量词在模糊数据表的查询中的应用, 作为预备知识, 将首先介绍语义距离、匹配度等概念, 而关于模糊数据库及其模糊查询的基本研究概况可以参阅文献 [216—225].

1. 语义距离与匹配度

在模糊数据库中, 模糊概念 (模糊数据) 通常用模糊集来表示, 而要表达模糊概念之间的差距或接近程度, 就需要定义语义距离或匹配度, 其实质就是模糊集之间的距离或相似度. 何新贵院士在文献 [216] 中对模糊数据库中的数据表示与语义距离进行了详细论述, 后来一些学者给出多种语义距离的定义 (比如 [217, 218]). 本节后面的例子主要针对有限论域进行讨论, 将分别选用欧氏距离和文献 [217] 中定义的语义距离与匹配度进行计算.

定义 5.3.1[73,216] 令论域 $U=\{x_1, x_2, \cdots, x_i, \cdots, x_n\}$, A 和 B 是论域 U 上的两个模糊集, 它们之间的欧氏 (语义) 距离和匹配度分别定义为以下形式.

(1) A 与 B 的欧氏距离

$$SD_E(A,B)=\sqrt{\sum_{i=1}^{n}[\mu_B(x_i)-\mu_A(x_i)]^2}.$$

(2) A 与 B 之间匹配度 $MD(A, B)=1-SD_E(A, B)$.

显然, 两个模糊集之间的语义距离越小, 它们的匹配度越大.

定义 5.3.2[217] 令论域 U 是有限域, 即 $U=\{x_1, x_2, \cdots, x_i, \cdots, x_n\}$, A 和 B 是论域 U 上的两个模糊数据 (模糊集), 它们之间的单向语义距离、语义距离和匹配度分别定义为以下形式.

(1)A 到 B 的单向语义距离

$$SSD(A,B)=\begin{cases}\dfrac{\displaystyle\sum_{i=1}^{n}F(\mu_B(x_i),\mu_A(x_i))}{\displaystyle\sum_{i=1}^{n}\mu_B(x_i)}, & B\neq\varnothing,\\ 0, & B=\varnothing,\end{cases}$$

B 到 A 的单向语义距离

$$SSD(B,A)=\begin{cases}\dfrac{\displaystyle\sum_{i=1}^{n}F(\mu_A(x_i),\mu_B(x_i))}{\displaystyle\sum_{i=1}^{n}\mu_A(x_i)}, & A\neq\varnothing,\\ 0, & A=\varnothing,\end{cases}$$

其中, 辅助函数 $F(x, y)$ 定义为 $F(x,y)=\begin{cases}x-y, & x>y,\\ 0, & x\leqslant y.\end{cases}$

(2) A 与 B 之间的语义距离 $SD(A,B)=(SSD(A,B)+SSD(B,A))/2$.

(3) A 与 B 之间的匹配程度 $MD(A,B)=1-SD(A,B)$.

例 5.3.3 有两个表示年龄的模糊数据 $S1$, $S2$, 分别表示 "63 到 69 之间" "69 左右". 请问两个数据中哪个表示的年龄更接近 "年老".

取论域 $U=\{61,62,63,64,65,66,67,68,69,70,71\}$, 模糊数据 $S1$, $S2$ 和 "年老" OLD 的隶属函数分别定义为

$$\mu_{OLD}(x)=\frac{0.80}{61}+\frac{0.86}{62}+\frac{0.92}{63}+\frac{0.96}{64}+\frac{0.99}{65}+\frac{1.00}{66}+\frac{1.00}{67}+\frac{1.00}{68}+\frac{1.00}{69}+\frac{1.00}{70}+\frac{1.00}{71},$$

$$\mu_{S1}(x)=\frac{0.96}{61}+\frac{0.99}{62}+\frac{1.00}{63}+\frac{1.00}{64}+\frac{1.00}{65}+\frac{1.00}{66}+\frac{1.00}{67}+\frac{1.00}{68}+\frac{1.00}{69}+\frac{0.86}{70}+\frac{0.80}{71},$$

$$\mu_{S2}(x)=\frac{0.61}{61}+\frac{0.67}{62}+\frac{0.74}{63}+\frac{0.80}{64}+\frac{0.86}{65}+\frac{0.92}{66}+\frac{0.96}{67}+\frac{0.99}{68}+\frac{1.00}{69}+\frac{0.99}{70}+\frac{0.96}{71}.$$

根据定义 5.3.1 分别计算 $S1$, $S2$ 与 "年老" 之间的欧氏语义距离为

$$SD_E(S1,OLD)=0.1102;\quad SD_E(S2,OLD)=0.1569.$$

这表明 $S1$ 比 $S2$ 更接近 "年老".

如果选择定义 5.3.2 中的语义距离, 可得到类似结论:

$$SD(S1,OLD)=(SSD(S1,OLD)+SSD(OLD,S1))/2\approx 0.07187;$$

$$SD(S2,OLD)=(SSD(S2,OLD)+SSD(OLD,S2))/2\approx 0.09782.$$

2. 带有语言量词的模糊数据库查询实例

下面以一个职工人事数据库 (表) 为例, 说明语言量词在模糊数据库查询中的应用, 基本思想是 (对文献 [219] 中的方法进行了改进): 将查询中每个模糊条件与记录中相应属性的模糊值进行比较, 计算相对于单个属性的匹配度; 以 "大部分" 属性相匹配为评价准则, 基于语言量词 "大部分" (看作模糊测度), 应用 Choquet 模糊积分对各单属性的匹配度进行 "累积", 积分值即为当前记录的整体匹配度; 依据事先设定的阈值 λ, 当整体匹配度大于等于 λ 时, 该记录即被确定为查询结果 (未必唯一).

例 5.3.4 在模糊数据表 FEmployees(表 5-5) 中查找满足以下大部分 (most) 条件的记录:

Age is "年轻", Height is "高个子", Salary is "高薪".

选定匹配度的阈值为 0.5.

表 5-5 模糊数据表 FEmployees

Emp_Id	Name	Sex	Age	Height	Salary
001	王鹏	男	大约 27	172	[7000, 7500]
002	张飞	男	年轻	大约 180	3500
003	刘飞	女	有点老	矮	中等
004	张玉	女	25	大约 187	[7600, 7900]
005	苏云	男	[24, 26]	[181, 184]	有点低
006	严丽	女	大约 55	175	[6500, 6700]
007	吴兰	男	年轻	185	7200
008	张丽	女	有点年轻	有点矮	中等
009	李素	女	22	中	4800
010	李强	男	有点年轻	181	有点低
011	周伟	男	中年	有点高	7800
012	王勇	男	33	182	低
013	王伟	男	中年	181	[3200, 3500]
014	吴丽	女	[29, 32]	中	6800
015	李鹏	男	大约 31	大约 185	中等

这里, 语言量词 Q="most" 定义如下:

$$Q_X(E)=\left(\frac{|E|}{|X|}\right)^2,$$

其中 $|\cdot|$ 表示集合的基数.

为了方便, 分别用 A_1, A_2, A_3 表示模糊概念 "年轻" "高 (个子)" "高薪" 对应的模糊集, 而将属性 Age、Height、Salary 的论域分别取有限论域 $U_1=\{22, 23, \cdots, 57, 58\}$, $U_2=\{155, 156, \cdots, 194, 195\}$, $U_3=\{2000, 2100, \cdots, 7900, 8000\}$. 取模糊集 A_1, A_2, A_3 的隶属函数分别为

$$\begin{aligned}\mu_{A_1}(x)=&\frac{1}{22}+\cdots+\frac{1}{25}+\frac{0.98}{26}+\frac{0.94}{27}+\frac{0.87}{28}+\frac{0.8}{29}+\frac{0.72}{30}+\frac{0.64}{31}+\frac{0.57}{32}+\frac{0.5}{33}+\frac{0.44}{34}\\&+\frac{0.39}{35}+\frac{0.35}{36}+\frac{0.31}{37}+\frac{0.27}{38}+\frac{0.21}{39}+\frac{0.18}{40}+\frac{0.15}{41}+\frac{0.1}{42}+\frac{0.05}{43}+\frac{0.01}{44}+\frac{0}{45}\\&+\frac{0}{46}+\cdots+\frac{0}{58};\end{aligned}$$

$$\begin{aligned}\mu_{A_2}(x)=&\frac{0}{155}+\frac{0}{156}+\cdots+\frac{0}{169}+\frac{0.15}{170}+\frac{0.17}{171}+\frac{0.24}{172}+\frac{0.26}{173}+\frac{0.28}{174}+\frac{0.31}{175}+\frac{0.34}{176}+\frac{0.37}{177}\\&+\frac{0.41}{178}+\frac{0.45}{179}+\frac{0.5}{180}+\frac{0.55}{181}+\frac{0.61}{182}+\frac{0.67}{183}+\frac{0.73}{184}+\frac{0.81}{185}+\frac{0.87}{186}+\frac{0.91}{187}+\frac{0.96}{188}\\&+\frac{1}{189}+\cdots+\frac{1}{195};\end{aligned}$$

$$\mu_{A_3}(x)=\frac{0}{2000}+\cdots+\frac{0}{6600}+\frac{0.13}{6700}+\frac{0.3}{6800}+\frac{0.48}{6900}+\frac{0.53}{7000}+\frac{0.6}{7100}+\frac{0.67}{7200}+\frac{0.75}{7300}$$

$$+\frac{0.89}{7400}+\frac{0.97}{7500}+\frac{1}{7600}+\frac{1}{7700}+\cdots+\frac{1}{8000}.$$

下面以第一条记录 (001) 为例说明计算过程:

3. 计算单属性与查询条件间的匹配度

对于 Age 属性, 第一条记录在该属性上的取值为 “大约 27”. 用 B_1 表示模糊集 “大约 27” 并假定其隶属函数为

$$\mu_{B_1}(x)=\frac{0}{22}+\frac{0}{23}+\frac{0.3}{24}+\frac{0.7}{25}+\frac{0.93}{26}+\frac{1}{27}+\frac{0.93}{28}+\frac{0.79}{29}+\frac{0.5}{30}+\frac{0}{31}+\cdots+\frac{0}{60}.$$

依据定义 5.3.2, 计算 B_1 与查询条件中模糊取值 A_1 之间的匹配度得

$$\begin{aligned}&MD(B_1,A_1)=1-SD(B_1,A_1)\\&=1-(SSD(B_1,A_1)+SSD(A_1,B_1))/2\\&\approx 1-(0.597+0.023)/2\\&=0.69.\end{aligned}$$

对于 Height 属性, 第一条记录在该属性上的取值为 “172”. 用 B_2 表示 “172” 对应的模糊集 (取值 0 或 1), 即其隶属函数为

$$\mu_{B_2}(x)\quad=\quad\frac{0}{155}+\cdots+\frac{0}{171}+\frac{1}{172}+\frac{0}{173}+\cdots+\frac{0}{195}.$$

依据定义 5.3.2, 计算 B_2 与查询条件中模糊取值 A_2 之间的匹配度得

$$\begin{aligned}MD(B_2,A_2)&=1-SD(B_2,A_2)\\&=1-(SSD(B_2,A_2)+SSD(A_2,B_2))/2\\&\approx 1-(0.986+0.76)/2\\&=0.127.\end{aligned}$$

对于 Salary 属性, 第一条记录在该属性上的取值为 “[7000, 7500]”, 是指 “模糊区间”(这里只取 7000, 7100, $\cdots$, 7500 等整数值). 用 B_3 表示 “[7000, 7500]”(看成模糊集), 其隶属函数为

$$\mu_{B_3}(x)=\frac{0}{2000}+\cdots+\frac{0}{6900}+\frac{1}{7000}+\cdots+\frac{1}{7400}+\frac{1}{7500}+\frac{0}{7600}+\cdots+\frac{0}{8000}.$$

依据定义 5.3.2, 计算 B_3 与查询条件中模糊取值 A_3 之间的匹配度得

$$\begin{aligned}&MD(B_3,A_3)=1-SD(B_3,A_3)\\&=1-(SSD(B_3,A_3)+SSD(A_3,B_3))/2\\&\approx 1-(0.573+0.265)/2\\&=0.581.\end{aligned}$$

4. 计算该条记录与查询条件间的总匹配度

用 x_1, x_2, x_3 分别表示属性 Age, Height, Salary, 令 $X=\{x_1, x_2, x_3\}$, $h(x_i)=\mathrm{MD}(B_i,A_i)$, 其中 $i=1, 2, 3$, 则第一条记录总匹配度可用 Choquet 积分计算如下:

$$\begin{aligned}
\int_X^{(\mathrm{C})} h\circ Q_X &= \sum_{i=1}^{3} h(x_i)\left[Q(X_i)-Q(X_{i+1})\right]\\
&= h(x_2)\left[Q(\{x_2,x_3,x_1\})-Q(\{x_3,x_1\})\right]\\
&\quad + h(x_3)\left[Q(\{x_3,x_1\})-Q(\{x_1\})\right]\\
&\quad + h(x_1)\left[Q(\{x_1\})-Q(\varnothing)\right]\\
&= 0.127\times\left[1-\left(\frac{2}{3}\right)^2\right]+0.581\times\left[\left(\frac{2}{3}\right)^2-\left(\frac{1}{3}\right)^2\right]+0.69\times\left[\left(\frac{1}{3}\right)^2-0\right]\\
&= 0.341.
\end{aligned}$$

由于总匹配度小于阈值, 故第一条记录不符合查询条件.

可类似计算其余记录的匹配度, 以得到查询结果 (比如第 4 条记录符合查询条件), 此略.

5.4 模糊量词在数据的语言归并中的应用

语言归并 (语言概要) 从最初概念的提出, 到后来的扩展, 以及各种抽取方法和算法的研究, 都与语言量词 (模糊量词)、模糊量化理论密切相关. 本节在介绍语言归并 (语言概要) 的基本知识之后, 论述语言量词的积分语义在其中的应用, 特别是区间值模糊量词的 Choquet 积分语义及其在语言归并中的应用.

5.4.1 数据的语言归并 (概要) 与模糊量词

1. 数据的语言归并 (概要)

对于大规模的数据, 人们通常是无法直接理解的. 我们需要这样的技术, 以抓住数据中包含的知识. 对于数值型数据, 这种技术有如下三种模式:

(1) 提取一些有趣的统计特征;

(2) 提供数据集的一个可视化表示;

(3) 使用简短自然语言以表达数据集的本质 (或要素).

数据的语言归并 (或称为数据的语言概要、语言总结, linguistic summary of data; 有时也称为语言数据归并, 即 linguistic data summaries) 就是指上述第三种数据处理方法和技术. 数据的 “语言归并” 是指从大量数据中抽取的、用自然语言表达的趋势性语句 (命题), 其概念最早由 Yager 在 [226] 中提出, 后经 Kacprezyk,

Yager, Zadrozny 等进一步发展 (参见 [227—232]), 已成为数据挖掘和知识表示的一种模式和工具 (国内研究较少, 仅见 [53, 233, 234]).

按照 2016 年发表的论文 [232] 的观点, 语言归并就是描述数据集的某些特有性质的类似自然语言的一个 (或一些) 语句, 原文是: They are meant as a natural language like sentence (sentences) that describe certain characteristic features of the data set.

在 Yager, Kacprezyk 等人看来, 数据集由以下几项组成 [226−228]:

•人们感兴趣的属性 V, 比如一个员工数据库中的 "年龄" 属性;

•对象 (或记录) 的集合 $Y=\{y_1, \cdots, y_n\}$, 比如所有员工的集合, 而 $V(y_j)$ 是对象 y_i 在属性 V 上的取值;

•数据的集合 $D=\{V(y_1), \cdots, V(y_i)\}$.

一个数据集的语言归并由以下几项构成:

•一个总结 (或称归并子, summarizer)P , 比如年轻 (young);

•一个相匹配的数量 Q , 比如大多数 (most);

•真值 (对有效性的测度值)T, 比如 0.7.

这样, 如下语句 (命题) 就是对某一员工数据集的一个语言归并:

$$\text{大多数员工是年轻人}[T=0.7].$$

在上述论述中, 可清楚地看到, 语言归并中的 Q 本质上就是语言量词 (模糊量词). 因此, Kacprezyk 等人后来在介绍语言归并时就使用了 linguistic quantifier(比如 [230—232]). 同时, 上面的 "真值" 是在 [0, 1] 取值 (可以解释为语言归并的可信水平), 实际上可拓广到语言真值 (linguistic value), 比如 "很真".

目前, 关于语言归并的研究已很深入, 新的成果不断涌现, 以下是一些典型代表: 文献 [228] 对 Yager 的方法进行了扩展 (比如提出语言归并的一般形式, 指出了更多的数量测度方法等), 讨论了语言量化与模糊查询的关系, 并以一个计算机零售商的销售数据库为例, 说明了如何使用 Access 上的查询工具 FQUERY 来获得语言归并的方法和过程; 文献 [229] 使用 Choquet 积分来计算语言归并的真值, 并将此方法应用于时间序列数据的分析之中, 而 [230, 231] 进一步讨论了语言归并在时间序列分析中的应用; 文献 [232] 应用 OWA 算子作为聚合工具, 研究了从 Web 服务器内容日志数据中获取语言归并的方法; 文献 [233, 234] 讨论了包含度、形式概念分析等方法在复杂语言归并中的应用; 文献 [235] 将通常的基于模糊量词的语言归并进行拓广, 系统论述了基于区间值语言量词的区间值语言归并; 文献 [236] 提出双极 (bipolar) 语言归并方法, 以处理语言归并中的信息丢失问题; 基于二型模糊集理论, 文献 [237] 研究了多主题的二型语言归并方法; 在最新文献 [238] 中, 作者专门研究了关于局部周期性时间序列数据的语言归并; 等等.

2. 语言归并的真值计算方法之一: 使用模糊集基数

作为语言归并的语句本质上是量化命题, 具有如下两种基本形式:

(1) Qy 是 P;

(2) QRy 是 P.

其真值计算, 可以使用 Zadeh 的基于模糊集基数的量化方法 (参见本书第 3 章) 求得, 比如

$$T(Qy\text{是}P) = \mu_Q\left(\frac{1}{n}\sum_{i=1}^{n}\mu_P(y_i)\right);$$

$$T(QRy\text{是}P) = \mu_Q\left(\frac{\sum\limits_{i=1}^{n}(\mu_R(y_i)\wedge\mu_P(y_i))}{\sum\limits_{i=1}^{n}\mu_R(y_i)}\right).$$

其中, μ_Q 是模糊量词 Q 对应模糊集的隶属函数, 而 $\sum\limits_{i=1}^{n}\mu_P(y_i)$ 是模糊谓词 P 的数量基数 (势, 参见定义 3.1.1), $\left(\sum\limits_{i=1}^{n}(\mu_R(y_i)\wedge\mu_P(y_i))\right)\Big/\sum\limits_{i=1}^{n}\mu_R(y_i)$ 是 P 相对于模糊集 R 的相对基数 (参见定义 3.1.8). 注意, 这里 Q 是相对量词, 且只考虑正则的非减单调量词, 即 μ_Q: $[0,1]\to[0,1]$, $\mu_Q(0)=0$, $\mu_Q(1)=1$, $x_1\leqslant x_2\Rightarrow\mu_Q(x_1)\leqslant\mu_Q(x_2)$.

例 5.4.1[226] 假定有 6 位员工年龄组成的数据 $D=\{25, 37, 22, 36, 31, 30\}$. 若有如下的语言归并:

大多数员工的年龄在 30 岁左右.

现计算其真值.

设模糊集 S="30 岁左右", Q="大多数", 其隶属函数分别为

$$S(x) = \exp\left[-\left(\frac{x-30}{6.6}\right)^2\right], x\in D;\quad Q(r)=r^2, r\in[0,1].$$

这里 exp() 是指以 e 为底的指数函数. 则

$$S(25)=0.56,\quad S(37)=0.32,\quad S(22)=0.23,\quad S(36)=0.44,$$
$$S(31)=0.98,\quad S(30)=1.$$

于是, 上述语言归并的真值为

$$T(\text{大多数员工的年龄在 30 岁左右})$$

$$=\mu_Q\left(\frac{1}{6}\sum_{i=1}^{6}\mu_S(x_i)\right)$$

$$=\left(\frac{0.56+0.32+0.23+0.44+0.98+1}{6}\right)^2$$

$$=(0.58)^2=0.3364.$$

类似地, 若有如下的语言归并:

大多数员工的年龄至少 25 岁.

设模糊集 S_1=“至少 25 岁” 的隶属函数为

$$S_1(x)=\begin{cases}1, & x\geqslant 25,\\ 0, & x<25.\end{cases}$$

Q=“大多数” 的隶属函数仍取前面的表达式, 则有

$$T(\text{大多数员工的年龄至少 25 岁})$$

$$=\mu_Q\left(\frac{1}{6}\sum_{i=1}^{6}\mu_{S_1}(x_i)\right)=\left(\frac{5}{6}\right)^2=(0.833)^2=0.69.$$

3. *语言归并的真值计算方法之二: 使用 Choquet 积分*

这里介绍文献 [229] 中提出的使用 Choquet 积分计算语言归并真值的方法, 并应用到时间序列分析中 (实际上, 关于时间序列的语句归并, 论文 [229] 的作者 Kacprzyk, Wilbik 与 Zadrożny 发表了一系列论文, 分别使用过 Zadeh 语言量化、Sugeno 积分等方法).

时间序列 (time series) 是指将同一统计指标的数值按其发生的时间先后顺序排列而成的数列, 时间序列分析的主要目的是根据已有的历史数据对未来趋势进行预测. 本节处理的时间序列数据, 主要是经过同一时间片刻而测量得到的数据, 而数据的趋势是通过线性递增、稳定、递减等函数来表示 (当然还要表示出增、减的程度), 同时整体的趋势可以由局部趋势通过分段线性函数来表示.

时间序列的变化趋势可从以下三个方面进行刻画:

•变化力度 (dynamics of change). 图 5-1 是几种描述动态变化力度 (dynamics of change) 的模糊词语的示意图.

•持续性 (duration). 通常用自然语言表达单一趋势的持续长度, 比如长久趋势 (long trend), 可以使用时间间隔上的模糊集来表示.

•变异性或易变性 (variability). 可用统计学中的方法进行描述.

下面主要考虑时间序列的如下两种语言归并模式:

(1) 基于变化力度的语言归并

$$Q \text{ trends are } P$$

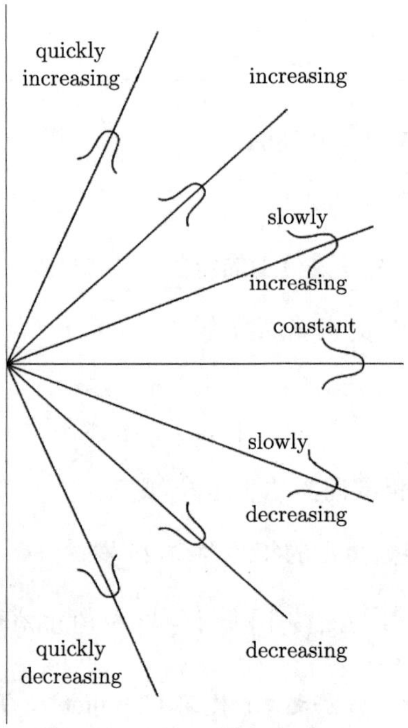

图 5-1　动态变化力度的模糊表示

比如, "Most of trends are decreasing."(大多数趋势是下降的).

(2) 基于持续性的语言归并

$$\text{The trends that took } Q \text{ time are } P.$$

比如, "The trends that took most time are slowly increasing"(大多数时间里呈缓慢上升趋势).

可应用 (离散型)Choquet 积分计算上述语言归并的真值:

(1) $T(Q \text{ trends are } P) = \sum_{i=1}^{n} a_i \left(\mu_Q\left(\frac{|P_{a_i}|}{|X|}\right) - \mu_Q\left(\frac{|P_{a_{i+1}}|}{|X|}\right)\right)$;

(2) $T(\text{Trends that took } Q \text{ time are } P)$

$$= \sum_{i=1}^{n} a_i \left(\mu_Q\left(\frac{\sum\limits_{j:x_j\in P_{a_i}} \text{time}(x_j)}{\sum\limits_{j:x_j\in X} \text{time}(x_j)}\right) - \mu_Q\left(\frac{\sum\limits_{j:x_j\in P_{a_{i+1}}} \text{time}(x_j)}{\sum\limits_{j:x_j\in X} \text{time}(x_j)}\right)\right).$$

这里 Q=“大多数” 的隶属函数取为

$$\mu_Q(x)=\begin{cases}1, & x\geqslant 0.65,\\ 4x-1.6, & 0.4<x<0.65,\\ 0, & x\leqslant 0.4.\end{cases}$$

例 5.4.2[229] 假设从某时间序列数据中抽取了如图 5-2 所示的变化趋势.

id	dynamics of change (α in degrees)	duration (time units)	variability ([0,1])
1	25	15	0.2
2	−45	1	0.3
3	75	2	0.8
4	−40	1	0.1
5	−55	1	0.7
6	50	2	0.3
7	−52	1	0.5
8	−37	2	0.9
9	15	5	0.0

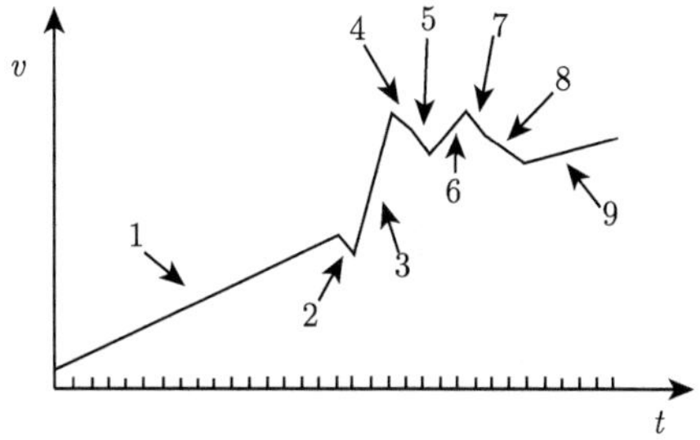

图 5-2 从数据中抽取的变化趋势

以下使用 Choquet 积分分别计算语言归并 “Most of trends are decreasing” 及 “The trends that took most time are slowly increasing” 的真值.

(1) 对于 “Most of trends are decreasing”, 令 Q=“most”, 其隶属函数定义如上; 取 P=“decreasing”, 其隶属函数如下定义:

$$\mu_P(\alpha)=\begin{cases}1, & \alpha\leqslant -65,\\ 0.066\alpha+4.333, & -65<\alpha<-50,\\ 1, & -50\leqslant\alpha\leqslant -40,\\ 0.05\alpha-1, & -40<\alpha<-20,\\ 0, & \alpha\geqslant -20.\end{cases}$$

对$\mu_P(\alpha_i)$ 重新由小到大排序得 a_i, 则

$$\begin{aligned}&T(\text{Most of trends are decreasing})\\ &=\sum_{i=1}^{n}a_i\left(\mu_Q\left(\frac{|P_{a_i}|}{|X|}\right)-\mu_Q\left(\frac{|P_{a_{i+1}}|}{|X|}\right)\right)\\ &=0.4622.\end{aligned}$$

(2) 对于 "The trends that took most time are slowly increasing", 令 Q="most", 其隶属函数定义如上; 取 P="slowly decreasing", 其隶属函数如下定义:

$$\mu_P(\alpha)=\begin{cases}0, & \alpha\leqslant 5,\\ 0.1\alpha-0.5, & 5<\alpha<15,\\ 1, & 15\leqslant\alpha\leqslant 20,\\ -0.05\alpha+2, & 20<\alpha<40,\\ 0, & \alpha\geqslant 40.\end{cases}$$

对$\mu_P(\alpha_i)$ 重新由小到大排序得 a_i, 则

$$\begin{aligned}&T(\text{The trends that took most time are slowly increasing})\\ =&\sum_{i=1}^{n}a_i\left(\mu_Q\left(\frac{\sum\limits_{j:x_j\in P_{a_i}}\text{time}(x_j)}{\sum\limits_{j:x_j\in X}\text{time}(x_j)}\right)-\mu_Q\left(\frac{\sum\limits_{j:x_j\in P_{a_{i+1}}}\text{time}(x_j)}{\sum\limits_{j:x_j\in X}\text{time}(x_j)}\right)\right)\\ =&0.75.\end{aligned}$$

显然, 上述结果与图 5-2 中呈现的趋势是一致的, 即语言归并 (1) 可信度低、而语言归并 (2) 有较大可信度.

5.4.2 区间值模糊量词及其 Choquet 积分语义

1. 区间值模糊测度与区间值 Choquet 积分

在模糊测度的原始定义 (见定义 2.4.3) 中, 测度值的取值范围为 [0, 1], 即模糊测度的取值是单位区间中的一个实数. 如果允许 [0, 1] 中的任何小区间 (比如 [0.32, 0.38], [0.75, 0.79] 等, 即属于 $\mathcal{L}^{(\mathbf{Iv})}$) 作为测度值, 则称其为区间值模糊测度 (interval-valued fuzzy measure).

从历史上看, 区间值模糊测度这一概念最早出现在文献 [239] 与 [240] 中, 其中: 文献 [239] 称为区间数模糊测度 (interval number fuzzy measure), 且测度值允许取为任何非负实数区间, 即取值域为 $I(\mathbf{R}^+)$; 文献 [240] 称为区间值 Fuzzy 测度, 其测度值允许取为 [0, 1] 中的任何小区间, 即取值域为 $\mathcal{L}^{(\mathbf{Iv})}$. 此后, 又有不同学者在没有引用前述论文的情况下, 给出过类似定义, 比如文献 [241] 与 [242, 243], 其中: 文献 [241] 称为集值模糊测度 (set-valued fuzzy measure), 尽管测度取值域也是 $I(\mathbf{R}^+)$, 但其定义与 [239] 中的定义有区别、更具一般性; 文献 [242, 243] 中的定义与 [240] 中的定义一致. 本节主要应用区间值模糊测度研究区间值模糊量词, 故选取测度的值域为 $\mathcal{L}^{(\mathbf{Iv})}$.

定义 5.4.1 设 $(X, \wp)$ 是一个可测空间, 区间值函数 $m=[m^-, m^+]$: $\wp\to\mathcal{L}^{(\mathbf{Iv})}$ 称为一个区间值模糊测度, 如果 m^- 和 m^+ 是模糊测度. 这里,

$$\forall A \in \wp, m(A) = [m^-(A), m^+(A)] \in \mathcal{L}^{(\mathbf{Iv})}.$$

根据上述定义, 通常的模糊测度可看成特殊的区间值模糊测度, 即任一模糊测度 m 可看成满足条件 $m^- = m^+ = m$ 的区间值模糊测度.

命题 5.4.1 设 $(X, \wp)$ 是一个可测空间, 区间值函数 $m=[m^-, m^+]$: $\wp\to\mathcal{L}^{(\mathbf{Iv})}$ 是一个区间值模糊测度, 当且仅当满足以下条件:

(1) $m(X)=[1, 1]$, $m(\varnothing)=[0, 0]$;

(2) $\forall A, B \in\wp, A \subseteq B \Rightarrow m(A) \leqslant m(B)$, 即 $m^-(A) \leqslant m^-(B)$ 且 $m^+(A) \leqslant m^+(B)$;

(3) 对任何单调集合序列 $A_n \uparrow (\downarrow)$ 有, $\lim\limits_{n\to\infty} m(A_n) = m\left(\lim\limits_{n\to\infty} A_n\right)$.

注: 对于 $\mathcal{L}^{(\mathbf{Iv})}$ 中的序列$\{r_n=[r_n^-, r_n^+]\}$, $r_n \to r=[r^-, r^+](n \to \infty)$ 当且仅当 $r_n^- \to r^-$ 且 $r_n^+ \to r^+$ $(n \to \infty)$

关于区间值函数的 Choquet 积分, 文献中有大量的研究 (见 [53, 99, 242, 244—252]). 由于其研究背景的不同, 这些研究或多或少存在着差异. 比如, 文献 [99] 讨论的是值域为 $I(\mathbf{R}^+)$ 的区间值函数关于非可加测度 (比 Sugeno 模糊测度的条件弱, 测度值取自于 [0, 1] 并非区间值模糊测度) 的 Choquet 积分; 文献 [248] 讨论的是值域为 $I(\mathbf{R}^+)$ 的集值函数关于非可加集值测度 (测度值取自于 $I(\mathbf{R}^+)$, 即测度为 $\mathbf{R}^+$ 中的一个区间) 的 Choquet 积分; 文献 [245, 247] 主要讨论的是集值函数 (区间值函数只是一种特殊的集值函数) 关于模糊测度 (测度值取自于 [0, 1]) 的 Choquet 积分; 文献 [53, 242, 252] 主要讨论区间值函数 (即取值于 $\mathcal{L}^{(\mathbf{Iv})}$ 的函数) 关于区间值模糊测度 (测度值取自于 $\mathcal{L}^{(\mathbf{Iv})}$, 即测度为 [0, 1] 中的一个小区间) 的 Choquet 积分及其在区间值模糊量词中的应用; 文献 [249, 250] 主要讨论区间值模糊集的 (离散型)Choquet 积分在决策中的应用; 文献 [251] 中的 Choquet 积分是基于区间值容度 (capacity), 它比区间值模糊测度的要求弱一些.

以下讨论的区间值 Choquet 积分, 是基于区间值模糊测度的, 被积函数是区间值函数.

设 $(X, \wp)$ 是可测空间, 区间值函数 $f=[f^-, f^+]:X \to \mathcal{L}^{(\mathbf{Iv})}$ 称为$\wp$-可测的, 如果函数 $f^-, f^+:X \to[0, 1]$ 均为$\wp$-可测函数.

定义 5.4.2 设 $(X, \wp)$ 是可测空间, $m : \wp \to \mathcal{L}^{(\mathbf{Iv})}$ 是区间值模糊测度, $f:X \to \mathcal{L}^{(\mathbf{Iv})}$ 是$\wp$-可测的区间值函数, 则 f 关于 m 的区间值模糊 Choquet 积分定义为

$$\int_X^{(\mathrm{IvC})} f\circ m = \left[\int_0^1 m^-\left(f^-_{\geqslant\alpha^-}\right) d\alpha^-, \int_0^1 m^+\left(f^+_{\geqslant\alpha^+}\right) d\alpha^+\right],$$

其中, 对每个$\alpha=[\alpha^-, \alpha^+]\in\mathcal{L}^{(\mathbf{Iv})}$ 有

$$f_{\geqslant\alpha}=\{x\in X|f(x)\geqslant\alpha\}=\left[f^-_{\geqslant\alpha^-}, f^+_{\geqslant\alpha^+}\right],$$

$$f^-_{\geqslant\alpha^-}=\{x\in X|f^-(x)\geqslant\alpha^-\},\quad f^+_{\geqslant\alpha^+}=\{x\in X|f^+(x)\geqslant\alpha^+\}.$$

命题 5.4.2　设 $m:\wp\to\mathcal{L}^{(\mathbf{Iv})}$, $m(A)=[m^-(A), m^+(A)]$ 是区间值模糊测度, $f: X\to\mathcal{L}^{(\mathbf{Iv})}$, $f(x)=[f^-(x), f^+(x)]$ 是$\wp$-可测的区间值函数, 则

$$\int_X^{(\mathrm{IvC})} f\circ m=\left[\int_X^{(\mathrm{C})} f^-\circ m^-, \int_X^{(\mathrm{C})} f^+\circ m^+\right].$$

容易看出, 模糊 Choquet 积分可看成区间值模糊 Choquet 积分的一个特例.

定理 5.4.1　若 $X=\{x_1,x_2, \cdots, x_n\}=\{y_1,y_2, \cdots, y_n\}$($\{y_i\}$是$\{x_i\}$的一个重排)是有限集, $f=[f^-, f^+]$: $X\to\mathcal{L}^{(\mathbf{Iv})}$ 满足

$$f^-(x_1)\leqslant f^-(x_2)\leqslant\cdots\leqslant f^-(x_n), f^-(y_1)\leqslant f^-(y_2)\leqslant\cdots\leqslant f^-(y_n);$$

否则, 分别重排$\{x_i\}$, $\{y_i\}$, 则

$$\int_X^{(\mathrm{IvC})} f\circ m=\left[\sum_{i=1}^n f^-(x_i)\left(m^-(X_i)-m^-(X_{i+1})\right), \sum_{i=1}^n f^+(y_i)\left(m^+(Y_i)-m^+(Y_{i+1})\right)\right],$$

这里 $X_i=\{x_i,x_{i+1},\cdots,x_n\}$, $Y_i=\{y_i,y_{i+1},\cdots,y_n\}$, 当 $1\leqslant i\leqslant n$ 且 $X_{n+1}=Y_{n+1}=\varnothing$.

由命题 5.4.2 及定理 2.4.5 可以得到上述结果. 同时, 由于对任意 $a=[a^-, a^+]\in\mathcal{L}^{(\mathbf{Iv})}$ 总有 $(a^-, 1\text{-}a^+)\in\mathcal{L}^{(\mathbf{Iu})}$, 所以也可由定理 5.2.3 间接得到上述结论.

2. 区间值模糊量词及其 Chpquet 积分语义

区间值模糊量词 (interval-valued fuzzy quantifier) 的概念最早出现在 2006 年发表的论文 [235] 中, 作者首先用区间值模糊集来表示区间值模糊量词, 将 Zadeh 基于模糊集基数的量化方法推广到区间值模糊集的情形, 然后将区间值模糊量词应用到语言归并中. 文献 [235] 中的区间值模糊量词与模糊测度没有关系, 而文献 [242, 243] 沿着应明生教授文献 [6] 中的方法, 将区间值模糊量词看作区间值模糊测度, 研究了区间值模糊量词的积分语义; 沿着这一思路, 文献 [53, 219, 252] 进一步讨论了基于区间值模糊测度和 Choquet 积分的区间值模糊量词及其应用.

对于可测空间 $(X, \wp)$, 记 IvM $(X, \wp)$ 是 $(X, \wp)$ 上所有区间值模糊测度构成的集合.

定义 5.4.3　一个区间值模糊量词由下面两项组成:

(1) 对于每一个非空集合 X, 有 X 上的 Borel 域$\wp_X$;

(2) 真类 $\{IvM(X, \wp_X)$: $(X, \wp_X)$ 是可测空间$\}$的一个选择函数

$$Q:(X,\wp_X)\mapsto Q_{(X,\wp_X)}\in IvM(X,\wp_X).$$

上述定义来自文献 [242], 这里稍作修改. 为了简便, $Q_{(X,\wp_X)}$ 经常简写为 Q_X.

例 5.4.3 (1) 对任一非空有限集 X 和任一 $E\subseteq X$, 区间值模糊量词 "几乎所有"(almost all) 可如下定义:

$$almost\ all_X(E)=\left[\left(\frac{\mu(E)}{\mu(X)}\right)^2,\left(\frac{\mu(E)}{\mu(X)}\right)^{3/2}\right],$$

其中$\mu(E)$ 为集合 E 的基数.

(2) 对任一非空有限集 X 和任一 $E\subseteq X$, 区间值模糊量词 "大多数"(most) 可如下定义:

$$most_X(E)=\begin{cases}[0,\ 0.25], & c<0.2,\\ [1.5c-0.3,\ 1.5c-0.05], & 0.2\leqslant c\leqslant 0.7,\\ [0.75,\ 1], & c>0.7,\end{cases}$$

其中 $c=\mu(E)/\ \mu(X)$, $\mu(E)$ 为集合 E 的基数.

定义 5.4.4 设 Q, Q_1 和 Q_2 是区间值量词, 则

(1) 称 Q_1 强于 Q_2, 记为 $Q_1\sqsubseteq Q_2$, 如果对任一非空集合 X 和任一 $E\in\wp_X$ 有 $Q_{1X}(E)\leqslant Q_{2X}(E)$.

(2) Q 的对偶 Q^*, Q_1 和 Q_2 的蕴涵 $Q_1\to Q_2$、交 $Q_1\sqcap Q_2$ 及并 $Q_1\sqcup Q_2$ 分别定义如下: 对任一非空集 X 及任一 $E\in\wp_X$,

$$\begin{aligned}&Q_X^*(E)\overset{\text{def}}{=}[1,1]-Q_X(X-E),\\&(Q_1\sqcap Q_2)_X(E)\overset{\text{def}}{=}Q_{1X}(E)Q_{2X}(E),\\&(Q_1\sqcup Q_2)_X(E)\overset{\text{def}}{=}Q_{1X}(E)+Q_{2X}(E)-Q_{1X}(E)Q_{2X}(E).\end{aligned}$$

注: 对于任意 r_1, $r_2\in\boldsymbol{\mathcal{L}}^{(\mathbf{Iv})}$, $r_1\pm r_2=[r_1^-\pm r_2^-,\ r_1^+\pm r_2^+]$, $r_1r_2=[r_1^-r_2^-,\ r_1^+r_2^+]$. 另, $[r,\ r]\in\boldsymbol{\mathcal{L}}^{(\mathbf{Iv})}$ 通常简写为 r.

类似一阶逻辑系统 $\mathbf{L_q}$(见 4.1.2 节)、$\mathbf{L_q^{(IuC)}}$(见 5.2.2 节), 可建立带有区间值模糊量词的一阶逻辑语言 $\mathbf{L}_q^{(\mathbf{IvC})}$.

$\mathbf{L_q^{(IvC)}}$ 字母表的定义类似于定义 5.2.3, 不同之处只是 "Q 为区间值模糊量词".

定义 5.4.5 合式公式集 Wff 是满足下述条件的最小符号集:

(1) 若 $n\geqslant 0$, $F\in\mathbf{F}_n$, $y_1,\cdots,y_n$ 是个体变元, 则 $F(y_1,\cdots,y_n)\in$Wff;

(2) 若 Q 是一个区间值模糊量词, x 是个体变元, $\varphi\in$Wff, 则 $(Qx)\varphi\in$Wff;

(3) 若 $\varphi, \varphi_1, \varphi_2\in$Wff, 则 $\neg\varphi, \varphi_1\wedge\varphi_2\in$Wff.

为了方便, 引入下述一些缩写符号:

$$\varphi\vee\psi\overset{\text{def}}{=}\neg(\neg\varphi\wedge\neg\psi),\quad \varphi\to\psi\overset{\text{def}}{=}\neg\varphi\vee\psi,\quad \varphi\leftrightarrow\psi\overset{\text{def}}{=}(\varphi\to\psi)\wedge(\psi\to\varphi).$$

定义 5.4.6 逻辑语言 $\mathbf{L}_q^{(\mathbf{IvC})}$ 的区间解释 I 由下面各项构成:

(1) 一个可测空间 $(X, \wp)$, 称为 I 的论域;

(2) 对于每个 $n\geqslant 0$, 有与个体变元 x_i 相对应的 X 中的元素 x_i^I;

(3) 对于每个 $n\geqslant 0$ 和任一 $F\in\mathbf{F}_n$, 存在一个$\wp^n$-可测的区间值函数 F^I: $X^n\to\mathcal{L}^{(\mathbf{Iv})}$.

后面总假定: 解释 I 的论域 $(X, \wp)$ 中的 Borel 域$\wp$取 X 的幂集 2^X.

定义 5.4.7 设 I 是一区间解释, 则公式 φ 在 I 下的区间真值 $T_I(\varphi)$ 的递归定义如下:

(1) 若 $\varphi=F(y_1,\cdots,y_n)$, 则

$$T_I(\varphi)=F^I(y_1^I,\cdots,y_n^I).$$

(2) 若 $\varphi=(Qx)\psi$, 则

$$T_I(\varphi)=\int_X^{(\mathrm{IvC})}T_{I\{\cdot/x\}}(\psi)\circ Q_X=\left[\int_X^{(\mathrm{C})}T_{I\{\cdot/x\}}(\psi)^-\circ Q_X^-,\int_X^{(\mathrm{C})}T_{I\{\cdot/x\}}(\psi)^+\circ Q_X^+\right],$$

其中 X 是 I 的论域, $T_{I\{\cdot/x\}}(\psi)$: $X\to\mathcal{L}^{(\mathbf{Iv})}$ 是一个区间值映射满足

$$T_{I\{\cdot/x\}}(\psi)(u)=T_{I\{u/x\}}(\psi),\quad \forall u\in X,$$

而 $I\{u/x\}$是仅在个体变元 x 上的指派不同于 I 的一个解释, 即对所有 $y\neq x$ 时 $y^{I\{u/x\}}=y^I$, 且 $x^{I\{u/x\}}=u$.

(3) 若 $\varphi=\neg\psi$, 则

$$T_I(\varphi)=(T_I(\psi))^*=\left[1-T_I(\psi)^+,1-T_I(\psi)^-\right].$$

若 $\varphi=\varphi_1\to\varphi_2$, 则

$$T_I(\varphi)=\left[1-T_I(\varphi_1)^++T_I(\varphi_1)^+T_I(\varphi_2)^-,1-T_I(\varphi_1)^-+T_I(\varphi_1)^-T_I(\varphi_2)^+\right].$$

(4) 若 $\varphi=\varphi_1\wedge\varphi_2$, 则

$$T_I(\varphi)=\left[T_I(\varphi_1)^-T_I(\varphi_2)^-,T_I(\varphi_1)^+T_I(\varphi_2)^+\right].$$

若 $\varphi=\varphi_1\vee\varphi_2$, 则

$$T_I(\varphi)=\left[T_I(\varphi_1)^-+T_I(\varphi_2)^--T_I(\varphi_1)^-T_I(\varphi_2)^-,T_I(\varphi_1)^++T_I(\varphi_2)^+-T_I(\varphi_1)^+T_I(\varphi_2)^+\right].$$

定义 5.4.8 设 φ, $\psi\in$Wff, 若对每一个直觉解释 I 有 $T_I(\varphi)=T_I(\psi)$, 则称 φ 与ψ等价, 记为 $\varphi\equiv\psi$.

可类似 5.2 节的讨论, 得到类似于命题 5.2.4—命题 5.2.6 的结论, 从而得到类似于定理 5.2.4 的前束范式定理, 此处均略去.

5.4.3 区间值模糊量词 Choquet 积分语义在数据的语言归并中的应用

文献 [235] 扩展了 Yager 语言归并的原始含义, 首次提出区间值语言归并 (interval-valued linguistic summaries) 的新概念, 并应用区间值模糊集的基数计算区间值语言归并的区间真度. 在本节中, 我们将区间值模糊量词看作区间值模糊测度, 应用上一节介绍的区间值 Choquet 积分, 给出计算区间值语言归并之区间真度的新方法.

1. 数据的区间值语言归并

定义 5.4.9[235] 一个数据集的区间值语言归并是如下的一个类自然语句

$$QP是S(T=[t^-,t^+]),$$

其中 Q 为模糊量词, Q, S 中至少有一个是由区间值模糊集来表示的, $T=[t^-,t^+]\subseteq[0,1]$ 是语言归并的区间真度.

举例来说, 针对某一员工数据库, 依据 “年龄” 数据得到如下总结性命题:

$$许多员工是中年人(T=[0.79,1]),$$

其中, Q=“许多” 是量词, P=“员工” 是归并的对象, S=“中年人” 是模糊语言表达的对象特征. S 可以用区间值模糊集来表示, 比如: 图 5-3 给出了关于年龄的一些区间值语言变量, 其定义域为 [20, 70], 其中的 MIDDLE-AGED 表示 “中年人”(参见 [235]).

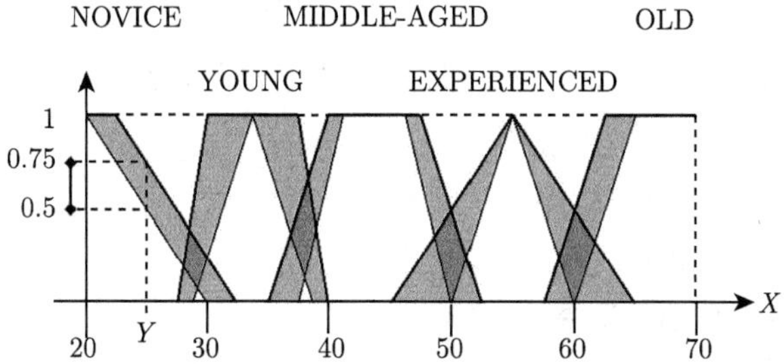

图 5-3 区间值语言变量示例

定义 5.4.10[235]　设 A 是 X 上的一个区间值模糊集, 其隶属函数为 $\mu_A = [\mu_{A^-}, \mu_{A^+}]$, 则 A 的基数定义为

$$card(A) = [card(A^-), card(A^+)] = \left[\sum_{x\in X}\mu_{A^-}(x), \sum_{x\in X}\mu_{A^+}(x)\right].$$

设$\{y_1, y_2, \cdots, y_m\}$是对象集合, $V(y_1), V(y_2), \cdots, V(y_m)$ 是各对象关于属性 V 的值, 即语言归并的数据集为 $D=\{V(y_1), V(y_2), \cdots, V(y_m)\}$; 语言量词 Q 用区间值模糊集表示, 其隶属函数为 $\mu_Q = [\mu_{Q^-}, \mu_{Q^+}]$; 对象特征 S 用普通模糊集表示, 其隶属函数为 μ_S. 则区间值语言归并 "Q P 是 S" 的区间真度可以如下计算 [235]:

(1) 当 Q 是绝对量词时 (如 "大约 10 个") 有

$$T = [\mu_{Q^-}(r), \mu_{Q^+}(r)], \quad 其中 r = card(S) = \sum_{i=1}^{m}\mu_S(V(y_i));$$

(2) 当 Q 是相对量词时 (如 "大多数") 有

$$T = \left[\mu_{Q^-}\left(\frac{r}{m}\right), \mu_{Q^+}\left(\frac{r}{m}\right)\right], 其中 r = card(S) = \sum_{i=1}^{m}\mu_S(V(y_i)).$$

在前面的计算方法中, Q 用区间值模糊集表示、S 用普通模糊集表示, 如果 Q 用普通模糊集表示、S 用区间值模糊集表示, 则 "Q P 是 S" 的区间真度的计算方法如下:

(1) 当 Q 是绝对量词时有 $T = [\mu_Q(card(S^-)), \mu_Q(card(S^+))]$;

(2) 当 Q 是相对量词时有

$$T = \left[\mu_Q\left(\frac{card(S^-)}{card(X)}\right), \mu_Q\left(\frac{card(S^+)}{card(X)}\right)\right], 其中\ X\ 是模糊集\ S\ 的定义域.$$

当 Q、S 均用区间值模糊集表示时, "Q P 是 S" 的区间真度计算只需将前述计算公式中左侧的 μ_Q 换成 μ_{Q^-}、右侧的 μ_Q 换成 μ_{Q^+} 即可.

2. 使用区间值 Choquet 积分计算区间值语言归并的真度

对于语言归并 "QP 是 S", 应用 Choquet 积分计算其 "区间真度" 的方法如下: 将模糊量词 Q 看成区间值模糊测度, 模糊集 S 关于 Q 的 Choquet 积分即为语言归并 "Q P 是 S" 的区间真度 T. 具体地说,

(1) 当 S 被看成普通模糊集时, 有

$$T = \int^{(\mathrm{IvC})}[\mu_S, \mu_S]\circ Q_X = \left[\int^{(\mathrm{C})}\mu_S\circ Q_X^-, \int^{(\mathrm{C})}\mu_S\circ Q_X^+\right].$$

(2) 当 S 被看成区间值模糊集时, 有

$$T=\int^{(\mathrm{IvC})}\mu_S\circ Q_X=\left[\int^{(\mathrm{C})}\mu_{S^-}\circ Q_X^-,\int^{(\mathrm{C})}\mu_{S^+}\circ Q_X^+\right].$$

例 5.4.4 考虑从 45 位学生英语成绩数据中抽取语言归并. 经专家对成绩数据进行分析后, 得到如下的概括: 几乎所有学生的英语成绩是优良的. 已知专家对各位学生成绩优良程度的打分见表 5-6, 以下使用 Choquet 积分计算上述语言归并的区间真度.

令模糊量词 Q="几乎所有"(almost all), 将其看成区间值模糊测度, 其定义见例 5.4.3 (1); 取 S="优良", 用区间值模糊集表示, 其隶属函数取值如表 5-6 中的 μ_S. 于是, "几乎所有学生的英语成绩是优良的" 具有标准形式 "Q P 是 S". 所以, 其区间真度为

$$\begin{aligned}T&=\int^{(\mathrm{IvC})}\mu_S\circ Q_X=\left[\int^{(\mathrm{C})}\mu_{S^-}\circ Q_X^-,\int^{(\mathrm{C})}\mu_{S^+}\circ Q_X^+\right]\\&=\left[\sum_{i=1}^{45}\mu_{S^-}(x_i)\left[Q_X^-(X_i)-Q_X^-(X_{i+1})\right],\sum_{i=1}^{45}\mu_{S^+}(y_i)\left[Q_X^+(Y_i)-Q_X^+(Y_{i+1})\right]\right],\end{aligned}$$

其中, $\{x_i\}$, $\{y_i\}$ 分别表示依据区间值模糊集 S 各区间隶属度左端点、右端点由小到大对学生排序的结果.

表 5-6 学生英语成绩的 "优良" 隶属度

Id	μ_S	Id	μ_S	Id	μ_S
1	[0.58,0.62]	16	[0.91,0.95]	31	[0.76,0.79]
2	[0.96,1.00]	17	[0.56,0.75]	32	[0.10,0.31]
3	[0.72,0.78]	18	[0.83,0.88]	33	[0.59,0.63]
4	[0.91,0.96]	19	[0.52,0.72]	34	[0.47,0.52]
5	[0.67,0.71]	20	[0.41,0.64]	35	[0.66,0.75]
6	[0.45,0.49]	21	[1.00,1.00]	36	[0.45,0.54]
7	[0.93,0.96]	22	[0.67,0.69]	37	[0.93,0.97]
8	[0.56,0.65]	23	[0.95,0.98]	38	[0.84,0.88]
9	[0.21,0.27]	24	[0.59,0.64]	39	[0.32,0.40]
10	[0.85,0.92]	25	[0.91,0.95]	40	[0.98,0.99]
11	[0.82,0.90]	26	[0.70,0.82]	41	[0.81,0.87]
12	[0.79,0.89]	27	[0.64,0.69]	42	[0.97,0.99]
13	[0.55,0.58]	28	[0.23,0.48]	43	[0.71,0.78]
14	[0.75,0.87]	29	[0.89,0.93]	44	[0.91,0.95]
15	[0.61,0.66]	30	[0.69,0.76]	45	[0.30,0.35]

计算可得 (可借助 Matlab 软件进行计算, 参见图 5-4):

$$
\begin{aligned}
&\sum_{i=1}^{45} \mu_{S^-}(x_i)\left[Q_X^-(X_i) - Q_X^-(X_{i+1})\right]\\
=&0.10 \times [1-(44/45)^2] + 0.21 \times [(44/45)^2-(43/45)^2] + 0.23 \times [(43/45)^2-(42/45)^2]\\
&+0.30 \times [(42/45)^2-(41/45)^2] + 0.32 \times [(41/45)^2-(40/45)^2]\\
&+0.41 \times [(40/45)^2-(39/45)^2]\\
&+0.45 \times [(39/45)^2-(38/45)^2] + 0.45 \times [(38/45)^2-(37/45)^2]\\
&+0.47 \times [(37/45)^2-(36/45)^2]\\
&+0.52 \times [(36/45)^2-(35/45)^2] + 0.55 \times [(35/45)^2-(34/45)^2]\\
&+0.56 \times [(34/45)^2-(33/45)^2]\\
&+0.56 \times [(33/45)^2-(32/45)^2] + 0.58 \times [(32/45)^2-(31/45)^2]\\
&+0.59 \times [(31/45)^2-(30/45)^2]\\
&+0.59 \times [(30/45)^2-(29/45)^2] + 0.61 \times [(29/45)^2-(28/45)^2]\\
&+0.64 \times [(28/45)^2-(27/45)^2]\\
&+0.66 \times [(27/45)^2-(26/45)^2] + 0.67 \times [(26/45)^2-(25/45)^2]\\
&+0.67 \times [(25/45)^2-(24/45)^2]\\
&+0.69 \times [(24/45)^2-(23/45)^2] + 0.70 \times [(23/45)^2-(22/45)^2]\\
&+0.71 \times [(22/45)^2-(21/45)^2]\\
&+0.72 \times [(21/45)^2-(20/45)^2] + 0.75 \times [(20/45)^2-(19/45)^2]\\
&+0.76 \times [(19/45)^2-(18/45)^2]\\
&+0.79 \times [(18/45)^2-(17/45)^2] + 0.81 \times [(17/45)^2-(16/45)^2]\\
&+0.82 \times [(16/45)^2-(15/45)^2]\\
&+0.83 \times [(15/45)^2-(14/45)^2] + 0.84 \times [(14/45)^2-(13/45)^2]\\
&+0.85 \times [(13/45)^2-(12/45)^2]\\
&+0.89 \times [(12/45)^2-(11/45)^2] + 0.91 \times [(11/45)^2-(10/45)^2]\\
&+0.91 \times [(10/45)^2-(9/45)^2]\\
&+0.91 \times [(9/45)^2-(8/45)^2] + 0.91 \times [(8/45)^2-(7/45)^2]\\
&+0.93 \times [(7/45)^2-(6/45)^2]\\
&+0.93 \times [(6/45)^2-(5/45)^2] + 0.95 \times [(5/45)^2-(4/45)^2]
\end{aligned}
$$

$$+ 0.96 \times [(4/45)^2 - (3/45)^2]$$
$$+ 0.97 \times [(3/45)^2 - (2/45)^2] + 0.98 \times [(2/45)^2 - (1/45)^2]$$
$$+ 1 \times [(1/45)^2 - (0/45)^2]$$
$$=0.5542.$$

同理可得, $\sum_{i=1}^{45} \mu_{S^+}(y_i) \left[Q_X^+(Y_i) - Q_X^+(Y_{i+1})\right]=0.6412.$

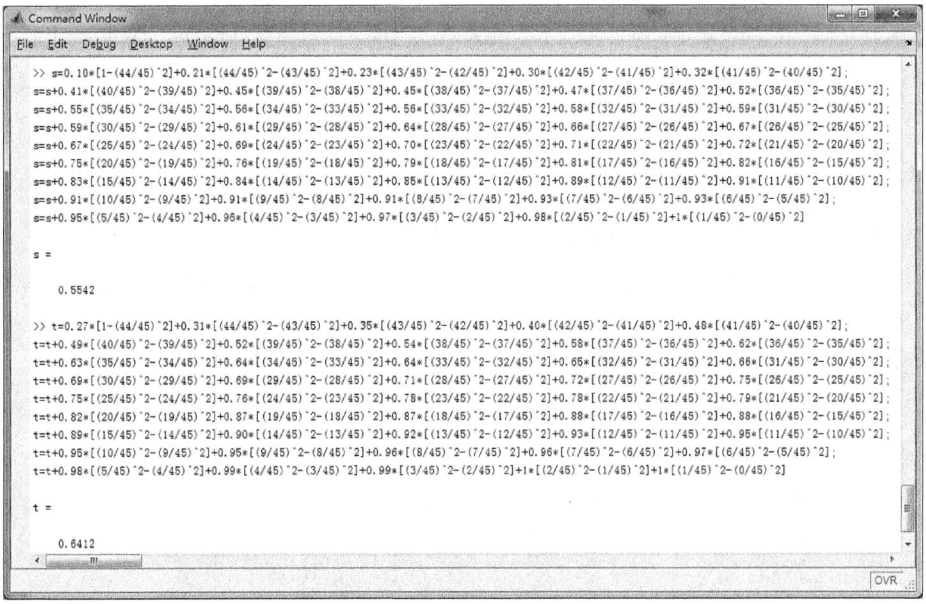

图 5-4 借助 Matlab 软件计算

这样, 我们得到如下完整的区间语言归并:

几乎所有学生的英语成绩是优良的($T = [0.5542, 0.6412]$).

第 6 章　格值模糊量词及其积分语义

6.1　格值模糊测度与格值模糊积分

关于格值模糊测度及基于格值模糊测度的模糊积分, 最早出现在 1987 年发表的论文 [182] 中. 后来, 文献 [162] 及 [253] 做了进一步研究; 而文献 [163] 给出格值模糊积分的组件分解 (componentwise decomposition) 定理, 揭示了相关模糊积分之间的关系. 本节将介绍文献 [162, 163, 253] 的主要内容.

6.1.1　完备格上的格值模糊测度与格值模糊积分

1. 格值模糊测度及格值模糊积分的基本概念

定义 6.1.1 [163,253]　设 $(L, \vee, \wedge, 0_L, 1_L)$ 是一个完备格 (其序关系为 $\leqslant$), $(X, \wp)$ 为可测空间 ($\wp$ 为 X 上的 Borel 域). 一个格值模糊测度或 L-模糊测度 v: $\wp \rightarrow L$ 是指满足以下条件的格值集函数:

(1) $v(\varnothing)=0_L$,

(2) $v(X)=1_L$,

(3) $A, B \in \wp, A \subseteq B \Rightarrow v(A) \leqslant v(B)$.

定义 6.1.2 [163,253]　设 $(X, \wp)$ 为可测空间. 一个格值映射 f:$X \rightarrow L$ 被称为 $\wp$-可测的, 如果对任意 $\alpha \in L$ 有 $f_{\leqslant\alpha} \in \wp$ 及 $f_{\geqslant\alpha} \in \wp$, 其中

$$f_{\leqslant\alpha} = \{x \in X : f(x) \leqslant \alpha\}, \quad f_{\geqslant\alpha} = \{x \in X : f(x) \geqslant \alpha\}.$$

定义 6.1.3 [163,253]　设 $(X, \wp)$ 为可测空间, $A \in \wp$, v: $\wp \rightarrow L$ 是一个格值模糊测度, f:$X \rightarrow L$ 是一个 $\wp$-可测映射. 则 f 在 A 上关于 v 的格值模糊积分定义为

$$\int_A^{(L)} f dv = \bigvee_{\alpha \in A} \left(\alpha \bigwedge v\left(f_{\geqslant\alpha} \bigcap A\right)\right).$$

注: (1) 显然, 当格 L=[0, 1] 时, 上述格值模糊积分即为 Sugeno 模糊积分.

(2) 由于 L 是完备格, 因此上述模糊积分值一定属于 L.

下面介绍格值模糊积分的对偶性概念, 这需要一些预备知识.

格 $(L, \vee, \wedge, 0_L, 1_L)$ 上的一个否定 (negation) 是指满足以下条件的映射 $\bar{\cdot}$: $L \rightarrow L$

$$\overline{0_L} = 1_L, \quad \overline{1_L} = 0_L, \quad \alpha \leqslant \beta \Rightarrow \overline{\beta} \leqslant \overline{\alpha}.$$

称 $\overline{\cdot}$ 是对合的, 如果对任意 $\alpha\in L$ 有 $\overline{\overline{\alpha}}=\alpha$. 此时, $\overline{\cdot}$ 是一个逆序对合对应 (见定义 2.3.4). 对于具有对合否定 $\overline{\cdot}$ 的格 L, De Morgan 对偶律成立, 即

$$\overline{\alpha\wedge\beta}=\overline{\alpha}\vee\overline{\beta},\quad \overline{\alpha\vee\beta}=\overline{\alpha}\wedge\overline{\beta}.$$

需要说明的是, 文献 [163] 引用 [254] 的结论并指出: 具有否定算子与满足 De Morgan 对偶律两者是等价的. 此结论对于对合否定是正确的, 但不能应用 [254] 中 Theorem 1 的证明, 因为 [254] 讨论的是全序格. 下面给出一个一般性的结论和证明:

设 $(L, \vee, \wedge)$ 是一个格 (序关系为 $\leqslant$), $\overline{\cdot}:L\to L$ 是 L 上的对合映射. 则 L 满足 De Morgan 对偶律当且仅当 $\overline{\cdot}$ 是逆序的. 事实上, 若 L 满足 De Morgan 对偶律, 则当 $\alpha\leqslant\beta$ 时有 $\overline{\alpha}=\overline{\alpha\wedge\beta}=\overline{\alpha}\vee\overline{\beta}$, 这说明 $\overline{\beta}\leqslant\overline{\alpha}$, 即 $\overline{\cdot}$ 是逆序的. 反之, 若 $\overline{\cdot}$ 是逆序的, 则由 $\alpha\leqslant\alpha\vee\beta$, $\beta\leqslant\alpha\vee\beta$ 得 $\overline{\alpha\vee\beta}\leqslant\overline{\alpha}$, $\overline{\alpha\vee\beta}\leqslant\overline{\beta}$, 进而有 $\overline{\alpha\vee\beta}\leqslant\overline{\alpha}\wedge\overline{\beta}$. 类似地, 由 $\alpha\wedge\beta\leqslant\alpha$, $\alpha\wedge\beta\leqslant\beta$ 可得 $\overline{\alpha}\vee\overline{\beta}\leqslant\overline{\alpha\wedge\beta}$, 由此并据 α, β 的任意性知

$$\alpha\vee\beta=\overline{\overline{\alpha}}\vee\overline{\overline{\beta}}\leqslant\overline{\overline{\alpha}\wedge\overline{\beta}}.$$

应用逆序条件得 $\overline{\alpha\vee\beta}\geqslant\overline{\overline{\overline{\alpha}\wedge\overline{\beta}}}=\overline{\alpha}\wedge\overline{\beta}$, 于是 $\overline{\alpha\vee\beta}=\overline{\alpha}\wedge\overline{\beta}$. 同理可证另一等式 $\overline{\alpha\wedge\beta}=\overline{\alpha}\vee\overline{\beta}$ 成立.

定义 6.1.4 [163] 设 $(X, \wp)$ 为可测空间, L 是具有对合否定 $\overline{\cdot}$ 的完备格, v: $\wp\to L$ 是一个 L-模糊测度, 则称如下定义的映射 v^*: $\wp\to L$ 是 v 的对偶 L-模糊测度:

$$v^*(A)=\overline{v(X-A)},\quad \forall A\in\wp.$$

如果 $v=v^*$, 则称 v 是自对偶的 (self-dual).

容易验证, 当 v: $\wp\to L$ 是一个 L-模糊测度时, 如上定义的 v^*: $\wp\to L$ 也是一个 L-模糊测度.

定义 6.1.5 [163] 关于 L-模糊测度 v 的格值模糊积分称为是具有对偶性的, 如果对任意的 $\wp$-可测映射 f:$X\to L$ 均有

$$\overline{\int_A^{(L)} f dv}=\int_A^{(L)}\overline{f}dv,$$

其中 $\overline{f}$:$X\to L$ 定义为: $\overline{f}(x)=\overline{f(x)}$, $\forall x\in X$.

容易验证, 当 f:$X\to L$ 是 $\wp$-可测函数时, 如上定义的 $\overline{f}$ 也是 $\wp$-可测的.

2. 格值模糊积分的组件分解定理

在本节中, $(L, \vee, \wedge, 0_L, 1_L)$ 是一个具有对合否定 $\overline{\cdot}$ 的完备格, 其序关系为 $\leqslant$.

记 $L^{(2)}=\{(\alpha,\beta):\alpha,\beta\in L,\alpha\leqslant\overline{\beta}\}$, 并在其中引入如下序关系和运算:

$$(\alpha_1,\beta_1)\preccurlyeq(\alpha_2,\beta_2)\Leftrightarrow\alpha_1\leqslant\alpha_2 \text{ 且 } \beta_2\leqslant\beta_1;$$

$$\widetilde{(\alpha,\beta)}=(\beta,\alpha);$$

$$(\alpha_1,\beta_1)\bigwedge(\alpha_2,\beta_2)=(\alpha_1\wedge\alpha_2,\beta_1\vee\beta_2);\quad \bigwedge_{i\in I}(\alpha_i,\beta_i)=\left(\bigwedge_{i\in I}\alpha_i,\bigvee_{i\in I}\beta_i\right);$$

$$(\alpha_1,\beta_1)\bigvee(\alpha_2,\beta_2)=(\alpha_1\vee\alpha_2,\beta_1\wedge\beta_2);\quad \bigvee_{i\in I}(\alpha_i,\beta_i)=\left(\bigvee_{i\in I}\alpha_i,\bigwedge_{i\in I}\beta_i\right).$$

定理 6.1.1 [163] $L^{(2)}$ 关于前述序关系 $\preccurlyeq$ 构成一个完备格, 其最小元、最大元分别为 $0_{L^{(2)}}=(0_L, 1_L)$、$1_{L^{(2)}}=(1_L, 0_L)$, 上、下确界分别对应上述运算 $\vee$、$\wedge$. 同时, $\tilde{}$ 是完备格 $(L^{(2)}, \vee, \wedge, 0_{L^{(2)}}, 1_{L^{(2)}})$ 上的对合否定.

注: 这里 $L^{(2)}$ 的运算 $\vee$、$\wedge$ 与 L 的上、下确界使用同样的符号, 读者可以从上下文来判断其含义 (只需判断其作用在 L 的元素上、还是作用在 $L^{(2)}$ 的元素上).

定理 6.1.2 [163] $L^{(2)}$-值映射 $f=(g, h)$: $X\to L^{(2)}$ 是 $\wp$-可测的当且仅当两个 L-值映射 g, h: $X\to L$ 是 $\wp$-可测的.

定理 6.1.3 [163] 如果 $v=(v_1, v_2)$: $\wp\to L^{(2)}$ 是 $L^{(2)}$-模糊测度, 则 v_1, $\overline{v_2}$ 是 L-模糊测度, 其中 $\overline{v_2}(A)=\overline{v_2(A)}$, $\forall A\in\wp$.

定理 6.1.4 [163] (组件分解定理) 设 $v=(v_1, v_2)$: $\wp\to L^{(2)}$ 是 $L^{(2)}$-模糊测度, $f=(g, h)$: $X\to L^{(2)}$ 是 $\wp$-可测映射, 则 f 在 X 上关于 v 的格值模糊积分可如下进行分解:

$$\int_X^{(L^{(2)})} fdv=\left(\int_X^{(L)} gdv, \overline{\int_X^{(L)} \overline{h}d\overline{v}}\right).$$

推论 6.1.1 [163] 在定理 6.1.4 的假设下, 对任意 $A\in\wp$ 有

$$\int_A^{(L^{(2)})} fdv=\left(\bigvee_{\alpha\in L}\left(\alpha\wedge v_1\left(g_{\geqslant\alpha}\bigcap A\right)\right), \bigwedge_{\alpha\in L}\left(\alpha\vee v_2\left(h_{\leqslant\alpha}\bigcap A\right)\right)\right).$$

定理 6.1.5 [163] 若 $v=(v_1, v_2)$: $\wp\to L^{(2)}$ 是自对偶的 $L^{(2)}$-模糊测度, 则 v_1, $\overline{v_2}$: $\wp\to L$ 是自对偶 L-模糊测度; 若基于 L-模糊测度 v_1, $\overline{v_2}$ 的 L-模糊积分具有对偶性质, 则基于 $L^{(2)}$-模糊测度 $v=(v_1, v_2)$ 的模糊积分也具有对偶性质.

容易看出, 当格 L=[0, 1] 时, 则 $L^{(2)}$ 正好对应直觉模糊数构成的格 $\boldsymbol{\mathcal{L}}^{(\mathbf{Iu})}$(参见 4.3.1 节). 因此, 前述相关结果均可直接应用于直觉模糊测度及直觉模糊 Sugeno 积分理论中. 与此类似, 从一个完备格出发, 可构造如下的格 $L^{(4)}$, 并由此研究 $L^{(4)}$-模糊测度及 $L^{(4)}$-模糊积分 (参见文献 [100]), 这是区间直觉模糊测度及区间直觉 Sugeno 积分理论的一般化.

记 $L^{(4)} = \{(\alpha,\beta,\gamma,\delta):\alpha,\beta,\gamma,\delta\in L,\alpha\leqslant\beta,\gamma\leqslant\delta,\beta\leqslant\overline{\delta}\}$, 并在其中引入如下序关系和运算:

$$(\alpha_1,\beta_1,\gamma_1,\delta_1)\preccurlyeq(\alpha_2,\beta_2,\gamma_2,\delta_2)\Leftrightarrow\alpha_1\leqslant\alpha_2,\beta_1\leqslant\beta_2,\gamma_1\geqslant\gamma_2\text{ 且 }\delta_1\geqslant\delta_2;$$

$$(\alpha_1,\beta_1,\gamma_1,\delta_1)\bigwedge(\alpha_2,\beta_2,\gamma_2,\delta_2)=(\alpha_1\wedge\alpha_2,\beta_1\wedge\beta_2,\gamma_1\vee\gamma_2,\delta_1\vee\delta_2);$$

$$(\alpha_1,\beta_1,\gamma_1,\delta_1)\bigvee(\alpha_2,\beta_2,\gamma_2,\delta_2)=(\alpha_1\vee\alpha_2,\beta_1\vee\beta_2,\gamma_1\wedge\gamma_2,\delta_1\wedge\delta_2).$$

定理 6.1.6 [100] $L^{(4)}$ 关于前述序关系 $\preccurlyeq$ 构成一个完备格, 其最小元、最大元分别为 $0_{L^{(4)}}=(0_L,\ 0_L,\ 1_L,\ 1_L)$、$1_{L^{(2)}}=(1_L,\ 1_L,\ 0_L,\ 0_L)$, 上、下确界分别对应上述运算 $\vee$、$\wedge$.

定理 6.1.7 [100] $L^{(4)}$-值映射 $f=(f_1,\ f_2,f_3,\ f_4)$: $X\to L^{(4)}$ 是 $\wp$-可测的当且仅当四个 L-值映射 $f_1,\ f_2,f_3,\ f_4$: $X\to L$ 是 $\wp$-可测的.

定理 6.1.8 [100] 如果 $v=(v_1,\ v_2,v_3,\ v_4)$: $\wp\to L^{(4)}$ 是 $L^{(4)}$-模糊测度, 则 v_1, v_2, $\overline{v_3}$, $\overline{v_4}$ 是 L-模糊测度, 其中 $\overline{v_3}(A)=v_3(A)$, $\overline{v_4}(A)=v_4(A)$, $\forall A\in\wp$.

定理 6.1.9 [100] 设 $v=(v_1,\ v_2,v_3,\ v_4)$: $\wp\to L^{(4)}$ 是 $L^{(4)}$-模糊测度, $f=(f_1$, $f_2,\ f_3,\ f_4)$: $X\to L^{(4)}$ 是 $\wp$-可测映射. 则 f 在 X 上关于 v 的格值模糊积分可如下进行分解:

$$\int_X^{(L^{(4)})} fdv=\left(\int_X^{(L)} f_1dv,\int_X^{(L)} f_2dv,\overline{\int_X^{(L)}\overline{f_3}d\overline{v_3}},\overline{\int_X^{(L)}\overline{f_4}d\overline{v_4}}\right).$$

可以在格值区间集及双极格值区间集的框架下讨论相关的格值模糊测度与模糊积分, 有兴趣的读者可参阅文献 [255].

6.1.2 可换半群格上的格值模糊测度与格值模糊积分

上一节讲述的格值模糊测度, 并不涉及单调集列测度的极限性质 (试比较定义 6.1.1 与定义 2.4.3), 原因是在格 L 上仅有上下确界运算而没有定义距离和极限概念. 文献 [162] 中, 将格值模糊测度定义在可换半群格上, 通过其中的半群运算导出一种距离, 并进而定义了极限概念, 从而可以讨论单调集列测度的极限性质, 相应定义的格值模糊测度更接近于模糊测度的原始定义, 本节简单介绍这种格值模糊测度及相应的格值模糊积分的基本知识.

定义 6.1.6 [162] 设 $(L,\ \vee,\ \wedge,\ 0_L,\ 1_L)$ 是一个完备格 (其序关系为 $\leqslant$), $\oplus$ 是 L 上的一个二元运算. 如果 $(L,\ \oplus)$ 是可换半群 (即 $\oplus$ 满足结合律、交换律), 且

$$\forall a,b,c,d\in L,a\leqslant b,c\leqslant d\Rightarrow a\oplus c\leqslant b\oplus d,$$

则称 $(L,\ \vee,\ \wedge,\ \leqslant,\ \oplus)$ 是一个可换半群格.

定义 6.1.7 [162]　设 $(L, \vee, \wedge, \leqslant, \oplus)$ 是一个可换半群格, 定义 D_L: $L\times L\to L$ 如下:

$$D_L(a,b)=\bigwedge_{(a\wedge b)\oplus c\geqslant a\vee b} c,\quad \forall a,b\in L.$$

如果 D_L 满足

$$\forall a,b,c\in L, D_L(a,b)\oplus D_L(b,c)\geqslant D_L(a,c),$$

则称 D_L 是 L 上的 L-距离, 此时 $(L, \vee, \wedge, \leqslant, \oplus)$ 被称为正规可换半群格.

显然, $D_L(a, b)\geqslant 0_L$, $D_L(a, b)=D_L(b,a)$. 下面将 $D_L(a, b)$ 记为 $|a\ominus b|$.

定义 6.1.8 [162]　设 $(L, \vee, \wedge, \leqslant, \oplus)$ 是一个正规可换半群格, a, $a_n\in L$, $n\in \mathbf{N}=\{1, 2, \cdots\}$. 称 a_n 收敛于 a, 记为 $a_n\to a$ 或 $\lim\limits_{n\to\infty} a_n=a$, 如果 $\forall\varepsilon>0_L$, $\exists N\in\mathbf{N}$ 使得当 $n>N$ 时有 $|a_n\ominus a|\leqslant\varepsilon$.

定义 6.1.9 [162]　设 $(L, \vee, \wedge, \leqslant, \oplus)$ 是一个正规可换半群格, a, $b\in L$. 称 a 强大于 b, 记为 $a>^{(s)} b$, 如果 $a>b$ 且对任意 a_n, $b_n\in L(n\in\mathbf{N})$, $a_n\to a$, $b_n\to b$, 必存在 $N\in\mathbf{N}$ 使得当 $n>N$ 时有 $a_n\geqslant b$, $b_n\leqslant a$.

定义 6.1.10 [162]　设 $F_L(X)$ 是 X 上的所有 L-模糊集构成的集合, $\wp\subseteq F_L(X)$. 称 $\wp$ 是一个模糊 σ-代数, 如果 $\wp$ 满足以下条件:

(1) $\varnothing$, $X\in\wp$,

(2) $A\in\wp\Rightarrow X-A\in\wp$,

(3) $A_n\in\wp(n\in\mathbf{N})\Rightarrow \sum\limits_{n=1}^{\infty} A_n\in\wp$.

定义 6.1.11 [162]　设 $F_L(X)$ 是 X 上的所有 L-模糊集构成的集合, $\wp$ 是一个模糊 σ-代数. 一个映射 v: $\wp\to L$ 称为是格值模糊测度, 如果 v 满足以下条件:

(1) $v(\varnothing)=0_L$,

(2) A, $B\in\wp$, $A\subseteq B\Rightarrow v(A)\leqslant v(B)$,

(3) $A_n\in\wp(n\in\mathbf{N})$, $A\in\wp$, $A_n\uparrow A\Rightarrow \lim\limits_{n\to\infty} v(A_n)=v(A)$,

(4) $A_n\in\wp(n\in\mathbf{N})$,$A\in\wp$, $A_n\downarrow A$, $v(A_1)<^{(s)} 1_L\Rightarrow \lim\limits_{n\to\infty} v(A_n)=v(A)$.

定义 6.1.12 [162]　设 $(L, \vee, \wedge, \leqslant, \oplus)$ 是一个正规可换半群格, $\wp$ 是一个模糊 σ-代数. 一个格值映射 f: $X\to L$ 称为 $\wp$-可测的, 如果 f 满足:

$$\forall\alpha\in L,\ f_{\geqslant\alpha}=\{x\in X: f(x)\geqslant\alpha\}\in\wp \text{ 且 } f_{\not\leqslant\alpha}=\{x\in X: f(x)\not\leqslant\alpha\}\in\wp.$$

定义 6.1.13 [162]　设 $(L, \vee, \wedge, \leqslant, \oplus)$ 是一个正规可换半群格, $\wp$ 是一个模糊 σ-代数, v: $\wp\to L$ 是格值模糊测度, f: $X\to L$ 是 $\wp$-可测映射, $A\in\wp$. 则 f 在 A 上关于模糊测度 v 的下格值模糊积分 (lower lattice-valued fuzzy integral) 和上格值模糊积分 (upper lattice-valued fuzzy integral) 分别定义为

$$\underline{\int}_A f dv = \bigvee_{\alpha <^{(\mathrm{S})} 1_L} \left(\alpha \wedge v\left(f_{\geqslant\alpha} \bigcap A\right)\right),$$

$$\overline{\int}_A f dv = \bigwedge_{\alpha <^{(\mathrm{S})} 1_L} \left(\alpha \vee v\left(f_{\nleqslant\alpha} \bigcap A\right)\right).$$

定理 6.1.10 [162] 设 f, g: $X \to L$ 是 $\wp$-可测映射, $f(x) \leqslant g(x)$, $\forall x \in L$. 如果 $A, B \in \wp$, $A \subseteq B$, 则

$$\underline{\int}_A f dv \leqslant \underline{\int}_B g dv \leqslant v(B), \quad \overline{\int}_A f dv \leqslant \overline{\int}_B g dv \leqslant v(B).$$

在上述框架下, 文献 [162] 进一步得到格值模糊可测映射的 Riesz 定理、Eoroff 定理, 以及格值模糊积分的收敛定理等结论, 有兴趣的读者请参阅原始文献.

6.2 剩余格上的模糊测度与 ⊙-型模糊积分

上一节讨论的格值模糊测度与格值模糊积分, 其中的 "格" 主要是指完备格, 本节讨论剩余格上的模糊测度与 ⊙-型模糊积分, 是直接为后面一节研究剩余格上格值模糊量词及其积分语义做准备的.

6.2.1 定义在模糊子集代数上的模糊测度

定义 6.2.1 [166] 设 A 是 M 上的一非空 L-模糊集, $F(A)$ 为 A 的所有子集构成的集族, 称 $F(A)$ 的子集 $\mathcal{F}$ 为 A 上的模糊集代数 (algebra of fuzzy set), 若

(i) $\varnothing, A \in \mathcal{F}$,

(ii) 若 $X \in \mathcal{F}$, 则 $A \backslash X \in \mathcal{F}$,

(iii) 若 $X, Y \in \mathcal{F}$, 则 $X \bigcup Y \in \mathcal{F}$.

其中, L 是一个完备剩余格 $(L, \wedge, \vee, \otimes, \to, 0, 1)$ 的承载集, 而模糊集的差运算 "\" 如下定义: 对任意 M 上的模糊集 A,B, $A \backslash B$ 仍是 M 上的模糊集且

$$(A \backslash B)(m) = A(m) \otimes (B(m) \to 0) = A(m) \otimes \neg B(m), \ \forall m \in M.$$

用 $\mathbf{Alg}(A)$ 表示所有 A 上的模糊集代数构成的集合. 若 $\mathcal{F}$ 为 A 上的模糊集代数, 则称 $(A, \mathcal{F})$ 为 A 上的一个模糊可测空间. 称 $X \in F(A)$ 是 $\mathcal{F}$-可测的, 如果 $X \in \mathcal{F}$. 此外, 也用 $\mathrm{Dom}(A)$ 表示 A 的论域 M.

注: (1) 在文献 [166] 中, 上述定义中的 "$\varnothing, A \in \mathcal{F}$" 被表示为 "$1_\varnothing, A \in \mathcal{F}$", 用 $1_\varnothing$ 表示 $\varnothing$ 特征函数. 本书中将采用更易于理解的上述形式, 但有时也沿用 [166] 中用 1_Z 表示 M 的分明子集 $Z \subseteq M$ 的特征函数.

(2) 关于模糊集代数, 原来的定义 (比如 [154] 附录中的定义) 实际上是定义 6.2.1 的特例, 即取 A 为 M 的特征函数 1_M. 在文献 [166] 的作者 A. Dvorak 及 M. Holcapek 的稍早论文 [40] 中, 也是使用后者的传统定义.

(3) 我国模糊数学专家汪培庄教授于 1982 年提出备域 (ample field, 参见文献 [256, 257]) 的概念, 并在此基础上讨论了可能性测度, 而上述模糊集代数实际上就是备域的模糊化拓广.

例 6.2.1 (1) $\{\varnothing, A\}$及 $F(A)$ 是 A 上的模糊集代数.

(2) 称 M 上的模糊集 A 是简单模糊集 (simple fuzzy set), 如果它的值域是有限集. M 上的所有简单模糊集组成的集合是 1_M 上的模糊集代数.

例 6.2.2 设 M=[0, 1], $\mathbf{L}_Ł$=([0, 1], min, max, $\otimes$, $\rightarrow$, 0, 1) 是 [0, 1] 上的 Łukasiewicz 代数, 即

$$a \otimes b = \max(a+b-1, 0), \quad a \rightarrow b = \min(1-a+b, 1), \quad \forall a, b \in [0,1].$$

则所有连续映射 A: $M \rightarrow$[0, 1] 组成的集合是 1_M 上的模糊集代数.

例 6.2.3 设 $\mathbf{L}_Ł$=([0, 1], min, max, $\otimes$, $\rightarrow$, 0, 1) 是 [0, 1] 上的 Łukasiewicz 代数, $M=\{a, b\}$, $A=\{0.7/a, 0.6/b\}$. 则

$$\boldsymbol{\mathcal{F}}=\{\varnothing, \{0.1/a\}, \{0.6/a\}, \{0.1/a, 0.6/b\}, \{0.6/a, 0.6/b\}, A\}$$

是包含$\{\varnothing, \{0.6/a\}, A\}$的最小模糊集代数. 比如

$$(A \backslash \{0.6/a\})(a)=0.7\otimes(0.6\rightarrow 0)= 0.7+0.4-1=0.1,$$
$$(A \backslash \{0.6/a\})(b)=0.6\otimes(0\rightarrow 0)= 0.6+1-1=0.6.$$

这样, $A\backslash\{0.6/a\}=\{0.1/a, 0.6/b\}$.

下面的例子表明, 一般来说, 模糊集代数对交运算不封闭.

例 6.2.4 设 $\mathbf{L}_{[0,1]}$=([0, 1], min, max, min, $\rightarrow$, 0, 1), 其中 $\rightarrow$ 的定义如下

$$x \rightarrow y = \begin{cases} 1, & x \leqslant y, \\ y, & x > y. \end{cases}$$

则 $\mathbf{L}_{[0,1]}$ 是一个完备剩余格. 令 $M=\{a, b\}$, $A=\{1/a, 0.5/b\}$. 则

$$\boldsymbol{\mathcal{F}}=\{\varnothing, \{1/a\}, \{0.5/b\}, \{0.5/a, 0.5/b\}, A\}$$

是一个模糊集代数, 而

$$\{0.5/a, 0.5/b\} \bigcap \{1/a\} = \{0.5/a\} \notin \boldsymbol{\mathcal{F}}.$$

定义 6.2.2 [166] 称 A 上的模糊集代数 $\boldsymbol{\mathcal{F}}$ 关于 $\bigcap$ 是封闭的, 若 $\forall C, D \in \boldsymbol{\mathcal{F}}$, 有 $C \bigcap D \in \boldsymbol{\mathcal{F}}$.

可以证明以下结论成立 (证明过程参见 [166], 此略):

定理 6.2.1 [166] 设 L 为一 MV-代数, A 是 M 上的一非空 L-模糊集, 则 A 上的每一个模糊集代数 $\mathcal{F}$ 关于 $\bigcap$ 是封闭的.

定义 6.2.3 [166] 设 $(A, \mathcal{F})$ 是一个模糊可测空间. 一个映射 μ: $\mathcal{F} \to L$ 称为 $(A, \mathcal{F})$ 上的一个模糊测度, 如果

(i) $\mu(\varnothing)=0$, $\mu(A)=1$,

(ii) 若 $B, C \in \mathcal{F}$ 且 $B \subseteq C$, 则 $\mu(B) \leqslant \mu(C)$.

则称三元组 $(A, \mathcal{F}, \mu)$ 是一个模糊测度空间.

非空论域 M 上所有模糊测度空间组成的类记为 $\mathbf{Fms}(M)$.

例 6.2.5 设 $\mathbf{L}_T$=([0, 1], min, max, $\otimes$, $\to$, 0, 1) 是 [0, 1] 上由连续 t-模及其剩余蕴涵诱导的剩余格, 即这里的 $\otimes$ 是 [0, 1] 上的一个连续 t-模, $\to$ 是与 $\otimes$ 相伴的剩余蕴涵. 令 M 是有限非空集, $A \in F(M)$, $A \neq \varnothing$. 定义模糊测度空间 $\mathbf{A}^r=(A, F(A), \mu^r)$, 其中

$$\mu^r(X) = \frac{\sum\limits_{m\in M} X(m)}{\sum\limits_{m\in M} A(m)}, \quad \forall X \in F(A).$$

上述模糊测度可理解为模糊集 X 的相对基数.

例 6.2.6 设 $(M, \mathcal{F})$ 是例 6.2.2 中的连续函数组成的模糊可测空间, 则如下定义的映射 μ 是 $(M, \mathcal{F})$ 上的模糊测度:

$$\mu(A) = \int_0^1 A(x)dx, \quad \forall A \in \mathcal{F}.$$

例 6.2.7 设 $(A, \mathcal{F})$ 是一个模糊可测空间, A 是一个正规模糊集, 即

$$\text{Core}(A)=\{m\colon m \in M, A(m)=1\}\neq \varnothing.$$

则如下定义的映射 μ 是 $(A, \mathcal{F})$ 上的模糊测度:

$$\mu(X) = \bigvee_{m\in \text{Supp}(A)} X(m), \ \forall X \in \mathcal{F}.$$

这里 $\text{Supp}(A)=\{m\colon m \in M, A(m) > 0\}$.

定理 6.2.2 [166] 设 $(A, \mathcal{F}, \mu)$ 是一个模糊测度空间, g: $L \to L$ 是一个不减的映射且满足 $g(0)=0$, $g(1)=1$. 则 $(A, \mathcal{F}, g\circ\mu)$ 也是一个模糊测度空间.

设 $(A, \mathcal{F})$ 是一个模糊可测空间, $X \in F(M)$, 用 $\mathcal{F}_X$ 表示所有包含在 X 中的 $\mathcal{F}$-可测集组成的集合, 即

$$\mathcal{F}_X=\{B\colon B \in \mathcal{F}, B \subseteq X\}.$$

显然, 对任意 $X \in F(M)$ 有 $\varnothing \in \mathcal{F}_X$. 若 X 是 $\mathcal{F}$-可测集, 则 $X \in \mathcal{F}_X$.

定理 6.2.3 [166] 设 $(A, \mathcal{F}, \mu)$ 是一个模糊测度空间, $\mathcal{F}' \in \mathbf{Alg}(A)$ 且 $\mathcal{F} \subseteq \mathcal{F}'$. 则如下定义的映射 μ^*: $\mathcal{F}' \to L$ 是模糊可测空间 $(A, \mathcal{F}')$ 上的一个模糊测度:

$$\mu^*(X) = \bigvee_{B \in \mathcal{F}_X} \mu(B), \quad \forall X \in \mathcal{F}'.$$

同时, μ^* 与 μ 在 $\mathcal{F}$ 上是等价的. 称 μ^* 是由 μ 确定的 $(A, \mathcal{F}')$ 上的内模糊测度 (inner fuzzy measure).

例 6.2.8 设 $(A, \mathcal{F}, \mu)$ 是模糊测度空间, 其中 $\mathcal{F}=\{\varnothing, A\}$. 令 $\mathcal{F}' = F(A)$, 则

$$\forall X \in \mathcal{F}',\ \mu^*(X) = \bigvee_{B \in \mathcal{F}_X} \mu(B) = \begin{cases} 1, & X = A, \\ 0, & \text{其他}. \end{cases}$$

这是因为, $\mathcal{F}_X=\{\varnothing\}$或 $\mathcal{F}_X=\{\varnothing, A\}$, 而 $\mu(\varnothing)=0$, $\mu(A)=1$.

6.2.2 模糊可测空间之间的同构与基数模糊测度空间

定义 6.2.4 [166] 设 $(A, \mathcal{F})$, $(B, \mathcal{G})$ 是两个模糊可测空间, 称映射 g: $\mathcal{F} \to \mathcal{G}$ 是 $(A, \mathcal{F})$ 与 $(B, \mathcal{G})$ 之间的一个同构 (isomorphism), 如果:

(i) g 是一个双射且 $g(\varnothing) = \varnothing$,

(ii) $\forall X, Y \in \mathcal{F}$, $g(X \bigcup Y) = g(X) \bigcup g(Y)$, $g(A \backslash X) = B \backslash g(X)$,

(iii) 存在一个双射 f: $\mathrm{Dom}(A) \to \mathrm{Dom}(B)$ 使得

$$X(m) = g(X)(f(m)), \quad \forall X \in \mathcal{F}, \quad \forall m \in \mathrm{Dom}(A).$$

定理 6.2.4 [166] 设 $(A, \mathcal{F})$, $(B, \mathcal{G})$ 是两个模糊可测空间, g: $\mathcal{F} \to \mathcal{G}$ 是一个满射 (surjective mapping). 则 g 是 $(A, \mathcal{F})$ 与 $(B, \mathcal{G})$ 之间的一个同构当且仅当存在一双射 f: $\mathrm{Dom}(A) \to \mathrm{Dom}(B)$ 使得 $g = f^{\to} \upharpoonright \mathcal{F}$, 这里 $f^{\to}$ 是 f: $\mathrm{Dom}(A) \to \mathrm{Dom}(B)$ 的模糊扩展映射 (fuzzy extension of the mapping f), $\upharpoonright \mathcal{F}$ 表示在 $\mathcal{F}$ 上的限制.

一般地, 设 f: $M \to M'$ 是一个映射, f 的模糊扩展映射 $f^{\to}$: $f(M) \to f(M')$ 定义为

$$f^{\to}(A)(m') = \bigvee_{m \in f^{-1}(m')} A(m), \quad \forall m' \in M'.$$

定义 6.2.5 [166] 设 $(A, \mathcal{F}, \mu)$, $(A, \mathcal{G}, \mu')$ 是两个模糊测度空间, 称映射 g: $\mathcal{F} \to \mathcal{G}$ 是 $(A, \mathcal{F}, \mu)$ 与 $(B, \mathcal{G}, \mu')$ 之间的一个同构, 如果:

(i) g 是 $(A, \mathcal{F})$ 与 $(B, \mathcal{G})$ 之间的一个同构,

(ii) $\mu(X) = \mu'(g(X))$, $\forall X \in \mathcal{F}$.

定理 6.2.5 [166] 设 $(A_1, \mathcal{F}_1, \mu_1)$, $(A_2, \mathcal{F}_2, \mu_2)$ 是两个同构的模糊测度空间, 记

$$B_i = A_i \upharpoonright \mathrm{Supp}(A_i),$$
$$\mathcal{G}_i = \{X_i \upharpoonright \mathrm{Supp}(A_i) \bigcap \mathrm{Dom}(X_i) | X \in \mathcal{F}_i\},$$
$$\mu_i' (X_i \upharpoonright \mathrm{Supp}(A_i) \bigcap \mathrm{Dom}(X_i)) = \mu_i(X_i), X \in \mathcal{F}_i,$$

这里 i=1, 2, 则 $(B_1, \mathcal{G}_1, \mu'_1)$, $(B_2, \mathcal{G}_2, \mu'_2)$ 是两个同构的模糊测度空间.

如果 g 是模糊测度空间 $\mathbf{A}=(A, \mathcal{F}, \mu)$ 与 $\mathbf{B}=(B, \mathcal{G}, \mu')$ 之间的一个同构, 则记为 $g(A, \mathcal{F}, \mu)=(B, \mathcal{G}, \mu')$, 或简单记为 $g(\mathbf{A})=\mathbf{B}$. 如果 $\mathbf{A}$ 与 $\mathbf{B}$ 间的同构是由双射 f: Dom(A) → Dom(B)(参见定义 6.2.4), 则记为 $f^{\rightarrow}(\mathbf{A}) =\mathbf{B}$.

称一个由 $\mathbf{Fms}(M)$ 中的模糊测度空间组成的系统 $\boldsymbol{\mathcal{A}}$ 在同构下是封闭的, 如果 $\mathbf{A}\in\boldsymbol{\mathcal{A}}$ 与 $\mathbf{B}\in\mathbf{Fms}(M)$ 同构, 那么 $\mathbf{B}\in \boldsymbol{\mathcal{A}}$. 为了方便, 以后简略地说 $\boldsymbol{\mathcal{A}}$ 为: $\mathbf{Fms}(M)$ 中的模糊测度空间闭系统 (closed system of fuzzy measure spaces).

如果 $\boldsymbol{\mathcal{A}}$ 是 $\mathbf{Fms}(M)$ 中的模糊测度空间闭系统, 若 $\boldsymbol{\mathcal{A}}$ 中的模糊测度空间互相同构, 则称为 $\mathbf{Fms}(M)$ 中的互同构模糊测度空间闭系统 (closed system of mutually isomorphic fuzzy measure spaces). 显然, 一个闭系统是一些互同构模糊测度空间闭系统的并.

定理 6.2.6 [166] 一个 $\mathbf{Fms}(M)$ 中的模糊测度空间系统 $\boldsymbol{\mathcal{A}}$ 是闭的, 当且仅当对任意 $\mathbf{A}\in \boldsymbol{\mathcal{A}}$ 及 Dom(A) 上的任意置换 (permutation)f 有 $f^{\rightarrow}(\mathbf{A})\in \boldsymbol{\mathcal{A}}$.

定义 6.2.6 [166] 称模糊测度空间 $(A, \mathcal{F}, \mu)$ 为基数模糊测度空间 (cardinal fuzzy measure), 如果对任意 $X \in\mathcal{F}$ 及 Dom(A) 上的任意置换 f 有

(i) $X \in \mathcal{F} \Rightarrow f^{\rightarrow}(X) \in \mathcal{F}$,

(ii) $\mu(X)=\mu\ (f^{\rightarrow}(X))$.

注: 上述定义中的 "基数", 其意义是这些模糊测度在相同的模糊集基数下是不变的. 称两个模糊集 X, Y 有相同的基数, 如果存在 Dom(A) 上的置换 f 使得 $f^{\rightarrow}(X) = Y$. 而上述定义中的 (i) 对于后面讨论广义量词是必需的.

命题 6.2.1 [166] 单点集$\{\mathbf{A}\}$构成 $\mathbf{Fms}(M)$ 中的模糊测度空间闭系统, 当且仅当 $\mathbf{A}$ 是基数模糊测度空间.

命题 6.2.2 [166] 若 $\mathbf{A}=(A, \mathcal{F}, \mu)$ 是基数模糊测度空间, 则 A 是一常值模糊集 (constant fuzzy set), 即存在 $c \in L$, $A(m) = c$, $\forall m \in M$.

命题 6.2.3 [166] 设 $\boldsymbol{\mathcal{A}}=\{(A_i, \mathcal{F}_i, \mu_i)|i \in I\}$是 $\mathbf{Fms}(M)$ 中的模糊测度空间闭系统, 令

$A = \bigcup\limits_{i\in I} A_i$,

$\mathcal{F}$ 是包含 $\bigcup\limits_{i\in I} \mathcal{F}_i$ 的最小模糊集代数,

$\mu(X) = \bigvee\limits_{i\in I}\bigvee\limits_{Y\in\mathcal{F}_{iX}} \mu_i(Y)$, 这里 $\mathcal{F}_{iX} = \{Y|Y \in \mathcal{F}_i, Y \subseteq X\}$.

则 $(A, \mathcal{F}, \mu)$ 是一个基数模糊测度空间.

6.2.3 ⊙-型模糊积分

以下用 $\odot$ 表示算子 $\wedge$、$\otimes$ 中的一个, 即 $\odot \in\{\wedge, \otimes\}$.

定义 6.2.7 [166] 设 $(A, \mathcal{F}, \mu)$ 是一个模糊测度空间, M=Dom(A), f: $M \to L$, X 是一个 $\mathcal{F}$-可测模糊集, 则 f 在 X 上的 $\odot$-型模糊积分定义为

$$\int_X^{\odot} f\, d\mu = \bigvee_{Y \in \mathcal{F}_X^-} \bigwedge_{m \in \mathrm{Supp}(Y)} (f(m) \odot \mu(Y)), \text{ 这里 } \mathcal{F}_X^- = \mathcal{F} \backslash \{\varnothing\}.$$

若 $X = A$, $\int_X^{\odot} f\, d\mu$ 简写为 $\int^{\odot} f\, d\mu$.

引理 6.2.1 [166] 设 $(A, \mathcal{F}, \mu)$ 是一个模糊测度空间, M=Dom(A), f: $M \to L$, X 是一个 $\mathcal{F}$-可测模糊集, 则

$$\int_X^{\odot} f d\mu = \int_X^{\odot} f \upharpoonright Z d\mu, \text{这里} \mathrm{Supp}(X) \subseteq Z \subseteq M.$$

设 $(A, \mathcal{F}, \mu)$ 是一个模糊测度空间, X 是 $\mathcal{F}$-可测的, 用 $R(X)$ 表示 $\mathcal{F}$ 中与 X 具有相同支撑集的模糊集的并集, 即

$$R(X) = \bigcup \{Y | Y \in \mathcal{F},\ \mathrm{Supp}(Y) = \mathrm{Supp}(X)\}.$$

若对于每一个 $X \in \mathcal{F}$ 总有 $R(X) \in \mathcal{F}$, 则称 $\mathcal{F}$ 是 R-完备的. 容易验证, 有限的集代数一定是 R-完备的.

引理 6.2.2 [166] 设 $(A, \mathcal{F}, \mu)$ 是一个模糊测度空间, 且 $\mathcal{F}$ 是 R-完备的, 则

$$\int_X^{\odot} f d\mu = \bigvee_{Y \in \mathcal{R}_X^-} \bigwedge_{m \in \mathrm{Supp}(Y)} (f(m) \odot \mu(Y)), \text{ 这里} \mathcal{R}_X^- = \{Y | Y \in \mathcal{F}_X^-,\ R(Y) = Y\}.$$

令 $\mathcal{P}_X^- = \{\mathrm{Supp}(Y) | Y \in \mathcal{F}_X^-\}$, 则按自然方式定义的 Supp: $\mathcal{R}_X^- \to \mathcal{P}_X^-$ 是双射. 如果定义

$$\mu' : \mathcal{P}_X^- \to L;\ \mu'(Y) = \mu(\mathrm{Supp}^{-1}(Y)),$$

则引理 6.2.2 中的 $\mathcal{R}_X^-, \mu$ 可分别替换为 $\mathcal{P}_X^-, \mu'$. 即对于 R-完备的 $\mathcal{F}$ 有

$$\int_X^{\odot} f d\mu = \int_{\mathrm{Supp}(X)}^{\odot} f d\mu'.$$

下例说明代数 $\mathcal{F}$ 的 R-完备性并非是上述模糊积分等式成立的必要条件.

例 6.2.9 设 $\mathbf{L}_L$=([0, 1], min, max, $\otimes$, $\to$, 0, 1) 是 Łukasiewicz 代数 (参见例 6.2.3), M=[0, 1], A_z, B_z: $M \to$[0, 1] 的定义如下:

$$A_z(m) = \begin{cases} z, & m \in [0.5, 1), \\ 0, & \text{其他}, \end{cases} \qquad B_z(m) = \begin{cases} z, & m \in [0.5, 1], \\ 0, & \text{其他}, \end{cases}$$

其中 $z\in(0,1)$. 令 $\boldsymbol{\mathcal{X}}=\{A_z, B_z: z\in(0,1)\}$是所有上述模糊集组成的模糊集代数, $\boldsymbol{\mathcal{F}}$ 是 M 上的包含 $\boldsymbol{\mathcal{X}}$ 的最小模糊集代数. 令 $\mu(X)=\int_0^1 X dx$. 容易验证

$$\mu(X)=\frac{1}{2}(z+z'), \text{当 } X=A_z\bigcup B_{z'} \text{且} A_z\bigcap B_{z'}=\varnothing \text{时}.$$

则 $(M, \boldsymbol{\mathcal{F}}, \mu)$ 是 M 上的模糊测度空间. 因为 $A_z\subseteq 1_{[0,0.5)}$, $B_z\subseteq 1_{[0.5,1]}$, 而 $1_{[0,0.5)}$, $1_{[0.5,1]}\notin\boldsymbol{\mathcal{F}}$, 所以 $\boldsymbol{\mathcal{F}}$ 不是 R-完备的. 同时, $\boldsymbol{\mathcal{F}}$ 中所有模糊集的支集组成的集合是 $\boldsymbol{\mathcal{P}}=\{\varnothing, [0, 0.5), [0.5, 1], M\}$. 定义 $\mu'(\varnothing)=0$, $\mu'([0, 0.5))=\mu'([0.5, 1])=0.5$, $\mu'(M)=1$, 则 $(M, \boldsymbol{\mathcal{P}}, \mu')$ 是一个模糊测度空间, 且

$$\begin{aligned}
\int_X^{\otimes} f d\mu &= \bigvee_{Y\in\boldsymbol{\mathcal{F}}_X^-}\ \bigwedge_{m\in\mathrm{Supp}(Y)} (f(m)\odot\mu(Y))\\
&= \bigvee_{Y\in\boldsymbol{\mathcal{F}}_X^-}\left(\left(\bigwedge_{m\in\mathrm{Supp}(Y)} f(m)\right)\otimes\bigvee_{\substack{Y'\in\boldsymbol{\mathcal{F}}_X^-\\ \mathrm{Supp}(Y')=\mathrm{Supp}(Y)}}\mu(Y')\right)\\
&= \bigvee_{Z\in\boldsymbol{\mathcal{P}}_{\mathrm{Supp}(X)}^-}\ \bigwedge_{m\in Z}(f(m)\odot\mu'(Z))\\
&= \int_{\mathrm{Supp}(X)}^{\otimes} f d\mu', \quad \text{这里 } \boldsymbol{\mathcal{P}}_{\mathrm{Supp}(X)}^- = \{Z|Z\in\boldsymbol{\mathcal{P}}, Z\subseteq\mathrm{Supp}(X)\}\backslash\{\varnothing\}.
\end{aligned}$$

定义 6.2.8 [166] 设 $(A, \boldsymbol{\mathcal{F}})$ 是一个模糊可测空间, $M=\mathrm{Supp}(A)$. 称包含 $\boldsymbol{\mathcal{F}}$ 中所有模糊集支集的 M 上的集代数 $\boldsymbol{\mathcal{P}}$ 是 $\boldsymbol{\mathcal{F}}$ 的一个分明表示 (crisp representation), 若对任意 $X\in\boldsymbol{\mathcal{P}}$ 存在 $Y\in\boldsymbol{\mathcal{F}}$ 使得

(i) $\mathrm{Supp}(Y)\subseteq X$,

(ii) $\forall Y'\in\boldsymbol{\mathcal{F}}$, $\mathrm{Supp}(Y')\subseteq X\Rightarrow Y'\subseteq Y$.

引理 6.2.3 [166] 对模糊集代数 $\boldsymbol{\mathcal{F}}$ 而言, 若存在一个分明表示, 则 $\boldsymbol{\mathcal{F}}$ 是 R-完备的.

注: (1) 上述引理的逆命题不成立, 反例参见 [166] 中的 Example 4.3.

(2) 对于只有有限个元素的模糊集代数来说, R-完备性与可分明表示是等价的.

定理 6.2.7 [166] 设 $(A, \boldsymbol{\mathcal{F}}, \mu)$ 是一个模糊测度空间, $M=\mathrm{Supp}(A)$. 如果 $\boldsymbol{\mathcal{P}}$ 是 $\boldsymbol{\mathcal{F}}$ 的一个分明表示, μ': $\boldsymbol{\mathcal{P}}\to L$ 是如下定义的映射:

$$\mu'(X)=\bigvee_{\substack{Y\in\boldsymbol{\mathcal{F}}\\ \mathrm{Supp}(Y)\subseteq X}}\mu(Y),$$

则 $(M, \boldsymbol{\mathcal{P}}, \mu')$ 是模糊可测空间且有 $\int_X^{\odot} f d\mu = \int_{\mathrm{Supp}(X)}^{\odot} f d\mu'$.

例 6.2.10 设 $\mathbf{L}_Ł$ 是 Łukasiewicz 代数, $A=\{1/a,\ 0.7/b,\ 0.3/c\}$, $M=\text{Supp}(A)$, $\mathcal{F}=F(A)$. 考虑例 6.2.5 中的模糊测度空间 $(A,\ \mathcal{F},\ \mu)$, 显然 $\mathcal{F}$ 是一个无限集. 令 $\mathcal{P}=P(M)$, 定义 F: $\mathcal{P}\to\mathcal{F}$, $F(X)=A\upharpoonright X$. 则 $\mathcal{P}$ 包含 $\mathcal{F}$ 中所有模糊集的支集, 且 $\mathcal{P}$ 是 $\mathcal{F}$ 的分明表示. 依据定理 6.2.7, $\mu'(X)=\mu\ (A\upharpoonright X)$, $(M,\ \mathcal{P},\ \mu')$ 是模糊可测空间, 且上述积分等式成立. 作为例子, 考虑模糊集 f: $M\to[0,\ 1]$, $f=\{0.3/a,\ 0.7/b,\ 0.5/c\}$, 则

$$\int_A^{\odot} fd\mu=\int_M^{\odot} fd\mu'=\bigvee_{Y\in\mathcal{P}^-}\bigwedge_{m\in Y}(f(m)\odot\mu'(Y)).$$

特别地,

$$\int_A^{\wedge} fd\mu=\bigwedge_{m\in\{b,c\}}(f(m)\wedge\mu'(\{b,c\}))=0.5\wedge 0.5=0.5.$$

$$\int_A^{\otimes} fd\mu=\bigwedge_{m\in\{a,b,c\}}(f(m)\otimes\mu'(\{a,b,c\}))=0.3\otimes 1=0.3.$$

下面系列结论刻画了 $\odot$-型模糊积分与 Sugeno 模糊积分之间的联系.

定理 6.2.8 [166] 设 $\mathbf{L}$ 是一个完备可除 (divisible) 剩余格 (剩余格称为可除的, 如果对任意 $a,\ b\in L$ 有 $a\otimes(a\to b)=a\wedge b$), $(A,\ \mathcal{F},\ \mu)$ 是一个模糊测度空间, $M=\text{Dom}\ (A)$, 且 f: $M\to L$, 则

$$\int_X^{\wedge} fd\mu=\bigvee_{a\in L}(a\wedge\mu^*(X\bigcap F_a)),$$

其中 μ^* 是由 μ 确定的 $(A,F(A))$ 上的内模糊测度, $F_a=\{m|m\in M,\ f(m)\geqslant a\}$.

定理 6.2.9 [166] 设 $\mathbf{L}$ 是一个完备剩余格, $(A,\ \mathcal{F},\ \mu)$ 是一个模糊测度空间, $M=\text{Dom}\ (A)$, 且 f: $M\to L$ 满足 $X\bigcap F_a\in\mathcal{F}(\forall a\in L)$. 则

$$\int_X^{\wedge} fd\mu=\bigvee_{a\in L}(a\wedge\mu(X\bigcap F_a)).$$

定理 6.2.10 [166] 设 $\mathbf{L}$ 是完备 MV-代数, $(A,\ \mathcal{F},\ \mu)$ 是一个模糊测度空间, $M=\text{Dom}\ (A)$, 且 f: $M\to L$. 则

$$\int_X^{\otimes} fd\mu=\bigvee_{a\in L}(a\otimes\mu^*(X\bigcap F_a)),$$

其中 μ^* 是由 μ 确定的 $(A,F(A))$ 上的内模糊测度, $F_a=\{m|m\in M,\ f(m)\geqslant a\}$.

推论 6.2.1 [166] 设 $\mathbf{L}$ 是完备可除剩余格, $(A,\ \mathcal{F},\ \mu)$ 是一个模糊测度空间, $M=\text{Supp}\ (A)$. 如果 $(M,\ \mathcal{P},\ \mu')$ 是这样的模糊测度空间, $\mathcal{P}$ 是包含 $\mathcal{F}$ 中所有模糊

集支集的集代数, μ' 是定理 6.2.7 中的映射, 即 μ': $\mathcal{P} \to L$ 如下定义:

$$\mu'(Y) = \bigvee_{\substack{Z\in\mathcal{F} \\ \mathrm{Supp}(Z)\subseteq Y}} \mu(Z),$$

则

$$\int_X^{\wedge} f d\mu = \int_{\mathrm{Supp}(X)}^{\wedge} f d\mu', \quad \forall X \in \mathcal{F}, R(X) = X, f : M \to L.$$

推论 6.2.2 [166] 设 **L** 是完备 MV-代数, (A, $\mathcal{F}$, μ) 是一个模糊测度空间, M=Supp (A). 如果 (M, $\mathcal{P}$, $\mu\prime$) 是这样的模糊测度空间, $\mathcal{P}$ 是包含 $\mathcal{F}$ 中所有模糊集支集的集代数, μ' 是定理 6.2.7 中的映射, 即 μ': $\mathcal{P} \to L$ 如下定义:

$$\mu'(Y) = \bigvee_{\substack{Z\in\mathcal{F} \\ \mathrm{Supp}(Z)\subseteq Y}} \mu(Z),$$

则

$$\int_X^{\otimes} f d\mu = \int_{\mathrm{Supp}(X)}^{\otimes} f d\mu', \quad \forall X \in \mathcal{F}, R(X) = X, f : M \to L.$$

6.2.4 ⊙-型模糊积分的性质

定理 6.2.11 [166] 设 (A, $\mathcal{F}$, μ) 是一个模糊测度空间, M=Dom(A). 如果 $B \in F(M)$, $A \subseteq B$, $\mathcal{G}$∈**Alg**(B), A 是分明集合. 则由 $v(X) = \int^{\otimes} X d\mu$ 定义的映射 v: $\mathcal{G} \to L$ 是 (B, $\mathcal{G}$) 上的一个模糊测度.

引理 6.2.4 [166] 设 **L** 是一个完备线性剩余格, 则

$$\int_X^{\odot} f d\mu \leqslant a \vee \mu^*(X \bigcap F_a).$$

对于完备剩余格 **L**, $a \in L$. 称 **L** 在 a 处下连续 (continuous from below in a), 如果满足

$$\bigvee_{a'\in[0,a)} a' = a, \quad \text{这里 } [0, a) = \{a'|a' \in L, a' < a\}.$$

引理 6.2.5 [166] 设 **L** 是一个完备线性可除剩余格且在 1 处下连续, 则

$$\int_X^{\wedge} f d\mu = 1 \Leftrightarrow \mu^*(X \bigcap F_a) = 1 \ (\forall a \in L\backslash\{1\}).$$

引理 6.2.6 [166] 设 **L** 是一个完备线性剩余格且在 1 处下连续, 则

$$\int_X^{\otimes} f d\mu = 1 \Leftrightarrow \mu^*(X \bigcap F_a) = 1 \ (\forall a \in L\backslash\{1\}).$$

引理 6.2.7 [166] 设 **L** 是一个完备线性剩余格, 且在 1 处不是下连续的, 则

$$\int_X^{\otimes} f d\mu = 1 \Leftrightarrow \mu^*(X \bigcap F_1) = 1.$$

定理 6.2.12 [166] 设 $(A, \mathcal{F}, \mu)$ 是一个模糊测度空间, M=Dom(A). 则对任意 $X, Y \in \mathcal{F}$, f: $M \to L$ 有:

(i) $\displaystyle\int_{X \cup Y}^{\odot} f d\mu \geqslant \int_X^{\odot} f d\mu \bigvee \int_Y^{\odot} f d\mu.$

(ii) $\displaystyle\int_{X \cap Y}^{\odot} f d\mu \leqslant \int_X^{\odot} f d\mu \bigwedge \int_Y^{\odot} f d\mu.$

定理 6.2.13 [166] 设 $(A, \mathcal{F}, \mu)$ 是一个模糊测度空间, M=Dom(A). 则对任意 $X \in \mathcal{F}$, f, g: $M \to L$, $c \in L$ 有:

(i) $\displaystyle\int_X^{\odot} (f \bigcap g) d\mu \leqslant \int_X^{\odot} f d\mu \bigwedge \int_X^{\odot} g d\mu.$

(ii) $\displaystyle\int_X^{\odot} (f \bigcup g) d\mu \geqslant \int_X^{\odot} f d\mu \bigvee \int_X^{\odot} g d\mu.$

(iii) $\displaystyle\int_X^{\odot} (c \otimes f) d\mu \geqslant c \otimes \int_X^{\odot} f d\mu.$

(iv) $\displaystyle\int_X^{\wedge} (c \bigcap f) d\mu \leqslant c \wedge \int_X^{\wedge} f d\mu.$

(v) $\displaystyle\int_X^{\odot} (c \to f) d\mu \leqslant c \to \int_X^{\odot} f d\mu.$

定理 6.2.14 [166] 设 $(A, \mathcal{F}, \mu)$ 是一个模糊测度空间, M=Dom(A). 则对任意 $X \subseteq M$, $c \in L$ 有:

(i) $\displaystyle\int^{\otimes} (c \odot 1_X) d\mu = c \otimes \mu^*(1_X).$

(ii) $\displaystyle\int^{\wedge} (c \odot 1_X) d\mu \geqslant c \wedge \mu^*(1_X).$

(iii) $\displaystyle\int^{\otimes} (c \odot 1_X) d\mu = c \otimes \mu(1_X)$, 这里 $1_X \in \mathcal{F}$.

(iv) $\displaystyle\int^{\wedge} (c \odot 1_X) d\mu \geqslant c \wedge \mu(1_X)$, 这里 $1_X \in \mathcal{F}$.

(v) $\displaystyle\int^{\otimes} 1_X d\mu = \mu(1_X)$, 这里 $1_X \in \mathcal{F}$.

(vi) $\displaystyle\int^{\wedge} 1_X d\mu \geqslant \mu(1_X)$, 这里 $1_X \in \mathcal{F}$.

(vii) $\displaystyle\int^{\otimes} c\, d\mu = c.$

如果 L 是 MV-代数, 则上述不等式均可变为等式.

定理 6.2.15[166] 设 $g^{\rightarrow}$ 是 $(A, \mathcal{F}, \mu)$ 与 $(B, \mathcal{G}, v)$ 之间的同构映射, f: $M \to L$ 是一个映射, X 是一个 $\mathcal{F}$-可测模糊集. 则

$$\int_X^{\odot} f d\mu = \int_{g^{\rightarrow}(X)}^{\odot} f \circ g^{-1} dv.$$

推论 6.2.3 [166] 设 $(A, \mathcal{F}, \mu)$ 是基数模糊测度空间, g 是 M 上的一个置换, $X \in \mathcal{F}$, f: $M \to L$ 是一个映射, 则

$$\int_X^{\odot} f d\mu = \int_{g^{\rightarrow}(X)}^{\odot} f \circ g^{-1} d\mu.$$

推论 6.2.4 [166] 设 $(A, \mathcal{F}, \mu)$ 是基数模糊测度空间, g 是 M 上的一个置换, f: $M \to L$ 是一个映射, 则

$$\int^{\odot} f d\mu = \int^{\odot} f \circ g\, d\mu.$$

定理 6.2.16 [166] 设 L 是一个可除完备剩余格, $(A, \mathcal{F}, \mu)$ 是满足以下条件的模糊测度空间

$$\int^{\wedge} f d\mu = \int^{\wedge} f \circ g\, d\mu, \quad \forall f : M \to L \text{ 及 } M \text{ 上的任意置换 } g,$$

则存在一个基数模糊测度空间 $(B, \mathcal{G}, v)$, 使得 $\mathcal{F} \subseteq \mathcal{G}$ 且对任意 f: $M \to L$ 有

$$\int^{\wedge} f d\mu = \int^{\wedge} f\, dv.$$

定理 6.2.17 [166] 设 L 是一个完备 MV-代数, $(A, \mathcal{F}, \mu)$ 是满足以下条件的模糊测度空间

$$\int^{\otimes} f d\mu = \int^{\otimes} f \circ g\, d\mu, \forall f : M \to L \text{ 及 } M \text{ 上的任意置换 } g,$$

则存在一个基数模糊测度空间 $(B, \mathcal{G}, v)$, 使得 $\mathcal{F} \subseteq \mathcal{G}$ 且对任意 f: $M \to L$ 有

$$\int^{\otimes} f d\mu = \int^{\otimes} f\, dv.$$

定义 6.2.9 [166] 设$\{a_n\} \subseteq L$ 是一个元素序列, $b \in L$. 称 $a_1, a_2, \cdots$ 收敛于 b, 如果对任意 $a \in L$, $a < 1$, 存在一个自然然 n_0 使得当 $n > n_0$ 时有 $a_n \leftrightarrow b > a$, 这里 $\leftrightarrow$ 的含义是: $x \leftrightarrow y = (x \to y) \wedge (y \to x)$.

定义 6.2.10 [166] 设$\{f_n\}\subseteq F(M)$ 是一个映射序列, $f\in F(M)$. 称 $f_1, f_2, \cdots$ 强收敛于 f, 如果对任意 $a\in L$, $a<1$, 存在一个自然数 n_0 使得当 $m\in M$, $n>n_0$ 时有

$$f_n(m)\leftrightarrow f(m)>a.$$

引理 6.2.8 [166] 设 $(A, \boldsymbol{\mathcal{F}}, \mu)$ 是一个模糊测度空间, f, g: $\mathrm{Dom}(A)\to L$, 则

$$\int_X^{\odot} fd\mu\leftrightarrow\int_X^{\odot} gd\mu \geqslant f\leftrightarrow g.$$

定理 6.2.18 [166] 设 $(A, \boldsymbol{\mathcal{F}}, \mu)$ 是一个模糊测度空间, $M=\mathrm{Dom}(A)$, $\{f_n\}\subseteq F(M)$, $f\in F(M)$. 如果 $f_1, f_2, \cdots$ 强收敛于 f, 则 $\int_X^{\odot} f_n d\mu$ 强收敛于 $\int_X^{\odot} fd\mu$.

6.3 剩余格上的 $\langle 1^n, 1\rangle$ 型模糊量词

在自然语言以及数学、逻辑学、计算机科学中的形式化语言中, 量化 (quantification) 是用以说明谓词有效性程度的一种结构, 即一个范围内的事物满足谓词的程度 (或多少). 生成量化的语言要素称为量词 (quantifier), 比如所有、许多、少数、一些、大约一半、多于、少于等. 毫无疑问, 这些量词在自然语言中扮演着非常重要的角色, 它们能使我们讨论一组对象的一些性质 (在传统逻辑中有集合概念或集体概念 (collective concept)、集合词项或集体词项 (collective term) 等术语, 请参阅 [1]P302), 从而扩展自然语言的表达能力. 因此, 长期以来, 量化结构的形式化得到哲学家、语言学家、逻辑学家的极大关注; 同时, 带有量词的逻辑或模糊逻辑在语法及语义上的发展, 在许多领域 (比如专家系统、过程控制、智能系统、信息融合等) 也有重要的应用.

尽管谓词逻辑 (predicate logic) 已经是许多领域的一个有用工具, 但是它的表达能力是有限的, 比如许多诸如 "一半多""大多数" 等普通量词并不能通过一阶谓词逻辑中的全称量词和存在量词来表达. 对标准量词 (指全称量词和存在量词) 的推广, 首先由波兰逻辑学家 Mostowski 于 1957 年完成, 他指出: 一个无限制的量词 (unlimited quantifier) 是一个映射 Q_M: $P(M)\to\{$真, 假$\}$, 这里 M 是一个非空集合, Q_M 称为是限制在 M 上的量词, 而 Q_M 要求具有同构不变性, 即对任意非空集 M, M' 及双射 f: $M\to M'$ 有

$$Q_M(A)=Q_{M'}(f(A)),\quad A\subseteq M.$$

这一方法极大地影响了广义量词理论的发展. 此后, Mostowski 量词被 Lindström 推广为. $\langle k_1, k_2, \cdots, k_n\rangle$ 型量词, 它由关系

$$Q_M\subseteq P(M^{k_1})\times\cdots\times P(M^{k_n})$$

所确定且满足同构不变性. 在这个概念之下, Mostowski 量词被理解为 $\langle 1\rangle$ 型量词. 与自然语言相关的广义量词理论的研究始于 Montague, 而在 Mostowski 与 Lindström 所提概念基础上对自然语言量词进行系统研究的是 Barwise 与 Cooper.

在研究广义量词的定义和性质时, 一个自然、合理的约束条件是: 当我们逐步改变相应对象集的基数时, 广义量词的性质不应有十分明显的改变. 例如: 在 "许多人都读书" 这句话中, 如果将读书的人数增加 1, 整个句子的真实性由假变为真时, 这难免让人感到意外, 也是无法理解的. 鉴于此, 考虑仅有的两个真值 (即真和假) 的情形是不够的, 有必要将{真, 假}推广为 [0, 1] 或其他表示真值的结构, 模糊量词正是在此背景下产生的.

将自然语言量词看作以模糊数形式表达的模糊量词, 最早起源于 Zadeh, 他提出有限模糊集的基数理论用于确定含有模糊量词的命题的真值. Thiele 和 Yager 对 Zadeh 的方法进行了改进, 而 Thiele 还给出了 Mostowski 思想的一个模糊扩展. Hájek 从逻辑学的角度研究了诸如 "φ 通常是成立的"(usally φ), "φ 可能成立"(φ is probable), "对于许多 x, φ 是成立的"(for many x, φ) 等表达, 提出了一种构建带有模糊量词的模糊逻辑演绎系统的方法. Novák 也研究了模糊逻辑中的语言量词. 因为广义量词 (模糊量词) 是二阶结构, 所以在高阶模糊逻辑中可以自然地定义它们. Novák 提出一种应用模糊类型理论 (fuzzy type theory) 构造模糊量词的方法. Glöckner 建立了关于自然语言中的半模糊量词及模糊量词的一般理论, 他的方法是建立在推广 Lindström 的 $\langle 1, \cdots, 1\rangle$ 型模糊量词之基础上的, 他还提出一个公理系统用于确保从半模糊量词到模糊量词扩展的正确性.

本节主要介绍 $\langle 1^n, 1\rangle$ 型一元 L-模糊量词 (monadic L-fuzzy quantifier) 及其语义性质. 内容选自文献 [43], 侧重于基本思想和基本结果, 省略了所有结论的证明 (若需做深入研究, 请参阅文献 [43]).

注: 本节中, L 是指一个剩余格 $(L, \wedge, \vee, \to, \otimes, 0, 1)$, 并使用以下运算符号:

$$a \leftrightarrow b = (a \to b) \wedge (b \to a), \quad \forall a, b \in L;$$

$$\neg a = a \to 0, \quad \forall a \in L;$$

$$\underset{i\in I}{\otimes} a_i = \begin{cases} 0, & I = \varnothing, \\ \bigwedge\limits_{K\in \mathrm{Fin}(I)} \underset{i\in K}{\otimes} a_i, & \text{其他}; \end{cases}$$

其中, $\mathrm{Fin}(I)$ 表示 I 的所有有限子集组成的集合. $a^n = \otimes_{i\in I} a_i$, $|I| = n, a_i = a\ (i \in I)$.

6.3.1 $\langle 1^n, 1\rangle$ 型一元 L-模糊量词

在广义量词理论中, 广义量词结构对应于名词短语. 在本节中, 主要考虑如下

形式的名词短语:

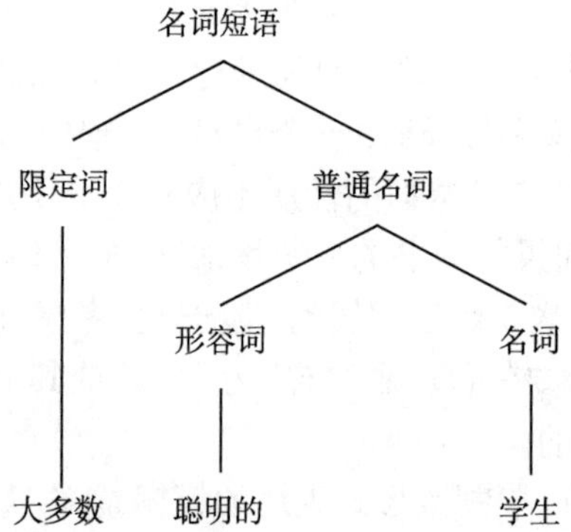

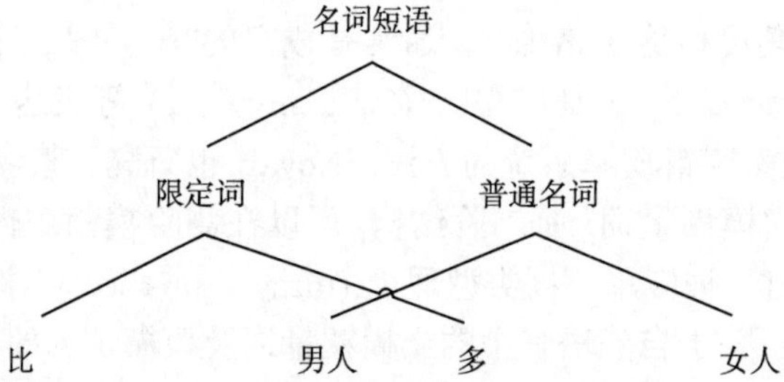

其中, "大多数" 是一元限定词 (one place determiner, Det_1), 类似的还有: 所有的、许多、很少、一些、大约一半等; 而 "比 ⋯ 多 ⋯" 是 n (n=2) 元限定词 (n-place determiner, Det_n), 类似的还有 "比 ⋯ 少 ⋯"(less than), "比 ⋯ 多了很多 ⋯"(much more than)、"与 ⋯ 大致相同"(approximately the same as) 等.

注意, 这里的名词短语可以是带修饰 (比如形容词或补足语) 的名词短语. 此外, 也将人名看作是特殊的名词短语, 甚至允许只包含限定词的退化的名词短语 (此时仅含有限定词而不含名词).

为了说明 $\langle 1^n, 1\rangle$ 型一元 L-模糊量词的语义解释, 我们考虑如下句子:

(a) 约翰爱上了玛丽.

(b) 既不是贝尔也不是约克在微笑.

(c) 全 (all) 都阅读纽约时代杂志.

(d) 一些学生狂热地喜欢它.

(e) 大约一半公司雇员是年轻人.

(f) 比女人更多的男人外出参加体育锻炼.

在以上句子中, 名词短语有: 约翰、既不是贝尔也不是约克、所有人、一些学生、该公司中的一半雇员、比女人更多的男人, 它们与一元 (模糊) 谓词 (爱上了玛丽、在微笑、阅读纽约时代杂志、狂热地喜欢它、是年轻人、外出参加体育锻炼) 连接在一起构成相应的句子.

设 M 是一些对象组成的论域, 其中的元素可以是人、动物、书或别的什么对象, 并设 L 是一剩余格. 一个一元模糊谓词 (比如：是年轻人, to be young) 可理解为 M 上的一 L-模糊集 A: $M \to L$, 其中 M 中元素的隶属度就表示了一元模糊谓词的真值. 因此, $F_L(M)$ 包含了 M 上一元模糊谓词的所有解释. 由于与一元模糊谓词连接在一起的名词短语描述了这些谓词在 M 中的有效程度, 所以从语义的角度它们可以被解释为如下映射:

$$Q_M : F_L(M) \to L,$$

称之为限制在 M 上的 $\langle 1\rangle$ 型 L-模糊量词. $Q_M(A)$ 表达了一元模糊谓词 (比如, 是年轻人) 连同一个名词短语 (比如, 所有学生) 在 M 中为真的程度.

在上面的例句中, (a)、(b)、(c) 中的名词短语可语义地解释为限制在 M 上的 $\langle 1\rangle$ 型 L-模糊量词. 在 (d) 和 (e) 中, "一些" 和 "大约一半" 是一元限定词 Det_1, 它们和 "学生" "公司雇员" 等普通名词连在一起构成名词短语. 因为 "表示普通名词的属性" 可以语义解释为 M 上的 L-模糊集, 而名词短语又可解释为 M 上的 $\langle 1\rangle$ 型 L-模糊量词, 所以可以将 M 上的一元限定词 Det_1 理解为从 $F_L(M)$ 到限制在 M 上的所有 $\langle 1\rangle$ 型 L-模糊量词之集的映射. 显然, 这些映射可等价地定义为形如

$$Q_M : F_L(M) \times F_L(M) \to L$$

的映射, 称之为限制在 M 上的 $\langle 1, 1\rangle$ 型 L-模糊量词.

在 (f) 中, "比 $\cdots$ 多的 $\cdots$ " 是二元限定词 Det_2, 它与 "男人" "女人" 这两个名词连接在一起构成了一个名词短语, 语义上讲二元限定词 Det_2 可看作是从 $F_L(M) \times F_L(M)$ 到全体 $\langle 1\rangle$ 型 L-模糊量词的映射, 这可等价地表示为形如

$$Q_M : (F_L(M) \times F_L(M)) \times F_L(M) \to L$$

的映射. 因此, 二元限定词 Det_2 可语义解释为 $\langle\langle 1, 1\rangle, 1\rangle$ 或 $\langle 1^2, 1\rangle$ 型 L-模糊量词.

有了以上的铺垫, 如下关于 $\langle 1^n, 1\rangle$ 型一元 L-模糊量词的定义就是自然的了.

定义 6.3.1 [43] 设 L 是一剩余格, M 为一论域 (可能为空集), n 为一自然数 (可能为 0). 称映射

$$Q_M : F_L(M)^n \times F_L(M) \to L$$

为限定在 M 上的 $\langle 1^n, 1\rangle$ 型一元 L-模糊量词.

注: (1) 尽管 $F_L(M)^n \times F_L(M)$ 同构于 $F_L(M)^{n+1}$, 但上述定义仍保留 $F_L(M)^n \times F_L(M)$ 的形式, 是为了强调名词短语具有 $[\mathrm{Det}_n + \mathrm{N}^*\mathrm{s}]$ 的形式, 它通常与一元谓词相连接.

(2) 如果 $M=\varnothing$, 则 $F_L(M)=\{\varnothing\}$, $Q_\varnothing$: $\{\varnothing\}^n\times\{\varnothing\}\to L$. 之所以要考虑这种实际上无意义的 L-模糊量词, 是为了避开一些表述上的困难.

可将上述 "限定在 M 上的 $\langle 1^n, 1\rangle$ 型一元 L-模糊量词" 推广为 "限定在 M 上的.$\langle k_1, k_2, \cdots, k_n\rangle$ 型 L-模糊量词", 其中 $k_1, k_2, \cdots, k_n$ 为非零自然数. 即: 一个 $\langle k_1, k_2, \ldots, k_n\rangle$ 型 L-模糊量词定义为映射

$$Q_M: F_L(M^{k_1})\times\cdots\times F_L(M^{k_n})\to L,$$

其中 $F_L(M^{k_i})$ 表示所有 L-模糊关系的集合, 即所有如下映射组成的集合

$$R: M^{k_i}\to L.$$

一个限定在 M 上的 $\langle k_1, k_2, \ldots, k_n\rangle$ 型 L-模糊量词称为是一元的 (monadic), 如果 $k_1=k_2=\cdots=k_n=1$. 否则, 称为多元的 (polyadic). 作为多元模糊量词, 考虑如下的语句:

(g) 早到达的学生比迟离开的学生多 (More students came early than left late).

(h) 早到达的学生比迟离开的教师多 (More students came early than teachers left late).

在语句 (g) 中, 有一个名字 (students) 和两个谓词 (came early, left late), 因此 (g) 中限定词 "比 ··· 多"(more than) 解释为 $\langle 1, \langle 1, 1\rangle\rangle$ 型 L-模糊量词, 即

$$Q_M: F_L(M)\times(F_L(M)\times F_L(M))\to L.$$

在语句 (h) 中, 有两个名字 (students, teachers) 和两个谓词 (came early, left late), 因此 (h) 中限定词 "比 ··· 多"(more than) 解释为 $\langle\langle 1, 1\rangle, \langle 1, 1\rangle\rangle$ 型 L-模糊量词, 即

$$Q_M: (F_L(M)\times F_L(M))\times(F_L(M)\times F_L(M))\to L.$$

这就是说, 在语句 (g)、(h) 中, 限定词 "比 ··· 多"(more than) 不能解释为 $\langle 1^n, 1\rangle$ 型一元 L-模糊量词.

在自然语言中, 限定词往往不是固定在一个论域 (或模型) 上的. 因此, 在一族论域上定义 L-模糊量词是合理的, 这样的量词称为无限制量词 (unlimited quantifiers) 或全局量词 (global quantifiers).

定义 6.3.2 [43] 一个无限制的 $\langle 1^n, 1\rangle$ 型一元 L-模糊量词是指这样的一个映射 Q: 对于每一个论域 M, Q_M 是一个限制在 M 上的 $\langle 1^n, 1\rangle$ 型一元 L-模糊量词.

无限制 L-模糊量词的全体记为 QUANT.

定义 6.3.3 [43] 一个无限制的有限 (可数)$\langle 1^n, 1\rangle$ 型一元 L-模糊量词是指这样的一个映射 Q: 对于每一个有限 (可数) 论域 M, Q_M 是限制在 M 上的 $\langle 1^n, 1\rangle$ 型一元 L-模糊量词.

所有无限制的有限 (可数) 一元 L-模糊量词全体记为 F-QUANT(C-QUANT).

在本节以下叙述中, 我们略去 "无限制" 及 "一元" 等术语, 而只说 $\langle 1^n, 1\rangle$ 型 L-模糊量词.

例 6.3.1 设 L 为一完备剩余格, 则

$$(\text{所有})_M(A) = \bigwedge_{m\in M} A(m),$$
$$(\text{一些})_M(A) = \bigvee_{m\in M} A(m),$$
$$(\text{并非所有})_M(A) = \neg \bigwedge_{m\in M} A(m),$$
$$(\text{没有})_M(A) = \neg \bigvee_{m\in M} A(m),$$

定义了无限制的 $\langle 1\rangle$ 型 L-模糊量词, 这里 M 是任一论域, $A \in F_L(M)$. 显然, 这里 "所有"(all) 与 "一些"(some) 两个模糊量词的定义类似于模糊逻辑中 $\forall$ 与 $\exists$ 的定义, 其他两个分别是 "所有" 与 "一些" 的否定形式.

例 6.3.2 设 L 为一完备剩余格, 这里 $L = [0, 1]$. 对于有限论域上的 L-模糊集, 定义如下三种类型的基数:

$$FGCount(A)(k)= \bigvee_{M'\subseteq M, |M'|=k} \bigwedge_{m\in M'} A(m),$$
$$FLCount(A)(k) = 1 - FGCount(A)(k + 1),$$
$$FECount(A)(k) = FGCount(k) \wedge FLCount(A)(k + 1),$$

其中, k 是任意自然数, M 是一个有限论域, $A \in F_L(M)$. 则以下定义给出三个无限制的 $\langle 1\rangle$ 型有限 L-模糊量词:

$$(\text{至少 } k \text{ 个})_M(A) = FGCount(A)(k),$$
$$(\text{至多 } k \text{ 个})_M(A)=FLCount(A)(k),$$
$$(\text{刚好是 } k \text{ 个})_M(A)=FECount(A)(k),$$

其中, M 是一个有限论域, $A \in F_L(M)$.

例 6.3.3 设 L 是由 Lukasiewicz t-模确定的剩余格, 令 $\dfrac{0}{0} = 1$, $\sum\limits_{m\in\varnothing} \varnothing(m) = 0$. 则以下定义给出两个无限制的 $\langle 1\rangle$ 型有限 L-模糊量词:

$$(\text{许多})_M(A) = \frac{1}{|M|} \textstyle\sum_{m\in M} A(m),$$
$$(\text{很少})_M(A) = \frac{1}{|M|} \textstyle\sum_{m\in M} (1 - A(m)),$$

其中, M 是一个有限论域, $A \in F_L(M)$. 这样的模糊量词通常被称为相对模糊量词.

例 6.3.4　设 L 为一完备剩余格, 则

$$(\text{所有})_M(A)(B) = \bigwedge_{m\in M}(\overline{A}(m)\vee B(m)),$$
$$(\text{一些})_M(A)(B)= \bigvee_{m\in M}(A(m)\wedge B(m)),$$

定义了无限制的 $\langle 1,\ 1\rangle$ 型 L-模糊量词, 其中 M 是论域, $A,\ B\in F_L(M)$, $\overline{A}(m)=\neg A(m)$.

注意, 这里的量词 "所有" 与例 6.3.1 中的量词 "所有" 虽然称呼相同, 但是有本质区别的. 例 6.3.1 中的 "所有" 是 $\langle 1\rangle$ 型 L-模糊量词, 而这里的 "所有" 是 $\langle 1,\ 1\rangle$ 型 L-模糊量词. 这里的量词 "所有" 是广义量词理论中 "所有" 的模糊化推广, 广义量词理论中 "所有" 定义为

$$(\text{所有})_M(A)(B)=1 \text{ 当且仅当 } A\subseteq B.$$

同时, 还可以使用其他方法对广义量词理论中 "所有" 进行模糊化推广, 比如下面给出的 "所有 *" 便是不同于前者的另外一种 $\langle 1,\ 1\rangle$ 型 L-模糊量词:

$$(\text{所有}^*)_M(A,B) = \bigwedge_{m\in M}(A(m)\to B(m)),$$

这里 M 是任一论域, $A,B\in F_L(M)$, $\to$ 是剩余格中的蕴涵算子.

例 6.3.5　设 L 是一个完备剩余格, M 是任一论域, $A,\ B,\ C\in F_L(M)$. 令 $\mathrm{Perm}(M)$ 是 M 上所有双射组成的集合. 则下述映射定义了无限制 $\langle 1^2,\ 1\rangle$ 型 L-模糊量词:

$$(\text{more than})_M(A,B)(C)=\neg\bigvee_{f\in\mathrm{Perm}(M)}\bigwedge_{m\in M}\left(\left(A\bigcap C\right)(m)\to\left(B\bigcap C\right)(f(m))\right),$$
$$(\text{less than})_M(A,B)(C)=\neg\bigvee_{f\in\mathrm{Perm}(M)}\bigwedge_{m\in M}\left(\left(B\bigcap C\right)(f(m))\to\left(A\bigcap C\right)(m)\right).$$

在自然语言中, 有些限定词是通过应用联结词 (如 and, or, but, neither $\cdots$ nor 等) 到其他限定词上而得到的. 一个典型的例子是 "多于 5 个且少于 10 个"(more than five and less than ten) 这样的模糊量词. 注意, 诸如 "多于 5 个且少于 10 个学生" 这样的名词短语, 它语义等价于 "多于 5 个学生且少于 10 个学生". 受此启发, 可通过剩余格中的运算定义一些新的一元 L-模糊量词.

定义 6.3.4 [43]　设 $Q,\ Q'$ 是两个 $\langle 1^n,\ 1\rangle$ 型 L-模糊量词, 定义一元 $\langle 1^n,\ 1\rangle$ 型 L-模糊量词 $Q\odot Q'$, $\sim Q$,$Q\sim$ 如下:

$$(Q\odot Q')_M(A_1,\cdots,A_n)(B)=Q_M(A_1,\cdots,A_n)(B)\odot Q'_M(A_1,\cdots,A_n)(B),$$
$$(\sim Q)_M(A_1,\cdots,A_n)(B)=\neg Q_M(A_1,\cdots,A_n)(B),$$
$$(Q\sim)_M(A_1,\cdots,A_n)(B)=Q_M(A_1,\cdots,A_n)(\overline{B}),$$

其中 $\odot \in \{\wedge, \vee, \otimes, \Rightarrow\}$, 对应于 $\odot \in \{\wedge, \vee, \otimes, \rightarrow\}$. 若 $Q \in$QUANT, 则一元 $\langle 1^n, 1\rangle$ 型 L-模糊量词 $\sim Q$,$Q\sim$ 分别称为 Q 的外否定 (external negation) 和内否定 (inner negation).

例 6.3.6 从例 6.3.1 中的定义可以看出, 对任一论域 M 及 $A \in F_L(M)$ 有:

$$
\begin{aligned}
&(\text{并非所有})_M(A) = (\sim \text{所有})_M(A),\\
&(\text{没有})_M(A) = (\sim \text{一些})_M(A),\\
&(\text{没有})_M(A) = (\text{所有} \sim)_M(A).
\end{aligned}
$$

当 L 还满足双否定律时可得, $(\text{并非所有})_M(A) = (\text{一些} \sim)_M(A)$.

例 6.3.7 设 L 是由 Lukasiewicz t-模确定的完备剩余格, 则对任一论域 M 及 $A \in F_L(M)$, $k > 0$ 有:

$$
\begin{aligned}
&(\text{at least } k)_M(A) = (\sim \text{at most } (k-1))_M(A),\\
&(\text{at most } (k-1))_M(A) = (\sim \text{at least } k)_M(A).
\end{aligned}
$$

从例 6.3.1 可以看出, L-模糊量词之间存在自然的偏序关系, 即对任意非空论域 M 及 $A \in F_L(M)$ 有

$$
(\text{all})_M(A) \leqslant (\text{some})_M(A), \quad (\text{no})_M(A) \leqslant (\text{not all})_M(A).
$$

不过, 当 $M = \varnothing$ 时, $(\text{all})_\varnothing(\varnothing) > (\text{some})_\varnothing(\varnothing)$, $(\text{no})_\varnothing(\varnothing) > (\text{not all})_\varnothing(\varnothing)$. 由例 6.3.2 中的定义知, 当 $k \geqslant i$ 时有

$$
(\text{at least } k)_M(A) \leqslant (\text{at least } i)_M(A), \quad (\text{at most } k)_M(A) \geqslant (\text{at most i})_M(A).
$$

定义 6.3.5 [43] 设 Q, P 是两个 $\langle 1^n, 1\rangle$ 型 L-模糊量词, Q, $P \in$QUANT. 若对任一非空论域 M 及 $A_1, A_2, \cdots, A_n, B \in F_L(M)$, 有

$$
Q_M(A_1, \cdots, A_n)(B) \leqslant P_M(A_1, \cdots, A_n)(B),
$$

则称 Q 小于等于 P, 记作 $Q \leqslant P$. 若 $Q \leqslant P$ 且 $P \leqslant Q$, 则称 Q 与 P 是相等的.

命题 6.3.1 [43] 设 Q, P 是两个 $\langle 1^n, 1\rangle$ 型 L-模糊量词, Q, $P \in$QUANT 且 $Q \leqslant P$. 则

$$
\begin{aligned}
&\sim P \leqslant \sim Q,\\
&Q \sim \leqslant P \sim,\\
&Q \leqslant \sim\sim Q,\\
&\sim Q = \sim\sim\sim Q,\\
&Q \sim = Q \sim\sim\sim.
\end{aligned}
$$

下面的例子表明, 不等式 $Q \leqslant Q \sim\sim$ 一般不成立.

例 6.3.8 设 L 是完备剩余格, L=[0, 1], 且对任意 $a > 0$ 有 $\neg a$=0. 定义 A: $N \to L$ 是如下 L-模糊集 (这里 N 是自然数集):

$$A(n) = 1/n, \quad \forall n \in N.$$

显然, $A(n) \leqslant \overline{\overline{A}}(n) = 1, \forall n \in N$. 考虑例 6.3.1 中的量词 "所有"(all)、"并非所有"(not all), 有

$$(\text{all})_N(A) = \bigwedge_{n\in N} A(n) = \bigwedge_{n\in N} \frac{1}{n} = 0 < 1 = \bigwedge_{n\in N} 1 = \bigwedge_{n\in N} \overline{\overline{A}}(n) = (\text{all} \sim\sim)_N(A),$$

$$\begin{aligned}(\text{not all})_N(A) &= \neg \bigwedge_{n\in N} A(n)\\ &= \neg \bigwedge_{n\in N} \frac{1}{n} = \neg 0 = 1 > 0 = \neg \bigwedge_{n\in N} 1 = \neg \bigwedge_{n\in N} \overline{\overline{A}}(n) = (\text{not all} \sim\sim)_N(A).\end{aligned}$$

命题 6.3.2 [43] 设 Q, P 是两个 $\langle 1^n, 1\rangle$ 型 L-模糊量词, 则

$$\begin{aligned}&\sim (Q \otimes P) = (Q \Rightarrow\sim P),\\ &\sim (Q \wedge P) \geqslant (\sim Q\vee \sim P),\\ &\sim (Q \vee P) = (\sim Q\wedge \sim P),\\ &\sim (Q \Rightarrow P) \geqslant (Q\otimes \sim P),\\ &(Q \otimes P) \sim= (Q \sim \otimes P \sim),\\ &(Q \wedge P) \sim= (Q \sim \wedge P \sim),\\ &(Q \vee P) \sim= (Q \sim \vee P \sim),\\ &(Q \Rightarrow P) \sim= (Q \sim\Rightarrow P \sim).\end{aligned}$$

当 L 满足双否定律时, 上面的两个不等式可变为等式.

6.3.2 $\langle 1^n, 1\rangle$ 型一元 L-模糊量词的基本语义性质

本节讨论 $\langle 1^n, 1\rangle$ 型一元 L-模糊量词的语义性质, 这些性质包括置换不变性 (permutation invariance)、同构不变性 (isomorphism invariance)、扩展性 (extension)、单调性 (monotonicity), 守恒性 (conservativity) 等.

定义 6.3.6 [43] 称 $\langle 1^n, 1\rangle$ 型 L-模糊量词是置换不变的 (permutation-invariant), 若对于任一论域 M, M 上的任一双射 $f: M \to M$ 及 $A_1, \cdots, A_n, B \in F_L(M)$, 有

$$Q_M(A_1, \cdots, A_n)(B) = Q_M(f^{\rightarrow}(A_1), \cdots, f^{\rightarrow}(A_n))(f^{\rightarrow}(B)).$$

满足置换不变性的 L-模糊量词的全体记作 PI.

命题 6.3.3 [43] 设 Q, $Q' \in$QUANT 是两个 $\langle 1^n, 1\rangle$ 型 L-模糊量词. 如果 Q, $Q' \in$PI, 则 $Q\wedge Q'$,$Q\vee Q'$,$Q\otimes Q'$,$Q\Rightarrow Q'$, $\sim Q$,$Q\sim\in$PI.

定义 6.3.7 [43] 称 $\langle 1^n, 1\rangle$ 型 L-模糊量词是同构不变的, 若对于任意论域 M 及任一双射 $f: M \to M'$ 及 $A_1, \cdots, A_n, B \in \mathcal{F}_L(M)$ 有

$$Q_M(A_1, \cdots, A_n)(B) = Q_{M'}(f^{\rightarrow}(A_1), \cdots, f^{\rightarrow}(A_n))(f^{\rightarrow}(B)).$$

满足同构不变性的 L-模糊量词的全体记作 ISOM.

命题 6.3.4 [43] ISOM$\subseteq$PI.

命题 6.3.5 [43] 设 $Q, Q' \in$QUANT 是两个 $\langle 1^n, 1\rangle$ 型 L-模糊量词. 如果 $Q, Q' \in$ ISOM, 则 $Q\wedge Q', Q\vee Q', Q\otimes Q', Q\Rightarrow Q', \sim Q, Q\sim \in$ISOM.

记 $A^a=\{m \in M|A(m) = a\}$. 称集合 A^a 为 L-模糊集 A 的 a-层 (a-level). 显然, 当 $A \in\mathcal{F}_L(M), a, b \in L, a \neq b$ 时, $A^a \bigcap A^b = \varnothing$, $\bigcup\limits_{a\in L, a>0} A^a = \mathrm{Supp}(A)$, $A^0 = M\backslash \mathrm{Supp}(A)$.

定理 6.3.1 [43] 设 Q 是 $<1>$ 型 L-模糊量词, $Q \in$QUANT. 则 $Q \in$ISOM 当且仅当对于任意论域 M, M' 及满足 $|A^a| = |B^a|$ $(\forall a \in L)$ 的 $A \in \mathcal{F}_L(M), B \in \mathcal{F}_L(M')$ 都有 $Q_M(A) = Q_{M'}(B)$.

定义 6.3.8 [43] 称 $\langle 1^n, 1\rangle$ 型 L-模糊量词满足扩展性 (extension), 若对于任意具有性质 $M \subseteq M'$ 的论域 M, M', 及 $A_1, \cdots, A_n, B \in \mathcal{F}_L(M)$ 有

$$Q_M(A_1, \cdots, A_n)(B) = Q_{M'}(A_1, \cdots, A_n)(B).$$

满足扩展性的 L-模糊量词的全体记作 EXT.

例 6.3.9 $\langle 1\rangle$ 型 L-模糊量词 "所有"(all) 并不满足扩展性. 事实上, 对于 $M \subset M'$, 有

$$\mathrm{all}_M(M) = 1 > 0 = \mathrm{all}_{M'}(M).$$

然而, $\langle 1, 1\rangle$ 型一元 L-模糊量词 "所有" 满足扩展性, 这是因为对于任意具有性质 $M \subseteq M'$ 的论域 M, M', 及 $A_1, \cdots, A_n, B \in \mathcal{F}_L(M)$ 有

$$\overline{A}(m) \vee B(m) = \neg 0 \vee 0 = 1, \quad \bigwedge_{m\in M}(\overline{A}(m) \vee B(m)) = \bigwedge_{m\in M'}(\overline{A}(m) \vee B(m)).$$

类似地, 可以证明例 6.3.4 中的 "一些"(some) 及 "所有 *"(all*) 也满足扩展性.

命题 6.3.6 [43] 设 $Q, Q' \in$QUANT 是两个 $\langle 1^n, 1\rangle$ 型 L-模糊量词. 如果 $Q, Q' \in$ EXT, 则 $Q\wedge Q', Q\vee Q', Q\otimes Q', Q\Rightarrow Q', \sim Q, Q\sim \in$EXT.

在自然语言中, 一些简单限定词, 如 "所有"(all)"、"一些"(some)、"很少"(few)、"许多"(many)、"几乎所有"(nearly all)、"至少 k 个"(at least k)、"至多 k 个"(at most k)、"超过"(more than) 等关于它们的某些成分 (component) 往往是单调的 (单调不增或单调不减). 以 $\langle 1, 1\rangle$ 型 L-模糊量词 "所有"(all) 来说 (参见例 6.3.4), 容易验证

它关于第一个成分是单调不增的、而关于第二个成分是单调不减的. 另一方面, 应注意到有一些限定词, 如 "大约一半"(about half)、"至少 5 个至多 10 个"(at least five and at most ten)、"近似 5"(approximately five) 等既不单调不增也不单调不减.

定义 6.3.9 [43] 设 Q 是 $\langle 1^n, 1\rangle$ 型 L-模糊量词, $1\leqslant i \leqslant n+1$. 称 Q 关于第 i 个成分是单调不减的 (monotonically non-decreasing), 如果对任一论域 M 及 $A_1, \cdots, A_{n+1} \in \boldsymbol{\mathcal{F}}_L(M)$, $A_i{}' \in \boldsymbol{\mathcal{F}}_L(M)$, $A_i \subseteq A_i{}'$ 有

$$Q_M(A_1, \cdots, A_i, \cdots, A_n)(A_{n+1}) \leqslant Q_M(A_1, \cdots, A_i', \cdots, A_n)(A_{n+1}).$$

类似地, 称 Q 关于第 i 个成分是单调不增的 (monotonically non-increasing), 如果对任一论域 M 及 $A_1, \cdots, A_{n+1} \in \boldsymbol{\mathcal{F}}_L(M)$, $A_i{}' \in \boldsymbol{\mathcal{F}}_L(M)$, $A_i{}' \subseteq A_i$ 有

$$Q_M(A_1, \cdots, A_i, \cdots, A_n)(A_{n+1}) \leqslant Q_M(A_1, \cdots, A_i', \cdots, A_n)(A_{n+1}).$$

称一个 $\langle 1^n, 1\rangle$ 型 L-模糊量词是单调不增 (单调不减) 的, 若它关于每一个成分都是单调不增 (单调不减).

例 6.3.10 容易验证, all, some, John, at least k, many 是单调不减的 $\langle 1\rangle$ 型 L-模糊量词; not all, no, neither Bill nor Jack, at most k, few 是单调不增的 $\langle 1\rangle$ 型 L-模糊量词. 而 some 作为 $\langle 1, 1\rangle$ 型 L-模糊量词关于两个成分都是单调不减的, all 作为 $\langle 1, 1\rangle$ 型 L-模糊量词关于第一个成分是单调不增的、关于第二个成分是单调不减的.

命题 6.3.7 [43] 设 Q, P 是两个 $\langle 1^n, 1\rangle$ 型 L-模糊量词, 且关于第 i 个成分是单调不减 (不增) 的, 则 $Q\otimes P$, $Q\wedge P$, $Q\vee P$ 关于第 i 个成分也是单调不减 (不增) 的, 而 $\sim Q$ 关于第 i 个成分是单调不增 (不减) 的.

命题 6.3.8 [43] Q, P 是两个 $\langle 1^n, 1\rangle$ 型 L-模糊量词, 且 Q 关于第 i 个成分是单调不减 (不增) 的、P 关于第 i 个成分是单调不增 (不减) 的, 则 $Q\Rightarrow P$ 关于第 i 个成分是单调不增 (不减) 的.

定义 6.3.10 [43] 称 $\langle 1^n, 1\rangle$ 型 L-模糊量词 Q 是守恒的, 如果对任意论域 M 及 $A_1, \cdots, A_n \in \boldsymbol{\mathcal{F}}_L(M)$, B, $B' \in \boldsymbol{\mathcal{F}}_L(M)$, $A_i \bigcap B = A_i \bigcap B'$ $(\forall i = 1, \cdots, n)$ 有

$$Q_M(A_1, \cdots, A_n)(B) = Q_M(A_1, \cdots, A_n)(B').$$

具有守恒性 (conservativity) 的 L-模糊量词的全体记为 CONS.

命题 6.3.9 [43] 设 Q 是 $\langle 1, 1\rangle$ 型 L-模糊量词. 则 $Q \in$CONS 当且仅当对于任意论域 M 及 $A, B \in \boldsymbol{\mathcal{F}}_L(M)$ 有

$$Q_M(A)(B) = Q_M(A)(A \bigcap B).$$

例 6.3.11 不难验证, 例 6.3.4 中的 $\langle 1,\ 1\rangle$ 型 L-模糊量词 "一些"(some) 是守恒的, 而一般情况下 "所有"(all) 不是守恒的. 而例 6.3.4 中 "所有 *"(all*) 却是守恒的. 事实上, 对于任意论域 M 及 $A,\ B\in\mathcal{F}_L(M)$ 有

$$\begin{aligned}\text{“所有 *”}_M(A)(B) &= \bigwedge_{m\in M}(A(m)\to B(m))\\ &= \bigwedge_{m\in M}((A(m)\to A(m))\wedge(A(m)\to B(m)))\\ &= \bigwedge_{m\in M}(A(m)\to(A(m)\wedge B(m)))\\ &=\text{“所有 *”}_M(A)(A\bigcap B)\end{aligned}$$

这里应用了剩余格的如下性质: $(a\to b)\wedge(a\to c)=a\to(b\wedge c)$. 守恒量词的其他例子还有: 不足 (less than)、超过 (more than).

命题 6.3.10 [43] 设 $Q,\ Q'$ 是两个 $\langle 1^n,\ 1\rangle$ 型 L-模糊量词, 且 $Q,\ Q'\in$CONS. 则 $Q\wedge Q',Q\vee Q',Q\otimes Q',Q\Rightarrow Q',\ \sim Q\in$ CONS.

注意, 虽然 "一些"(some) 是守恒的, 但是一般情况下 "some$\sim$" 不是守恒的, 即守恒性一般不被内否定 (inner negation) 所保持.

定义 6.3.11 [43] 称 $\langle 1^n,\ 1\rangle$ 型 L-模糊量词 Q 是弱守恒的 (weakly conservative), 如果对任意论域 M 及 $A_1,\cdots,A_n\in\mathcal{F}_L(M)$, $B,\ B'\in\mathcal{F}_L(M)$, $\mathrm{Supp}(A_i)\bigcap B=\mathrm{Supp}(A_i)\bigcap B'$ $(\forall i=1,\cdots,n)$ 有

$$Q_M(A_1,\cdots,A_n)(B)=Q_M(A_1,\cdots,A_n)(B').$$

具有弱守恒性的 L-模糊量词的全体记为 W-CONS.

命题 6.3.11 [43] CONS $\subseteq$ W-CONS.

命题 6.3.12 [43] 设 Q 是 $\langle 1,\ 1\rangle$ 型 L-模糊量词. 则 $Q\in$W-CONS 当且仅当对任意论域 M 及 $A,\ B\in\mathcal{F}_L(M)$ 有

$$Q_M(A)(B)=Q_M(A)(\mathrm{Supp}(A)\bigcap B).$$

例 6.3.12 容易验证, 例 6.3.4 中的 $\langle 1,\ 1\rangle$ 型 L-模糊量词 "所有"(all) 是弱守恒的. 同时, 对任意论域 M 及 $A,\ B\in\mathcal{F}_L(M)$ 定义 "多于 k 个"(more than k) 如下:

$$(\text{more than } k)_M(A)(B)=\bigvee_{\substack{M'\subseteq\mathrm{Supp}(A)\\ |M'|=k+1}}\ \bigwedge_{m\in M'}B(m).$$

则 "多于 k 个"(more than k) 是弱守恒的 $\langle 1,\ 1\rangle$ 型 L-模糊量词, 但它不是守恒的.

命题 6.3.13 [43] 设 $Q,\ Q'$ 是两个 $\langle 1^n,\ 1\rangle$ 型 L-模糊量词, 且 $Q,\ Q'\in$ W-CONS. 则 $Q\wedge Q',Q\vee Q',Q\otimes Q',Q\Rightarrow Q',\ \sim Q,Q\sim\ \in$ W-CONS.

考虑例 6.3.12 中的 L-模糊量词 "所有"(all). 容易检验, 对任意论域 M 及 A, $B \in \mathcal{F}_L(M)$ 有

$$(\text{more than } k)_M(A)(B) = (\text{more than } k)_M(\text{Supp}(A))(B).$$

显然, 这个 L-模糊量词可忽视第一成分的模糊性定义为 $Q_M : P_L(M) \times \mathcal{F}_L(M) \to L$. 同样的性质对于其他一些 L-模糊量词也成立, 比如例 6.3.4 中的 "所有"(all), 当 L 是满足以下条件的剩余格时: $\neg a=0(\forall a > 0)$. 在实践中, 我们要解决的任务, 可能并不需要描述所考虑的用普通名字表达的属性的模糊性. 在此情形下, 无须引入在每一成分上都是模糊的 L-模糊量词. 举例来说, 若想要根据知识所属分支对图书进行分类, 需找到一个判断诸如 "这本书的一些部分是数学方面的" 这种句子有效性的程度, 而类似于 "书中的部分" 这样的名词无须解释为 L-模糊集, 故限制词 "一些"(some) 用如下形式的 L-模糊量词来表达就足够了:

$$(\text{some}^*)_M(A)(B) = \bigvee_{m \in \text{Supp}(A)} B(m).$$

这样, 用 "some*" 替代例 6.3.4 中的 "一些"(some), 即忽视第一成分的模糊性: $(\text{some}^*)_M(A)(B) = (\text{some}^*)_M(\text{Supp}(A))(B)$. 基于如上考虑, 以下引入半模糊 L-模糊量词的定义.

定义 6.3.12 [43] 称 $\langle 1^n, 1\rangle$ 型 L-模糊量词 Q 在第 i 个成分上是半模糊的, $i=1, \cdots, n+1$, 若对任意论域 M 及 $A_1, \cdots, A_n, A_{n+1} \in \mathcal{F}_L(M)$ 有

$$Q_M(A_1, \cdots, A_i, \cdots, A_n)(A_{n+1}) = Q_M(A_1, \cdots, \text{Supp}(A_i), \cdots, A_n)(A_{n+1}).$$

若 $\langle 1^n, 1\rangle$ 型 L-模糊量词 Q 在它的每一个成分上都是半模糊的, 则称 Q 是 $\langle 1^n, 1\rangle$ 型 L-半模糊量词.

定义 6.3.13 [43] 设 Q 是 $\langle 1\rangle$ 型 L-半模糊量词. Q 的相对化 (relativization)、弱相对化 (weak relativization) 是指如下定义的 $\langle 1, 1\rangle$ 型 L-模糊量词 Q^{rel}、$Q^{\text{w-rel}}$: 对任意论域 M 及 $A, B \in \mathcal{F}_L(M)$,

$$Q^{\text{rel}}_M(A)(B) = Q_{\text{Supp}(A)}(A \bigcap B); \quad Q^{\text{w-rel}}_M(A)(B) = Q_{\text{Supp}(A)}(\text{Supp}(A) \bigcap B).$$

设 P, Q 是 $\langle 1^n, 1\rangle$ 型 L-模糊量词, 记 $Q \equiv P$ 当且仅当 Q 对任一论域 (可能为空)M 及 $A_1, \cdots, A_n$, $B \in \mathcal{F}_L(M)$ 有 $Q_M(A_1, \cdots, A_n)(B) = P_M(A_1, \cdots, A_n)(B)$.

命题 6.3.14 [43] 若 Q 是 $\langle 1\rangle$ 型 L-半模糊量词, 则 $Q^{\text{rel}} \equiv Q^{\text{w-rel}}$.

命题 6.3.15 [43] 设 Q' 是 $\langle 1, 1\rangle$ 型 L-模糊量词. 如果 $Q' \equiv Q^{\text{w-rel}}$, 则 Q' 在第一个成分上是半模糊的.

命题 6.3.16 [43] 设 Q' 是 $\langle 1, 1\rangle$ 型 L-模糊量词, 且在第一个成分上是半模糊的. 如果 $Q' \equiv Q^{\text{rel}}$, 则 $Q' \equiv Q^{\text{w-rel}}$.

定理 6.3.2 [43] 如果 Q 是 $\langle 1, 1\rangle$ 型 L-模糊量词且在第一个成分上是半模糊的, 则 $Q \in$CONS$\bigcap$EXT 当且仅当存在一个 $\langle 1\rangle$ 型 L-模糊量词 P 使得 $Q \equiv P^{\mathrm{rel}}$.

定理 6.3.3 [43] 如果 Q 是 $\langle 1, 1\rangle$ 型 L-模糊量词且在第一个成分上是半模糊的, 则 $Q \in$W-CONS$\bigcap$EXT 当且仅当存在一个 $\langle 1\rangle$ 型 L-模糊量词 P 使得 $Q \equiv P^{\text{w-rel}}$.

定理 6.3.4 [43] 如果 Q 是满足以下条件的 L-模糊量词: 对任意论域 M, M' 及具有下述性质的 A, $B \in \mathcal{F}_L(M)$, A', $B' \in \mathcal{F}_L(M')$,

$$|(A\bigcap B)^a| = |(A'\bigcap B')^a|, \ |A^a\backslash(A\bigcap B)^a| = |A'^a\backslash(A'\bigcap B')^a| \quad (\forall a \in L\backslash\{0\})$$

都有 $Q_M(A)(B) = Q'_M(A')(B')$, 则 $Q \in$CONS$\bigcap$EXT$\bigcap$ISOM.

例 6.3.13 在广义量词理论中, "大多数"(most) 被定义为

$$\mathrm{most}_M(A)(B)=1 \text{ 当且仅当 } |A\bigcap B| > |A\backslash B|.$$

且在经典广义量词理论中 most$\in$CONS$\bigcap$EXT$\bigcap$ISOM. 类似地, 可如下定义 most 的模糊版本:

$$\mathrm{most}_M(A)(B) = \bigvee\{a \in L\backslash\{0\}: \ |(A\bigcap B)^a| > |A^a\backslash(A\bigcap B)^a|\}.$$

容易验证, 前述定理 6.3.4 的条件被满足, 因此 most$\in$CONS$\bigcap$EXT$\bigcap$ISOM.

以下例子表明, 定理 6.3.4 的逆命题不成立.

例 6.3.14 已知 "所有 *"(all*) $\in$CONS$\bigcap$EXT$\bigcap$ISOM(参见例 6.3.11). 设 L 是由 Lukasiewicz t-模确定的完备剩余格, M=$(0, \infty)$, A, A', $B \in \mathcal{F}_L(M)$ 是如图 6-1 所示的 L-模糊集, 其中 $A(m)$=$A'(m)$, $\forall m \in M\backslash\{4\}$.

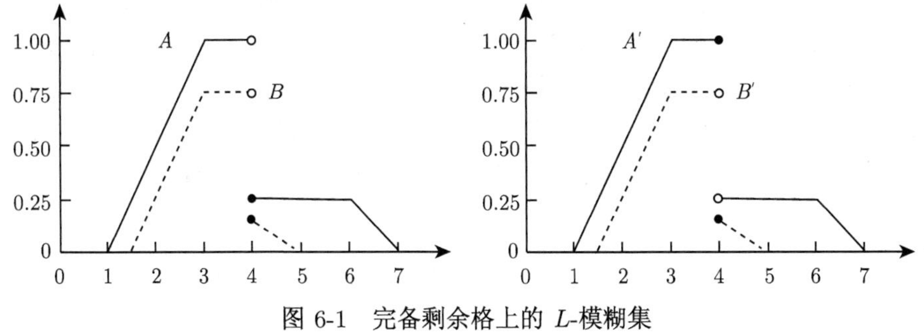

图 6-1 完备剩余格上的 L-模糊集

显然,

$$A\bigcap B = A'\bigcap B = B,$$
$$|(A\bigcap B)^a| = |(A'\bigcap B)^a| \ (\forall a \in L\backslash\{0\}),$$
$$|A^a\backslash(A\bigcap B)^a| = |A'^a\backslash(A'\bigcap B)^a| \ (\forall a \in L\backslash\{0\}).$$

然而

$$\begin{aligned}\mathrm{all}^*_M(A)(B) &= \bigwedge_{m\in M}(A(m)\to B(m)) = 0.75\\ &>0.15 = \bigwedge_{m\in M}(A'(m)\to B(m)) = \mathrm{all}^*_M(A')(B).\end{aligned}$$

定理 6.3.5 [43] 如果 Q 是 $\langle 1, 1\rangle$ 型 L-模糊量词且在第一个成分上是半模糊的, 则 $Q\in$CONS$\bigcap$EXT$\bigcap$ISOM 当且仅当对任意论域 M, M' 及具有下述性质的 A, $B\in\boldsymbol{\mathcal{F}}_L(M)$, A', $B'\in\boldsymbol{\mathcal{F}}_L(M')$,

$$|\mathrm{Supp}(A)\backslash\mathrm{Supp}(A\textstyle\bigcap B)| = |\mathrm{Supp}(A')\backslash\mathrm{Supp}(A'\textstyle\bigcap B')|\ ,$$
$$|(A\textstyle\bigcap B)^a| = |(A'\textstyle\bigcap B')^a|\ \ (\forall a\in L\backslash\{0\})$$

都有 $Q_M(A)(B) = Q_{M'}(A')(B')$.

6.3.3 外延的一元 *L*-模糊量词

置换不变性 (permutation invariance) 对于一阶或高阶模糊逻辑来说是必要条件, 因此本节主要关注具有置换不变性的 L-模糊量词, 讨论 L-模糊量词的更多性质以便能描述其连续性 (continuity) 或光滑性 (smoothness), 并将其推广到置换同构 L-模糊集上.

称 n-元组 $(A_1,\cdots,A_n)$, $(B_1,\cdots,B_n)\in\boldsymbol{\mathcal{F}}_L(M)^n$ 是置换同构的 (permutation-isomorphic), 如果存在一个双射 f: $M\to M$ 满足 $A_i(m) = B_i(f(m))$, $\forall m\in M$, $i=1,\cdots,n$. 显然, 一个 $\langle 1^n, 1\rangle$ 型 L-模糊量词 Q, 如果对于所有置换同构的 $(n+1)$-元组 (定义于所有论域上的 L-模糊集) 来说具有相同值, 则 Q 是置换不变的. 由此看来, 似乎使用前述 "置换同构" 这一概念更有利于推广置换不变的模糊量词. 然而, 对于更详细研究 "L-模糊量词的值" 与 "L-模糊集的隶属度" 之间的关系来说, "置换同构" 这一概念显得太强了. 举例来说, $M=\{a, b\}$上的两个 L-模糊集 $A=\{1/a, 0.5/b\}$与 $B=\{1/a, 0.499/b\}$, 它们不是置换同构的, 但它们显然是非常接近的; 此时, 可以定义一个置换不变的 $\langle 1\rangle$ 型 L-模糊量词, 使其在 A、B 上具有完全不同的值, 比如取如下 L-模糊量词 Q:

$$Q_M(C) = \begin{cases}1, & |C_{0.5}| = 2.\\ 0, & \text{否则}.\end{cases}$$

尽管存在这样的 "非连续" 的 L-模糊量词, 但是仍有大量限定词, 诸如 all, some, no, not all, more than k, less than k, more than, less than, 自然地保持着接近性: L-模糊集越接近, L-模糊量词的值也越接近. 由此, 引入 L-模糊量词的外延性 (extensionality) 的概念, 它是相对于给定的置换等价类来说的.

一个映射 R: $\mathcal{F}_L(M)^n \times \mathcal{F}_L(M)^n \to L$, n=1, 2, $\cdots$, 被称为 L-模糊关系. 以下用符号 $[\boldsymbol{A}\ R\ \boldsymbol{B}]$ 来代替 $R(\boldsymbol{A}, \boldsymbol{B})$, 这里 $\boldsymbol{A}, \boldsymbol{B} \in \mathcal{F}_L(M)^n$. 定义 $\equiv_M$: $\mathcal{F}_L(M)^n \times \mathcal{F}_L(M)^n \to L$ 如下:

若 $\boldsymbol{A}=(A_1, \cdots, A_n)$, $\boldsymbol{B}=(B_1, \cdots, B_n)$ 是置换同构, 则 $[\boldsymbol{A} \equiv_M \boldsymbol{B}]=1$; 否则, $[\boldsymbol{A} \equiv_M \boldsymbol{B}]=0$.

显然, $\equiv_M$ 是一个 L-相似关系, 即满足自反性、对称性、$\otimes$-传递性.

定义 6.3.14 [43] 一个 L-模糊关系 $\approx_M$: $\mathcal{F}_L(M)^n \times \mathcal{F}_L(M)^n \to L$ 称为 $\mathcal{F}_L(M)^n$ 上的 L-置换等价, 如果对任意 $\boldsymbol{A}, \boldsymbol{B}, \boldsymbol{C} \in \mathcal{F}_L(M)^n$ 有

$$\begin{aligned}
&[\boldsymbol{A} \equiv_M \boldsymbol{B}] \leqslant [\boldsymbol{A} \approx_M \boldsymbol{B}],\\
&[\boldsymbol{A} \approx_M \boldsymbol{B}] = [\boldsymbol{B} \approx_M \boldsymbol{A}],\\
&[\boldsymbol{A} \approx_M \boldsymbol{B}] \leqslant [\overline{\boldsymbol{A}} \approx_M \overline{\boldsymbol{B}}],\\
&[\boldsymbol{A} \approx_M \boldsymbol{B}] \otimes [\boldsymbol{B} \approx_M \boldsymbol{C}] \leqslant [\boldsymbol{A} \approx_M \boldsymbol{C}],
\end{aligned}$$

其中, $\overline{\boldsymbol{A}} = \left(\overline{A_1}, \cdots, \overline{A_n}\right), \overline{\boldsymbol{B}} = \left(\overline{B_1}, \cdots, \overline{B_n}\right)$.

注: 每一个 L-置换等价必是一个 L-相似关系, 但反之不成立. 比如, L-模糊集的相等关系是一个 L-相似关系, 但不是 L-置换等价.

定理 6.3.6 [43] 设 L 是一个完备剩余格, M 是一个可数论域, 则如下定义的 $\approx_M^{\otimes}$ 是 $\mathcal{F}_L(M)^n$ 上的 L-置换等价:

$$\left[\boldsymbol{A} \approx_M^{\otimes} \boldsymbol{B}\right] = \bigvee_{f\in \mathrm{Perm}(M)} \bigotimes_{m\in M} \left((A_1(m) \leftrightarrow B_1(f(m))) \otimes \cdots \otimes (A_n(m) \leftrightarrow B_n(f(m)))\right).$$

定理 6.3.7 [43] 设 L 是一个完备剩余格, M 是任意论域, 则如下定义的 $\approx_M^{\wedge}$ 是 $\mathcal{F}_L(M)^n$ 上的 L-置换等价:

$$[\boldsymbol{A} \approx_M^{\wedge} \boldsymbol{B}] = \bigvee_{f\in \mathrm{Perm}(M)} \bigwedge_{m\in M} \left((A_1(m) \leftrightarrow B_1(f(m))) \otimes \cdots \otimes (A_n(m) \leftrightarrow B_n(f(m)))\right).$$

下面的几个引理刻画了若干特殊 L-模糊集序对在上述 L-置换等价下的特性, 它们对于建立置换不变性与外延 $\langle 1^n, 1\rangle$ 型 L-半模糊量词之间的关系具有应用价值.

引理 6.3.1 [43] 设 L 是一个完备剩余格, M 是一个可数论域, $\boldsymbol{A}=(A_1, \cdots, A_n)$, $\boldsymbol{B}=(B_1, \cdots, B_n)$ 是 M 中的分明集构成的 n 元组. 则 $[\boldsymbol{A} \approx_M^{\otimes} \boldsymbol{B}]\in\{0, 1\}$. 而且 $[\boldsymbol{A} \approx_M^{\otimes} \boldsymbol{B}]=1$ 当且仅当存在一个双射 f: $M \to M$ 满足 $f(A_i) = B_i$, $i=1, \cdots, n$.

引理 6.3.2 [43] 设 L 是一个完备剩余格, M 是任意论域, $\boldsymbol{A}=(A_1, \cdots, A_n)$, $\boldsymbol{B}=(B_1, \cdots, B_n)$ 是 M 中的分明集构成的 n 元组. 则 $[\boldsymbol{A} \approx_M^{\wedge} \boldsymbol{B}]\in\{0, 1\}$. 而且 $[\boldsymbol{A} \approx_M^{\wedge} \boldsymbol{B}]=1$ 当且仅当存在一个双射 f: $M \to M$ 满足 $f(A_i) = B_i$, $i=1, \cdots, n$.

引理 6.3.3 [43] 设 L 是一个完备剩余格, 满足 $\neg a=0(\forall a>0)$. M 是一个可数论域, $\boldsymbol{A}$, $\boldsymbol{B}\in\boldsymbol{\mathcal{F}}_L(M)^n$. 如果对任意双射 f: $M\to M$ 均存在 $i\in\{1,\cdots,n\}$使得 $f\,(\mathrm{Supp}(A_i))\neq\mathrm{Supp}(B_i)$, 则 $[\boldsymbol{A}\approx_M^{\otimes}\boldsymbol{B}]=0$.

引理 6.3.4 [43] 设 L 是一个完备剩余格, 满足 $\neg a=0(\forall a>0)$. M 是任意论域, $\boldsymbol{A}$, $\boldsymbol{B}\in\boldsymbol{\mathcal{F}}_L(M)^n$. 如果对任意双射 f: $M\to M$ 均存在 $i\in\{1,\cdots,n\}$使得 $f\,(\mathrm{Supp}(A_i))\neq\mathrm{Supp}(B_i)$, 则 $[\boldsymbol{A}\approx_M^{\wedge}\boldsymbol{B}]=0$.

定义 6.3.15 [43] 设 $\approx$ 是一个 L-置换等价的类, 且对任意有限或可数论域 M 存在 $\approx$ 中唯一的 $\boldsymbol{\mathcal{F}}_L(M)^{n+1}$ 上的 L-置换等价 $\approx_M$. 一个 $\langle 1^n, 1\rangle$ 型有限或可数 L-模糊量词 Q 称为相对于 $\approx$ 是外延的 (extensional with respect to $\approx$), 如果对每一有限或可数论域 M 及 $A_1,\cdots,A_n$, B, $A_1{}'$, $\cdots$, $A_n{}'$, $B'\in\boldsymbol{\mathcal{F}}_L(M)$ 有

$$
\begin{aligned}
&[(A_1,\cdots,A_n,B)\approx_M(A_1',\cdots,A_n',B')]\\
\leqslant&Q_M(A_1,\cdots,A_n)(B)\leftrightarrow Q_M(A_1',\cdots,A_n')(B').
\end{aligned}
$$

所有相对于 $\approx$ 外延的 L-模糊量词之集记为 EXTENS($\approx$).

例 6.3.15 设 L 是一个完备剩余格, $\approx^{\wedge}$ 是所有 ($\boldsymbol{\mathcal{F}}_L(M)$ 上的)L-置换等价 $\approx_M^{\wedge}$(参见定理 6.3.7) 构成的类. 则例 6.3.1 中的 "所有"(all)、"一些"(some) 相对于 $\approx^{\wedge}$ 是外延的. 以 all 为例, 这是因为对任意论域 M 及双射 f: $M\to M$, A, $B\in\boldsymbol{\mathcal{F}}_L(M)$ 有

$$
\mathrm{all}_M(A)\leftrightarrow\mathrm{all}_M(B)=\left(\bigwedge_{m\in M}A(m)\right)\leftrightarrow\left(\bigwedge_{m\in M}B(m)\right)\geqslant\bigwedge_{m\in M}(A(m)\leftrightarrow B(f(m)))\,.
$$

$$
\mathrm{all}_M(A)\leftrightarrow\mathrm{all}_M(B)\geqslant\bigvee_{f\in\mathrm{Perm}(M)}\bigwedge_{m\in M}(A(m)\leftrightarrow B(f(m)))=[A\approx_M^{\wedge}B].
$$

这说明 "所有"(all) 是相对于 $\approx^{\wedge}$ 外延的 $\langle 1\rangle$ 型 L-模糊量词.

例 6.3.16 设 L 是由 Lukasiewicz t-模确定的完备剩余格, $\approx^{\otimes}$ 是所有 ($\boldsymbol{\mathcal{F}}_L(M)$ 上的)L-置换等价 $\approx_M^{\otimes}$(参见定理 6.3.6) 构成的类. 则有限 L-模糊量词 "许多"(many)、"很少"(few)(见例 6.3.3) 相对于 $\approx^{\otimes}$ 是外延的. 以 many 为例, 这是因为对任意有限论域 M 及双射 f: $M\to M$, A , $B\in\boldsymbol{\mathcal{F}}_L(M)$ 有

$$
\begin{aligned}
\mathrm{many}_M(A)\leftrightarrow\mathrm{many}_M(B)=&1-\frac{1}{|M|}\left|\sum_{m\in M}A(m)-\sum_{m\in M}B(m)\right|\\
\geqslant&1-\bigvee_{m\in M}|A(m)-B(f(m))|\geqslant\bigotimes_{m\in M}(A(m)\leftrightarrow B(f(m)))\,.
\end{aligned}
$$

$$
\mathrm{many}_M(A)\leftrightarrow\mathrm{many}_M(B)\geqslant\bigvee_{f\in\mathrm{Perm}(M)}\bigotimes_{m\in M}(A(m)\leftrightarrow B(f(m)))=[A\approx_M^{\otimes}B].
$$

这说明 many∈EXTENS($\approx^{\otimes}$). 同时, 易于验证, 当选取由左连续 t-模确定的剩余格 L 时, 量词 many 不是外延的.

例 6.3.17 设 L 是由一个左连续 t-模确定的完备剩余格, $\approx^{\wedge}$ 是所有 ($\mathcal{F}_L(M)^2$ 上的)L-置换等价 $\approx^{\wedge}_{M}$(参见定理 6.3.7) 构成的类. 则 L-模糊量词 "所有"(all)、"一些"(some)(见例 6.3.4) 相对于 $\approx^{\wedge}$ 是外延的.

另一方面, 例 6.3.12 中的 "more than k" 相对于 $\approx^{\wedge}$ 不是外延的. 事实上, 设 L 是由 Lukasiewicz t-模确定的完备剩余格, A={0.5/a}, A'={0.6/a, 0.1/b}, B={1/a, 0.9/b}是 M={a, b}上的 L-模糊集, 则

$$
\begin{aligned}
&(\text{more than } 1)_M(A)(B) \leftrightarrow (\text{more than } 1)_M(A')(B)\\
=&\bigvee_{\substack{M'\subseteq \mathrm{Supp}(A)\\ |M'|=2}} \bigwedge_{m\in M'} B(m) \leftrightarrow \bigvee_{\substack{M'\subseteq \mathrm{Supp}(A')\\ |M'|=2}} \bigwedge_{m'\in M'} B(m')\\
=&0 \leftrightarrow 0.9\\
=&0.1.
\end{aligned}
$$

$$
\begin{aligned}
&[(A,B)\approx^{\wedge}_{M}(A',B)]\\
=&\bigvee_{f\in \mathrm{Perm}(M)} \bigwedge_{m\in M} (A(m)\leftrightarrow A'(f(m)))\otimes(B(m)\leftrightarrow B(f(m)))\\
=&\big((A(a)\leftrightarrow A'(a))\otimes 1)\wedge\big((A(b)\leftrightarrow A'(b))\otimes 1\big)\\
=&0.9\wedge 0.9\\
=&0.9.
\end{aligned}
$$

所以 $(\text{more than } 1)_M(A)(B) \leftrightarrow (\text{more than } 1)_M(A')(B) < [(A,B)\approx^{\wedge}_{M}(A',B)]$. 这说明 "more than 1" 相对于 $\approx^{\wedge}$ 不是外延的.

例 6.3.18 设 L 是完备剩余格, $\approx^{\wedge}$ 是所有 ($\mathcal{F}_L(M)^3$ 上的)L-置换等价 $\approx^{\wedge}_{M}$(参见定理 6.3.7) 构成的类. 则 L-模糊量词 "more than" "less than"(见例 6.3.5) 相对于 $\approx^{\wedge}$ 是外延的.

可以检验, 一般来说, 使用算子 ⊗, ⇒ 构造的新 L-模糊量词不能保持外延性. 比如, 限定词 "非常多"(very many) 可解释为 L-模糊量词 many⊗many, 它相对于 $\approx^{\otimes}$ 不是外延的, 但 many 相对于 $\approx^{\otimes}$ 是外延的 (见例 6.3.16). 这也促使我们引入如下的弱外延性概念.

定义 6.3.16 [43] 设 $\approx$ 是一个 L-置换等价的类, 且对任意有限或可数论域 M 存在 $\approx$ 中唯一的 $\mathcal{F}_L(M)^{n+1}$ 上的 L-置换等价 $\approx_M$. 一个 $\langle 1^n, 1\rangle$ 型有限或可数 L-模糊量词 Q 称为相对于 $\approx$ 是弱外延的 (weak extensional with respect to $\approx$), 如果对每一有限或可数论域 M 及 $A_1, \cdots, A_n$, B, $A_1{}'$, $\cdots$, $A_n{}'$, $B'\in \mathcal{F}_L(M)$, 存在自然数 k 使得

$$[(A_1,\cdots,A_n,B)\approx_M(A_1',\cdots,A_n',B')]^k$$
$$\leqslant Q_M(A_1,\cdots,A_n)(B)\leftrightarrow Q_M(A_1',\cdots,A_n')(B').$$

所有相对于 $\approx$ 弱外延的 L-模糊量词之集记为 W-EXTENS($\approx$).

命题 6.3.17 [43] EXTENS($\approx$) $\subseteq$W-EXTENS($\approx$) $\subseteq$PI.

若记 $\equiv$ 为所有 $\equiv_M$ 构成的类, 则 EXTENS($\equiv$)=W-EXTENS($\equiv$)=PI.

命题 6.3.18 [43] 设 Q, Q' 是 $\langle 1^n, 1\rangle$ 型 L-模糊量词, 且 $Q, Q' \in$W-EXTENS($\approx$). 则 $Q\wedge Q'$, $Q\vee Q'$, $Q\otimes Q'$, $Q\Rightarrow Q'$, $\sim Q$, $Q\sim \in$W-EXTENS($\approx$).

命题 6.3.19 [43] 设 L 是满足 $\neg a=0(\forall a>0)$ 的一个完备剩余格, Q 是可数的 $\langle 1^n, 1\rangle$ 型 L-半模糊量词. 则 $Q\in$EXTENS($\approx^{\otimes}$) 当且仅当 $Q\in$PI.

命题 6.3.20 [43] 设 L 是满足 $\neg a=0(\forall a>0)$ 的一个完备剩余格, Q 是 $\langle 1^n, 1\rangle$ 型 L-半模糊量词. 则 $Q\in$EXTENS($\approx^{\wedge}$) 当且仅当 $Q\in$PI.

关于 $\langle 1\rangle$ 型、$\langle 1, 1\rangle$ 型 L-模糊量词的更详细讨论, 请参见文献 [40, 41, 42, 258].

第 7 章　带有模糊量词的推理及其他

7.1　Dubois 等的区间三段论

本节主要介绍 Dubois 及其合作者关于区间三段论 (Interval Syllogistics) 的推理方法, 并比较与传统三段论的关系. 本节内容主要选自文献 [124], 当然, 也参阅了 Dubois 等人的早期论文 [259—261].

7.1.1　Dubois 等提出的量化理论

D. Dubois 等在文献 [259, 260, 261] 中提出一种处理模糊量词的框架, 将模糊量词表示为区间, 并在此基础上建立了一种三段论推理方法, 与其他方法相比这种推理方法接近于亚里士多德的观点. 表 7-1 是这种区间三段论一个示例.

表 7-1　D. Dubois 等的区间三段论推理示例

[0.05, 0.1] 的人有未婚子女 ([0.05, 0.1] people who have children are single)
[0.15, 0.2] 的人有年轻子女 ([0.15, 0.2] people who have children are young)
[0, 0.1] 的人有年轻未婚子女 ([0, 0.1] people who have children are young and single)

Dubois 及其合作者提出的三段论推理, 其基础是将语言量词解释为区间, 一个量词是一个区间 $Q = [\underline{q}, \overline{q}]$, 其中 $\underline{q}$ 表示下界、$\overline{q}$ 表示上界. 由于这种方法主要用来处理比例量词 (proportional quantifier), 如大多数 (most), 许多 (many), 一些 (some), 25%到 34%之间 (between 25% and 34%) 等, 所以 $\underline{q}, \overline{q} \in [0,1]$. 举例来说, 若选取小于 0.5 的两参数 a, $b \in [0, 1]$, 将 [0, 1] 作如下划分:

$\mathcal{P}$ ={0, (0, a], [a, b], [b, 1 − b], [1 − b, 1 − a], [1 − a, 1), 1}.

若取 a=0.2, b=0.4, 则

$\mathcal{P}$ ={0, (0, 0.2], [0.2, 0.4], [0.4, 0.6], [0.6, 0.8], [0.8, 1), 1}.

这样, 相应的语言量词可用区间表示为

$$0 ::= \text{没有 (none)},$$

$$(0, 0.2] ::= \text{几乎没有 (almost none)},$$

$$[0.2, 0.4] ::= \text{很少 (few)},$$

$[0.4, 0.6]$ ::= 大约一半 (about half),

$[0.6, 0.8]$ ::= 大多数 (most),

$[0.8, 1)$ ::= 几乎所有 (almost all),

1 ::= 所有 (all).

Dubois 等人考虑如下三种类型的语言量词:

(1) 不精确量词 (imprecise quantifier)　其值不能精确地表达但有精确的边界, 比如有 25%到 50%的学生是年轻人, 少于 70%的年轻人是金发的. 这样的量词可表示为区间 $Q = [\underline{q}, \overline{q}]$, $\underline{q}, \overline{q} \in [0, 1]$.

(2) 精确量词 (precise quantifier)　其值能精确地表达且有精确的边界, 比如有 10%的动物是哺乳动物, 30%的年轻学生是高个子. 此时, 表示量词的区间 $Q = [\underline{q}, \overline{q}]$, 其下界上、上界相等, 即 $\underline{q} = \overline{q} \in [0, 1]$.

(3) 模糊量词 (fuzzy quantifier)　其边界很难定义且是模糊的, 比如大部分西班牙的车是新的, 很少的大象是宠物. 模糊量词被表示为 (四点) 梯形模糊数 $Q = [q_*, \underline{q}, \overline{q}, q^*]$, 其中 $SUP_Q = [q_*, q^*]$ 表示 Q 的支集 (support), $KER_Q = [\underline{q}, \overline{q}]$ 表示 Q 的核 (core).

7.1.2　区间三段论及其与传统三段论的比较

区间三段论的计算过程是基于极小化、极大化结论 (后件) 中量词的, 而量词被建模为区间或梯形函数、并通过把前提 (premises) 中的量词作为约束条件进行计算的, 主要目标是依照前提中的比例关系得到结论中词项的最有利 (most favorable) 和最不利 (most unfavorable) 的比例.

Dubois 等人提出了三种不同的推理模式, 这里较详细说明一下第一种 (记为 Pattern I), 因为这种推理模式与标准亚里士多德格 (figures) 有相同的句法结构.

1. *推理模式* I(Pattern I)

这种推理模式可用表 7-2 及图 7-1 来说明, 其中表 7-2(左) 用 A, B, C 表示项集, 用 Q_1, Q_1', Q_2, Q_2', Q, Q' 表示量词 (可以是精确的、不精确的或模糊的), Q_1 是第一个前提中的量词、Q_1' 是其逆 (converse), Q_2 是第二个前提中的量词、Q_2' 是其逆 (converse), Q, Q' 是结论中的量词. 表 7-2(右) 给出一个推理示例.

在图 7-1 中, 圆表示项集 A, B, C, 实线箭头表示前提中的两个项集之间的联结, 虚线箭头表示结论中的两个项集之间的联结.

对于精确量词, 结论中的量词 $Q = [\underline{q}, \overline{q}]$ 是如下计算的 (可将相对量词与条件概率进行类比, 借助条件概率的相关性质进行推导, 详细过程参见 [259, 260]):

表 7-2　区间三段论推理模式 I(Pattern I)

Q_1　A 是 B		[0.85, 0.95] 的学生是年轻的
Q_1'　B 是 A		[0.25, 0.35] 的年轻人是学生
Q_2　B 是 C		[0.90, 1] 的年轻人是单身
Q_2'　C 是 B		[0.60, 0.80] 的单身者是年轻的
Q　A 是 C		[0.51, 1] 的学生是单身
$Q\prime$　C 是 A		

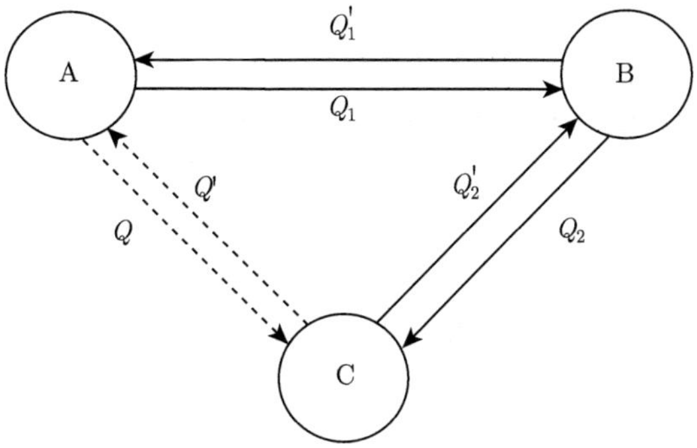

图 7-1　区间三段论 Pattern I 的图形表示

(1) $\underline{q} = q_1 \cdot \max\left(0,\ 1 - \dfrac{1-q_2}{q_1'}\right),$

(2) $\overline{q} = \min\left(1,\ 1 - q_1 + \dfrac{q_1 \cdot q_2}{q_1'},\ \dfrac{q_1 \cdot q_2}{q_1' \cdot q_2'},\ \dfrac{q_1 \cdot q_2}{q_1' \cdot q_2'}[1 - q_2' + q_1]\right).$ 对于不精确量词,
可以分别对 (1)、(2) 进行极小化、极大化处理. 依此方法, 可推广到模糊量词, 即把
SUP_Q、KER_Q 作为一对不精确量词独立地分别进行计算.

2. 其他推理模式

Dubois 等还得出了其他几种推理模式 (同样是基于三个词项的).

推理模式 II(Pattern II) 包含两个语言句式: 一般版本 (general version)、特殊
版本 (particular version), 如表 7-3 所示.

表 7-3　区间三段论推理模式 II(Pattern II)

一般版本	特殊版本
Q_1　A 是 B, Q_1'　B 是 A	Q_1　A 是 B, Q_1'　B 是 A
Q_2　B 是 C, Q_2'　C 是 B	Q_2　B 是 C
Q_3　A 是 C, Q_3'　C 是 A	Q_3　A 是 C
Q　A 与 B 是 C	Q　A 与 B 是 C

两种版本的区别在于: 一般版本有 6 个前提, 可用的信息完整; 特殊版本只需
要 4 个前提, 不需要完整的信息. 表 7-4 给出 Pattern II 特殊版本的一个具体例子.

表 7-4　Pattern II 特殊版本示例

70% 到 80% 的学生是女性	超过 35% 的女性是学生
至少 70% 的女性是年轻的	
80% 到 90% 的学生是年轻的	
Q 女生是年轻的 (Q of female students are young)	

推理模式 III(Pattern III) 也包含两个语言句式, 分别与 Pattern II 中的两种版本类似. Pattern III 可用表 7-5 来表示, 而表 7-6 给出 Pattern III 特殊版本的一个具体例子.

表 7-5　区间三段论推理模式 III(Pattern III)

一般版本	特殊版本
Q_1　A 是 B, Q_1'　B 是 A	Q_2'　C 是 B
Q_2　B 是 C, Q_2'　C 是 B	Q_3'　C 是 A
Q_3　A 是 C,Q_3'　C 是 A	
Q　C 是 A 与 B	Q　C 是 A 与 B

表 7-6　Pattern III 特殊版本示例

5% 到 10% 有孩子的人是单身
少于 5% 有孩子的人是年轻的
Q 有孩子的人是单身年轻人 (Qpeople who have children are young and single)

3. 与亚里士多德传统三段论的比较

Dubois 等提出的推理模式 Patterns II 与 Patterns III 不能与亚里士多德传统三段论进行比较, 因为它们是对称性的 (应用了 "逻辑与" 算子)、是传统方法的句法扩展 (syntactical extension), 不能用来重现传统三段论. 然而, Pattern I 可用作比较对象, 因为它是非对称三段论、同样有亚里士多德传统三段论的式 (moods).

关于 Pattern I 在四个经典的格 (figure, 参见 3.3.1 节及表 3-2) 上的性能, 仅有第一格 (Figure I) 是相容的 (compatible), 如表 7-7 所示 (其中 "中项" 的概念请参阅 3.3.1 节):

表 7-7　"亚里士多德的格" 与 "Pattern I" 里中项的位置比较

模式 (pattern)	大前提 (major premise)	小前提 (minor premise)
第一格 (Figure I)	主项 (subject)	谓项 (predicate)
第二格 (Figure II)	谓项 (predicate)	谓项 (predicate)
第三格 (Figure III)	主项 (subject)	主项 (subject)
第四格 (Figure IV)	谓项 (predicate)	主项 (subject)
Pattern I	主项 (subject)	谓项 (predicate)

在 Dubois 等人的框架下, 四个传统的量词可分别定义为

$$\begin{aligned}&\text{A (all)} := [1,1],\\&\text{E (none)} := [0,0],\\&\text{I (some)} := [\varepsilon,1],\\&\text{O (not all)} := [0,1-\varepsilon],\end{aligned}$$

这里, $\varepsilon\in(0, 1]$. 这样, 利用前述的公式 (1)、(2) 可计算得到如表 7-8 的结果, 从而说明 Pattern I 与亚里士多德传统三段论的 6 种式完全一致.

表 7-8 Pattern I 与第一格 (Figure I) 中 6 种式的一致性

模式	AAA	EAE	AII	EIO	AAI	EAO
Pattern I	Yes	Yes	Yes	Yes	Yes	Yes

因此, 从整体上看, Dubois 等提出的区间三段论推理方法 Pattern I, 能够恰当处理亚里士多德第一格中传统三段论的式. 从这一点上说, Dubois 等人的方法可考虑作为传统三段论一种合理的模糊扩展, 它能将传统三段论作为其特例 (请与 3.3.2 节中讲述的 Zadeh 三段论进行比较).

7.2 一种基于广义量词的模糊演绎推理模式

本节介绍文献 [262] 中提出的一种近似演绎推理模式 (approximate syllogistic reasoning schema), 该模式从如下两个方面扩展了文献中已有的方法: ①考虑了更多的不同类型量词, ②在推理过程中充许出现任意多个前提. 此外, 还将介绍文献 [262] 中提出的一种解决演绎推理的系统推理步骤, 它将演绎推理解释为一种等价的数学优化问题, 其中前提构成了结论中量词搜索空间的约束条件.

7.2.1 关于量词与模糊演绎推理 (fuzzy syllogism)

人类经常要处理一些含有量词的语句或命题, 这些量词或多或少被较好地定义. 量词, 诸如 "所有"(some)"很少"(few) "25" "大约 25"(around 25) 等, 是常用的语言微粒. 量化语句 (含有量词的句子) 既可以用来描述现实世界的特定方面 (如大多数学生都是年轻的), 也可以用来展开推理, 即从给定的前提集合中获取新的信息. 这种类型的推理就是我们熟知的三段论或演绎推理 (syllogism). 虽然在 19 世纪演绎推理被命题逻辑所取代, 但是它仍然是一值得研究的重要问题. 文献 [262] 中提出了一种含有模糊广义量词的演绎推理方法, 该方法对前提数量没有任何限制.

表 7-9 给出了一个常见三段论的例子, 由两个前提和一个结论组成. 此时, 将作为前提的量化语句分别记作 PR1(first premise) 和 PR2(second premise), 由前提

推出的量化结论记作 C. 在这个例子中, 每一个量化语句都由两个主要成分构成: 一个量词 (八个, 十个, 八个或少于八个) 以及名词 (学生, 葡萄牙人, 年轻人, 年轻的葡萄牙人), 这些名词通常解释为集合, 用以描述参考论域中元素的属性.

表 7-9 传统三段论示例

PR1	八个学生是葡萄牙人
PR2	十个学生是年轻人
C	八个或少于八个学生是年轻的葡萄牙人

最常见的量化语句含有一个量词以及两个词项, 主项是量词的约束、谓项是它的范围. 比如说, 在表 7-9 的例子中, 前提 PR1 中 "学生" 是量词 "八个" 的约束 (restriction), "葡萄牙人" 是量词 "八个" 的范围或辖域 (scope). 在此背景下, 推理的目的是计算出由前提出发所得结论中量词的相容值 (consistent value), 这些值高度依赖于词项参考论域中元素的实际分布. 在上述例子中, 结论中量词的相容值从 "零" 到 "八", 其中 "零" 表示八个葡萄牙学生中没有一个是年轻人, "八" 则表示所有的葡萄牙学生都是年轻人.

演绎推理是一有趣的研究领域, 既包含理论研究也有应用研究. 从理论角度看, 作为一种逻辑, 它有助于增加对人类在日常生活中如何展开常识推理 (commonsensereasoning) 的认识. 从应用角度看, 它是决策分析和数据库系统等领域中的一有趣工具. 演绎推理 (三段论) 的首个系统化方法是由亚里士多德给出的, 然而其框架只讨论了含有两个前提和一个结论的论断, 且只是针对四种经典逻辑量词 (所有 all, 没有 none, 一些 some, 并非所有 not all). 因此, 这个模型的表达力只局限在简单语句上, 与常用语言还相距甚远. 已有文献中的大多数方法都试图推广亚里士多德的三段论推理, 表采用如下两种平行的方法:

(1) 通过在经典量词中添加新的量词 (如大多数 most, 少数 few, 许多 many 等等), 并且考虑精确与模糊的定义. 在这些方法中, 只是针对含有两个词项的绝对及相对量词, 许多经典演绎推理模式并没有被考虑.

(2) 通过考虑含有 N 个语句以及 N 个词项、但局限于四个逻辑量词的论断, 因此丢掉了日常语言与推理中许多实际表达力较强的必备用语.

以上这两种方法彼此独立地进行研究, 这可能是因为第一种方法源于模糊模型而第二种方法源于语言及自然逻辑领域. 文献 [262] 将上述两种观点结合起来, 给出演绎推理模式的一种更一般框架, 能够处理更为复杂的论断以及自然语言中更为宽泛的片段. 尽管如此, 在同一个演绎推理中将绝对量词与相称量词结合起来仍然是一公开问题, 文献 [262] 中并未讨论.

为了后面论述及比较方便, 先简要介绍文献中关于模糊演绎推理模式的一些已有研究成果.

M. Spies 在 [263] 指出了模糊演绎推理的分析框架中的一个实质性差别, 对于具有基本结构 “$Q \quad A$ 是 B” 的量化语句有两种可能的解释: (i) 相对频率规则 (relative-frequency rules), 这时词项 A 与 B 表示为给定论域上的两个集合, 量词 Q 表示为这两个集合之间的关系 (例如, 少有医生是咨询侦探); (ii) 条件规则 (conditional rules), 这时 A 是前件, B 是结论, Q 则表示前件与结论之间的联系的力度 (比如, 如果 J. Watson 是一位医生, 则他不太可能是咨询侦探). 值得说明是, 此类型规则的典型语言结构为 “如果 A, 则 B $[a, b]$”, 这里区间 $[a, b]$ 表示前件与结论联系的可靠性或者紧密程度. 当应用于演绎推理时, 上述两种解释的表现大不相同 (参见表 7-10 中的例子), 解释 (i) 使用的是 Zadeh 的方法, 且保持了自然语言中使用的典型结构; 解释 (ii) 基于支持逻辑 (support logic), 它相比演绎推理更接近于模糊分离规则 (fuzzy modus ponens).

表 7-10　Spies 三段论示例

示例 1(相对频率规则)	
PR1	Q_1(多个) 狗向猫吠叫 (Q_1 dogs barkcats)
PR2	Q_2(多个) 宠物是狗 (Q_2 pets are dogs)
C	Q(多个) 宠物向猫吠叫 (Q pets bark cats)
示例 2(条件规则)	
PR1	如果 Jim 不在家里, 他在他的办公室里 $[a, b]$
PR2	如果 Jim 在工作, 他不在家里 $[c, d]$
C	如果 Jim 在工作, 他在他的办公室里 $[f(a, b), f(c, d)]$

另一方面, 文献 [263] 中将演绎推理划分为两类:

(1) **特性继承**(不对称演绎推理)　项集 X 和项集 Z 是通过 X 与 Y、Y 与 Z 的连结而联系起来的 (其中, Y 的位置在前提中可以变化, 根据它的位置有四个亚里士多德格, 参见表 3-2).

PR1: Y 与 Z 有关 (Y in relation to Z)

PR2: X 与 Y 有关 (X in relation to Y)

C: X 与 Z 有关 (X in relation to Z)

(2) **证据组合**(对称演绎推理)　X 与 Z、Y 与 Z 之间的连接是分别计算的, 两者通过以逻辑运算 (合取/析取) 在结论中被联系在一起.

PR1: Y 与 Z 有关 (Y in relationto Z)

PR2: X 与 Z 有关 (X in relationto Z)

C: X& Y 与 Z 有关 (X & Y in relation to Z)

在文献 [264, 265] 中, D. G. Schwartz 提出了演绎推理的一种不同定义, 一个 “量化三段论推理” 被定义为通过使用模糊量词、可能性修饰语 (likelihood modifier) 以及普通修饰语 (usuality modifier) 而形成的标准亚里士多德三段论推理. 尽管如此, 作者提出的推理模式并不满足亚里士多德的定义, 参见表 7-11 的例子.

表 7-11 Schwartz 三段论示例

PR1	大部分的鸟会飞 (Most birds can fly)
PR2	崔弟 (Tweety) 是鸟 (Tweety is a bird)
C	很可能崔弟 (Tweety) 会飞 (It is likely that Tweety can fly)

V. Novák 与 P. Murinová在文献 [32, 266] 给出模糊环境下演绎推理的另一种方法, 作者对中间量词 (intermediate quantifiers) 进行了模糊逻辑形式化处理, 并给出基于中间量词的推理模式, 在这一模糊型理论 (fuzzy type theory) 中给出了 105 种含有中间量词的亚里士多德三段论推理的有效性的语构证明.

Zadeh 在 [125] 中将模糊演绎推理定义为: "··· 是这样一种推理模式, 其大前提、小前提以及结论都是含有模糊量词的命题"(an inference scheme in which the major premise, the minor premise and the conclusion are propositions containing fuzzy quantifiers). Zadeh 模糊演绎推理的一个典型例子如表 7-12 所示, 其中结论中的量词 "大多数 $\otimes$ 大多数" 是从前提中的量词利用量词扩展原理 QEP(Quantifier Extension Principle, 参见 [18]) 计算出来的, $\otimes$ 是指模糊算术积.

表 7-12 Zadeh 三段论示例

PR1	大部分学生是年轻的
PR2	大部分年轻学生是单身
C	(大部分 $\otimes$ 大部分) 学生是单身年轻人

Zadeh 方法的特点是将模糊量词解释为模糊数. 值得注意的是, 他所讨论的只是绝对/比例量词, 这里绝对量词 (如大约 25 around 25, 没有 none,···) 等同于绝对模糊数, 比例量词 (几个 a few, 许多 many, 大多数 most, ···) 等同于比例模糊数; 另一些源于语言学领域的其他类型量词没有包括在内, 比如表达比较 (高个子的人要比金发的人大约多三个) 或者例外 (除三个学生以外, 其他都是高个子的) 的量词. 另一方面, Zadeh 定义了许多演绎推理模式 (参见 [125]), 并使用了模糊算术来计算出结论中的量词. 正如前面说的那样, 这些计算是基于量词扩展原理 QEP 的, 而正如 [31] 所指出那样, QEP 还是有一些不足之处的, Zadeh 演绎推理可能导致了模棱两可概念的产生. 同时, 无论是加法还是乘法, 推理体系不具有可逆性 (inference schemes are not reverse either with respect to addition or multiplication). 最后, 关于模糊量词和模糊数都存在不完全性, 会出现不连续的结果, 而且一些传统演绎推理不能用 Zadeh 方法进行处理.

Yager 的方法 (见 [46]) 是 Zadeh 方法的扩充, 但该方法与 Zadeh 的方法存在相同的局限性.

Dubois 等人提出了区间三段论推理模式 (参见 [259—261], 7.1 节已作了介绍). Dubois 等人的方法避免了 Zadeh 方法的模糊算术问题, 但仍然局限于一小部分推理模式, 并未考虑大多数的经典演绎推理模式. 尽管如此, 将量词解释为区间以及将推理问题转化为计算程序 (calculation procedure) 为研究演绎推理的更一般方法奠定了基础, 而文献 [262] 提出的演绎推理可以处理含有 N 个语句和词项的论断、两种类型的演绎推理 (特性继承以及证据组合) 以及那些源自语言学领域的新类型量词 (比如比较量词 comparative quantifier 与例外量词 exception quantifier).

7.2.2 一种广义演绎推理模式

1. 带有广义量词的量化语句的构造

广义量词理论 TGQ(参见 [3]) 将逻辑与语言学观点结合起来分析了自然语言中的量化结构, 其中核心概念是广义量词, 它被理解为建立起两个经典集合之间关系的一个二阶谓词. 作为例子, 下面分别分析比例量词 (proportional quantifier)、绝对量词 (absolute quantifier) 以及例外量词 (exception quantifier).

考虑量词 “所有”(all, 作为比例量词), 参考论域 (referential universe) 记为 E, 用 2^E 表示 E 的幂集, 量化语句 “所有 Y_1 是 Y_2”(All Y_1 are Y_2, 这里 Y_1, $Y_2 \subseteq E$) 可以表示为

$$\begin{aligned}&\text{all}: 2^E \times 2^E \to \{0,1\},\\&(Y_1,Y_2)\to \text{all}(Y_1,Y_2)=\begin{cases}0, & Y_1 \not\subseteq Y_2,\\1, & Y_1\subseteq Y_2.\end{cases}\end{aligned}$$

对于绝对量词, 比如 “3 至 6 个 Y_1 是 Y_2”(between 3 and 6 Y_1 are Y_2) 的量化语句可表示为:

$$\begin{aligned}&(3\text{ 至 }6\text{ 个}): 2^E \times 2^E \to \{0,1\}\\&(Y_1,Y_2)\to (3\text{至 }6\text{ 个})(Y_1,Y_2)=\begin{cases}0, & |Y_1\cap Y_2|\notin[3,6],\\1, & |Y_1\cap Y_2|\in[3,6].\end{cases}\end{aligned}$$

对于例外量词, 比如 “除 3 个外的所有 Y_1 是 Y_2”(all but 3 Y_1 are Y_2) 的量化语句可表示为:

$$\begin{aligned}&(\text{all but }3): 2^E \times 2^E \to \{0,1\},\\&(Y_1,Y_2)\to (\text{all but }3)(Y_1,Y_2)=\begin{cases}0, & \left|Y_1\cap \overline{Y_2}\right|\neq 3,\\1, & \left|Y_1\cap \overline{Y_2}\right|=3.\end{cases}\end{aligned}$$

令 $P=\{P_s, s=1,\cdots,S\}$是定义在 E 中的相关属性的集合. 比如, P_1 表示属性 “是一个学生”, P_2 表示 “是高个子”'. 令 L_1, L_2 为 P 中属性的任意布尔组合. 则包

含在演绎推理中典型语句具有如下一般结构:

$$Q\ L_1\text{是}L_2,$$

这里 Q 表示一个语言量词, L_1 是主项 (subject term) 或者约束 (restriction), L_2 是表示谓项 (predicate term) 或者范围 (scope). 本节中我们主要考虑如下类型的量词:

逻辑量词 (Q_{LQ}) 由亚里士多德所提出的经典量词 (所有 all, 没有 none, 一些 some, 并非所有 not all).

绝对二元量词 (Q_{AB}) 自然数 (N) 或带有某种类型修饰语的数词, 具有一般形式 "$Q_{AB}Y_1$ 是 Y_2", 比如 "大约 5 个学生是高个子" 中的 "大约 5 个"(或 5 个左右, around 5).

比例二元量词 (Q_{PB}) 具有如下一般形式的语言词项 (linguistic term, LT) "$Q_{PB}Y_1$ 是 Y_2", 比如 "少数学生是高个子" 中的 "少数"(few).

例外二元量词 (Q_{EB}) 带有一个自然数 (N^*) 的比例二元量词, 且具有如下一般形式 "$Q_{AB}Y_1$ 是 Y_2", 比如 "除了 5 个学生外都是高个子" 中的 "除了 5 个外".

绝对比较二元量词 ($Q_{CB\text{-}ABS}$) 带有更多、更少之类修饰词的自然数, 且具有如下一般形式 "相比 Y_2 有 $Q_{CB-ABS}Y_1$"(there is/are $Q_{CB\text{-}ABS}Y_1$ than Y_2), 比如 "男孩比女孩多三个"(there are 3 more boys than girls).

比例比较二元量词 ($Q_{CB\text{-}PROP}$) 表达倍数或分数的有理数 (rational multiple or partitive number, Q^*) 且具有如下一般形式 "相比 Y_2 有 $Q_{CB\text{-}PROP}Y_1$"(there is/are $Q_{CB\text{-}PROP}Y_1$ than Y_2), 比如 "男孩是女孩的二倍"(there are double boys than girls).

相似量词 (Q_S) 能够表示两个给定集合相似性的语言成分, 如非常相似 (very similar)、有点相似 (few similar) 等, 具有如下一般形式 "A 与 A' 非常/很少/$\cdots$ 相似"(这里 A 表示其中一个比较集合, A' 表示与 A 相似的一个集合), 比如 "歌剧的观众与芭蕾舞的观众非常相似"(The audience of opera and ballet are very similar).

以上各类基于 TGQ 的量词, 其定义参见表 7-13.

2. *广义演绎推理模式*

推理在于将前提中的含蓄信息变得更加明确或者将这些信息提取出来. 演绎推理 (deductive reasoning) 的一个重要特征是由构成论断前提的语句集合出发推出新的信息和结论, 三段论 (syllogism, 有时也将 syllogism 翻译成演绎推理) 是演绎推理的一种类型, 是基于集合与它们的基数之间关系的推理模式. 正因如此, 推理过程与经典分布问题是直接相联的, 即参考论域中的元素如何满足语句中的属性或者词项. 因此, 从这一点上看, 三段论中的每一个前提都是限制分布的一个约束, 而结论则是与前提中所描述分布相容的另外一个约束.

表 7-13 基于 TGQ 的几类量词的定义示例

逻辑量词 (logical quantifiers)	比较二元量词 (comparative binary quantifiers)
$Q_{LQ\text{-}all}(Y_1,Y_2)=\begin{cases}0, Y_1 \nsubseteq Y_2\\ 1, Y_1 \subseteq Y_2\end{cases}$ $Q_{LQ\text{-}no}(Y_1,Y_2)=\begin{cases}0, Y_1 \cap Y_2 \neq \varnothing\\ 1, Y_1 \cap Y_2 = \varnothing\end{cases}$ $Q_{LQ\text{-}some}(Y_1,Y_2)=\begin{cases}0, Y_1 \cap Y_2 = \varnothing\\ 1, Y_1 \cap Y_2 \neq \varnothing\end{cases}$ $Q_{LQ\text{-}not\text{-}all}(Y_1,Y_2)=\begin{cases}0, Y_1 \subseteq Y_2\\ 1, Y_1 \nsubseteq Y_2\end{cases}$	$Q_{CB-ABS}(Y_1,Y_2)=\begin{cases}0, \lvert Y_1\rvert - \lvert Y_2\rvert \notin N^*\\ 1, \lvert Y_1\rvert - \lvert Y_2\rvert \in N\end{cases}$ $Q_{CB\text{-}PROP}(Y_1,Y_2)=\begin{cases}0, \dfrac{\lvert Y_1\rvert}{\lvert Y_2\rvert} \notin Q^*\\ 1, \dfrac{\lvert Y_1\rvert}{\lvert Y_2\rvert} \in Q^*\end{cases}$
绝对二元量词 (absolute binary quantifiers)	例外二元量词 (Exception binary quantifiers)
$Q_{AB}(Y_1,Y_2)=\begin{cases}0, \lvert Y_1 \cap Y_2\rvert \neq N\\ 1, \lvert Y_1 \cap Y_2\rvert = N\end{cases}$	$Q_{EB}(Y_1,Y_2)=\begin{cases}0, \lvert Y_1 \cap \overline{Y_2}\rvert \notin N^*\\ 1, \lvert Y_1 \cap \overline{Y_2}\rvert \in N^*\end{cases}$
比例二元量词 (proportional binary quantifiers)	相似量词 (similarity quantifiers)
$Q_{PB}(Y_1,Y_2)=\begin{cases}0, \dfrac{\lvert Y_1 \cap Y_2\rvert}{\lvert Y_1\rvert} \notin LT\\ 1, \dfrac{\lvert Y_1 \cap Y_2\rvert}{\lvert Y_1\rvert} \in LT\\ 1, \lvert Y_1\rvert = 0\end{cases}$	$Q_S(Y_1,Y_2)=\begin{cases}0, \dfrac{\lvert Y_1 \cap Y_2\rvert}{\lvert Y_1 \cup Y_2\rvert} < S, Y_1 \cup Y_2 \neq \varnothing, S \notin Q^*\\ 1, \dfrac{\lvert Y_1 \cap Y_2\rvert}{\lvert Y_1 \cup Y_2\rvert} \geqslant S, Y_1 \cup Y_2 \neq \varnothing, S \in Q^*\\ 1, Y_1 \cup Y_2 = \varnothing\end{cases}$

在上述解释及文献 [260] 的基础上, 文献 [262] 将三段论推理问题 (syllogistic reasoning problem) 转化为一种等价的优化问题, 该优化问题通过将前提中的量词视为约束来计算出结论中的极限量词 (extreme quantifier). 这一基本思想是文献 [260] 首先提出的, 但那里只考虑经典集合、比例量词 (proportional quantifier) 以及一些基本推理模式, 而文献 [262] 讨论了一种更为广泛的模式来支持由 N 个前提 PRn, n=1, $\cdots$, N, 以及一个结论 C 的论断, 这种模式可表示为

$$\text{PR1}: Q_1 \quad L_{1,1}\text{是}L_{1,2}$$

$$\begin{array}{ll} \mathrm{PR2}: Q_2 & L_{2,1}\text{是}L_{2,2} \\ & \cdots \\ \underline{\mathrm{PRN}: Q_N} & \underline{L_{N,1}\text{是}L_{N,2}} \\ C: \quad Q_C & L_{C,1}\text{是}L_{C,2} \end{array}$$

这里 Q_n, $n=1,2,\cdots,N$ 是 N 个前提中的语言量词, $L_{n,j}$, n=1, $\cdots$, N, j=1, 2 表示该推理中考虑的属性之间的一个任意布尔组合, Q_C 表示结论中的量词, $L_{C,1}$ 与 $L_{C,2}$ 表示结论中的主项与谓项. 此外, 有必要指出不对称 syllogism 与对称 syllogism 与这个一般性定义是相容的.

为了详述一般推理机制, 将划分如下三个步骤进行说明: (i) 将论域划分为互不相交的集合, (ii) 转化为不等式系统, (iii) 选择优化方法 (为了解决推理过程而选择的能应用于每一种情形的优化方法).

1) 将论域划分为不相交集合

将论域 E 划分为一系列不相交集 (disjoint set) 所构成的集合 PD=$\{P'_1, \cdots, P'_K\}$, 这里 K=2^S, 即 PD 中子集包含 E 中按照如下方式满足或者不满足 S 性质的那些元素:

$$\begin{aligned} P'_1 &= \overline{P_1} \cap \overline{P_2} \cap \cdots \cap \overline{P_{S-1}} \cap \overline{P_S}, \\ P'_2 &= \overline{P_1} \cap \overline{P_2} \cap \cdots \cap \overline{P_{S-1}} \cap P_S, \\ &\cdots \\ P'_K &= P_1 \cap P_2 \cap \cdots \cap P_{S-1} \cap P_S, \end{aligned}$$

这里, P_s=$\{e \in E$: e 满足性质 P_s $\}$, $\overline{P_s}$=$\{e \in E$: e 不满足性质 P_s $\}$, s=1, $\cdots$, S. 因此, $\bigcap_{k=1}^K P'_k = \varnothing$, $\bigcup_{k=1}^K P'_k = E$.

图 7-2 给出了三个属性的例子 (S=3), 这里 P'_k,k=1, $\cdots$, 8, 表示由属性 P_1, P_2, P_3 所生成的不相交集. 比如,

$$P'_8 = P_1 \cap P_2 \cap P_3, \quad P'_2 \cup P'_6 = \overline{P_2} \cap P_3.$$

2) 转化为不等式系统

将 syllogistic 问题转化为一个等价的优化问题, 不用关心其中包含的量词类型. 尽管如此, 这里的方法至少可以处理表 7-13 中所有类型的量词.

在这部分中, 将用定义为分明区间的量词 (Q=[a, b]) 来描述这种转化, 因为这是描述带有模糊量词的推理过程的基础. 为简单起见, 假设 $L_{i,j}$ 都是原子的, 即它们不是集合的布尔组合. 该假设并不限制解决方案的一般性, 相反, 可以简单而直

接地将原子部分用集合的布尔组合替换, 从而得到推广. 举例来说, 对于 $S=2$, 可得到如下不相交集合:

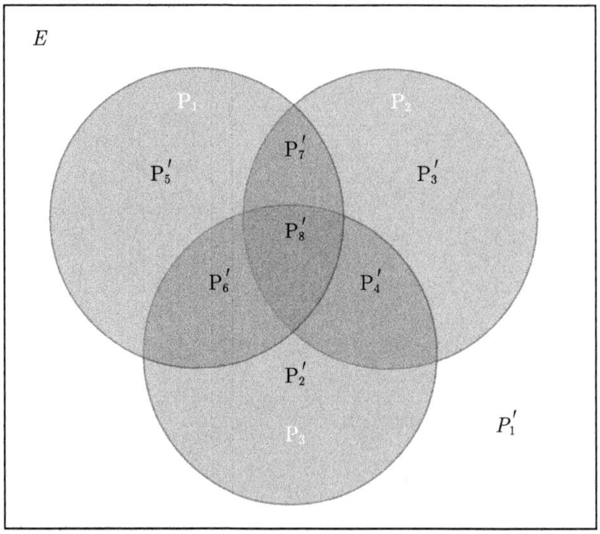

图 7-2 由三个性质划分的 $8=2^3$ 个不相交部分

$$P_1' = \overline{L_1} \cap \overline{L_2},$$

$$P_2' = L_1 \cap \overline{L_2},$$

$$P_3' = L_1 \cap L_2,$$

$$P_4' = \overline{L_1} \cap L_2,$$

这里使用了表示命题中词项的通常记号 L_1, L_2. 令 $x_k = |P_k'|, k = 1, \cdots, K$, 则有

$$x_1 = |\overline{L_1} \cap \overline{L_2}|,$$

$$x_2 = |L_1 \cap \overline{L_2}|,$$

$$x_3 = |L_1 \cap L_2|,$$

$$x_4 = |\overline{L_1} \cap L_2|.$$

这样, 任何量化命题的求值都等价于解决一不等式, 其中之前定义的基数值 $x_k(k=1, \cdots, K)$ 以变量形式出现. 比如, 求二元命题 "3 至 6 个 Y_1 是 Y_2"(between 3 and 6 Y_1 are Y_2) 的值 (涉及绝对二元量词 $Q_{AB}=[3, 6]$), 等价于不等式 $x_1 \geqslant 3$ 且 $x_3 \leqslant 6$. 表 7-14(右侧) 总结了与量词所对应的不等式.

表 7-14　区间 (分明) 广义量词 $Q=[a, b]$ 的定义

逻辑定义 (logical definitions)	等价的不等式 (eequivalent inequation)
$Q_{LQ\text{-}all}(Y_1,Y_2)=\begin{cases}0, Y_1\not\subseteq Y_2\\1, Y_1\subseteq Y_2\end{cases}$	$x_2=0$
$Q_{LQ\text{-}none}(Y_1,Y_2)=\begin{cases}0, Y_1\cap Y_2\neq\varnothing\\1, Y_1\cap Y_2=\varnothing\end{cases}$	$x_3=0$
$Q_{LQ\text{-}some}(Y_1,Y_2)=\begin{cases}0, Y_1\cap Y_2=\varnothing\\1, Y_1\cap Y_2\neq\varnothing\end{cases}$	$x_3>0$
$Q_{LQ\text{-}not\text{-}all}(Y_1,Y_2)=\begin{cases}0, Y_1\subseteq Y_2\\1, Y_1\not\subseteq Y_2\end{cases}$	$x_2>0$
$Q_{AB}(Y_1,Y_2)=\begin{cases}0, \|Y_1\cap Y_2\|\notin[a,b]\\1, \|Y_1\cap Y_2\|\in[a,b]\end{cases}$	$x_3\geqslant a; x_3\leqslant b$
$Q_{PB}(Y_1,Y_2)=\begin{cases}0, \dfrac{\|Y_1\cap Y_2\|}{Y_1}<a\vee\dfrac{\|Y_1\cap Y_2\|}{\|Y_1\|}>b\\1, \|Y_1\|=0\\1, \dfrac{\|Y_1\cap Y_2\|}{\|Y_1\|}\geqslant a\wedge\dfrac{\|Y_1\cap Y_2\|}{Y_1}\leqslant b\end{cases}$	$\dfrac{x_3}{x_2+x_3}\geqslant a;$ $\dfrac{x_3}{x_2+x_3}\leqslant b$
$Q_{EB}(Y_1,Y_2)=\begin{cases}0, \|Y_1\cap\overline{Y_2}\|\notin[a,b]\\1, \|Y_1\cap\overline{Y_2}\|\in[a,b]\end{cases}$	$x_2\geqslant a; x_2\leqslant b$
$Q_{CB\text{-}ABS}(Y_1,Y_2)=\begin{cases}0, \|Y_1\|-\|Y_2\|\notin[a,b]\\1, \|Y_1\|-\|Y_2\|\in[a,b]\end{cases}$	$(x_3+x_2)-(x_3+x_4)\geqslant a;$ $(x_3+x_2)-(x_3+x_4)\leqslant b$
$Q_{CB\text{-}PROP}(Y_1,Y_2)=\begin{cases}0, \dfrac{\|Y_1\|}{\|Y_2\|}\notin[a,b]\\1, \dfrac{\|Y_1\|}{\|Y_2\|}\in[a,b]\end{cases}$	$\dfrac{(x_3+x_2)}{(x_3+x_4)}\geqslant a; \dfrac{(x_3+x_2)}{(x_3+x_4)}\leqslant b$
$Q_S(Y_1,Y_2)=\begin{cases}0, \dfrac{\|Y_1\cap Y_2\|}{\|Y_1\cup Y_2\|}<a, Y_1\cup Y_2\neq\varnothing\\1, \dfrac{\|Y_1\cap Y_2\|}{\|Y_1\cup Y_2\|}\geqslant a, Y_1\cup Y_2\neq\varnothing\\1, Y_1\cup Y_2=\varnothing\end{cases}$	$\dfrac{x_3}{x_2+x_3+x_4}\geqslant a; \dfrac{x_3}{x_2+x_3+x_4}\leqslant b$

3) 定义和求解等价的优化问题

一旦定义了与演绎推理中所包含的语句相对应的不等式, 就具备了将推理问题转化为等价的数学优化问题的条件. 这个转化方法的基本思想在文献 [259, 260] 针对二元比例量词已经讨论过, 不过这里讲述 (文献 [262] 中提出) 的方法更具一般性,因为这里还包含了其他类型量词以及量化语句中约束、范围 (restriction and scope) 的任意布尔组合.

为了能正确应用数学优化中的单纯形法 (SIMPLEX), 需要在从演绎推理论论断 (syllogistic argument) 得到的不等式集中添加三个额外的约束. 第一个约束确保没有一个集合有负数个元素:

(i) $x_k \geqslant 0, \quad \forall k=1,\cdots,K=2^S$.

其他两个约束只有当结论中量词为比例量词时才有必要. 在此情形下, 因为被优化的函数为有理函数, 故应保证:

在所涉及的分数的分母中没有零, 以避免结果无定义 (indefinition), $L_{n,1} \neq \varnothing$. 所以, 若用 $P_1^{\prime n,1},\cdots,P_r^{\prime}$ 表示 $L_{n,1}$ 中的不相交部分, 用 $x_r^{n,1}$ 表示不相交集的基数, 以下式子必须成立

(ii) $x_1^{n,1}+\cdots+x_r^{n,1}>0, \quad \forall n=1,\cdots,N$.

基数的和必须等于参考论域的基数, 即

(iii) $\sum\limits_{k=1}^{K} x_k=|E|$.

演绎推理论的结论是形如 "$Q_C \quad L_{C,1}$ 是 $L_{C,2}$" 的语句. 对于绝对量词 $Q_C=[a, b]$ 情形, 需要优化的表达式为

$$a_m=\text{minimize } x_{m,n_1}+\cdots+x_{m,n_I},$$

$$b_m=\text{maximize } x_{m,n_1}+\cdots+x_{m,n_I},$$

这里 $x_{m,n_i} \in \{x_k, k=1,\cdots,K\}, \forall i=1,\cdots,I$ 满足如下约束: 推理前提中的约束及前述的约束 (i). 对于结论中是比例量词的情形, 需要优化的表达式为

$$a_m=\text{minimize } \frac{x_{m,n_1}+\cdots+x_{m,n_I}}{x_{m,d_1}+\cdots+x_{m,d_J}},$$

$$b_m=\text{maximize } \frac{x_{m,n_1}+\cdots+x_{m,n_I}}{x_{m,d_1}+\cdots+x_{m,d_J}},$$

这里 $x_{m,n_i}, x_{m,d_j} \in \{x_k, k=1,\cdots,K\}, \forall i=1,\cdots,I, \forall j=1,\cdots,J$ 满足如下约束: 推理前提中的约束及前述的约束 (i)、(ii)、(iii).

优化过程依赖于所使用的量词类型, 在下节中, 将详细说明以下三种量词情形下的推理 (优化) 过程: 分明区间量词 (crisp interval quantifiers), 用两个区间近似的模糊量词 (fuzzy quantifiers approximated with two intervals) 以及模糊量词 (fuzzy quantifiers).

7.2.3 在量词的不同定义下的各种演绎推理类型

本节主要涉及对量词的如下三种不同的解释:

分明区间量词 Q 被定义为一个区间 $[a, b]$, 精确量词 (precise quantifiers) 可视为 $a = b$ 时的特殊情形.

近似表示为一对区间的模糊量词 Q 被定义为一对区间$\{\mathrm{KER}_Q, \mathrm{SUP}_Q\}$, 这里 $\mathrm{KER}_Q=[b, c]$、$\mathrm{SUP}_Q=[a, d]$ 分别表示 Q 的核 (kernel) 与支集 (support).

一般的模糊量词 Q 被表示为通常的梯形形式, 其参数为 $[a, b, c, d]$.

下面用模糊演绎推理中的一些例子来说明计算方法.

1. **带有分明区间量词的演绎推理**

所采用的优化策略依赖于结论中的量词. 绝对、例外以及绝对比较量词的情形, 均可通过 SIMPLEX 优化方法计算, 因为被优化的区间取决于线性运算; 而对于比例量词、比较比例 (comparative proportional) 量词以及相似性量词的情形, 则要使用线性分数优化技术 (linear fractional-programming techniques).

例 7.2.1 (狗, 猫与鹦鹉) 考虑如下问题: 如果除两个之外其他 (all but two) 都是狗、除两个之外其他 (all but two) 都是猫、除两个之外其他 (all but two) 都是鹦鹉, 那么在我家中有多少个动物?

这里含有例外分明量词 (exception crisp quantifiers) 的一种组合. 为了根据三段论法的典型形式给出形式化的语言, 第一步是确定所包含词项的数目. 对于此例, 为了简单起见、也为了与图 7-2 相一致, 我们考虑 $E=$ 我家中的动物、三个词项: 狗 $=P_1$, 猫 $=P_2$, 鹦鹉 $=P_3$.

表 7-15 给出了问题的首个形式化, 其中只考虑了语言描述中的明确信息. 在 PR1, PR2 与 PR3 中相应的量词是表 7-14(左侧) 所定义的当 $[a, b]=[2, 2]$ 的二元例外量词 (Q_{EB}).

表 7-15 带有例外量词的演绎推理示例 (1)

PR1	除两个之外所有动物是狗
PR2	除两个之外所有动物是猫
PR3	除两个之外所有动物是鹦鹉
C	有 Q_C 个动物

根据表 7-15(右侧), 前提生成如下的不等式系统:

$\mathrm{PR1}: x_1 + x_2 + x_3 + x_4 = 2;$

$\mathrm{PR2}: x_1 + x_2 + x_5 + x_6 = 2;$

$\mathrm{PR3}: x_1 + x_3 + x_5 + x_7 = 2;$

$$C: x_1 + x_2 + x_3 + x_4 + x_5 + x_6 + x_7 + x_8 = a.$$

这里 $Q_C=[a, b]$ 是结论中的量词. 利用 SIMPLEX 方法, 我们得到 $Q_C=[0, \infty)$, 这是一个无意义的结论. 产生这个结论的原因是前提集中没有包含人类试图解决此问题的所有必要信息. 有必要合并一些额外的且带有隐含的或者上下文信息的前提. 对于这个例子, 可增加五个前提 (PR4~PR8), 因此产生了表 7-16 所示的扩展了的演绎推理.

表 7-16 带有例外量词的演绎推理示例 (2)

PR1	除两个之外所有动物是狗
PR2	除两个之外所有动物是猫
PR3	除两个之外所有动物是鹦鹉
PR4	没有狗、猫或鹦鹉不是动物
PR5	没有动物不是狗、猫或鹦鹉
PR6	没有狗是猫或鹦鹉
PR7	没有猫是狗或鹦鹉
PR8	没有鹦鹉是狗或猫
C	有 Q_C 个动物

额外前提 PR4~PR8 中相应量词是逻辑量词 $Q_4 = Q_5 = Q_6 = Q_7 = Q_8$=none, 在表 7-14 的左侧标记为 Q_{LQ}-none. 根据表 7-14(右侧), 相应的不等式系统为

$\text{PR4}: x_1 = 0;$

$\text{PR5}: x_1 = 0;$

$\text{PR6}: x_6 + x_7 + x_8 = 0;$

$\text{PR7}: x_4 + x_7 + x_8 = 0;$

$\text{PR8}: x_4 + x_6 + x_8 = 0;$

$C: x_2 + x_3 + x_4 + x_5 + x_6 + x_7 + x_8 = a.$

利用 SIMPLEX 方法, 我们得到 Q_C=[3, 3], 即 "有三个动物", 也就是说, 在我家中有一条狗、一只猫以及一个鹦鹉.

另一方面, 如果没有前提 PR4 和 PR5, 可以得到 Q_C=[2, 3], 即没有这些约束, 实际上假定家里的动物存在一种可能性: 没有狗、猫或者鹦鹉. 然而, 问题的措辞暗示家里只有狗、猫和鹦鹉这些动物, 正是因为此, 将它们包括进去.

这个例子展示了在处理用自然语言所表述的问题时的一个重要方面: 语境信息与隐含信息必须合并到演绎推理中. 以前定义的演绎推理模式或者仅带有少量前提的演绎推理模式都不能处理此类问题.

例 7.2.2 (西班牙 1969~1970 年数学奥林匹克竞赛题) 在一所小学第六课程 (sixth course) 的考试中, 至少 70%的学生通过了物理课的考试, 至少 75%的学生通过了数学课的考试, 至少 90%的学生通过了哲学课的考试, 至少 85%的学生通过了外语课的考试. 问: 至少有多少学生通过了所有这些课程的考试?

在这个例子中, 应考虑论域 E 上的五个词项: 第六课程的学生 $=P_1$, 通过物理课的学生 $=P_2$, 通过数学课的学生 $=P_3$, 通过哲学课的学生 $=P_4$, 通过外语课的考试 $=P_5$. 表 7-17 给出了一种形式化描述, 这里所对应的量词是: PR1 中的 Q_1=[0.7, 1], PR2 中的 Q_2=[0.75, 1], PR3 中的 Q_3=[0.9, 1], PR4 中的 Q_4=[0.85,1], 结论中的量词 Q_C=[a,b].

表 7-17 带有例外量词的演绎推理示例 (2)

PR1	至少 70%第六课程的学生通过物理课的考试
PR2	至少 75%第六课程的学生通过数学课的考试
PR3	至少 90%第六课程的学生通过哲学课的考试
PR4	至少 85%第六课程的学生通过外语课的考试
C	Q_C 第六课程的学生通过物理、数学、哲学和外语课的考试

在此例中, 这里略去了关于每个前提中不等式的相应集合的细节 (实际上, 可生成 2^5=32 个互不相交集合及其相应不等式). 结论中的量词是二元比例类型 (binary proportional), 可利用线性分数规划 (linear fractional programming) 计算得到 Q_C=[0.2, 1], 即在参加第六课程 (sixth course) 考试的学生中, 至少有 20%通过了物理、数学、哲学及外语课, 这与预期结果一致.

2. 含有用两个区间近似的模糊量词的演绎推理

此时, 每一个模糊量词被定义为 Q={KER$_Q$, SUP$_Q$}, 这里 KER$_Q$=[b, c] 是 Q 的核, SUP$_Q$=[a, d] 是 Q 的支集. 推理结果可由两个不等式系统求得, 其中第一个不等式系统视 KER$_Q$ 为推理中所有语句所含量词的分明区间定义, 第二个则视 SUP$_Q$ 为分明区间定义; 而相应于不等式系统的解被看作推理结论中量词 Q_C 的 KER$_{Q_C}$ 和 SUP$_{Q_C}$. 应该指出的是, 这只是针对量词用梯形表示时的精确且非常简单的处理方法; 对于非梯形量词的情形, 这种方法只能得到近似解. 对于非标准量词的情形, 这种方法可能得不到预期的结果, 这时要使用下一小节中的方法进行求解.

对于表 7-17 中的例子, 用两个区间表示量词, Q_1={[0.8, 0.9], [0.7, 1]}, Q_2={[0.8, 0.85], [0.7, 0.9]}, Q_3={[0.92, 1], [0.9, 1]}, Q_4={[0.9, 0.95], [0.85, 1]}, 而结论中的量词 Q_C={[b, c], [a, d]}. 利用上一小节中所述步骤, 通过计算前提中所有量词的核而定义的不等式系统, 可得到 KER$_{Q_C}$=[0.42, 1]; 通过计算前提中所有量词的支集而定义的系统, 可得到 SUP$_{Q_C}$=[0.20, 1]. 因此, Q_C={[0.42, 1], [0.2, 1]}, 这也印证了前面得到 “Q_C= 至少 20%” 的结论. 图 7-3 给出了量词 Q_C 的图形表示, 其中区间 [0.2, 1] 表示模糊集的支集、区间 [0.42, 1] 则表示核.

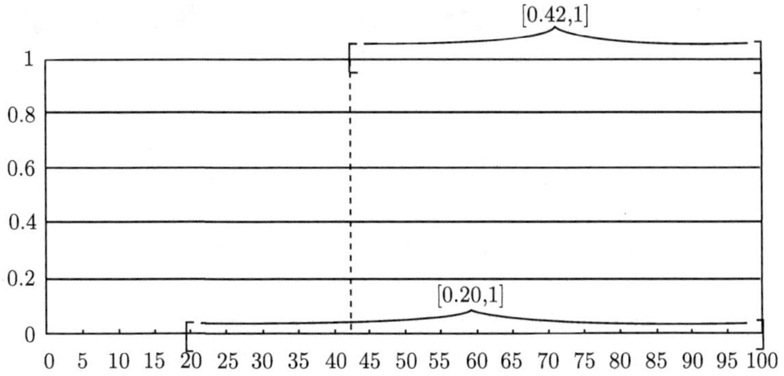

图 7-3 用区间对表示量词时的演绎推理示例 (表 7-17 中问题的推理结果)

3. 含有一般模糊量词的演绎推理

这一小节讨论带一般模糊量词的演绎推理方法, 是前述推理方法的推广, 主要思路是: 每一个模糊量词通过若干 α-截集来实现, 这些 α-截集是定义在量词论域上的分明区间. 于是, 对于每一个 α-截集, 可得到一个不等式系统, 将前面所述的方法应用于每个不等式系统, 就得到结论中的量词 Q_C 的相应 α-截集. 通过使用这个一般性的方法, 可以为前面模型中没有考虑过的如下三种量词情形提供推理程序: 非标准的梯形量词 (因为在此情形下无法计算出 KER_{Q_C})、用非梯形函数定义的量词、经典语言模糊量词 (比如大多数 most、许多 many、除了三个左右 all butaround three 等).

为了更好说明这种方法, 下面通过五种类型的例子进行详细介绍.

例 7.2.3 (第六课程的学生, 模糊扩展) 讨论例 7.2.2(表 7-17) 中的推理问题, 不过, 这里使用模糊梯形隶属函数表示其中的量词, 即量词 Q 表示为 $[a, b, c, d]$ ($\mathrm{KER}_Q=[b, c]$, $\mathrm{SUP}_Q=[a, d]$). 对于表 7-17, $Q_1=[0.7, 0.8, 0.9, 1]$, $Q_2=[0.75, 0.8, 0.85, 0.9]$, $Q_3=[0.9, 0.92, 1, 1]$, $Q_4=[0.85, 0.9, 0.95, 1]$ 以及结论中量词 $Q_C=[a, b, c, d]$. 用相应的优化方法, 可得 $Q_C=[0.2, 0.42, 1, 1]$, 该结果与前面所得结论是相一致的. 图 7-4 给出 Q_C 的图形表示, 其中包含 11 个 α-截集. 从图中可以看出, 11 个 α-截区间可以更好地近似逼近结论中量词 Q_C 的一个模糊定义 (需要指出的是两个极端情形, 分别对应于前面近似计算中的支集与核, 参见图 7-4).

例 7.2.4 (第六课程的学生, 非标准的模糊扩展) 仍讨论例 7.2.2(表 7-17) 中的推理问题, 不过, 这里增加如下前提:

PR5: 有介于 40% 到 90% 的第六课程学生没有通过物理或者数学或者哲学或者外语考试.

定义 $Q_5=[0.4, 0.6, 0.8, 0.9]$, 并增加相应的不等式系统. 依照本节前述的方法, 可得到如图 7-5 所示的结果. 从图中看出, 对于高于 0.95 的 α-截集, 该系统没有解,即结论中的量词是一个非标准的模糊集. 因此, 通过把模糊量词处理为区间对的方法是不能解决这种演绎推理问题的.

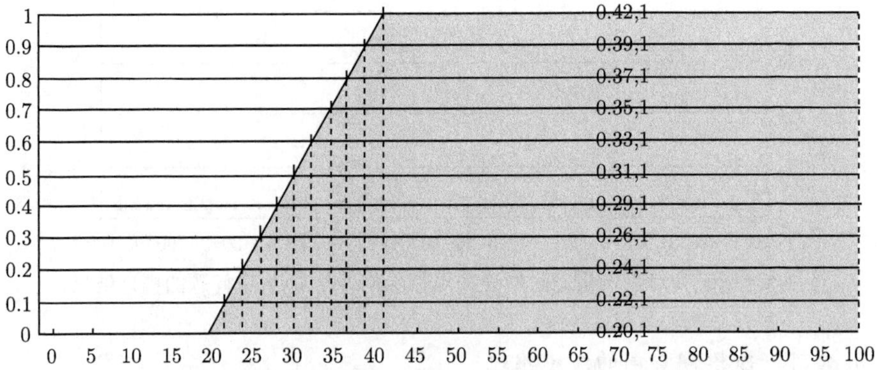

图 7-4　量词 Q_C 的图形表示 (含有 11 个 α-截集)

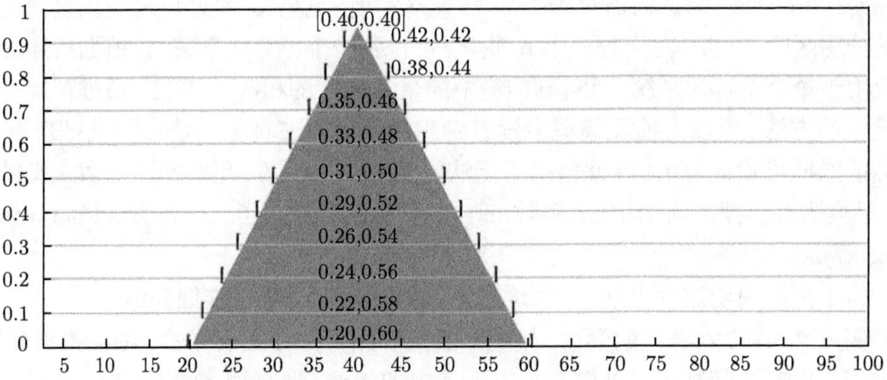

图 7-5　量词 Q_C 的图形表示 (增加一个前提 PR5)

例 7.2.5 (非梯形的结果, 酒仓库)　本例涉及比例量词 (proportional quantifiers), 并将其看成正规单调递增 (regular increasing monotone, RIM) 量词 (参见文献 [114]). 在一个出售红葡萄酒、白葡萄酒以及其他产品的酒仓库中, 有如下语句:

Q^1 瓶红葡萄酒在英国出售,

Q^1 瓶在英国出售的红葡萄酒是被 J. Moriarty 购买的.

以上两个命题都含有恒等量词 Q^1, 可以解释为 “一半”(a half), 或解释为 “越多 $\cdots$ 越好”(the greater$\cdots$the better).

如果应用 Zadeh 的交-积 (intersection-product) 推理模式 (参见 3.3.2 节), 可推得如下结果: Q_C 瓶红葡萄酒在英国出售, 且这些酒是被 J.Moriarty 购买的. 所以, 相应的演绎推理可表示为表 7-18 的形式.

表 7-18 Zadeh 交-积的演绎推理示例

PR1	Q^1 瓶红葡萄酒在英国出售
PR2	Q^1 瓶在英国出售的红葡萄酒是被 J. Moriarty 购买的
C	Q_C 瓶红葡萄酒在英国出售, 且这些酒是被 J.Moriarty 购买的

作为相应优化方法的结果, 可以得到如图 7-6 所示的量词 $Q_C = Q^{0.5}$, 其语言解释可以是 "一些"(a few).

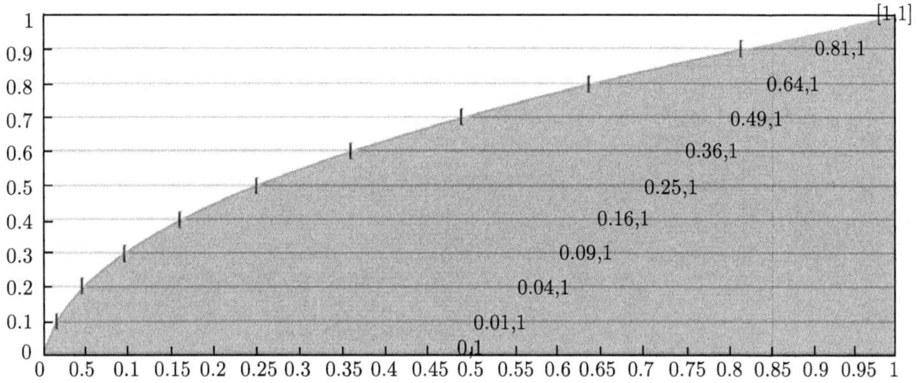

图 7-6 例 7.2.5 推理结论中的量词

例 7.2.6 (比例模糊量词, 酒仓库的账目) 在这个例子中, 给出一种包含 "许多""大多数" 等类型模糊量词的演绎推理方法. 考虑葡萄酒仓库的账目, 主要处理如下数据:

许多销售额来自红葡萄酒.

一些销售额是来自白葡萄酒.

令 $E=$ 酒仓库出售的产品, 将如上两个语句作为论域 E 上的前提, 含有三个词项 $P_1=$ 销售额, $P_2=$ 红葡萄酒, $P_3=$ 白葡萄酒. 利用这两个前提, 可使用 Zadeh 的后件析取 (consequent disjunction) 推理模式 (参见 3.3.2 节), 结论具有形式 "Q_C P_1 是 P_2 或者 P_3". 然而, 在此例子中, 将结论改变为 "Q_C 销售额既不是来自红葡萄酒也不是来自白葡萄酒", 即有多少销售是来自其他产品. 表 7-19 给出了完整演绎推理.

表 7-19 具有不同结论的 Zadeh 后件析取推理示例

PR1	许多 (many) 销售额来自红葡萄酒
PR2	有些 (a few) 销售额是来自白葡萄酒
C	Q_C 销售额既不是来自红葡萄酒也不是来自白葡萄酒

给前提中每一个语言量词都赋予隶属函数, 这里选用梯形函数, 许多 =[0.5,

0.55, 0.65, 0.7], 有些 =[0.1, 015, 0.2, 0.25]. 利用本节前述推理方法得到如下结论, Q_C=[0, 0, 0.45, 0.5], 即 "最多一半销售额不是来自红葡萄酒或者白葡萄酒". 图 7-7 给出了相应的模糊集表示. 注意, 本例中得到的 Q_C 是一个递减量词, 以前的一些模糊三段论 (fuzzy syllogism) 模型不能处理这种类型的量词.

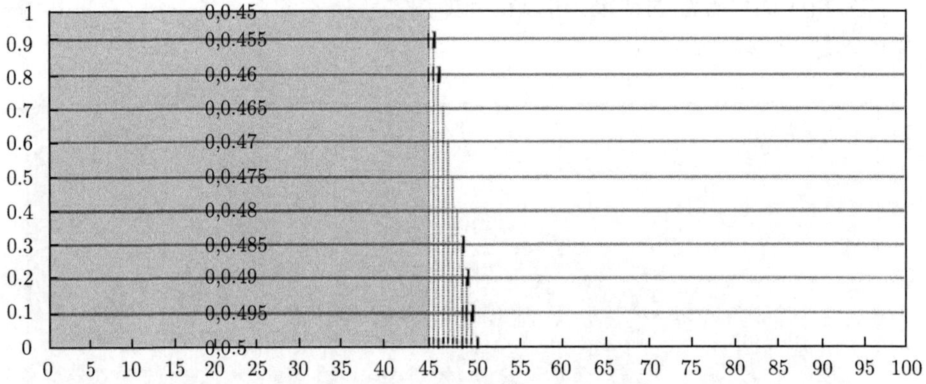

图 7-7 例 7.2.6 推理结论中的量词

为了与 Peterson 在文献 [267] 中提出的中间三段论 (Intermediate syllogisms) 进行比较, 考虑类似于表 7-19 中的推理, 如表 7-20 所示.

表 7-20 Peterson 的 BKO 推理模式示例

PR1	很少 (few) 人戴着白帽子
PR2	许多 (many) 人系着红领带
C	Q_C 人系着红领带而不戴白帽子

Peterson 的 BKO 推理模式中, B 是指 PR1 包含量词 "很少"(few), K 是指 PR2 包含量词 "许多"(many), O 指的是 C 包含量词 "一些 $\cdots$ 不"(some$\cdots$not). 应用 Peterson 的 Figure III 方案, 对于 few、many 等这些量词, 使用与之前相同的梯形函数定义, 则得到如下结论: Q_C=[0, 0, 0.98, 0.98], 这与量词 "一些 $\cdots$ 不" =[0, 0, $1-\varepsilon$, $1-\varepsilon$] 的通常定义是相符的.

例 7.2.7 (例外模糊量词, 酒仓库) 考虑以前文献没有讨论过的一类量词, 它是例外模糊量词与绝对量词的组合, 比如 "除四个左右其余都 $\cdots$"(all but around four). 下面是包含这类量词的语句:

除了十五箱左右的酒之外其余酒都是为 J. Moriaty 准备的.

不是为 J. Moriarty 准备的酒当中, 有四箱左右是为 J. Watson 准备的.

确定出上述语句中的三个词项, P_1= 酒箱 (boxes of wine), P_2= 为 J. Moriarty 准备的酒箱 (boxes for J. Moriarty), P_3= 为 J. Watson 准备的酒箱 (boxes for J.

Watson). 给定这些信息, 便可以推导出有多少箱酒既不是给 J. Moriarty 也不是给 J. Watson 准备的, 即 "Q_C 箱酒既不是给 J. Morarty 也不是给 J. Watson 准备的". 在表 7-21 给出了完整的论据.

表 7-21 含有例外模糊量词的演绎推理示例

PR1	除了十五箱左右的酒之外其余酒都是为 J. Moriaty 准备的
PR2	不是为 J. Moriarty 准备的酒当中, 有四箱左右是为 J. Watson 准备的
C	Q_C 箱酒既不是给 J. Morarty 也不是给 J. Watson 准备的

用梯形函数表示 PR1、PR2 中的量词, around 15=[13, 14, 16, 17], around 4=[3, 4, 4, 5]. 应用本节前述推理过程之后, 得到了绝对量词 Q_C=[8, 10, 12, 14], 其通常意思是 around 11(因为 11 这个值位于梯形核的中间). 因此, 在此例子中, 结论是说 "11 箱左右的酒既不是为 J. Moriarty 也不是为 J. Watson 准备的".

需要指出的是, 这个模型与该问题的模糊计算方法是相一致的 (采用 Zadeh 交-积演绎推理), 因为由 PR1 有 "大约 15 箱酒不是为 J. Moriarty 准备的", 由 PR2 可得这些酒当中有四箱左右不是为 J. Watson 准备的, 因此 "大约 15"$\ominus$"大约 4"="大约 11", 这既不是为 J. Moriarty 也不是为 J. Watson 准备的酒箱数.

7.3 带有模糊量词的广义对当关系

7.3.1 关于古典对当方阵与现代对当方阵

逻辑推理可分为直接推理和间接推理, 直接推理是指从一个前提直接推出结论的推理, 间接推理是指由两个或两个以上前提推出结论的推理. 对当关系推理是一种最重要的直接推理方法, 这种推理是指四个量化句之间的逻辑推理关系, 构成著名的对当方阵 (square of opposition), 参见图 3-6.

古典对当方阵可回溯到亚里士多德逻辑, 并且自此后就一直被广泛地讨论. 亚里士多德和传统逻辑学家, 以及多数语言学家, 都把 "所有" 看作具有存在预设, 也即 "所有 A 是 B" 可以推出 "存在 A", 而现代逻辑则放弃了这一假定 (参见 [268]). 用现代逻辑对 "所有" 的解释来代替亚里士多德的解释 (对 "并非所有" 也可以作类似处理), 就产生了现代版本的对当方阵.

从 19 世纪末以来, 现代对当方阵规定量词 all 不假定主项一定存在, 而 not all 则假定主项一定存在. 基于以上这些原因, 为了与现代对当方阵中的 all 与 not all 区分开来, 我们在古典对当方阵中的 all 与 not all 都加上了下标 ei, 如图 7-8 所示 (参见 [268, 269]). 与古典对当方阵相比较, 现代对当方阵的主要优点是: 一是没有逻辑规律上的冲突, 二是能够揭示出自然语言和逻辑语言中的三种重要的否定形式 (即外否定、内否定、对偶否定) 之间的相互关系.

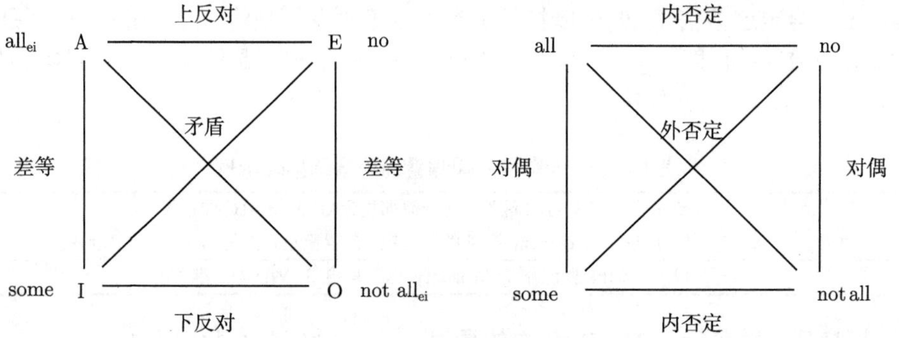

图 7-8 古典对当方阵 (左) 与现代对当方阵 (右)

文献 [268] 认为, 古典对当方阵与现代对当方阵的不同之处, 与其说是关于存在预设的, 不如说是关于否定的模式的. 作者认为现代方阵表述了自然语言中否定的一般模式, 而传统方阵则没有做到这一点; 同时, 不仅需要把对当方阵应用于四个亚里士多德量词, 还需要把它应用到这一类广义量词上. 任何这样的广义量词都可生成一个现代对当方阵, 而其中展现的否定模式不能从古典对当方阵中得到.

具体地说, 对于 $\langle 1, 1\rangle$ 型广义量词 Q, 外否定 (outer negation)$\sim Q$ 定义为: $\sim Q(A, B) = \neg Q(A, B)$; 内否定 (inner negation)$Q\sim$ 定义为: $Q \sim (A, B) = Q(A, M\backslash B)$, 其中 M 为论域; 对偶 (dual)Q^d 定义为: $Q^d =\sim (Q \sim)=(\sim Q) \sim$. 这样, 一个广义量词 Q 可以生成一个现代对当方阵 (参见 [270]):

$$\text{Square}(Q) = \{Q, \sim Q, Q \sim, Q^d\}.$$

图 7-9 给出一个例子, 取自文献 [268].

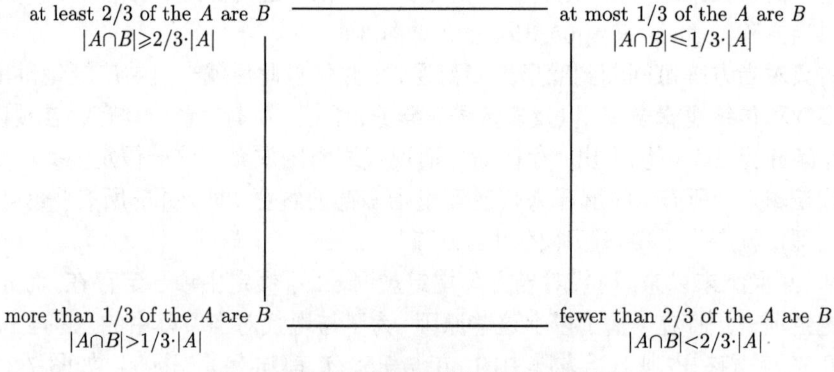

图 7-9 带广义量词的现代对当方阵示例

近年关于现代对当方阵的研究, 成果非常丰富, 比如文献 [271~276], 其中专著 [272] 集中了许多关于对当方阵的最新研究成果, 而 [274~276] 将粗糙集应用于现代对当方阵的研究中, 是一个很有意义的研究动向.

7.3.2 模糊量词格值积分语义下的广义对当关系

本节应用模糊量词的积分语义, 讨论含有模糊量词的广义对当关系 (看成现代对当关系的推广), 内容来自文献 [277, 278].

设 $(L, \wedge, \vee, \otimes, \rightarrow, 0, 1)$ 为剩余格, M 为论域, Q 是 M 上的 $\langle 1^n, 1\rangle$ 型一元 L-模糊量词 (参见定义 6.3.1). Q 的内否定 $Q\sim$ 及外否定 $\sim Q$ 的涵义参见定义 6.3.4. Q 的对偶 Q^d 定义为: $Q^d =\sim (Q\sim)=(\sim Q)\sim$. 本节仅涉及简单量化语句 "$Q\quad M$ 是 A", 其中 A 看成是 M 上的 L-模糊集. M 的幂集记为 $P(M)$.

需要说明的是, 一般地未必有 $Q\leqslant Q\sim\sim$(参见例 6.3.8). 而当剩余格满足对合律 $(\neg\neg a=a, \forall a\in L)$ 时, 总有 $Q=Q\sim\sim=\sim\sim Q$.

定义 7.3.1 [278] 设 Q 是 M 上的 $\langle 1^n, 1\rangle$ 型一元 L-模糊量词, 则量化语句 "$Q\quad M$ 是 A" 的 $\otimes$-积分真值及 $\rightarrow$-积分真值分别定义为

$$E_{QA}^{\otimes}=\bigwedge_{Y\in P(M)-\{\varnothing\}}\ \bigvee_{x\in \mathrm{Supp}(Y)}(A(x)\otimes Q(Y)),$$

$$E_{QA}^{\rightarrow}=\int^{\rightarrow} A dQ=\bigvee_{Y\in P(M)-\{\varnothing\}}\ \bigwedge_{x\in \mathrm{Supp}(Y)}(A(x)\rightarrow Q(Y)).$$

容易验证以下结论成立.

命题 7.3.1 [278] 设 Q_1, Q_2 是 M 上的 $\langle 1^n, 1\rangle$ 型一元 L-模糊量词, 且 $Q_1\leqslant Q_2$. 则量化语句 "$Q_1\ M$ 是 A" 与 "Q_2M 是 A" 的真值具有以下性质:

$$E_{Q_1A}^{\otimes}\leqslant E_{Q_2A}^{\otimes},\qquad E_{Q_1A}^{\rightarrow}\leqslant E_{Q_2A}^{\rightarrow}.$$

根据这一结论, 引入如下概念和记号: 当 $Q_1\leqslant Q_2$ 时, 称语句 "Q_1M 是 A" 与 "Q_2M 是 A" 具有蕴涵关系, 简记为 "Q_1M 是 A" $\Rightarrow$"Q_2M 是 A".

借助 $\otimes$-积分真值及 $\rightarrow$-积分真值的概念, 可将古典对当方阵中命题之间的相关关系进行推广, 引入广义矛盾关系、广义上反对关系、广义下反对关系等概念.

定义 7.3.2 [278] 设 Q_1, Q_2 是 M 上的 $\langle 1^n, 1\rangle$ 型一元 L-模糊量词. 若量化语句 "Q_1M 是 A" 与 "$Q_2\ M$ 是 A" 的真值具有以下性质

$$\neg E_{Q_1A}^{\otimes}=E_{Q_2A}^{\rightarrow},$$

则称这两个量化语句具有广义矛盾关系. 若量化语句 "$Q_1\ M$ 是 A" 与 "Q_2M 是 A" 的真值具有以下性质

$$\neg E_{Q_1A}^{\otimes}\leqslant E_{Q_2A}^{\rightarrow},$$

则称这两个量化语句具有广义上反对关系. 若量化语句 "Q_1 M 是 A" 与 "Q_2M 是 A" 的真值具有以下性质

$$\neg E^{\otimes}_{Q_1A} \geqslant E^{\rightarrow}_{Q_2A},$$

则称这两个量化语句具有广义下反对关系.

以下结果可看成模糊量词积分语义下的广义对当关系.

定理 7.3.1 [278]　设 L 是剩余格, Q 是 M 上的 $\langle 1^n, 1\rangle$ 型一元 L-模糊量词, $Q\sim, \sim Q, Q^d$ 分别是 Q 的内否定、外否定和对偶, 且满足 $Q \leqslant Q^d$. 则四个量化语句 (1)~(4) 之间可形成如下广义对当方阵 (图 7-10).

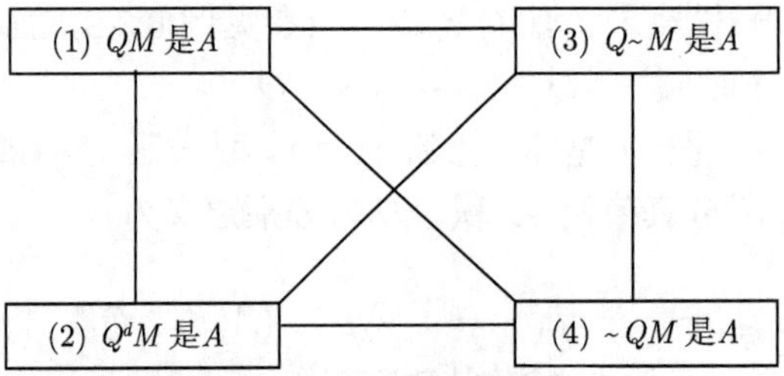

图 7-10　广义对当方阵

其中, 语句 (1) $\Rightarrow$ 语句 (2), 语句 (3) $\Rightarrow$ 语句 (4), 语句 (1) 与语句 (4)、语句 (3) 与语句 (2) 具有广义矛盾关系, 语句 (1) 与语句 (3) 具有广义上反对关系, 语句 (2) 与语句 (4) 具有广义下反对关系.

证明　由假设及命题 7.3.1 知语句 (1) $\Rightarrow$ 语句 (2).

由假设 $Q \leqslant Q^d = \sim(Q\sim)$, 应用命题 6.3.1 中第一个式子得 $\sim\sim(Q\sim) \leqslant \sim Q$, 而应用命题 6.3.1 中第三个式子得 $Q\sim \leqslant \sim\sim(Q\sim)$, 于是 $Q\sim \leqslant \sim Q$, 从而语句 (3) $\Rightarrow$ 语句 (4).

由定义 7.3.1 知

$$\begin{aligned}
E^{\rightarrow}_{(\sim Q)A} &= \int^{\rightarrow} A\mathrm{d}(\sim Q)\\
&= \bigvee_{Y\in P(M)-\{\varnothing\}} \bigwedge_{x\in \mathrm{Supp}(Y)} \Big(A(x) \to (\sim Q)(Y)\Big)\\
&= \bigvee_{Y\in P(M)-\{\varnothing\}} \bigwedge_{x\in \mathrm{Supp}(Y)} \Big(A(x) \to (\neg Q(Y))\Big)\\
&= \bigvee_{Y\in P(M)-\{\varnothing\}} \bigwedge_{x\in \mathrm{Supp}(Y)} \Big(A(x) \to (Q(Y) \to 0)\Big)\\
&= \bigvee_{Y\in P(M)-\{\varnothing\}} \bigwedge_{x\in \mathrm{Supp}(Y)} \Big((A(x) \otimes Q(Y)) \to 0\Big)
\end{aligned}$$

$$
\begin{aligned}
&= \bigvee_{Y\in P(M)-\{\varnothing\}} \bigwedge_{x\in \mathrm{Supp}(Y)} \Big(\neg(A(x)\otimes Q(Y))\Big)\\
&=\neg \bigwedge_{Y\in P(M)-\{\varnothing\}} \bigvee_{x\in \mathrm{Supp}(Y)} \Big(A(x)\otimes Q(Y)\Big)\\
&=\neg E^{\otimes}_{QA}.
\end{aligned}
$$

所以语句 (1) 与语句 (4) 具有广义矛盾关系.

又, 由定义 7.3.1 知

$$
\begin{aligned}
E^{\rightarrow}_{(Q\sim)A} =E^{\rightarrow}_{(\sim Q^d)A} &= \int^{\rightarrow} A\mathrm{d}(\sim Q^d)\\
&= \bigvee_{Y\in P(M)-\{\varnothing\}} \bigwedge_{x\in \mathrm{Supp}(Y)} \Big(A(x)\to(\sim Q^d)(Y)\Big)\\
&= \bigvee_{Y\in P(M)-\{\varnothing\}} \bigwedge_{x\in \mathrm{Supp}(Y)} \Big(A(x)\to(\neg Q^d(Y))\Big)\\
&= \bigvee_{Y\in P(M)-\{\varnothing\}} \bigwedge_{x\in \mathrm{Supp}(Y)} \Big(A(x)\to(Q^d(Y)\to 0)\Big)\\
&= \bigvee_{Y\in P(M)-\{\varnothing\}} \bigwedge_{x\in \mathrm{Supp}(Y)} \Big((A(x)\otimes Q^d(Y))\to 0\Big)\\
&= \bigvee_{Y\in P(M)-\{\varnothing\}} \bigwedge_{x\in \mathrm{Supp}(Y)} \Big(\neg(A(x)\otimes Q^d(Y))\Big)\\
&=\neg \bigwedge_{Y\in P(M)-\{\varnothing\}} \bigvee_{x\in \mathrm{Supp}(Y)} \Big(A(x)\otimes Q^d(Y)\Big)\\
&=\neg E^{\otimes}_{Q^dA}.
\end{aligned}
$$

所以语句 (3) 与语句 (2) 具有广义矛盾关系.

前面已由假设 $Q\leqslant Q^d=\sim(Q\sim)$ 得到 $Q\sim\leqslant\sim Q$, 即对任意 $Y\in P(M)$ 有 $Q(\overline{Y})\leqslant\neg Q(Y)$.

由此可得

$$
\begin{aligned}
E^{\rightarrow}_{(Q\sim)A} &= \int^{\rightarrow} A\mathrm{d}(Q\sim)\\
&= \bigvee_{Y\in P(M)-\{\varnothing\}} \bigwedge_{x\in \mathrm{Supp}(Y)} \Big(A(x)\to(Q\sim)(Y)\Big)\\
&= \bigvee_{Y\in P(M)-\{\varnothing\}} \bigwedge_{x\in \mathrm{Supp}(Y)} \Big(A(x)\to Q(\overline{Y})\Big)\\
&\leqslant \bigvee_{Y\in P(M)-\{\varnothing\}} \bigwedge_{x\in \mathrm{Supp}(Y)} \Big(A(x)\to(Q(Y)\to 0)\Big)
\end{aligned}
$$

$$
\begin{aligned}
&= \bigvee_{Y\in P(M)-\{\varnothing\}} \bigwedge_{x\in \mathrm{Supp}(Y)} \Big((A(x)\otimes Q(Y))\to 0\Big)\\
&= \bigvee_{Y\in P(M)-\{\varnothing\}} \bigwedge_{x\in \mathrm{Supp}(Y)} \Big(\neg(A(x)\otimes Q(Y))\Big)\\
&=\neg \bigwedge_{Y\in P(M)-\{\varnothing\}} \bigvee_{x\in \mathrm{Supp}(Y)} \Big(A(x)\otimes Q(Y)\Big)\\
&=\neg E^{\otimes}_{QA}.
\end{aligned}
$$

所以语句 (1) 与语句 (3) 具有广义上反对关系.

由假设 $Q\leqslant Q^d$, 得 $Q(Y)\leqslant Q^d(Y)$, $Q^d(Y)\to 0\leqslant Q(Y)\to 0, \forall Y\in P(M)$. 由此可得

$$
\begin{aligned}
E^{\rightarrow}_{(\sim Q)A} &= \int^{\rightarrow} A\mathrm{d}(\sim Q)\\
&= \bigvee_{Y\in P(M)-\{\varnothing\}} \bigwedge_{x\in \mathrm{Supp}(Y)} \Big(A(x)\to(\sim Q)(Y)\Big)\\
&= \bigvee_{Y\in P(M)-\{\varnothing\}} \bigwedge_{x\in \mathrm{Supp}(Y)} \Big(A(x)\to(\neg Q(Y))\Big)\\
&= \bigvee_{Y\in P(M)-\{\varnothing\}} \bigwedge_{x\in \mathrm{Supp}(Y)} \Big(A(x)\to(Q(Y)\to 0)\Big)\\
&\geqslant \bigvee_{Y\in P(M)-\{\varnothing\}} \bigwedge_{x\in \mathrm{Supp}(Y)} \Big(A(x)\to(Q^d(Y)\to 0)\Big)\\
&= \bigvee_{Y\in P(M)-\{\varnothing\}} \bigwedge_{x\in \mathrm{Supp}(Y)} \Big((A(x)\otimes Q^d(Y))\to 0\Big)\\
&= \bigvee_{Y\in P(M)-\{\varnothing\}} \bigwedge_{x\in \mathrm{Supp}(Y)} \Big(\neg(A(x)\otimes Q^d(Y))\Big)\\
&=\neg \bigwedge_{Y\in P(M)-\{\varnothing\}} \bigvee_{x\in \mathrm{Supp}(Y)} \Big(A(x)\otimes Q^d(Y)\Big)\\
&=\neg E^{\otimes}_{Q^dA}.
\end{aligned}
$$

所以语句 (2) 与语句 (4) 具有广义下反对关系.

7.3.3 广义对当关系示例

例 7.3.1 设 L 是定义在 $[0,1]$ 上的剩余格且满足 $(\neg a=1-a, \forall a\in[0,1])$, M 是有限论域, Q=most(大多数) 是 M 上的 $\langle 1\rangle$ 型一元 L-模糊量词, 其定义如下:

$$
Q(Y)=\mathrm{most}(Y)=\left(\frac{\sum_{m\in M}Y(m)}{|M|}\right)^{\frac{3}{2}},\quad \forall Y\in P(M).
$$

则 Q 的内否定、外否定和对偶分别是

$$(Q\sim)(Y)=\text{few}(Y)=\left(\frac{\sum_{m\in M}\overline{Y}(m)}{|M|}\right)^{\frac{3}{2}}=\left(\frac{\sum_{m\in M}(1-Y(m))}{|M|}\right)^{\frac{3}{2}},\quad \forall Y\in P(M).$$

$$(\sim Q)(Y)=(\text{not most})(Y)=1-\left(\frac{\sum_{m\in M}Y(m)}{|M|}\right)^{\frac{3}{2}},\quad \forall Y\in P(M).$$

$$Q^d(Y)=(\text{at least part})(Y)=1-\left(\frac{\sum_{m\in M}(1-Y(m))}{|M|}\right)^{\frac{3}{2}},\quad \forall Y\in P(M).$$

对于任意 $Y\in P(M)$, 由于

$$\begin{aligned}&\left(\frac{\sum_{m\in M}Y(m)}{|M|}\right)^{\frac{3}{2}}+\left(\frac{\sum_{m\in M}(1-Y(m))}{|M|}\right)^{\frac{3}{2}}\\ \leqslant&\left(\frac{\sum_{m\in M}Y(m)}{|M|}+\frac{\sum_{m\in M}(1-Y(m))}{|M|}\right)^{\frac{3}{2}}\\ =&\,1.\end{aligned}$$

所以 $Q(Y)\leqslant Q^d(Y)$, 即 $Q\leqslant Q^d$. 于是, Q=most 满足定理 7.3.1 的条件, 故可得如图 7-11 的广义对当方阵, 进而有如下的蕴涵关系

"大多数人是好学的"⇒"至少一部分人是好学的".

"很少人是好学的" ⇒"并非大多数人是好学的".

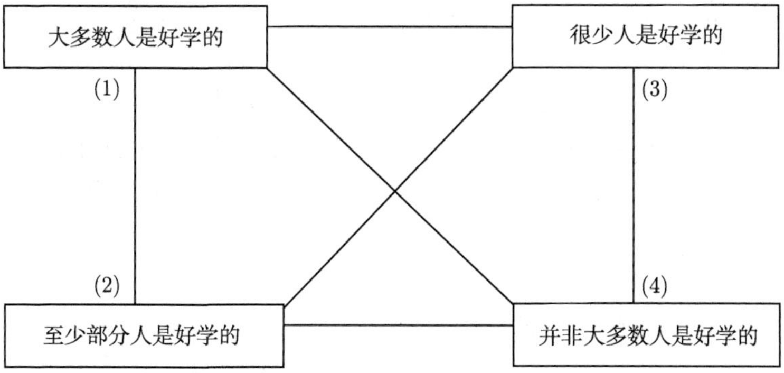

图 7-11 广义对当关系示例

7.4　带有模糊量词的模糊逻辑系统及三 I 推理

本节主要内容是第一作者及其研究生取得的相关研究成果 (稍作修改), 包含在文献 [68, 69, 70, 277] 中, 相关研究思想来源于文献 [6, 65, 66, 67, 280, 281], 后面不再一一说明.

7.4.1　附加模糊量词的模糊逻辑形式系统 $\mathbf{MTL}_Q$

本节在模糊逻辑形式系统 **MTL**(参见 2.5.4 节) 中添加一般语言量词, 构成扩充的逻辑系统 $\mathbf{MTL}_Q$, 其中量化命题的真值域取为标准 MTL-代数的一个可数子代数.

设 $(C, \otimes, \to \otimes, \min, \max, 0, 1)$ 为剩余格, 其中 $\otimes$ 是一个左连续 t-模、$\to_\otimes$ 是 $\otimes$ 诱导的剩余蕴涵, C 为 $[0, 1]$ 的一个可数子集, 并且使得 $(C, \otimes, \to_\otimes, \min, \max, 0, 1)$ 是代数结构 $([0, 1], \otimes, \to \otimes, \min, \max, 0, 1)$ 的一个子代数.

没有特殊说明, 在本节中均记 $L=(C, \otimes, \to_\otimes, \min, \max, 0, 1)$.

逻辑系统 $\mathbf{MTL}_Q$ 的语言 $\mathbf{L}_q^*$ 是由以下 (1)~(7) 式的符号组成:

(1) 个体变量符号 x_i, 用 L_v 表示个体变量的集合;

(2) 个体常量符号 c_k, 用 L_c 表示个体常量的集合;

(3) 真值常量符号 $\overline{r}$, 这里, $\forall r \in C-\{0, 1\}$, 均有公式常量 $\overline{r}$;

(4) 谓词符号 P_j^i, 其表示第 j 个 i 元谓词, 用 L_P 表示谓词符号的集合;

(5) 语言量词符号: $\forall$, $\exists$, Q, 这里 Q 表示任意的语言量词;

(6) 逻辑连接词: $\wedge$, &, $\to$, $\overline{0}$(零元连接词);

(7) 标点符号:), (, , (逗号).

下面 (i)~(iv) 式均为逻辑系统 $\mathbf{MTL}_Q$ 中的公式:

(i) 对任意的项 $x_1, x_2, \cdots, x_i$, 则 $P_j^i(x_1, x_2, \cdots, x_i)$ 是公式;

(ii) 真值常量 $\overline{r}$ 是公式;

(iii) 若 φ, ψ 是公式, 则 $\varphi\&\psi$, $\varphi\wedge\psi$, $\varphi\to\psi$ 均为公式;

(iv) 若 φ 是公式, 则 $(\forall x)\varphi$, $(\exists x)\varphi$, $(Qx)\varphi$ 也为公式, 其中 Q 是任意模糊量词.

在本节中用 *wff* 表示全体公式的集合, 并且使用以下简化记号:

$\overline{1} := \neg\overline{0}$;

$\neg\varphi := \varphi \to \overline{0}$;

$\varphi \leftrightarrow\psi := (\varphi \to\psi)\&(\psi \to\varphi)$;

$\varphi \vee\psi := ((\varphi \to\psi)\to\psi)\&((\psi\to\varphi)\to\varphi)$.

定义 7.4.1　在逻辑系统 $\mathbf{MTL}_Q$ 中, 语言 $\mathbf{L}_q^*$ 的一个解释 I 是一个四元组: $I=\{X, v, r, \Delta\}$, 其中,

(1) $X \neq \varnothing$ 是论域;

(2) r: $L_p \to L$, 这里 r 是 $\wp$-可测函数;

(3) v: $L_v \cup L_c \to X$ 是一个函数;

(4) $\Delta = (X, \wp, m)$ 是一个 L-模糊测度空间.

在本节中, wff 上模糊集的集合记为 $F_L(\text{wff})$, 即

$$F_L(\text{wff}) = \{A|A : \text{wff} \to L; \forall\varphi \in \text{wff}, A(\varphi) \in L\}.$$

定义 7.4.2 设 I 是逻辑系统 $\mathbf{MTL}_{\boldsymbol{Q}}$ 中语言 $\mathbf{L}_{\boldsymbol{q}}^*$ 的一个解释, $T_I \in F_L(\text{wff})$, 即. $\forall\varphi\in$wff, $T_I(\varphi)\in L$. 称 T_I 是在 I 中的一个赋值, 如果 T_I 满足以下条件:

(1) 若 $\varphi = P_j^i(x_1, x_2, \cdots, x_i)$, 则 $T_I(\varphi) = r(v(x_1), v(x_2), \cdots, v(x_i))$;

(2) 若 $\varphi = \psi \to \chi$, 则 $T_I(\varphi) = T_I(\psi) \to_{\otimes} T_I(\chi)$;

(3) 若 $\varphi = \psi \& \chi$, 则 $T_I(\varphi) = T_I(\psi) \otimes T_I(\chi)$;

(4) 若 $\varphi = \psi \wedge \chi$, 则 $T_I(\varphi) = \min\{T_I(\psi), T_I(\chi)\}$;

(5) 若 $\varphi = (Qx)\psi$, 则 $T_I(\varphi) = \int T_{I\{\cdot/x\}}(\psi) \circ Q_X$, 这里 X 是 I 的解释域, $T_{I\{\cdot/x\}}(\psi)$: $X \to L$ 是一个映射, 使得 $T_{I\{\cdot/x\}}(\varphi)(u) = T_{I\{\cdot/x\}}(\varphi)$ 成立. 对 $\forall u \in X$, $I\{u/x\}$是一个解释, $I\{u/x\}$与解释 I 的区别只是在客体变元 x 上的分配, 对任意 $y \neq x$ 有 $y^{I\{u/x\}} = y^I$ 和 $x^{I\{u/x\}} = u$.

定义 7.4.3 以下式子 (1)~(20) 均是逻辑系统 $\mathbf{MTL}_{\boldsymbol{Q}}$ 的公理:

(1) $(\varphi \to \psi) \to ((\psi \to \chi) \to (\varphi \to \chi))$;

(2) $(\varphi \& \psi) \to \varphi$;

(3) $(\varphi \& \psi) \to (\psi \& \varphi)$;

(4) $(\varphi \wedge \psi) \to \varphi$;

(5) $(\varphi \wedge \psi) \to (\psi \wedge \varphi)$;

(6) $(\varphi \& (\varphi \to \psi)) \to (\varphi \wedge \psi)$

(7a) $(\varphi \to (\psi \to \chi)) \to ((\varphi \& \psi) \to \chi)$;

(7b) $((\varphi \& \psi) \to \chi) \to (\varphi \to (\psi \to \chi))$;

(8) $(\forall x)\varphi \to \varphi$;

(9) $(\varphi \to (\psi \to \chi)) \to (((\psi \to \varphi) \to \chi) \to \chi)$;

(10) $\varphi \to (\exists x)$;

(11) $\bar{0} \to \varphi$;

在下面 (12)~(17) 式中, x 在 φ 中自由、在 ψ 中限制, Q^* 是 Q 的对偶量词:

(12) $(Qx)\psi \to \psi$;

(13) $(Qx)\varphi(x) \to (Qy)\varphi(y)$;

(14) $(Qx)(\varphi \to \psi) \to ((Q^*x)\varphi \to \psi)$

(15) $(Qx)(\psi \rightarrow\varphi)\rightarrow(\psi\rightarrow(Qx)\varphi)$;

(16) $(Qx)(\varphi \vee\psi) \rightarrow((Qx)\varphi \vee\psi)$;

(17) $(Qx)(\varphi \,\&\psi)\rightarrow((Qx)\varphi\&\psi)$;

下面 (18)~(20) 式 (被称为 book-keeping 公理) 中, $\overline{r}$, $\overline{s}$ 等表示为常量公式:

(18) $\overline{r}\&\overline{s} \leftrightarrow \overline{r\otimes s}$;

(19) $(\overline{r} \rightarrow \overline{s}) \leftrightarrow \overline{r\rightarrow_{\otimes} s}$;

(20) $(\overline{r} \wedge \overline{s}) \leftrightarrow \overline{\min\{r,s\}}$.

在逻辑系统 $\mathbf{MTL_Q}$ 中, 推理规则是:

(i) MP 规则 —— 由 φ 及 $\varphi\rightarrow\psi$ 推得 ψ;

(ii) 推广规则 —— 由 φ 推得 $(Qx)\varphi$.

定义 7.4.4 在逻辑系统 $\mathbf{MTL_Q}$ 中, 如果解释 I 中的任意赋值 T_I 满足条件 $T_I(\varphi)=1$, 则称解释 I 满足公式 φ. 如果存在一个解释 I 满足 φ, 则称 φ 是可满足的. 如果存在一个解释 I 满足公式 φ, 则称解释 I 是 φ 的模型. 如果任意一个解释 I 都是 φ 的模型, 则称公式 φ 是有效的.

定理 7.4.1 在逻辑系统 $\mathbf{MTL_Q}$ 中, 下面式子是有效的 (其中, Q 是量词, x 在 φ 中是自由的、在 ψ 中是限制的):

(1) $(Qx)\psi\rightarrow\psi$;

(2) $(Qx)\varphi(x) \rightarrow (Qy)\varphi(y)$;

(3) $(Qx)(\varphi\rightarrow\psi)\rightarrow((Q^*x)\varphi \rightarrow\psi)$

(4) $(Qx)(\psi \rightarrow\varphi)\rightarrow(\psi\rightarrow(Qx)\varphi)$;

(5) $(Qx)(\varphi \vee\psi) \rightarrow((Qx)\varphi \vee\psi)$;

(6) $(Qx)(\varphi\&\psi)\rightarrow((Qx)\varphi\&\psi)$.

证明 只对 (3) 和 (5) 式进行证明, 并设 I 是一个任意的解释.

(3) 由定义 7.4.2 得

$$\begin{aligned}
&T_I((Qx)(\phi \rightarrow \psi))\\
&=\bigvee_{\lambda\in L}\left(\lambda\otimes Q_X(\{u\in X: T_{I\{u/x\}}(\phi)\rightarrow T_I(\psi)\geqslant\lambda\})\right)\\
&=\bigvee_{\lambda\in L}\left(\lambda\otimes Q_X(\{u\in X: T_{I\{u/x\}}(\phi)\leqslant\lambda\rightarrow T_I(\psi)\})\right),\\
&T_I((Q^*x)\phi)\\
&=\bigvee_{\lambda\in L}\left(\lambda\otimes\neg Q_X(\{u\in X: T_{I\{u/x\}}(\phi)\geqslant\lambda\})\right).
\end{aligned}$$

于是

$$T_I((Qx)(\varphi\rightarrow\psi))\otimes T_I((Q^*x)\varphi)$$

$$=\left(\begin{array}{l}\left(\bigvee_{\lambda\in L}\left(\lambda\otimes Q_X(\{u\in X:T_{I\{u/x\}}(\varphi)\leqslant\lambda\to T_I(\psi)\})\right)\right)\otimes\\\left(\bigvee_{\beta\in L}\left(\beta\otimes\neg Q_X(\{u\in X:T_{I\{u/x\}}(\varphi)<\beta\})\right)\right)\end{array}\right)$$

$$=\left(\bigvee_{\lambda,\beta\in L}\left(\begin{array}{c}\lambda\otimes Q_X(\{u\in X:T_{I\{u/x\}}(\phi)\leqslant\lambda\to T_I(\psi)\})\otimes\beta\otimes\\\neg Q_X(\{u\in X:T_{I\{u/x\}}(\phi)<\beta\})\end{array}\right)\right)$$

$$=\left(\begin{array}{l}\bigvee_{\beta\leqslant\lambda\to T_I(\psi)}\left(\begin{array}{c}(\lambda\otimes Q_X(\{u\in X:T_{I\{u/x\}}(\phi)\leqslant\lambda\to T_I(\psi)\})\otimes\beta\otimes\\\neg Q_X(\{u\in X:T_{I\{u/x\}}(\phi)<\beta\}))\end{array}\right)\vee\\\left(\begin{array}{c}\bigvee_{\beta>\lambda\to T_I(\psi)}(\lambda\otimes Q_X(\{u\in X:T_{I\{u/x\}}(\phi)\leqslant\lambda\to T_I(\psi)\})\\\otimes\beta\otimes\neg Q_X(\{u\in X:T_{I\{u/x\}}(\phi)<\beta\})\end{array}\right)\end{array}\right)$$

$$\leqslant\left(T_I(\psi)\vee\bigvee_{\beta>\lambda\to T_I(\psi)}\left(\begin{array}{c}\lambda\otimes Q_X(\{u\in X:T_{I\{u/x\}}(\phi)\leqslant\lambda\to T_I(\psi)\})\\\otimes\beta\otimes\neg Q_X(\{u\in X:T_{I\{u/x\}}(\phi)<\beta\})\end{array}\right)\right).$$

下面只要证明

$$\bigvee_{\beta>\lambda\to T_I(\psi)}\left(\begin{array}{l}\lambda\otimes Q_X(\{u\in X:T_{I\{u/x\}}(\varphi)\leqslant\lambda\to T_I(\psi)\})\otimes\\\beta\otimes\neg Q_X(\{u\in X:T_{I\{u/x\}}(\varphi)<\beta\})\end{array}\right)\leqslant T_I(\psi).$$

由条件 $\lambda\to T_I(\psi)<\beta$, 可得

$$\begin{aligned}&\neg Q_X(\{u\in X:T_{I\{u/x\}}(\phi)\\&\leqslant\lambda\to T_I(\psi)\})\geqslant\neg Q_X(\{u\in X:T_{I\{u/x\}}(\phi)<\beta\}).\end{aligned}$$

进而

$$\bigvee_{\beta>T_I(\psi)\to\lambda}\left(\begin{array}{c}\lambda\otimes Q_X(\{u\in X:T_{I\{u/x\}}(\phi)\leqslant\lambda\to T_I(\psi)\})\\\otimes\beta\otimes\neg Q_X(\{u\in X:T_{I\{u/x\}}(\phi)<\beta\})\end{array}\right)=0\leqslant T_I(\psi).$$

从而, $T_I\ ((Qx)(\varphi\to\psi)\to((Q^*x)\varphi\to\psi))=1$.

(5) 只需证明 $T_I((Qx)(\psi\vee\varphi)\leqslant T_I(\psi)\vee T_I\ ((Qx)\varphi)$. 事实上,

$$\begin{aligned}&T_I((Qx)(\psi\vee\varphi))\\&=\sup_{\alpha\in L}(\alpha\otimes Q(\{u\in X:T_I(\psi\vee\varphi)\geqslant\alpha\}))\\&=\sup_{\alpha\in L}(\alpha\otimes Q(\{u\in X:T_I(\psi)\vee T_I(\varphi)\geqslant\alpha\}))\end{aligned}$$

$$
\begin{aligned}
&= \sup_{\alpha\leqslant T_I(\psi)} (\alpha\otimes Q(\{u\in X: T_I(\psi)\vee T_I(\varphi)\geqslant\alpha\}))\vee\\
&\quad \sup_{\alpha> T_I(\psi)} (\alpha\otimes Q(\{u\in X: T_I(\psi)\vee T_I(\varphi)\geqslant\alpha\}))\\
&=T_I(\psi)\vee \sup_{\alpha> T_I(\psi)} (\alpha\otimes Q(\{u\in X: T_I(\psi)\vee T_I(\varphi)\geqslant\alpha\}))\\
&=T_I(\psi)\vee \sup_{\alpha> T_I(\psi)} \alpha\otimes Q(\{u\in X: T_I(\varphi)\geqslant\alpha\})\\
&\leqslant T_I(\psi)\vee \sup_{\alpha\in L} (\alpha\otimes Q(\{u\in X: T_I(\varphi)\geqslant\alpha\}))\\
&=T_I(\psi)\vee T_I((Qx)\varphi)
\end{aligned}
$$

从而, $T_I\ ((Qx)(\varphi\vee\psi)\to((Qx)\varphi\vee\psi))=1$.

7.4.2 逻辑系统 $\mathbf{MTL}_Q$ 的弱完备性

定义 7.4.5 在逻辑系统 $\mathbf{MTL}_Q$ 中, $A\in F_L(\mathrm{wff})$, 如果对 I 中任意赋值 T_I 以及任意 $\varphi\in\mathrm{wff}$ 均有 $A(\varphi)\leqslant T_I(\varphi)$, 则称 I 为 A 的模型或 I 满足 A. 若存在解释 I 满足 A, 则称 A 是可满足的.

在本节中, 记 $\Omega(A)=\{T_I$: T_I 是 I 中的赋值, 且 $\forall\varphi\in\mathrm{wff}$, $T_I(\varphi)\geqslant A(\varphi)\}$.

定义 7.4.6 设 $A\in F_L(\mathrm{wff})$, $\varphi\in\mathrm{wff}$, $r\in L$. 若 $\forall T_I\in\Omega(A)$ 满足 $T_I(\varphi)\geqslant r$, 则称 A 以真值程度 r 语义导出 φ, 记为 $A\Vdash_r\varphi$.

根据上述定义, 易证

命题 7.4.1 在逻辑系统 $\mathbf{MTL}_Q$ 中, 若 $A\Vdash_r\varphi$, 则 $\forall s\in L$, $s\leqslant r$, 均有 $A\Vdash_s\varphi$.

定义 7.4.7 在逻辑系统 $\mathbf{MTL}_Q$ 中, 令 $A\in F_L(\mathrm{wff})$, $\varphi\in\mathrm{wff}$, $r\in L$. 若

$$r=\wedge\{T_I(\varphi): T_I\in\Omega(A)\},$$

则称 φ 在 A 中 r 真, 记为 $A\Vvdash_r\varphi$.

定义 7.4.8 在逻辑系统 $\mathbf{MTL}_Q$ 中, 令 $\varphi\in\mathrm{wff}$, $A_L\in F_L(\mathrm{wff})$. 如果 A_L 满足条件:

$$A_L(\varphi)=\begin{cases} r, & \varphi=\overline{r},\ r\in L,\\ 1, & \varphi\text{是形如定义 7.4.3 中的公式},\\ 0, & \text{其余情况},\end{cases}$$

则称 A_L 是广义公理.

命题 7.4.2 在逻辑系统 $\mathbf{MTL}_Q$ 中, $A\Vvdash_r\varphi$ 的充分必要条件是

$r=\wedge\{T_I(\varphi)$: T_I 是一个解释 I 中的一个赋值, 且 $T_I\supseteq A\cup A_L\}$.

定义 7.4.9 在逻辑系统 $\mathbf{MTL}_Q$ 中, $A\in F_L(\mathrm{wff})$, A 到 φ 的规范证明 ω 是下面形式的有限序列

$$\omega\text{: }(\varphi_1, r_1), \cdots, (\varphi_n, r_n),$$

其中, $\varphi_n=\varphi$, $\varphi_i\in$wff, $r_i\in L(\forall 1\leqslant i\leqslant n)$, 且有

(1) $A(\varphi_i)=r_i$; 或

(2) $A_L(\varphi_i)=r_i$; 或

(3) 存在 $j,k<i$, 有 $\varphi_j=\varphi_k\to\varphi_i$ 和 $r_i=r_j\otimes r_k$ 成立; 或

(4) 存在 $j<i$, $r\in L$, 有 $\varphi_i=\overline{r}\to\varphi_j$ 和 $r_i=r\to_{\otimes} r_j$ 成立.

此时, 称 n 是规范证明 ω 的长度, 记为 $l(\omega)$; 称 r_n 是规范证明 ω 的值, 记为 $\mathrm{val}(\omega)$.

定义 7.4.10 在逻辑系统 $\mathbf{MTL_Q}$ 中, 令 $A\in F_L(\mathrm{wff})$, $\varphi\in$wff, $r\in L$. 若以下条件成立

$$r\leqslant\vee\{\mathrm{val}(\omega)\text{: }\omega\text{ 为 }A\text{ 到 }\varphi\text{ 的规范证明}\},$$

则称 φ 为 A 的 r-定理, 记为 $A\vdash_r\varphi$. 若有

$$r=\vee\{\mathrm{val}(\omega)\text{: }\omega\text{ 为 }A\text{ 到 }\varphi\text{ 的规范证明}\},$$

则记为 $A\models_r\varphi$.

定义 7.4.11 在逻辑系统 $\mathbf{MTL_Q}$ 中, 令 $\varphi,\psi\in$wff, $r\in L$, $A\in F_L(\mathrm{wff})$. 若 A 满足下面所给的条件, 则称 A 是闭的:

(1) $A(\varphi\to\psi)\otimes A(\varphi)\leqslant A(\psi)$;

(2) $r\to_{\otimes} A(\psi)\leqslant A(\overline{r}\to\psi)$, 且对任意量词 Q, x 仅仅在 φ 中限制时有下列式子成立

(a) $A((Qx)(\varphi\to\psi))\leqslant A((Q^*x)\varphi\to\psi)$;

(b) $A((Qx)(\psi\to\varphi))\leqslant A(\psi\to(Qx)\varphi)$.

定理 7.4.2 逻辑系统 $\mathbf{MTL_Q}$ 中的任意赋值 T_I 是闭的.

证明 设 I 是任意一个解释, T_I 为其任意一个赋值. $\forall\varphi,\psi\in$wff, $\forall r\in L$,

$$\begin{aligned}(1)\ &T_I(\varphi\to\psi)\otimes T_I(\varphi)\to_{\otimes} T_I(\psi)\\ &=T_I(\varphi\to\psi)\to_{\otimes}(T_I(\varphi)\to_{\otimes} T_I(\psi))\\ &=(T_I(\varphi)\to_{\otimes} T_I(\psi))\to_{\otimes}(T_I(\varphi)\to_{\otimes} T_I(\psi))\\ &=1.\end{aligned}$$

从而, $T_I(\varphi\to\psi)\otimes T_I(\varphi)\leqslant T_I(\psi)$ 成立.

(2) $r\to_{\otimes} T_I(\psi)=T_I(\overline{r})\to_{\otimes} T_I(\psi)=T_I(\overline{r}\to\psi)$.

对任意的量词 Q, 设 x 仅仅是在 φ 中有限制, 则

(a) 由于公式 (14) 在定义 7.4.3 中是有效的, 故

$$T_I((Qx)(\varphi\to\psi)\to((Q^*x)\varphi\to\psi))=1.$$

进而,

$$T_I((Qx)(\varphi\to\psi)\to_{\otimes} T_I((Q^*x)\varphi\to\psi)$$

$$=T_I((Qx)(\varphi \to \psi) \to ((Q^*x)\varphi \to \psi))$$
$$=1.$$

即 $T_I((Qx)(\varphi \to\psi)) \leqslant T_I((Q^*x)\varphi \to\psi)$ 成立.

(b) 由于公式 (15) 在定义 7.4.3 中是有效的, 故

$$T_I((Qx)(\psi \to \varphi) \to (\psi \to (Qx)\varphi)) = 1.$$

类似于上面 (a) 式的证明方法, 易证 $T_I((Qx)(\psi \to\varphi)) \leqslant T_I(\psi \to(Qx)\varphi)$.

综上所述, 逻辑系统 $\mathbf{MTL}_Q$ 中的任意赋值 T_I 是闭的.

定理 7.4.3 在逻辑系统 $\mathbf{MTL}_Q$ 中, 令 $A \in F_L(\mathrm{wff})$, $\forall\varphi\in\mathrm{wff}$, $\forall r \in L$. 若成立

$$r = \wedge\{B(\varphi)\text{: } B \in F_L(\mathrm{wff}),\ B \text{ 是闭的且 } B \supseteq A \cup A_L\},$$

则有 $A \models_r\varphi$.

证明 设有 $A \models_s\varphi$, 即

$$s = \vee\{\mathrm{val}(\omega)\text{: } \omega \text{ 为 } A \text{ 到 } \varphi \text{ 的规范证明}\}.$$

下面仅须证明 $r = s$.

(1) 首先证明 $s \leqslant r$, 这只需证明: 对 A 到 φ 的任意规范证明 ω, 若满足

$$B \in F_L(\mathrm{wff}) \text{ 为闭的且由 } B \supseteq A \cup A_L,$$

则

$$\mathrm{val}(\omega) \leqslant B(\varphi). \tag{$*$}$$

对于规范证明的长度 $l(\omega)$, 使用数学归纳法证明 $(*)$ 式.

i) 如果 $l(\omega)$ =1, 那么 $\mathrm{val}(\omega) = A(\varphi)$, 或 $\mathrm{val}(\omega) = A_L(\varphi)$. 又, 由于 $B \supseteq A\cup A_L$, 故 $B(\varphi) \geqslant A(\varphi)= \mathrm{val}(\omega)$, 或 $B(\varphi) \geqslant A_L(\varphi) = \mathrm{val}(\omega)$; 这说明 $(*)$ 式成立.

ii) 假设 $(*)$ 式对于 $l(\omega) < m$ 成立. 对于 φ 的规范证明序列 $(\varphi_1, r_1), (\varphi_2, r_2), \cdots, (\varphi_m, r_m)$, 其中 $\varphi_m = \varphi$, 分以下 3 种情况来讨论:

(a) 若 $A(\varphi_m) = r_m$ 或 $A_L(\varphi_m) = r_m$, 则易得 $(*)$ 成立;

(b) 若存在 $i, j < m$, 使得 φ_i=$\varphi_j \to\varphi_m$, $r_m = r_i\otimes r_j$, 则由归纳假设 $r_i \leqslant B(\varphi_i)$, $r_j \leqslant B(\varphi_j)$, 从而

$$\begin{aligned}
\mathrm{val}(w) &= r_m = r_i \otimes r_j\\
&\leqslant B(\varphi_i) \otimes B(\varphi_j) = B(\varphi_j \to \varphi_m) \otimes B(\varphi_j)\\
&\leqslant B(\varphi_m) = B(\varphi).
\end{aligned}$$

(c) 若存在 $i < m$ 及 $r \in L$, 使得 $\varphi_m = \overline{r} \to\varphi_i$ 和 $r_m = r \to_{\otimes} r_i$, 则由归纳假设可知 $r_i \leqslant B(\varphi_i)$ 成立, 从而

$$\mathrm{val}(w) = r_m = r \to_{\otimes} r_i$$

$$\leqslant r \to_{\otimes} B(\varphi_i) = B(\overline{r} \to \varphi_i)$$
$$= B(\varphi_m) = B(\varphi).$$

于是, 对于证明长度 $l(\omega)=m$, (*) 式成立.

所以, (*) 式总成立. 再与 r、s 的定义结合起来, 即可得到 $s \leqslant r$.

(2) 再证 $r \leqslant s$.

任取 $B_0 \in F_L(\text{wff})$, 满足条件: 对任意 $\psi \in \text{wff}$ 有 $B_0(\psi) = \vee\{\text{val}(\omega)$: ω 为 A 到 ψ 的证明$\}$.

下面将证明, 以上构造的 B_0 满足条件: $B_0 \supseteq A \cup A_L$ 且 B_0 是闭的.

i) 由于 $(\psi, A(\psi))$ 和 $(\psi, A_L(\psi))$ 都是 A 到 ψ 的证明, 故

$$A(\psi) \leqslant B_0(\psi), \quad A_L(\psi) \leqslant B_0(\psi),$$

由此可得 $B_0 \supseteq A \cup A_L$ 成立.

ii) $\forall \psi, \chi \in \text{wff}, \forall r \in L$, 序列 $(\psi_1, r_1), \cdots, (\psi_{m-1}, r_{m-1}), (\psi_m = \psi \to \chi, r_m)$ 是 A 到 $\psi \to \chi$ 的规范证明, 序列 $(\chi_1, s_1), \cdots, (\chi_n = \psi, s_n)$ 是 A 到 ψ 的规范证明, 则序列 $(\psi_1, r_1), \cdots, (\psi_{m-1}, r_{m-1}), (\psi \to \chi, r_m), (\chi_1, s_1), \cdots, (\chi_n = \psi, s_n), (\chi, r_m \otimes s_n)$ 是 A 到 χ 规范证明, 而序列 $(\chi_1, s_1), \cdots, (\chi_n = \psi, s_n), (\overline{r} \to \psi, r \to_{\otimes} s_n)$ 是 A 到 $\overline{r} \to \psi$ 的规范证明, 从而

$$\begin{aligned}
& r \to_{\otimes} B_0(\psi) \\
=& r \to_{\otimes} \vee\{\text{val}(\omega) : \omega\text{为}A\text{到}\psi\text{的规范证明}\} \\
=& \vee\{r \to_{\otimes} \text{val}(\omega) : \omega\text{为}A\text{到}\psi\text{的规范证明}\} \\
\leqslant& \vee\{\text{val}(\omega) : \omega\text{为}A\text{到}\overline{r} \to \psi\text{的规范证明}\} \\
=& B_0(\overline{r} \to \psi).
\end{aligned}$$

另一方面,

$$\begin{aligned}
& B_0(\psi \to \chi) \otimes B_0(\psi) \\
=& (\vee\{\text{val}(\omega_1) : \omega_1\text{为}A\text{到}\psi \to \chi\text{的规范证明}\}) \otimes \\
& (\vee\{\text{val}(\omega_2) : \omega_2\text{为}A\text{到}\psi\text{的规范证明}\}) \\
=& \vee\{\text{val}(\omega_1) \otimes \text{val}(\omega_2) : \omega_1, \omega_2\text{为}A\text{到}\psi \to \chi\text{和}\psi\text{的规范证明}\} \\
\leqslant& \vee\{\text{val}(\omega) : \omega\text{为从}A\text{到}\chi\text{的规范证明}\} \\
=& B_0(\chi).
\end{aligned}$$

根据上面 B_0 的定义以及定义 7.4.3 中的 (14) 和 (15) 式可知, B_0 是满足定义 7.4.11 中的 (a)、(b) 条件. 所以, B_0 是闭的.

另外, 根据上面 B_0 的构造方法和定理的条件:

$$r = \wedge\{B(\varphi)\colon B \in F_L(\mathrm{wff}), B \text{ 是闭的且 } B \supseteq A \cup A_L\}.$$

从而, $r \leqslant B_0(\varphi) = s$.

因此, 根据上面的证明有 $r = s$. 定理得证.

定理 7.4.4(弱完备性定理) 在逻辑系统 $\mathbf{MTL}_Q$ 中, 令 $A \in F_L(\mathrm{wff})$, $\varphi \in \mathrm{wff}$, $r \in L$. 如果 φ 满足以下条件 (A), 则 $A \Vdash_r \varphi \Rightarrow A \models_r \varphi$.

(A) 如果 $B \in F_L(\mathrm{wff})$, B 是闭的且 $B \supseteq A \cup A_L$, 那么存在一个解释 I 中的赋值 T_I, 使得条件 $B(\varphi) \geqslant T_I(\varphi)$ 成立.

证明 根据上面的定理 7.4.2, 逻辑系统 $\mathbf{MTL}_Q$ 中的任意赋值是闭的; 又条件 $A \Vdash_r \varphi$ 是成立的, 故由命题 7.4.2 得

$$r = \wedge\{T_I(\varphi)\colon T_I \text{ 是一个解释 } I \text{ 中的一个赋值, 且 } T_I \supseteq A \cup A_L\}.$$

很容易证明, 下面条件 (1) 成立:

(1) $\wedge\{B(\varphi)\colon B \in F_L(\mathrm{wff}), B \text{ 是闭的且 } B \supseteq A \cup A_L\} \leqslant r$.

又根据假设条件 (A), 可知下面条件 (2) 成立:

(2) $\wedge\{B(\varphi)\colon B \in F_L(\mathrm{wff}), B \text{ 是闭的且 } B \supseteq A \cup A_L\} \geqslant r$.

从而根据 (1) 和 (2), 可得 $r = \wedge\{B(\varphi)\colon B \in F_L(\mathrm{wff}), B \text{ 是闭的且 } B \supseteq A \cup A_L\}$.

因此, 根据定理 7.4.3 得 $A \models_r \varphi$.

7.4.3 多元一阶逻辑系统 $\mathbf{IMTL}_Q{}^*$

本节在逻辑系统 **IMTL** 的基础上, 建立带有语言量词的多型变元逻辑系统 $\mathbf{IMTL}_Q{}^*$, 在其中的变量和常量具有不同的种类.

关于逻辑系统 **IMTL**, 已在本书 2.5.4 节作了介绍, 但为了后面引用方便, 先罗列系统 **IMTL** 的公理及相关定理如下.

定义 7.4.12 逻辑系统 **IMTL** 的公理是:

(K1) $(\varphi \to \psi) \to (\psi \to \gamma) \to (\varphi \to \gamma)$;

(K2) $\varphi \& \psi \to \psi \& \varphi$;

(K3) $(\varphi \to (\psi \to \gamma)) \to (\psi \to (\varphi \to \gamma))$;

(K4) $\varphi \wedge \psi \to \varphi$;

(K5) $\varphi \wedge \psi \to \psi \wedge \varphi$;

(K6) $\neg\neg\varphi \to \varphi$;

(K7) $\varphi \& \psi \to \varphi$;

(K8) $(\varphi \to \psi) \& \varphi \to \varphi \wedge \psi$;

(K9) $(\varphi \& \psi \to \gamma) \to (\varphi \to (\psi \to \gamma))$;

(K10) $(\varphi \to (\psi \to \gamma)) \to (\varphi \& \psi \to \gamma)$;

(K11) $\overline{0} \to \varphi$.

IMTL 的一个理论是指一些公式组成的集合, 即一个理论 T 满足 $T \subseteq F(S)$. 符号 $T \vdash \varphi$ 表示 φ 在理论 T 中是可证的.

命题 7.4.3 在逻辑系统 **IMTL** 中下面的公式都是定理:

(D1) $\varphi \to \varphi$;

(D2) $\varphi \to (\psi \to \varphi)$;

(D3) $(\varphi \to (\psi \to \gamma)) \to (\psi \to (\varphi \to \gamma))$;

(D4) $\varphi \to (\neg\varphi \to \psi)$;

(D5) $\varphi \to (\psi \to \varphi \& \psi)$;

(D6) $(\varphi \to \psi) \to (\varphi \& \gamma \to \psi \& \gamma)$;

(D7) $(\varphi \to \psi) \to (\gamma \to \varphi) \to (\gamma \to \psi)$;

(D8) $(\neg\varphi \to \psi) \to (\neg\psi \to \varphi)$.

在逻辑系统 **IMTL** 的逻辑语言记为 $\mathbf{L}_q$ 中加入语言量词及种类符号, 可得逻辑系统 $\mathbf{IMTL}_{\boldsymbol{Q}}{}^*$ 的逻辑语言, 记为 $\mathbf{L}_{qms}$.

逻辑语言 $\mathbf{L}_{qms}$ 的字母表为:

(1) 个体变元的可数集 $x_0, x_1, x_2, \cdots$;

(2) 谓词符号集 $P = \bigcup_{n=0}^{\infty} P_n$, 其中 P_n 是每一个 $n \geqslant 0$ 的所有 n 元谓词符号的集合, 假定 $\bigcup_{n=0}^{\infty} P_n \neq \varnothing$;

(3) 命题联结词$\&$, $\to$, $\wedge$;

(4) 括号 (,) .

为了方便, 在下面我们引入了一些简化的形式:

$$\neg\varphi := \varphi \to \overline{0};$$

$$\varphi \vee \psi := ((\varphi \to \psi) \to \psi) \& ((\psi \to \varphi) \to \varphi);$$

$$\psi \leftrightarrow \varphi := (\varphi \to \psi) \& (\psi \to \varphi).$$

定义 7.4.13 逻辑系统 $\mathbf{IMTL}_{\boldsymbol{Q}}{}^*$ 的公理系统是在 **IMTL** 中添加下述公理得到:

(K12) $(\forall x)\varphi(x) \to \varphi(t)$, 其中项 t 与 x 具有相同的种类;

(K13) $\varphi(t) \to (\exists x)\varphi(x)$, 其中项 t 与 x 具有相同的种类;

(K14) $(Qx)(\psi \to \varphi) \leftrightarrow (\psi \to (Qx)\varphi)$, 其中 x 在 ψ 中不自由出现;

(K15) $(Q^*x)(\varphi \to \psi) \leftrightarrow ((Qx)\varphi \to \psi)$, 其中 x 在 ψ 中不自由出现;

(K16) $(Qx)(\psi \vee \varphi) \leftrightarrow (\psi \vee (Qx)\varphi)$, 其中 x 在 ψ 中不自由出现.

$\mathbf{IMTL}_{\boldsymbol{Q}}{}^*$ 的推理规则为:

分离规则 (MP): 由 φ, $\varphi \to \psi$ 推得 ψ;

推广规则 (GEN): 由 φ 推得 $(Qx)\varphi$.

定义 7.4.14　合式公式集合 (简称 Wff) 是符号串的最小集合, 满足下面的条件:

(1) 如果 $n \geqslant 0$, $P \in P_n$, $x_1, \cdots, x_n$ 是个体变元, 则 $P(x_1,\cdots,x_n) \in$Wff;

(2) 如果 Q 是模糊量词, x 是个体变元, 且 $\varphi \in$Wff, 则有 $(Qx)\varphi \in$Wff;

(3) 如果 $\varphi_1, \varphi_2 \in$Wff, 则 $\varphi_1 \& \varphi_2$, $\varphi_1 \to \varphi_2$, $\varphi_1 \wedge \varphi_2 \in$Wff.

定义 7.4.15　在一阶逻辑系统 $\mathbf{IMTL}_{\boldsymbol{Q}}{}^*$ 中, 逻辑语言 $\mathbf{L}_{qms}$ 的解释 I 由下面几项构成:

(1) 一个可测空间 $(X, \wp)$, 称为 I 的域, 其中 $X = \bigcup_s X_s$, s 为逻辑语言 $\mathbf{L}_{qms}$ 中的种类, X_s 是非空集合;

(2) 对于任意 $n \geqslant 0$, 若变量 x_i 是属于 s 类的, 则有相关联元素 $x_i^I \in X_s$;

(3) 对于任意 $n \geqslant 0$ 和任意 $P \in P_n$, 存在一个 $\wp^n$-可测函数

$$P^I : X_{s_1} \times X_{s_2} \times \cdots \times X_{s_n} \to [0, 1]_{\mathrm{IMTL}},$$

其中 $[0, 1]_{\mathrm{IMTL}}$ 是标准 IMTL-代数.

定义 7.4.16　设 I 是一个解释, 则在 I 下的公式 φ 的真值 $T_I(\varphi)$ 递归地定义为:

(1) 如果 $\varphi = P(x_1,\cdots,x_n)$, 则 $T_I(\varphi) = P^I(x_1^I,\cdots,x_n^I)$, 其中 $x_i \in X_{s_i}$;

(2) 若 $\varphi = (Qx)\psi$, 则 $T_I(\varphi) = \int T(\psi)_{I\{\cdot/x\}} {}^\circ Q_X$, 其中 X 是 I 的域, $T_I\{./x\}(\psi)$ 是一个映射 $X \to [0, 1]_{\mathrm{IMTL}}$, 使得对于所有 $u \in X$, $T_I\{./x\}(\varphi)(u) = T_I\{u/x\}(\varphi)$, 且 $I\{u/x\}$是一个解释, 它与解释 I 的区别仅是在个体变元 x 上的赋值不同, 即 $\forall y \neq x$, $y^{I\{u/x\}} = y$ 而 $x^{I\{u/x\}} = u$;

(3) 若 $\varphi = \psi \to \gamma$, 则 $T_I(\varphi) = T_I(\psi) \to T_I(\gamma)$;

(4) 若 $\varphi = \psi \& \gamma$, 则 $T_I(\varphi) = T_I(\psi) \otimes T_I(\gamma)$;

(5) 若 $\varphi = \psi \wedge \gamma$, 则 $T_I(\varphi) = \min(T_I(\psi), T_I(\gamma))$.

注意, 上面的 (2) 式, 积分是一般意义上的 Sugeno 积分, 即把原定义中的 "min" 改为 T-模 "$\otimes$".

定义 7.4.17　设 $\varphi \in$Wff 和 $\Sigma \subseteq$Wff, 如果对任意的解释 I 有

$$\bigwedge_{\psi \in \Sigma} T_I(\psi) \leqslant T_I(\varphi),$$

则 φ 称为是 Σ 的结论, 记为 $\Sigma \vDash \varphi$.

若 $\varnothing \vDash \varphi$, 即对任一解释 I 有 $T_I(\varphi)=1$, 则 φ 称为是 (绝对) 有效的.

定理 7.4.5　设 $\varphi, \psi \in$Wff, 其中 x 在 ψ 中自由出现, 则下面的式子是 (绝对) 有效:

(1) $(Qx)(\psi \to \varphi) \to (\psi \to (Qx)\varphi)$;

(2) $(Qx)(\varphi \to\psi\ ) \to ((Q^{*}x)\varphi \to\psi)$;

(3) $(Qx)(\psi\ \vee\varphi\ ) \to (\psi\vee(Qx)\varphi)$.

证明 对任意论域 X, 以及任意解释 I,

(1) 由于

$$\begin{aligned}&T_I((Qx)(\psi \to \varphi))\\=&\sup_{\alpha\in[0,1]}(\alpha\otimes Q(\{u\in X:T_I(\psi\to\varphi)\geqslant\alpha\}))\\=&\sup_{\alpha\in[0,1]}(\alpha\otimes Q(\{u\in X:T_I(\psi)\to T_I(\varphi)\geqslant\alpha\}))\\=&\sup_{\alpha\in[0,1]}(\alpha\otimes Q(\{u\in X:T_I(\psi)\otimes\alpha\leqslant T_I(\varphi)\})),\end{aligned}$$

所以

$$\begin{aligned}&T_I((Qx)(\psi \to \varphi))\otimes T_I(\psi)\\=&\left(\sup_{\alpha\in[0,1]}(\alpha\otimes Q(\{u\in X:T_I(\psi)\otimes\alpha\leqslant T_I(\varphi)\}))\right)\otimes T_I(\psi)\\=&\sup_{\alpha\in[0,1]}(\alpha\otimes T_I(\psi)\otimes Q(\{u\in X:T_I(\psi)\otimes\alpha\leqslant T_I(\varphi)\}))\\\leqslant&\sup_{\alpha\in[0,1]}(\alpha\otimes Q(\{u\in X:\alpha\leqslant T_I(\varphi)\}))\\=&T_I((Qx)\varphi),\end{aligned}$$

从而, $T_I((Qx)(\psi\to\varphi)\otimes T_I(\psi)\leqslant T_I\ ((Qx)\varphi)$, 于是

$$T_I\ ((Qx)(\psi\to\varphi)\leqslant T_I\ (\psi)\to T_I\ ((Qx)\varphi),$$

这说明 (1) 是绝对有效的.

(2) 由于

$$\begin{aligned}&T_I((Qx)(\varphi \to \psi))\\=&\sup_{\alpha\in[0,1]}(\alpha\otimes Q(\{u\in X:T_I(\varphi\to\psi)\geqslant\alpha\}))\\=&\sup_{\alpha\in[0,1]}(\alpha\otimes Q(\{u\in X:T_I(\varphi)\to T_I(\psi)\geqslant\alpha\}))\\=&\sup_{\alpha\in[0,1]}(\alpha\otimes Q(\{u\in X:T_I(\varphi)\leqslant\alpha\to T_I(\psi)\})),\\&T_I((Q^{*}x)\varphi)\\=&\sup_{\beta\in[0,1]}(\beta\otimes Q^{*}(\{u\in X:T_I(\varphi)\geqslant\beta\}))\\=&\sup_{\beta\in[0,1]}(\alpha\otimes\neg Q(\{u\in X:T_I(\varphi)<\beta\})),\end{aligned}$$

所以

$$
\begin{aligned}
&T_I((Qx)(\varphi \to \psi)) \otimes T_I((Q^*x)\varphi)\\
&= \left(\begin{array}{l} \sup\limits_{\alpha\in[0,1]} (\alpha \otimes Q(\{u \in X : T_I(\varphi) \leqslant \alpha \to T_I(\psi)\})) \otimes \\ \sup\limits_{\beta\in[0,1]} (\beta \otimes \neg Q(\{u \in X : T_I(\phi) < \beta\})) \end{array} \right)\\
&= \sup_{\alpha,\beta\in[0,1]} \left(\begin{array}{l} \alpha\otimes\beta\otimes Q(\{u \in X : T_I(\varphi) \leqslant \alpha \to T_I(\psi)\}) \\ \otimes\neg Q(\{u \in X : T_I(\varphi) < \beta\}) \end{array} \right)\\
&= \sup_{\beta\leqslant\alpha\to T_I(\psi)} \left(\begin{array}{l} \alpha\otimes\beta\otimes Q(\{u \in X : T_I(\varphi) \leqslant \alpha \to T_I(\psi)\}) \\ \otimes\neg Q(\{u \in X : T_I(\varphi) < \beta\}) \end{array} \right) \vee\\
&\quad \sup_{\beta>\alpha\to T_I(\psi)} \left(\begin{array}{l} \alpha\otimes\beta\otimes Q(\{u \in X : T_I(\varphi) \leqslant \alpha \to T_I(\psi)\}) \\ \otimes\neg Q(\{u \in X : T_I(\varphi) < \beta\}) \end{array} \right).
\end{aligned}
$$

$$\{u \in X : T_I(\varphi) \leqslant \alpha \to T_I(\psi)\} \subseteq \{u \in X : T_I(\varphi) < \beta\},$$

当 $\beta > \alpha \to T_I(\psi)$ 时,

$$
\begin{aligned}
&\neg Q(\{u \in X : T_I(\varphi) < \beta\}) \leqslant\\
&\neg Q(\{u \in X : T_I(\varphi) \leqslant \alpha \to T_I(\psi)\}).
\end{aligned}
$$

于是,

$$
\begin{aligned}
&\sup_{\beta>\alpha\to T_I(\psi)} (\alpha\otimes\beta\otimes Q(\{u \in X : T_I(\varphi) \leqslant \alpha \to\\
&\qquad T_I(\psi)\}) \otimes \neg Q(\{u \in X : T_I(\varphi) < \beta\})).\\
&\leqslant \sup_{\beta>\alpha\to T_I(\psi)} (\alpha\otimes\beta\otimes Q(\{u \in X : T_I(\varphi) \leqslant \alpha \to\\
&\quad T_I(\psi)\}) \otimes \neg Q(\{u \in X : T_I(\varphi) \leqslant \alpha \to T_I(\psi)\}))\\
&= 0.
\end{aligned}
$$

另一方面,

$$\sup_{\beta\leqslant\alpha\to T_I(\psi)} \left(\begin{array}{l} \alpha\otimes\beta\otimes Q(\{u \in X : T(\varphi) \leqslant \alpha \to T_I(\psi)\}) \\ \otimes\neg Q(\{u \in X : T_I(\varphi) < \beta\}) \end{array} \right) \leqslant T_I(\psi).$$

从而, $T_I((Qx)(\varphi\to\psi))\otimes T_I((Q^*x)\varphi)\leqslant T_I(\psi)$, 这说明 (2) 是绝对有效的.

(3) 由于

$$
\begin{aligned}
& T_I((Qx)(\psi \vee \varphi)) \\
= & \sup_{\alpha\in[0,1]} (\alpha \otimes Q(\{u \in X : T_I(\psi \vee \varphi) \geqslant \alpha\})) \\
= & \sup_{\alpha\in[0,1]} (\alpha \otimes Q(\{u \in X : T_I(\psi) \vee T_I(\varphi) \geqslant \alpha\})) \\
= & \sup_{\alpha\leqslant T_I(\psi)} (\alpha \otimes Q(\{u \in X : T_I(\psi) \vee T_I(\varphi) \geqslant \alpha\})) \vee \\
& \sup_{\alpha> T_I(\psi)} (\alpha \otimes Q(\{u \in X : T_I(\psi) \vee T_I(\varphi) \geqslant \alpha\})) \\
= & T_I(\psi) \vee \sup_{\alpha> T_I(\psi)} (\alpha \otimes Q(\{u \in X : T_I(\psi) \vee T_I(\varphi) \geqslant \alpha\})) \\
= & T_I(\psi) \vee \sup_{\alpha> T_I(\psi)} (\alpha \otimes Q(\{u \in X : T_I(\varphi) \geqslant \alpha\})) \\
\leqslant & T_I(\psi) \vee \sup_{\alpha\in[0,1]} (\alpha \otimes Q(\{u \in X : T_I(\varphi) \geqslant \alpha\})) \\
= & T_I(\psi) \vee T_I((Qx)\varphi),
\end{aligned}
$$

所以,

$$T_I\ ((Qx)\ (\psi\ \vee\varphi) \leqslant T_I\ (\psi\ )\vee T_I\ ((Qx)\varphi)=T_I(\psi\vee(Qx)\varphi),$$

即 $(Qx)(\psi\ \vee\varphi\ )\to(\psi\vee(Qx)\varphi)$ 是绝对有效的.

7.4.4 基于逻辑系统 $\mathbf{IMTL_Q}^*$ 的形式三 I 算法

本节讨论在逻辑系统 $\mathbf{IMTL_Q}^*$ 框架下带有语言量词的模糊推理方法. 在讨论 FMP 和 FMT 问题时, 假定逻辑语言 $\mathbf{L}_{qms}$, 仅包含两个种类 s_1 和 s_2.

这里, 将论域 X, Y 上的模糊集 φ, ψ 可以看成是语言 $\mathbf{L}_{qms}$ 中的两个一元谓词, 分别具有型 $(s_1), (s_2)$. 而模糊语句 "X 是 φ" 和 "Y 是 ψ" 均可看成是逻辑系统 $\mathbf{IMTL_Q}^*$ 中的两个公式 $\varphi\ (x)$ 和 $\psi(y)$, 其中 x, y 分别是逻辑语言 $\mathbf{L}_{qms}$ 中的具有种类 s_1 和 s_2 的个体变元. 于是, 模糊条件句 (模糊规则)"如果 X 是 φ, 那么 Y 是 ψ" 可以表示为公式 $\varphi(x)\ \to\psi(y)$. 进而, 带有模糊量词模糊推理的 FMP 和 FMT 问题可以形式化为

$$
\begin{array}{ll}
\text{规则} & \varphi\ (x) \to\psi\ (y)) \\
\text{输入} & \varphi^*(x) \\
\hline
\text{输出} & \qquad\qquad \psi^*(y)
\end{array}
\tag{1}
$$

和

$$
\begin{array}{ll}
\text{规则} & \varphi\ (x) \to\psi\ (y) \\
\text{输入} & \qquad\qquad \psi^*(y) \\
\hline
\text{输出} & \varphi^*(x)
\end{array}
\tag{2}
$$

其中, x 是具有种类 s_1 的变量, y 是具有种类 s_2 的变量, $\varphi(x)$, $\varphi^*(x)$ 是具有型 (s_1) 的公式, $\psi(y)$, $\psi^*(y)$ 是具有型 (s_2) 的公式.

首先讨论基于逻辑系统 $\mathbf{IMTL}_Q{}^*$ 带有语言量词的如下 FMP 问题:

$$\begin{array}{c} (Q_1x)\varphi_1 \to \psi_1 \\ (Q_2x)\varphi_2 \\ \hline \psi_2 \end{array} \tag{3}$$

设 $\varphi_1(x)$, $\varphi_2(x)$ 是具有型 (s_1) 且带有量词的公式, 而 $\psi_1(y)$ 是具有型 (s_2) 的公式, 若在逻辑系统 $\mathbf{IMTL}_Q{}^*$ 中存在具有型 (s_2) 的公式 $\psi_2(y)$, 满足下面的条件:

(a) $\vdash (\forall y)(((Q_1x)\varphi_1(x) \to \psi_1(y)) \to ((Q_2x)\varphi_2(x) \to \psi_2(y)))$,

(b) 如果 C 是具有型 (s_2) 的公式, 且

$$\vdash (\forall y)(((Q_1x)\varphi_1(x) \to \psi_1(y)) \to ((Q_2x)\varphi_2(x) \to C(y))),$$

那么 $\vdash (\forall y)(\psi_2(y) \to C(y))$.

则 $\psi_2(y)$ 称为是 (3) 式的形式三 I 解.

定理 7.4.6　设 Q_1, Q_2 为模糊量词, (3) 式的形式三 I 解 ψ_2 由下面的式子给出:

$$\psi_2 = ((Q_1x)\varphi_1 \to \psi_1) \& (Q_2x)\varphi_2 \tag{4}$$

对于具有种类 s_2 的变量 y, $\psi_2(y) = ((Q_1x)\varphi_1(x) \to \psi_1(y)) \& (Q_2x)\varphi_2(x)$.

证明　以下的公式序列为满足条件 (a) 的证明

1. $((Q_1x)\varphi_1(x) \to \psi_1(y)) \& (Q_2x)\varphi_2(x) \to$
$((Q_1x)\varphi_1(x) \to \psi_1(y)) \& (Q_2x)\varphi_2(x)$　(根据 D1)
2. $((Q_1x)\varphi_1(x) \to \psi_1(y)) \to ((Q_2x)\varphi_2(x) \to ((Q_1x)\varphi_1(x) \to \psi_1(y)) \& (Q_2x)\varphi_2(x))$
(根据 1, K9, MP)
3. $((Q_1x)\varphi_1(x) \to \psi_1(y)) \to ((Q_2x)\varphi_2(x) \to \psi_2(y))$　(根据 3, 替换定理)
4. $(\forall y)(((Q_1x)\varphi_1(x) \to \psi_1(y)) \to ((Q_2x)\varphi_2(x) \to \psi_2(y)))$.　(根据推广规则)

以下的公式序列为满足条件 (b) 的证明

1. $(\forall y)(((Q_1x)\varphi_1(x) \to \psi_1(y)) \to ((Q_2x)\varphi_2(x) \to C(y)))$　(根据假设)
2. $((Q_1x)\varphi_1(x) \to \psi_1(y)) \to ((Q_2x)\varphi_2(x) \to C(y))$　(根据 1, K12, MP)
3. $((Q_1x)\varphi_1(x) \to \psi_1(y)) \& (Q_2x)\varphi_2(x) \to C(y)$　(根据 2, K10, MP)
4. $\psi_2(y) \to C(y)$
5. $(\forall y)(\psi_2(y) \to C(y))$.　(根据推广规则)

因此, 结论成立.

设存在 $(Q_2x)\varphi_2(x) \leftrightarrow (Q_1x)\varphi_1(x)$ 和 $\vdash (Q_1x)\ \varphi_1(x)$, 使得下面条件成立:

(1) $(\forall y)(\psi_1(y) \to \psi_2(y))$;

(2) $(\forall y)(\psi_2(y) \to \psi_1(y))$;

则称 (3) 式的形式三 I 解 ψ_2 具有还原性.

定理 7.4.7 设 Q_1, Q_2 为模糊量词, 则 (3) 式的形式三 I 解 ψ_2 具有还原性.

证明 设 $(Q_2x)\varphi_2(x) \leftrightarrow (Q_1x)\varphi_1(x)$ 和 $\vdash (Q_1x)\ \varphi_1(x)$, 那么根据定理 7.4.6 可得

$$\psi_2(y) = ((Q_1x)\varphi_1(x) \to \psi_1(y))\&(Q_1x)\varphi_1(x).$$

首先, 证明 $\vdash (\forall y)(\psi_2(y) \to \psi_1(y))$.

1. $((Q_1x)\varphi_1(x) \to \psi_1(y)) \to ((Q_1x)\varphi_1(x) \to \psi_1(y))$ (根据 D1)
2. $((Q_1x)\varphi_1(x) \to \psi_1(y))\&(Q_1x)\varphi_1(x) \to \psi_1(y)$ (根据 1, K10, HS)
3. $\psi_2(y) \to \psi_1(y)$
4. $(\forall y)(\psi_2 \to \psi_1(y))$. (根据推广规则)

其次, 证明 $\vdash (\forall y)\ (\psi_1(y) \to \psi_2(y))$.

1. $(Q_1x)\varphi_1(x) \to (\psi_1(y) \to (Q_1x)\varphi_1(x)\&\psi_1(y))$ (根据 D5)
2. $\psi_1(y) \to ((Q_1x)\varphi_1(x) \to \psi_1(y))$ (根据 D2)
3. $\psi_1(y)\&(Q_1x)\varphi_1(x) \to ((Q_1x)\varphi_1(x) \to \psi_1(y))\&(Q_1x)\varphi_1(x)$ (根据 2, D6, MP)
4. $(\psi_1(y) \to \psi_1(y)\&(Q_1x)\varphi_1(x)) \to$
   $(\psi_1(y) \to ((Q_1x)\varphi_1(x) \to \psi_1(y))\&(Q_1x)\varphi_1(x))$ (根据 3, D7, MP)
5. $(Q_1x)\varphi_1(x) \to (\psi_1(y) \to ((Q_1x)\varphi_1(x) \to \psi_1(y))\&(Q_1x)\varphi_1(x))$ (根据 1, 4, HS)
6. $(Q_1x)\varphi_1(x)$ (根据假设)
7. $\psi_1(y) \to ((Q_1x)\varphi_1(x) \to \psi_1(y))\ \&(Q_1x)\varphi_1(x))$ (根据 5, 6, MP)
8. $\psi_1(y) \to \psi_2(y)$
9. $(\forall y)(\psi_1(y) \to \psi_2(y))$. (根据推广规则)

现在讨论逻辑系统 $\mathbf{IMTL}_Q{}^*$ 中如下带有语言量词的 FMP 问题:

$$\begin{array}{c}(Q_1x)\phi_1 \to (Q_2y)\psi_1 \\ \underline{(Q_3x)\phi_2} \\ \hline \psi_2\end{array} \tag{5}$$

设 $\varphi_1(x), \varphi_2(x)$ 是具有型 (s_1) 且带有量词的公式, 而 $\psi_1(y)$ 是具有型 (s_2) 的公式, 若在逻辑系统 $\mathbf{IMTL}_Q{}^*$ 中, 存在具有型 (s_2) 的公式 $\psi_2(y)$ 满足以下条件:

(a) $\vdash (\forall y)(((Q_1x)\varphi_1(x) \to (Q_2y)\psi_1(y)) \to ((Q_3x)\varphi_2(x) \to \psi_2(y)))$;

(b) 如果 $C(y)$ 是具有型 (s_2) 的公式, 且

$\vdash (\forall y)(((Q_1x)\ \varphi_1(x) \to (Q_2y)\psi_1(y)) \to ((Q_3x)\varphi_2(x) \to C(y)))$;

那么 $\vdash (\forall y)(\psi_2(y) \to C(y))$.

则称 $\psi_2(y)$ 为 (5) 式的形式三 I 解.

定理 7.4.8　设 Q_1, Q_2 为模糊量词, (5) 式的形式三 I 解由下面的式子给出:

$$\psi_2 = ((Q_1x)\varphi_1 \to (Q_2y)\psi_1)\&(Q_3x)\varphi_2 \tag{6}$$

对于具有种类 s_2 的变量 y, $\psi_2(y)$=$((Q_1x)\varphi_1(x) \to (Q_2y)\psi_1(y))\&(Q_3x)\varphi_2(x)$.

证明　以下的公式序列为满足条件 (a) 的证明

1. $((Q_1x)\varphi_1(x) \to (Q_2y)\psi_1(y))\&(Q_3x)\varphi_2(x) \to$
   $((Q_1x)\varphi_1(x) \to (Q_2y)\psi_1(y))\&(Q_3x)\varphi_2(x)$　(根据 D1)
2. $((Q_1x)\varphi_1(x) \to (Q_2y)\psi_1(y))\to((Q_3x)\varphi_2(x) \to$
   $((Q_1x)\varphi_1(x) \to (Q_2y)\psi_1(y))\&(Q_3x)\varphi_2(x))$　(根据 1, K9, MP)
3. $((Q_1x)\varphi_1(x) \to (Q_2y)\psi_1(y))\to((Q_3x)\varphi_2(x) \to\psi_2(y))$
4. $(\forall x)((Q_1x)\varphi_1(x) \to (Q_2y)\psi_1(y))\to((Q_3x)\varphi_2(x) \to\psi_2(y)))$　(根据推广规则)

以下的公式序列满足条件为 (b) 的证明

1. $(\forall y)(((Q_1x)\varphi_1(x) \to (Q_2y)\psi_1(y))\to((Q_3x)\varphi_2(x) \to C(y)))$　(根据假设)
2. $((Q_1x)\varphi_1(x) \to (Q_2y)\psi_1(y))\to ((Q_3x)\varphi_2(x) \to C(y))$　(根据 1, K12, MP)
3. $((Q_1x)\varphi_1(x) \to (Q_2y)\psi_1(y))\&(Q_3x)\varphi_2(x) \to C(y)$　(根据 2, K10, MP)
4. $\psi_2(y) \to C(y)$.

因此, 结论得证.

定理 7.4.9　设 Q_1, Q_2 为的模糊量词, 则 (5) 式的形式三 I 解具有还原性.

证明　与定理 7.4.7 的证明类似, 此略.

下面讨论逻辑系统 $\mathbf{IMTL_Q}^*$ 中下述带有语言量词的 FMT 问题:

$$\begin{array}{ll} \varphi_1 \to & (Q_1y)\psi_1 \\ & (Q_2y)\psi_2 \\ \hline \varphi_2 & \end{array} \tag{7}$$

设 $\varphi_1(x)$ 是具有型 (s_1) 且带有量词的公式, 而 $\psi_1(y), \psi_2(y)$ 是具有型 (s_2) 的公式, 若在逻辑系统 $\mathbf{IMTL}_Q{}^*$ 中存在具有型 (s_2) 的公式 $\varphi_2(x)$, 满足下面条件:

(a) $\vdash (\forall x)((\varphi_1(x) \to (Q_1y)\psi_1(y))\to(\varphi_2(x) \to (Q_2y)\psi_2(y)))$;

(c) 如果 $D(x)$ 是具有型 (s_1) 的公式, 且

$$\vdash (\forall x)((\varphi_1(x) \to (Q_1y)\psi_1(y))\to (D(x) \to (Q_2y)\psi_2(y))),$$

那么 $\vdash D(x) \to\varphi_2(x)$.

则称 $\varphi_2(x)$ 是 (7) 式的形式三 I 解.

定理 7.4.10　设 Q_1, Q_2 为模糊量词, 则 (7) 式的形式三 I 解 φ_2 由下面的式子给出:

$$\varphi_2 = (\varphi_1 \to (Q_1y)\psi_1(y)) \to (Q_2y)\psi_2(y) \tag{8}$$

对于具有种类 s_1 的变量 x, $\varphi_2(x)=(\varphi_1(x) \to (Q_1y)\psi_1(y))\to (Q_2y)\psi_2(y)$.

证明 以下的公式序列为满足条件 (a) 的证明

1. $((\varphi_1(x) \to (Q_1y)\psi_1(y))\to (Q_2y)\psi_2(y))$
$\to((\varphi_1(x) \to (Q_1y)\psi_1(y))\to (Q_2y)\psi_2(y))$ (根据 D1)
2. $(\varphi_1(x) \to (Q_1y)\psi_1(y))\to(((\varphi_1(x)$
$\to(Q_1y)\psi_1(y))\to (Q_2y)\psi_2(y))\to (Q_2y)\psi_2(y))$ (根据 1, D3, MP)
3. $(\varphi_1(x) \to (Q_1y)\psi_1(y))\to(\varphi_2(x) \to (Q_2y)\psi_2(y))$
4. $(\forall x)(\varphi_1(x) \to (Q_1y)\psi_1(y))\to(\varphi_2(x) \to (Q_2y)\psi_2(y))$. (根据推广规则)

以下的公式序列为满足条件 (c) 的证明

1. $(\forall x)((\varphi_1(x) \to (Q_1y)\psi_1(y))\to (D(x) \to (Q_2y)\psi_2(y)))$ (根据假设)
2. $(\varphi_1(x) \to (Q_1y)\psi_1(y))\to (D(x) \to (Q_2y)\psi_2(y))$ (根据 1, K12, MP)
3. $D(x) \to((\varphi_1(x) \to (Q_1y)\psi_1(y))\to (Q_2y)\psi_2(y))$ (根据 2, D3, MP)
4. $D(x) \to\varphi_2(y)$
5. $(\forall x)(D(x) \to\varphi_2(y))$. (根据推广规则)

定理得证.

设在逻辑系统 $\mathbf{IMTL}_Q{}^*$ 中存在 $(Q_2y)\psi_2(y) \leftrightarrow (Q_1y)\psi_1(y)$ 和 $\vdash \neg(Q_1y)\psi_1(y)$, 使得 $(\forall x)(\varphi_1(x) \to\varphi_2(x))$ 且 $(\forall x)(\varphi_2(x) \to\varphi_1(x))$, 则称 (7) 式的形式三 I 解具有还原性.

定理 7.4.11 设 Q_1, Q_2 为模糊量词, 则 (7) 式的形式三 I 解 φ_2 具有还原性.

证明 设 $(Q_2y)\psi_2(y) \leftrightarrow (Q_1y)\psi_1(y)$ 和 $\vdash \neg(Q_1y)\psi_1(y)$, 则根据定理 7.4.10 有

$$\varphi_2(x) = (\varphi_1(x) \to (Q_1y)\psi_1(y)) \to (Q_1y)\psi_1(y) \tag{9}$$

首先, 证明 $\vdash (\forall x)(\varphi_1(x) \to\varphi_2(x))$.

1. $(\varphi_1(x) \to (Q_1y)\psi_1(y))\to(\varphi_1(x) \to (Q_1y)\psi_1(y))$ (根据 D1)
2. $\varphi_1(x) \to((\varphi_1(x) \to (Q_1y)\psi_1(y))\to (Q_1y)\psi\ (y))$ (根据 1, D3, MP)
3. $\varphi_1(x) \to \varphi_2(x)$
4. $(\forall x)(\varphi_1(x) \to\varphi_2(x))$. (根据 3, 推广规则)

其次, 证明 $\vdash (\forall x)(\varphi_2(x) \to\varphi_1(x))$.

1. $\neg\varphi_1(x) \to(\varphi_1(x) \to (Q_1y)\psi_1(y))$ (根据 D4)
2. $(\neg\varphi_1(x) \to (\varphi_1(x) \to (Q_1y)\psi_1(y)))$
$\to(\neg(\varphi_1(x) \to (Q_1y)\psi_1(y))\to\varphi_1(x))$ (根据 D8)
3. $\neg(\varphi_1(x) \to (Q_1y)\psi_1(y))\to\varphi_1(x)$ (根据 1, 2, MP)
4. $(\neg(Q_1y)\psi_1(y) \to \neg(\varphi_1(x) \to (Q_1y)\psi_1(y)))$
$\to(\neg(Q_1y)\psi_1(y) \to\varphi_1(x))$ (根据 3, D7, MP)

5. $((\varphi_1(x) \to (Q_1y)\psi_1(y)) \to (Q_1y)\psi_1(y))$
$\to(\neg(Q_1y)\psi_1(y) \to \varphi_1(x))$ (根据 4, 替换定理)

6. $\neg(Q_1y)\psi_1(y) \to(((\varphi_1(x) \to (Q_1y)\psi_1(y))$
$\to(Q_1y)\psi_1(y)) \to \varphi_1(x))$ (根据 5, D3, MP)

7. $\neg(Q_1y)\psi_1(y)$ (根据假设)

8. $((\varphi_1(x) \to (Q_1y)\psi_1(y)) \to (Q_1y)\psi_1(y)) \to \varphi_1(x)$ (根据 6, 7, MP)

9. $(\forall x)(\varphi_2(x) \to \varphi_1(x))$. (根据 8, (9), 推广规则)

定理得证.

接下来, 讨论在逻辑系统 $\mathbf{IMTL}_{\boldsymbol{Q}}{}^*$ 中如下带有语言量词的 FMT 问题:

$$\begin{array}{l} (Q_1x)\varphi_1 \to (Q_2y)\psi_1 \\ \qquad\qquad\quad (Q_3y)\psi_2 \\ \hline \varphi_2 \end{array} \tag{10}$$

设 $\varphi_1(x)$ 是具有型 (s_1) 的公式, 而 $\psi_1(y)$, $\psi_2(y)$ 是具有型 (s_2) 的公式, 若在逻辑系统 $\mathbf{IMTL}_{\boldsymbol{Q}}{}^*$ 中, 存在具有型 (s_1) 的公式 $\varphi_2(x)$ 满足以下条件:

(a) $\vdash (\forall x)(((Q_1x)\varphi_1(x) \to (Q_2y)\psi_1(y)) \to (\varphi_2(x) \to (Q_3y)\psi_2(y)))$;

(c) 如果 $D(x)$ 是具有型 (s_1) 的公式, 且

$$\vdash (\forall x)(((Q_1x)\varphi_1(x) \to (Q_2y)\psi_1(y)) \to (D(x) \to (Q_3y)\psi_2(y))),$$

那么 $\vdash D(x) \to \varphi_2(x)$.

则称 $\varphi_2(x)$ 是 (10) 式的形式三 I 解.

定理 7.4.12 设 Q_1, Q_2 为模糊量词, (10) 式的形式三 I 解由下面的式子给出:

$$\varphi_2 = ((Q_1x)\varphi_1 \to (Q_2y)\psi_1) \to (Q_3y)\psi_2 \tag{11}$$

对于具有种类 s_1 的变量 x, $\varphi_2(x)=((Q_1x)\varphi_1(x) \to (Q_2y)\psi_1(y)) \to (Q_3y)\psi_2(y)$.

证明 以下的公式序列为满足条件 (a) 的证明

1. $(((Q_1x)\varphi_1(x) \to (Q_2y)\psi_1(y)) \to (Q_3y)\psi_2\ (y))$
$\to(((Q_1x)\varphi_1(x) \to (Q_2y)\psi_1(y)) \to (Q_3y)\psi_2(y))$ (根据 D1)

2. $((Q_1x)\varphi_1(x) \to (Q_2y)\psi_1(y)) \to ((((Q_1x)\varphi_1(x)$
$\to(Q_2y)\psi_1(y)) \to (Q_3y)\psi_2(y)) \to (Q_3y)\psi(y))$ (根据 1, D3, MP)

3. $((Q_1x)\varphi_1(x) \to (Q_2y)\psi_1(y)) \to (\varphi_2(x) \to (Q_3y)\psi_2(y))$

4. $(\forall x)((Q_1x)\varphi_1(x) \to (Q_1y)\psi_1(y)) \to (\varphi_2(x) \to (Q_3y)\psi_2(y))$. (根据推广规则)

以下的公式序列为满足条件 (c) 的证明

1. $(\forall x)(((Q_1x)\varphi_1(x) \to (Q_2y)\psi_1(y)) \to (D(x) \to (Q_3y)\psi_2(y)))$ (根据假设)

2. $((Q_1x)\varphi_1(x) \to (Q_2y)\psi_1(y)) \to (D(x) \to (Q_3y)\psi_2(y))$ (根据 1, K12, MP)

3. $D(x) \to (((Q_1x)\varphi_1(x) \to (Q_2y)\psi_1(y)) \to (Q_3y)\psi_2(y))$ (根据 2, D3, MP)

4. $D(x) \to \psi_2(y)$

5. $(\forall x)(D(x) \to \psi_2(y))$. (根据推广规则)

设在逻辑系统 $\mathbf{IMTL_Q}^*$ 中存在 $(Q_2y)\psi_1(y) \leftrightarrow (Q_3y)\psi_2(y)$ 和 $\vdash \neg(Q_2y)\psi_1(y)$, 使得 $\vdash (Q_1x)\varphi_1(x) \to \varphi_2(x)$ 且 $\vdash \varphi_2(x) \to (Q_1x)\varphi_1(x)$, 则称 (10) 式的形式三 I 解 φ_2 具有还原性.

定理 7.4.13 设 Q_1, Q_2 为模糊量词, 则 (10) 式的形式三 I 解 φ_2 具有还原性.

证明 设存在 $(Q_2y)\psi_1(y) \leftrightarrow (Q_3y)\psi_2(y)$ 和 $\vdash \neg(Q_2y)\psi_1(y)$, 则根据定理 7.4.12 有

$$\varphi_2(x) = ((Q_1x)\varphi_1(x) \to (Q_2y)\psi_1(y)) \to (Q_2y)\psi_1(y). \tag{12}$$

首先, 证明 $\vdash (Q_1x)\varphi_1(x) \to \varphi_2(x)$.

1. $((Q_1x)\varphi_1(x) \to (Q_2y)\psi_1(y)) \to ((Q_1x)\varphi_1(x) \to (Q_2y)\psi_1(y))$ (根据 D1)

2. $(Q_1x)\varphi_1(x) \to (((Q_1x)\varphi_1(x) \to (Q_2y)\psi_1(y)) \to (Q_2y)\psi_1(y))$ (根据 1, D3, MP)

3. $(Q_1x)\varphi_1(x) \to \varphi_2(x)$

4. $(\forall x)(\varphi_1(x) \to \varphi_2(x))$. (根据 3, 推广规则)

其次, 证明 $\vdash \varphi_2(x) \to (Q_1x)\varphi_1(x))$.

1. $\neg(Q_1x)\varphi_1(x) \to ((Q_1x)\varphi_1(x) \to (Q_1y)\psi_1(y))$ (根据 D4)

2. $(\neg(Q_1x)\varphi_1(x) \to ((Q_1x)\varphi_1(x) \to (Q_2y)\psi_1(y))$
$\to (\neg((Q_1x)\varphi_1(x) \to (Q_2y)\psi_1(y)) \to (Q_1x)\varphi_1(x))$ (根据 D8)

3. $\neg((Q_1x)\varphi_1(x) \to (Q_2y)\psi_1(y)) \to (Q_1x)\varphi_1(x)$ (根据 1, 2, MP)

4. $(\neg(Q_2y)\psi_1(y) \to \neg((Q_1x)\varphi_1(x) \to (Q_2y)\psi_1(y)))$
$\to (\neg(Q_2y)\psi_1(y) \to (Q_1x)\varphi_1(x))$ (根据 3, D7, MP)

5. $(((Q_1x)\varphi_1(x) \to (Q_2y)\psi_1(y)) \to (Q_2y)\psi_1(y))$
$\to (\neg(Q_2y)\psi_1(y) \to (Q_1x)\varphi_1(x))$ (根据 4, D8, K6, MP)

6. $\neg(Q_2y)\psi_1(y) \to ((((Q_1x)\varphi_1(x) \to (Q_2y)\psi_1(y))$
$\to (Q_2y)\psi_1(y)) \to (Q_1x)\varphi_1(x))$ (根据 5, D3, MP)

7. $\neg(Q_2y)\psi_1(y)$ (根据假设)

8. $(((Q_1x)\varphi_1(x) \to (Q_2y)\psi_1(y)) \to (Q_2y)\psi_1(y)) \to (Q_1x)\varphi\ (x)$ (根据 6, 7, MP)

9. $(\varphi_2(x) \to (Q_1x)\varphi\ (x)$. (根据 8, (12))

定理得证.

7.5 基于模糊量词的广义粗糙集模型

本节探讨模糊量词与粗糙集理论的联系, 包括两个方面: 一是模糊量词在粗糙集理论中的应用, 主要介绍模糊量化粗糙集 (vaguely quantified rough set) 模型; 二是粗糙集在模糊量词研究中的应用, 主要是综述相关研究动向.

7.5.1 Pawlak 粗糙集与变精度粗糙集

粗糙集 (rough set) 理论由波兰数学家 Z. Pawlak 于 1982 年创立 (见 [282, 283]), 是处理不确定性的有力工具, 已成功应用于信息系统分析、人工智能、知识工程与数据挖掘、决策支持系统、模式识别与分类、医疗诊断、故障检测等诸多领域.

粗糙集把那些无法确认的个体都归属于边界区域, 而边界区域被定义为上近似和下近似之差. 相对于概率统计、模糊集等处理不确定性的数学工具而言, 粗糙集理论有其独特的优越性. 统计学需要概率分布, 模糊集理论需要隶属函数, 而粗糙集不需要关于数据的任何预备的或额外的信息, 它有确定的数学公式描述, 完全由数据决定, 所以更有客观性.

为了便于后面介绍模糊量词在粗糙集理论中的应用, 这里先简要回顾一下 Pawlak 经典粗糙集模型及其推广形式之一: 变精度粗糙集 (variable precision rough set) 模型, 而相关符号沿用文献 [284] 的表达方法, 以便与后面的模糊量化粗糙集 (vaguely quantified rough set) 模型进行关联和比较分析.

1. Pawlak 粗糙集的基本概念

设 U 是对象集 (论域), R 是 U 上的一个等价关系, 称 (U, R) 为近似空间 (approximation space). 令 $y \in U$, 本节用 Ry 表示 y 所在的等价类.

定义 7.5.1[282,283] 设 (U, R) 为近似空间, $A \subseteq U$. 则 A 的上近似 $R\uparrow A$、下近似 $R\downarrow A$ 分别定义为

$$R\uparrow A = \{y \in U | A \cap Ry \neq \varnothing\},$$
$$R\downarrow A = \{y \in U | Ry \subseteq A\}.$$

如果 A 的下近似和上近似相等, 则称 A 是可定义的集合, 否则称 A 为粗糙集.

定义 7.5.2[282,283] 设 (U, R) 为近似空间, $A \subseteq U$. 则 A 的粗糙隶属函数 R_A 定义为

$$R_A(y) = \frac{|Ry \cap A|}{|Ry|}, \quad \forall y \in U.$$

其中 $R_A(y)$ 表示 Ry 包含于 A 的程度, 可以解释为 y 属于 A 的条件概率 (在给定的关于等价类知识 Ry 的情况下).

容易验证,

$$y \in R\uparrow A \Leftrightarrow R_A(y) > 0,$$
$$y \in R\downarrow A \Leftrightarrow R_A(y) = 1.$$

这表明, y 属于上近似 $R\uparrow A$ 当且仅当 Ry 与 A 有部分重叠, 而即便 Ry 仅有很少元素不属于 A、则 y 也不属于下近似 $R\downarrow A$.

例 7.5.1 考虑一个由 20 个文档组成的集合 $D=\{d_1,\cdots,d_{20}\}$, 依据文档的主题将文档划分为四种类型, $D_1=\{d_1,\cdots,d_5\}$, $D_2=\{d_6,\cdots,d_{10}\}$, $D_3=\{d_{11},\cdots,d_{15}\}$, $D_4=\{d_{16},\cdots,d_{20}\}$. 这种分类实际上定义了 D 上的一个等价关系, 记为 R. 如果用户发出了一个查询请求 (比如用户在使用一个信息检索系统), 以获得与 $A=\{d_2,\cdots,d_{12}\}$相关联的文档. 这里的 "相关联" 显然是一个不确定性概念, 应用 Pawlak 粗糙集的来表示可得

$$R\downarrow A = D_2, \quad R\uparrow A = D_1 \cup D_2 \cup D_3.$$

分析上面的例子会发现, 尽管 D_1 与 D_3 均包含在 $R\uparrow A$ 中 (即 D_1 与 D_3 中文档均与 A 中文档具有一定关联性), 但它们对于信息检索问题来说是有区别的: 因为 D_1 中仅有 d_1 不在 A 中 (换句话说, D_1 中除 d_1 外的其余文档均与 A 相关联), 而 D_3 中仅有 d_{11} 及 d_{12} 在 A 中 (换句话说, D_3 中除 d_{11} 及 d_{12} 外的其余文档均与 A 中文档具有不同主题), 这说明 Pawlak 粗糙集不能表达上述细微的差别. 为了克服这一不足, 人们就试图推广粗糙集的经典定义, 下面介绍的变精度粗糙集概念就是其中之一 (最早由 W. Ziarko 在文献 [285] 中提出).

2. 变精度粗糙集的基本概念

由于在现实生活中, 数据可能受人们分类误差或噪声的影响, 因此 Ziarko 将前述上、下近似的定义进行改造, 引入含参数的变精度粗糙集定义.

定义 7.5.3[285] 设 (U,R) 为近似空间, $A\subseteq U$, l 和 u 是满足条件 $0\leqslant l\leqslant u\leqslant 1$ 的实数. 则 A 的 l-上近似 $R\uparrow_l A$、u-下近似 $R\downarrow_u A$ 分别定义为

$$R\uparrow_l A = \{y \in U | R_A(y) > l\},$$
$$R\downarrow_u A = \{y \in U | R_A(y) \geqslant u\}.$$

如果使用量词, 定义 7.5.1 及定义 7.5.3 中的近似算子的特征可以表示为

$$y \in R\uparrow A \Leftrightarrow (\exists x \in U)\left((x,y) \in R\text{且}x \in A\right).$$

$$y \in R\downarrow A \Leftrightarrow (\forall x \in U)\left((x,y) \in R \Rightarrow x \in A\right).$$

$$y \in R\uparrow_l A \Leftrightarrow Ry\text{中超过}100\times l\%\text{的元素属于}A.$$

$$y \in R\downarrow_u A \Leftrightarrow Ry\text{中至少}100\times u\%\text{的元素属于}A.$$

以上结论表明, 前述粗糙上、下近似算子均可由 (分明) 量词来表达, 这里使用了存在量词 ∃、全称量词 ∀、阈值量词 "大于 $100l\%$"(more than $100l\%$) 及 "至少 $100u\%$"(at least $100u\%$).

例 7.5.2　仍考虑例 7.5.1 中的文档检索问题. 应用变精度粗糙集, 可以更具柔性地区分 D_1 与 D_3 的作用, 但关键变成了选择合适的阈值 l 和 u. 比如, 选择 u=0.8, l=0.2, 则

$$R\downarrow_{0.8} A = D_1\cup D_2,\quad R\uparrow_{0.2} A = D_1\cup D_2\cup D_3.$$

而选择 u=0.9, l=0.1 时有

$$R\downarrow_{0.9} A = D_1, R\uparrow_{0.1} A = D_1\cup D_2\cup D_3.$$

后一种情况, 得到与例 7.5.1 一样的结果.

注意, 尽管变精度粗糙集依据 "容忍度" 处理不确定元素, 但所采用的仍然是 "非黑即白" 方法 (black-or-white fashion): 依据特殊选择的 l 和 u, 一个元素要么属于、要么不属于上 (下) 近似. 下面介绍的模糊量化粗糙集, 由于允许使用模糊量词, 因此其表达能力更强.

7.5.2　基于模糊量词的模糊量化粗糙集

1. 模糊量化粗糙集 (vaguely quantified rough set)

为了更柔和地表达粗糙近似中隶属关系的不确定性, 文献 [284] 中提出了量化模糊粗糙集模型, 它允许使用模糊量词, "y 属于 A 的上近似" 被扩展为 "Ry 的一些元素包含于 A", "y 属于 A 的下近似" 被扩展为 "Ry 的大部分元素包含于 A", 这里 "一些"(some) "大部分"(most) 为模糊量词. 在模糊量化粗糙集中, 上、下近似均是模糊集 (即 U 到 [0, 1] 映射).

对于模糊量词的处理, 文献 [284] 采用了 Zadeh 正规递增量词概念, 即模糊量词 Q: [0, 1]→[0, 1] 是一个单调递增映射, 且满足边界条件 $Q(0)=0$, $Q(1)=1$.

例 7.5.3　存在量词和全称量词可分别定义为 ($\forall x \in[0, 1]$):

$$Q_{\exists}(x)=\begin{cases}0, & x=0,\\ 1, & x>0,\end{cases}\quad Q_{\forall}(x)=\begin{cases}0, & x<1,\\ 1, & x=1.\end{cases}$$

量词 "大于 $100l\%$"(more than $100l\%$) 及 "至少 $100u\%$"(at least $100u\%$) 可分别定义为 ($\forall x \in[0, 1]$):

$$Q_{>l}(x)=\begin{cases}0, & x\leqslant l,\\ 1, & x>l,\end{cases}\quad Q_{\geqslant u}(x)=\begin{cases}0, & x<u\\ 1, & x\geqslant u\end{cases}$$

例 7.5.4 上一个例子实际上都是分明量词 (仅取 0, 1 两个值). 对于选定的参数 $0\leqslant\alpha<\beta\leqslant 1$, 如下定义的 $Q_{(\alpha,\beta)}$ 是模糊量词 ($\forall x\in[0, 1]$):

$$Q_{(\alpha,\beta)}(x)=\begin{cases}0, & x\leqslant\alpha,\\ \dfrac{2(x-\alpha)^2}{(\beta-\alpha)^2}, & \alpha\leqslant x\leqslant\dfrac{\alpha+\beta}{2},\\ 1-\dfrac{2(x-\beta)^2}{(\beta-\alpha)^2}, & \dfrac{\alpha+\beta}{2}\leqslant x\leqslant\beta,\\ 1, & \beta\leqslant x,\end{cases}$$

容易看出, 量词 $Q_{(0.1,0.6)}$、$Q_{(0.2,1)}$ 可以分别看成自然语言中的 “一些”(some) 及 “大部分”(most).

给定 U 的两个子集 A_1, A_2 及量词 Q, Zadeh 如下计算语句 “QA_1 是 A_2” 的真值:

$$Q\left(\frac{|A_1\cap A_2|}{|A_1|}\right).$$

基于此, 文献 [284] 引入如下的模糊量化粗糙集.

定义 7.5.4[284] 设 (U, R) 为近似空间, $A\subseteq U$, Q_l 和 Q_u 是模糊量词. 则 A 的 Q_l-上近似 $R\uparrow_{Q_l}A$、Q_u-下近似 $R\downarrow_{Q_u}A$ 分别定义为: $\forall y\in U$,

$$R\uparrow_{Q_l}A=Q_l\left(\frac{|Ry\cap A|}{|Ry|}\right)=Q_l\left(R_A(y)\right),$$

$$R\downarrow_{Q_u}A=Q_u\left(\frac{|Ry\cap A|}{|Ry|}\right)=Q_u\left(R_A(y)\right).$$

容易验证,

$$R\uparrow_{Q_\exists}A=R\uparrow A,\quad R\downarrow_{Q_\forall}A=R\downarrow A.$$

$$R\uparrow_{Q_{>l}}A=R\uparrow_l A,\quad R\downarrow_{Q_{\geqslant u}}A=R\downarrow_u A.$$

若 $Q_u\leqslant Q_l$, 则 $R\downarrow_{Q_u}A\subseteq R\uparrow_{Q_l}A$.

例 7.5.5 再次考虑例 7.5.1、例 7.5.2 中的文档检索问题. 取模糊量词

$$Q_u=Q_{(0.2,1)},\quad Q_l=Q_{(0.1,0.6)}.$$

则

$$R\downarrow_{Q_u}A=\{(d_6,1),\cdots,(d_{10},1),(d_1,0.875),\cdots,(d_5,0.875),\\(d_{11},0.125),\cdots,(d_{15},0.125)\}.$$

$$R\uparrow_{Q_l}A=\{(d_1,1),\cdots,(d_{10},1),(d_{11},0.68),\cdots,(d_{15},0.68)\}.$$

这样, D_3, D_1 中文档与 A 中文档的相关性的差异在上、下近似中被明显地表达出来了, 因而模糊量化粗糙集成功推广了经典粗糙集和变精度粗糙集.

2. 基于广义量词的广义粗糙集

文献 [286] 进一步推广了前述模糊量化粗糙集, 提出基于广义量词的一般粗糙集 (genererlized quantifier based rough set, GQRS) 的概念.

在 GQRS 模型中, 广义量词被理解为映射 Q: $F(U) \times F(U) \to [0, 1]$, 其中 U 是论域, $F(U)$ 是 U 上所有模糊集合构成的 (分明) 集合.

定义 7.5.5[286] 设 (U, R) 为模糊近似空间 (R 是 U 上的模糊二元关系, 即 R: $U \times U \to [0, 1]$), Q 是 U 上的广义量词, $A \subseteq F(U)$. 则模糊集 A 的 Q-近似 $R_Q A$ 定义为

$$R_Q A(y) = Q(R^{(y)}, A), \quad \forall y \in U.$$

这里, $R^{(y)}$ 是 U 上的模糊集, 其隶属函数定义如下:

$$R^{(y)}(u) = R(y, u), \ \forall u \in U.$$

注:

(1) 上述定义并未分别定义上、下近似, 而是将 "近似" 与广义量词相关联, 强调了不同的广义量词得到不同的近似算子.

(2) 文献 [286] 中说明, Pawlak 粗糙上 (下) 近似、变精度粗糙集、模糊量化粗糙集均是 GQRS 的特殊情况; 同时, GQRS 能够提高通过粗糙集获得的决策规则的表达能力. 详细内容, 请参阅原始文献, 此不赘述.

7.5.3 关于粗糙集与模糊量词研究的注记

前两节简要介绍了模糊量词在粗糙集理论中的应用, 并未涉及粗糙集在模糊量词研究中的应用. 实际上, 关于粗糙集与模糊量词相结合的研究正在成为一个新的方向, 引起诸多学者的关注, 本节概要介绍一些研究动向及进一步研究课题.

1. 模糊量词的粗糙集语义

本书论述的广义量词、模糊量词理论, 均与各种集合理论密切关联. 粗糙集作为一种处理不确定性的新集合理论, 如何用来表达语言量词所包含的不确定性, 显然是一个重要而有趣的研究课题. 作者在撰写本书之初, 就一直思考上述问题, 但没有什么进展. 而近年发表的一些文献开始涉及这一问题, 这里简要罗列一下相关文献摘要的主要内容, 供有兴趣的读者进一步学习和研究时参考.

文献 [287] 从粗糙集的视角探讨了带有广义量词的自然语言的语义. 该文首先聚焦于带有比例量词 (属于分明量词) 语句的粗糙集语义, 之后提出一类与比例量词非常接近的模糊量词、并讨论其粗糙集语义, 而其余模糊量词的语义可以基于相关量词之间的相互关系的主观感知而得到的.

文献 [288] 主要研究了基于集合广义 (部分) 近似语义的一阶逻辑的性质, 其目标是对标准一阶逻辑与具有部分和下近似语义的一阶逻辑进行比较研究, 其主要思想是用下近似表示可靠性知识、从而利用下近似进行推理得到可能有效或受限有效的结论. 该文构建了一个带有单层量化 (single-level quantification) 的语言, 使用此语言可以给出三段论的形式化描述.

2. Rough 测度、Rough 积分及其在模糊量词研究中的应用

本书的主体内容是基于模糊测度、模糊积分的模糊量词理论, 而粗糙集作为与模糊集密切关联的不确定性数学理论, 在粗糙集理论框架中是否有 rough 测度、rough 积分的概念? 若有, 它们可否也能应用于模糊量词的研究之中? 这些问题显然是非常有趣和重要的.

经过认真查询发现, 粗糙集理论的创始人 Z. Pawlak 及其研究团队, 很早就关注 rough 测度和 rough 积分, 主要研究成果包含在文献 [289, 290] 中. 其主要思想是在粗糙集理论框架下, 首先引入 rough 测度概念 (其本质是一种特殊形式的模糊测度或不可加测度), 然后通过对离散 Choquet 积分进行改造引入 rough 积分. 文献 [290] 涉及了 rough 积分在信息融合中的应用, 遗憾的是目前还没有关于 rough 积分在模糊量词中应用的研究论文, 这是一个需要进一步探索的课题.

3. 粗糙集与模糊量词相结合的其他相关研究课题

在 7.5.2 节中介绍的基于模糊量词的广义粗糙集模型, 主要是基于广义量词理论及 Zadeh 模糊量词处理方法的 (关于广义量词与模糊量词的最新比较分析, 可参阅文献 [291]), 还没有涉及本书重点介绍的模糊量词的积分语义, 因此应用模糊量词积分语义改造现有粗糙集模型是一个值得进一步研究的课题.

在 7.3.1 节中已经提到, 近年学者们开始关注粗糙集理论在量化推理中的应用 (特别是用粗糙集方法刻画广义对当关系, 参见文献 [274—276]), 这是一个值得深入研究的问题. 同时, 带有模糊量词的多粒度粗糙集 (参见文献 [292])、模糊量词与粒计算及超代数结构的结合研究 (粗糙集与超代数结构也有密切关系, 参见文献 [293]) 等, 均是新的研究课题. 此外, 结合粗糙集与模糊量词理论的应用研究, 也是一个非常重要的研究方向, 比如文献 [294] 基于粗糙集提出了一种量化模态逻辑并讨论了其在多源信息系统中的应用、文献 [295] 探讨了模糊量化粗糙集在缺失数据填补 (missing data imputation) 中的应用等.

参考文献

[1] 彭漪涟, 马钦荣. 逻辑学大辞典. 上海: 上海辞书出版社, 2004.

[2] 陈波. 逻辑学十五讲. 北京: 北京大学出版社, 2008.

[3] Barwise J, Cooper R. Generalized quantifiers and natural language. Linguistics and Philosophy, 1981, 4: 159–219.

[4] van Benthem J. Questions about quantifiers. Journal of Symbolic Logic, 1984, 49: 443–466.

[5] Keenan E L. Some properties of natural language quantifiers: generalized quantifier theory. Linguistics and Philosophy, 2002, 25: 627–654.

[6] Ying M S. Linguistic quantifiers modeled by Sugeno integrals. Artificial Intelligence, 2006, 170: 581–606.

[7] Glöckner I. Fuzzy Quantifiers, A Computational Theory. Springer-Verlag, Heidelberg, 2006.

[8] Delgado M, Ruiz M D, Sánchez D, Vila M A. Fuzzy quantification: a state of the art. Fuzzy Sets and Systems, 2014, 242: 1–30.

[9] 麦考莱 J D. 语言的逻辑分析——语言学家关注的逻辑问题. 王维贤, 徐颂列, 黄新华, 等, 译. 杭州: 浙江大学出版社, 2011.

[10] 约翰・范本特姆. 逻辑、语言和认识, 卷 II. 刘新文, 郭美云, 等, 译. 北京: 科学出版社, 2009.

[11] 邹崇理. 逻辑、语言和信息. 北京: 人民出版社, 2002.

[12] 夏年喜. 语言逻辑研究. 北京: 中国社会科学出版社, 2013.

[13] 鞠实儿. 面向知识表示与推理的自然语言逻辑. 北京: 经济科学出版社, 2009.

[14] 蒋严, 潘海华. 形式语义学引论. 北京: 中国社会科学出版社, 1998.

[15] 张乔. 模糊语义学. 北京: 中国社会科学出版社, 1998.

[16] 李娜, 张世宁. 自然语言逻辑研究: 从广义量词到动态广义量词. 求索, 2008, 9: 116–118.

[17] 张晓君. 广义量词的相关性质研究. 逻辑学研究, 2010, 3: 67–69.

[18] Zadeh L A. A computational approach to fuzzy quantifiers in natural languages. Computers & Mathematics with Applications: Special Issue on Computational Linguistics, 1983, 9: 149–184.

[19] 高东平, 郭佳宏, 黎永锦. 模糊集框架下的基数模糊量词研究. 中山大学学报 (自然科学版), 2008, 47: 23–25.

[20] 冯志伟. 语言与数学. 北京: 世界图书出版公司, 2011.

[21] 伍铁平. 模糊语言学. 上海: 上海外语教育出版社, 2001.

[22] 吴世雄, 陈维振. 中国模糊语言学: 回顾与前瞻. 外语教学与研究, 2001, 1 : 7–14.

[23] 黎千驹. 模糊语义学导论. 北京: 社会科学文献出版社, 2007.

[24] 张红深. 中国模糊语言学 30 年. 天津外国语学院学报, 2010, 17 (1): 1–9.

[25] 张乔. 广义量词理论及其对模糊量词的应用. 当代语言学, 1998, 2: 24–30.

[26] 石生利, 刘叙华. 形式化模糊量词及推理. 软件学报, 1993, 4 (3): 8–14.

[27] 李凡, 胡和平. 关于模糊语言量词的处理. 华中理工大学学报, 1995, 23: 12–13.

[28] 李凡. 近似推理. 北京: 科学出版社, 1995.

[29] 周平, 姜明, 徐扬. 格值一阶逻辑系统 LF(X) 中带广义量词的不确定性推理. 模糊系统与数学, 2007, 21 (2): 40–45.

[30] Liu Y X, Kerre E E. An overview of fuzzy quantifiers (I): Interpretations. Fuzzy Sets and Systems, 1998, 95: 1–21.

[31] Liu Y X, Kerre E E. An overview of fuzzy quantifiers (II): Reasoning and applications. Fuzzy Sets and Systems, 1998, 95: 135–146.

[32] Novák V. A formal theoy of intermediate quantifiers. Fuzzy Sets and Systems, 2008, 159: 1229–1246.

[33] 崔丽聪. 基于模糊测度和模糊积分的语言量词. 陕西师范大学 (硕士学位论文), 2008.

[34] Cui L C, Li Y M. Linguistic quantifiers based on Choquet integrals. International Journal of Approximate Reasoning, 2008, 48: 559–582.

[35] Cui L C, Li Y M, Zhang X H. Intuitionistic fuzzy linguistic quantifier based on intuitionistic fuzzy-valued fuzzy measures and integrals. International Journal of Uncertainty, Fuzziness and Knowledge-Based Systems, 2009, 17 (3): 427–448.

[36] 潘小东. 模糊一阶逻辑研究进展综述. 第十届中国不确定系统年会、第十四届中国青年信息与管理学者大会论文集, 2012 , 63–68.

[37] Pivert O, Bosc P. Fuzzy preference queries to relational databases. London: Imperial College Press, 2012.

[38] Lindström P. First-order predicate logic with generalized quantifiers. Theoria, 1966, 32: 186–195.

[39] Peters S, Westerståhl D. Quantifiers in Language and Logic. New York: Oxford University Press, 2006.

[40] Dvořák A, Holčapek M. L-fuzzy quantifiers of type ⟨1⟩ determined by fuzzy measures. Fuzzy Sets and Systems, 2009, 160: 3425–3452.

[41] Dvořák A, Holčapek M. Type ⟨1, 1⟩ fuzzy quantifiers determined by fuzzy measures on residuated lattices. Part I. Basic definitions and examples. Fuzzy Sets and Systems, 2014, 242: 31–55.

[42] Dvořák A, Holčapek M. Type ⟨1, 1⟩ fuzzy quantifiers determined by fuzzy measures defined on residuated lattices. Part II. Permutation and isomorphism. Fuzzy Sets and Systems, 2014, 242: 56–88.

[43] Holčapek M. Monadic L-fuzzy quantifiers of the type $\langle 1^n, 1\rangle$. Fuzzy Sets and Systems, 2008, 159: 1811–1835.

[44] Yager R R. Reasoning with fuzzy quantified statements: Part I. Kybernetes, 1985, 14: 233–240.

[45] Yager R R. On ordered weighted averaging aggregation operators in multicriteria decision making. IEEE Transactions on Systems, Man and Cybernetics, 1988, 18 (1): 183–190.

[46] Yager R R. Reasoning with fuzzy quantified statements: Part II. Kybernetes, 1986, 15:111–120.

[47] Wang S M, Zhao B, Wang P. A logical framework for fuzzy quantifiers part I: basic properties. O. Castillo et al. (Eds.): Theor. Adv. and Appl. of Fuzzy Logic, ASC 42, 2007: 602–611.

[48] Wang S M, Zhao B. Prenex normal form in linguistic quantifiers modeled by Sugeno integrals. Fuzzy Sets and Systems, 2008, 159: 1719–1723.

[49] 郑岳, 张小红. 基于广义 Sugeno 积分的语言量词模型. 模糊系统与数学, 2010, 24 (增): 114–118.

[50] Li Y M, Li L. Intuitionistic fuzzy Choquet integrals and their application in modeling linguistic quantifiers. IFSA World Congress and NAFIPS Annual Meeting (IFSA/NAFIP S), 2013: 315–320.

[51] 李璐. 直觉模糊 Choquet 积分及其在语言量词上的应用. 陕西师范大学 (硕士学位论文), 2011.

[52] Zhang X H, Zheng Y. Linguistic quantifiers modeled by interval-valued intuitionistic Sugeno integrals. Journal of Intelligent and Fuzzy Systems, 2015, 29: 583–592.

[53] Zhang X H, Xu Z G. Linguistic summarization of data based on interval-valued Choquet integrals. International Conference on Circuit and Signal Processing, 2010, 1: 357–360.

[54] 徐振国, 张小红, 卢银锋. 基于语言量词与 Sugeno 积分的模糊查询方法. 模糊系统与数学, 2010, 24 (增): 148–152.

[55] 周家发. 自然语言量化结构的简单推理关系. 香港: 香港理工大学, 2007.

[56] Hájek P. Metamathematics of Fuzzy Logic. Dordreeht: Kluwer Academic Publishers, 1998.

[57] Esteva F, Godo L. Monoidal t-norm based logic: towards a logic for left-continuous t -norms. Fuzzy Sets and Systems, 2001, 124: 271–288.

[58] 王国俊. 非经典数理逻辑与近似推理. 2 版. 北京: 科学出版社, 2008.

[59] 裴道武. 基于三角模的模糊逻辑理论及其应用. 北京: 科学出版社, 2013.

[60] 张小红. 模糊逻辑及其代数分析. 北京: 科学出版社, 2008.

[61] Wang S M, Wang B S, Wang G J. A triangular norm-based fuzzy predicate logic. Fuzzy Sets and Systems, 2003, 138: 177–186.

[62] 张兴芳, 王国俊, 孟广武. 一阶模糊谓词逻辑公式的区间解释真度理论. 模糊系统与数学, 2006, 20 (2): 8–18.

[63] Cintula P, Hájek P. Triangular norm based predicate fuzzy logies. Fuzzy Sets and Systems, 2010, 161: 311–346.

[64] Novák V. First-order fuzzy logic. Studia Logiea, 1987, 46: 87–109.

[65] Novák V. Perfilieva I, Moekor J. Mathematieal Prineiples of Fuzzy Logie. Dordreeht: Kluwer Aeademic Publishers, 1999.

[66] Esteva F, Gispert J, Godo L, et al. Adding truth-constants to logics of a continuous t-norm: axiomatization and completeness results. Fuzzy Sets and Systems, 2007, 158: 597–618.

[67] Esteva F, Godo L, Noguera C. First-order t-norm based fuzzy logics with truth-constants: distinguished semantics and completeness properties. Annals of Pure and Applied Logic, 2009, 161: 185–202.

[68] 曾旭, 张小红. 带有语言量词的逻辑系统 MTL_Q. 模糊系统与数学, 2010, 24 (增): 98–103.

[69] Zhang X H, Zeng X. Weak completeness theorem of logic system MTL_Q with linguistic quantifiers. International Conference on Circuit and Signal Processing, 2010, 2: 285–288.

[70] Zhang X H, Zeng X. First-order logic system IMTL_Q^* and triple I method in fuzzy reasoning with linguistic quantifiers. Journal of Intelligent and Fuzzy Systems, 2014, 26 (5): 2359–2367.

[71] Xu Y, Qin K Y, Liu J, et al. Lattice-Valued Logic. Berlin: Springer-Verlag, 2004.

[72] 汪培庄. 模糊集合论及其应用. 上海: 上海科学技术出版社, 1983.

[73] 张小红, 裴道武, 代建华. 模糊数学与 Rough 集理论. 北京: 清华大学出版社, 2013.

[74] Zadeh L A. Responses to Elkan: Why the success of fuzzy logic is not paradoxical. IEEE Expert, 1994, 9 (4): 43–46.

[75] Elkan C. The paradoxical controversy over fuzzy logic. IEEE Expert, 1994: 47–49.

[76] 王立新. 模糊数学与模糊控制教程. 王迎军, 译. 北京: 清华大学出版社, 2003.

[77] 吴望名. 关于模糊逻辑的一场争论. 模糊系统与数学, 1995, 9 (2): 1–10.

[78] Klement E P, Mesiar R, Pap E. Triangular Norms. Dordrecht: Kluwer Academic Publicashers, 2000.

[79] Zadeh L A. The concept of a linguistic variable and its application to approximate reasoning (I). Information Sciences, 1975, 8: 199–249.

[80] Mendel J M. Uncertain Rule-Based Fuzzy Logic Systems: Introduction and New Directions. State of New Jersey: Prentice Hall, 2001. Mendel J M. 基于不确定规则的模糊逻辑系统: 导论与新方向. 张奇业, 谢伟献, 译. 北京: 清华大学出版社, 2013.

[81] Mendel J M. Robert I. bob john, type-2 fuzzy sets made simple. IEEE Transactions on Fuzzy Systems, 2002, 10 (2): 117–127.

[82] Atanassov K T. Intuitionistic fuzzy sets. Fuzzy Sets and Systems, 1986, 20 (1): 87–96.

[83] Atanassov K T, Gargov G. Interval valued intuitionistic fuzzy sets. Fuzzy Sets and Systems, 1989, 31 (3): 343–349.

[84] Xu Z S. A method based on distance measure for interval valued intuitionistic fuzzy group decision making. Information Sciences, 2010, 180: 181–190.

[85] Tan C Q. A multi-criteria interval-valued intuitionistic fuzzy group decision making with choquet integral-based TOPSIS. Expert Systems with Applications, 2011: 3023–3033.

[86] 刘华文. 直觉模糊与区间模糊环境下的多准则决策与推理算法. 山东大学 (博士学位论文), 2005.

[87] 李登峰. 直觉模糊集决策与对策分析方法. 北京: 国防工业出版社, 2012.

[88] Deschrijver G, Kerre E E. On the relationship between some extensions of fuzzy set theory. Fuzzy Sets and Systems, 2003, 132: 227–235.

[89] Dubois D, Gottwald S, Hajek P, et al. Terminological difficulties in fuzzy set theory—the case of "Intuitionistie Fuzzy Sets". Fuzzy Sets and Systems, 2005, 156: 485–491.

[90] Atanassov K T. Answer to D. Dubois, S. Gottwald, P. Hajek, J. Kaeprzyk and H. Prade's paper "Terminological difficulties in fuzzy set theory—the case of 'Intuitionistic Fuzzy Sets'". Fuzzy Sets and Systems, 2005, 156: 496–499.

[91] Deschrijver G, Kerre E E. On the position of intuitionistic fuzzy set theory in the framework of theories modeling imprecision. Information Sciences, 2007, 177: 1860–1866.

[92] 裴道武. 几类广义模糊集的关系. 模糊系统与数学, 2012, 26 (4): 108–115.

[93] Sugeno M. Theory of fuzzy integrals and its applications, Ph.D. thesis. Tokyo Institute of Technology, 1974.

[94] 王熙照. 模糊测度和模糊积分及在分类技术中的应用. 北京: 科学出版社, 2008.

[95] 哈明虎, 杨兰珍, 吴从炘. 广义模糊集值测度引论. 北京: 科学出版社, 2009.

[96] 朱传军. 基于模糊测度与模糊积分的房地产评价方法与应用. 北京: 科学出版社, 2011.

[97] Grabisch M, Labreuche C. A decade of application of the choquet and sugeno integrals in multi-criteria decision aid. Annals of Operations Research, 2010, 175: 247–286.

[98] Rébillé Y. Autocontinuity and convergence theorems for the choquet integral. Fuzzy Sets and Systems, 2012, 194: 52–65.

[99] 巩增泰, 郭元伟. 区间值和模糊数值函数的 Choquet 积分. 兰州大学学报, 2009, 45 (4): 112–116.

[100] 武建章, 张强. 非可加测度论与多准则决策. 北京: 科学出版社, 2014.

[101] 秦克云, 裴峥. 模糊推理的 α-三 I 算法. 模糊系统与数学, 2005, 19 (3): 1–5.

[102] Cignoli R, Esteva F, Godo L, et al. Basic fuzzy logic is the logic of continuous t-norms and their residua. Soft Computing, 2000, 4: 106–112.

[103] Cignoli R, Torrens A. Standard completeness of Hájek basic logic and decompositions of BL-chains. Soft Computing, 2005, 9: 862–868.

[104] Cintula P. Short note: on the redundancy of axiom (A3) in BL and MTL. Soft Computing, 2005, 9 (12): 942

[105] Esteva F, Gispert J, Godo G, et al. On the standard completeness of some axiomatic extensions of themonoidal t-norm logic. Studia Logica, 2002, 71 (2): 199–226.

[106] Jenei S, Montagna F. A proof of standard completeness for Esteva and Godo's logic MTL. Studia Logica, 2002, 70: 183–192.

[107] Pei D W. On equivalent forms of fuzzy logic systems NM and IMTL. Fuzzy Sets and Systems, 2003, 138: 187–195.

[108] Horcik R. Alternative proof of standard completeness theorem for MTL. Soft Computing, 2007, 11: 123–129.

[109] Luca A D, Termini S. A definition of non-probabilistic entropy in the setting of fuzzy sets theory. Information Control, 1972, 20: 301–312.

[110] Wygralak M. Vaguely Defined Objects. Dordrecht: Kluwer Academic Publishers, 1995.

[111] Dubois D, Prade H. Fuzzy cardinality and the modeling of imprecise quantification. Fuzzy Sets and Systems, 1985, 16: 199–230.

[112] Zadeh L A. A theory of approximate reasoning//Yager R R, et al. Fuzzy Sets and Applications: Selected Papers by L. A. Zadeh. New York: Wiley, 1987: 367–412.

[113] Ralescu D. Cardinality, quantifiers, and the aggregation of fuzzy criteria. Fuzzy Sets and Systems, 1995, 69: 355–365.

[114] Yager R R. Quantifier guided aggregation using OWA operators. International Journal of Intelligent Systems, 1996, 11 (1): 49–73.

[115] Thiele H. On fuzzy quantifiers//Bien Z, Min KC. Fuzzy Logic and its Applications to Engineering, Information Science and Intelligent Systems. Dordrecht: Kluwer Academic Publishers, 1995.

[116] Thiele H. On T-quantifiers and S-quantifiers//Proc. 24th International Symposium on Multiple-Valued Logic. 1994: 264–269.

[117] Novák V. Fuzzy Sets and their Applications. Bristol: Adam Hilger, 1989.

[118] Klir G J, Yuan B. Fuzzy Sets and Fuzzy Logic: Theory and Applications. State of New Jersey: Prentice-Hall, 1995.

[119] Yager R R, Rybalov A. Uninorm aggregation operators. Fuzzy Sets and Systems, 1996, 80: 111–120.

[120] Zadeh L A. A theory of possibility. Fuzzy Sets and Systems, 1978, 1: 3–28.

[121] Klir G J, Yuan B. Fuzzy Sets and Fuzzy Logic: Theory and Applications. Prentice Hall PTR, 1995.

[122] Yager R R. Families of OWA operators. Fuzzy Sets and Systems, 1993, 59: 125–148.

[123] Yager R R. Quantified propositions in a linguistic logic. Internat. J. Man-Mach. Stud., 1983, 19: 195–227.

[124] Pereira-Farina M, Diaz-Hermida F, Bugarin A. On the analysis of set-based fuzzy quantified reasoning using classical syllogistics. Fuzzy Sets and Systems, 2013, 214: 83–94.

[125] Zadeh L A. Syllogistic reasoning in fuzzy logic and its applications to usuality and reasoning with dispositions. IEEE Transactions on Systems, Man, and Cybernetics, 1985, 15: 754–765.

[126] 徐扬, 乔全喜, 陈超平等. 不确定性推理. 成都: 西南交通大学出版社, 1994.

[127] Friedman N, Halpern J Y. Plausibility measures: a user's guide, in: Proc. 11th Conference on Uncertainty in Artificial Intelligence (UAI'95), 1995: 175–184.

[128] Friedman N, Halpern J Y. Plausibility measures and default reasoning. Journal of ACM, 2001, 48: 648–685.

[129] Zadeh L A. Probability measures of fuzzy events. Journal of Mathematical Analysis and Applications, 1968, 23: 421–427.

[130] Lawry J. A methodology for computing with words. International Journal of Approximate Reasoning, 2001, 28: 51-58.

[131] Ying M S. The fundamental theorem of ultraproduct in Pavelka logic. Zeitschrif fur Mathematische Logik und Grundlagen der Mathematik,1992, 38: 197-201.

[132] Zadeh L A. PRUF – A meaning representation language for natural languages. Int. J. Man-Mach. Stud., 1978, 10: 395–460.

[133] Kacprzyk J, Ziolkowski A. Databases queries with linguistic quantifiers. IEEE Transctions on Systems, Man and Cybernetics, 1986, 16 (3): 474–479.

[134] Ying M S. The first-order fuzzy logic (I), in: Proc. 16th IEEE Int. Symposium on Multiple-Valued Logic. Virginia, 1986: 242–247.

[135] Bosc P, Lietard L. Monotonic quantifications and Sugeno fuzzy integrals, in: Proc. of 5th IPMU Conference, 1994: 1281–1286.

[136] Bosc P, Lietard L. Monotonic quantifications and Sugeno fuzzy integrals//Bouchon-Meunier B, Yager R R, Zadeh L A. Fuzzy Logic and Soft Computing. Singapore: World Scientific, 1995: 337–344.

[137] Bosc P, Lietard L. Fuzzy integrals and database flexible querying, in: Proc. of the Fifth IEEE International Conference on Fuzzy Systems, 1996: 100–106.

[138] Barro S, Bugarin A J, Carinena P, et al. A framework for fuzzy quantification models analysis. IEEE Transactions on Fuzzy Systems, 2003, 11: 89–99.

[139] Delgado M, Sanchez D, Vila M A. Fuzzy cardinality based evaluation of quantified sentences. International Journal of Approximate Reasoning, 2000, 23: 23–66.

[140] Glockner I. DFS—An axiomatic approach to fuzzy quantification. Technical Report TR97-06, Univ. Bielefeld, 1997.

[141] Glockner I. A framework for evaluating approaches to fuzzy quantification. Technical Report TR99-03, Univ. Bielefeld, 1999.

[142] Glockner I. Evaluation of quantified propositions in generalized models of fuzzy quantification. International Journal of Approximate Reasoning, 2004, 37: 93–126.

[143] Glockner I, Knoll A. A formal theory of fuzzy natural language quantification and its role in granular computing//Pedrycz W. Granular Computing: An Emerging Paradigm. Physica-Verlag, Heidelberg, 2001: 215–256.

[144] Halpern J Y. Reasoning about Uncertainty. MIT Press, Cambridge, MA, 2003.

[145] 郑岳. 模糊积分及其在语言量词和决策科学中的应用. 宁波大学硕士学位论文, 2011.
[146] 张小红等. 关于模糊量词的 t-模基 Sugeno 积分语义. 待发表.
[147] 张文修. 模糊数学基础. 西安: 西安交通大学出版社, 1984.
[148] Weber S. ⊥-Decomposable measures and integrals for Archimedean t-conorm ⊥. J. Math. Anal. Appl., 1984, 101: 114–138.
[149] Weber S. Two integrals and some modified versions: critical remarks. Fuzzy Sets and Systems, 1986, 20: 97–105.
[150] Mesiar R, Mesiarova A. Fuzzy Integrals.//Torra V, Narukawa Y. MDAI 2004, LNAI 3131, 2004: 7–14.
[151] Struk P. Extremal fuzzy integrals. Soft Computing, 2006, 10: 502–505.
[152] Butnariu D, Klement E P. Triangular norm-based measures and their Markov kernel representation. J. Math. Anal. Appl., 1991, 162: 111–143.
[153] Murofushi T, Sugeno M. Fuzzy t-conorm integral with respect to fuzzy measures: Generalization of Sugeno integral and Choquet integral. Fuzzy Sets and Systems, 1991, 42: 57–71.
[154] Wang Z, Klir G J. Fuzzy Measure Theory. New York: Plenum Press, 1992.
[155] Wang Z, Klir G J. Generalized Measure Theory. New York: Springer, 2008.
[156] Wang Z, Leung K S, Klir G J. Applying fuzzy measures and nonlinear integrals in data mining. Fuzzy Sets and Systems, 2005, 156 (3): 371–380.
[157] Wu C X, Wang S L, Ma M. Generalized fuzzy integrals (1): fundamental concepts. Fuzzy Sets and Systems, 1993, 57(2): 219–226.
[158] Zhang D L, Guo C M. Generalized fuzzy integrals of set-valued functions. Fuzzy Sets and Systems, 1995, 76: 365–373.
[159] Guo C M, Zhang D L, Wu C X. Fuzzy-valued fuzzy measures and generalized fuzzy integrals. Fuzzy Sets and Systems, 1998, 97: 255–260.
[160] Fang J X. Some properties of sequences of generalized fuzzy integrable functions. Fuzzy Sets and Systems, 2007, 158: 1832–1842.
[161] 李艳红. T-模糊值积分序列的收敛性. 四川师范大学学报 (自然科学版), 2009, 32 (3): 311–314.
[162] Liu X C, Zhang G Q. Lattice-valued fuzzy measure and lattice valued fuzzy integral. Fuzzy Sets and Systems, 1994, 62: 319–332.
[163] BanA I, Feehete I. Componentwise decomposition of some lattice-valued fuzzy integrals. Information Sciences, 2007, 177: 1430–1440.
[164] Rico A. Sugeno integral in a finite Boolean algebra. Fuzzy Sets and Systems, 2008, 159: 1709–1718.
[165] 李红霞. 完备格值模糊积分的结构刻画. 工程数学学报, 2013, 30 (2): 169–174.
[166] Dvorak A, Holcapek M. Fuzzy measures and integrals defined on algebras of fuzzy subsets over complete residuated lattices. Information Sciences, 2012, 185: 205–229.

[167] Ban A I. Intuitionistic fuzzy-valued fuzzy measures, Proceedings of Second International Conference on Intelligent Systems, Varna, 2004: 427–429.

[168] Ban A I. Sugeno integral with respect to intuitionistic fuzzy-valued fuzzy measures. Notes on Intuitionistic Fuzzy Sets, 2005, 11 (2): 47–61.

[169] Ban A I. Intuitionistic Fuzzy Measures: Theory and Applications. New York: Nova Science, 2006.

[170] Ban A I. Chebyshev type inequalities for Sugeno integrals with respect to intuitionistic fuzzy measures. Cybernetics and Information Technologies, 2009, 9 (2): 5–13.

[171] 谭春桥, 陈晓红. 基于直觉模糊值 Sugeno 积分算子的多属性群决策. 北京理工大学学报, 2009, 29 (1): 85–89.

[172] Lei Q, Xu Z S, Bustince H, et al. Intuitionistic fuzzy integrals based on Archimedean t-conorms and t-norms. Information Sciences, 2016, 327: 57–70.

[173] Szmidt E, Kacprzyk J. Intuitionistic fuzzy linguistic quantifiers. Notes on IFS, 1997, 3 (5): 111–122.

[174] Li D F. Multiattribute decision making models and methods using intuitionistic fuzzy sets. J. of Computer and System Sciences, 2005, 70: 73–85.

[175] Lin L, Yan X H, Xia Z Q. Multicriteria fuzzy decision-making methods based on intuitionistic fuzzy sets. J. of Computer and System Sciences, 2007, 73: 84–88.

[176] 单玉莹, 裴道武. 直觉模糊数排序方法的合理性. 模糊系统与数学, 2014, 28 (5): 170–177.

[177] 谭吉玉, 朱传喜, 张小芝等. 基于海明距离和 TOPSIS 的直觉模糊数排序法. 统计与决策, 2015, 19: 94–96.

[178] 武建章, 张强, 桑圣举. 基于 Sugeno 积分的区间直觉模糊多属性决策. 北京理工大学学报, 2010, 30 (5): 608–612.

[179] 张小红等. 关于模糊 Sugeno 积分及区间直觉模糊量词的注记. 待发表.

[180] Liu Y S, Kong Z J. Interval intuitionistic fuzzy-valued Sugeno integral. 9th International Conference on Fuzzy Systems and Knowledge Discovery, 2012: 89–92.

[181] Qin J D, Liu X W. Study on interval intuitionistic fuzzy multi-attribute group decision making method based on Choquet integral. Procedia Computer Science, 2013, 17: 465–472.

[182] Greco G H. Fuzzy integrals and fuzzy measures with their values in complete lattices. Journal of Mathematical Analysis and Applications, 1987, 126 (2): 594–603.

[183] 徐泽水. 直觉模糊信息集成理论及应用. 北京: 科学出版社, 2008.

[184] 康婧, 兰蓉, 王莎莎. 区间直觉模糊数的精确函数及其在决策中的应用. 西安邮电大学学报, 2015, 20 (3): 86–91.

[185] Wu J, Chiclana F. A risk attitudinal ranking method for interval-valued intuitionistic fuzzy numbers based on novel score and accuracy expected functions. Applied Soft Computing, 2014, 22: 272–286.

[186] 裴礼文. 数学分析中的典型问题与方法. 北京: 高等教育出版社, 1993.

[187] Murofushi T, Sugeno M. An interpretation of fuzzy measures and the Choquet integral as an integral with respect to a fuzzy measure. Fuzzy Sets and Systems, 1989, 29 (2): 201–227.

[188] Xu Z S. Choquet integrals of weighted intuitionistic fuzzy information. Information Sciences, 2010, 180: 726–736.

[189] Tan C Q, Chen X H. Intuitionistic fuzzy Choquet integral operator for multi-criteria decision making. Expert Systems with Applications, 2010, 37: 149–157.

[190] 徐伟. 两类直觉模糊积分的性质及应用. 南京师范大学 (硕士学位论文), 2014.

[191] 陈国青. 模糊数据库. 中国人民警官大学学报 (自然科学版), 1996, 4 (4): 20–22.

[192] Kacprzyk J, Zadrozny S, De Tre G. Fuzziness in database management systems: half a century of developments and future prospects. Fuzzy Sets and Systems, 2015, 281: 300–307.

[193] 孟祥福. Web 数据库柔性查询关键技术研究. 东北大学 (博士学位论文), 2010.

[194] 张颖超, 王慧. 含模糊语言量词的 SQL 查询技术研究. 计算机应用研究, 2008, 25 (10): 2817-2819.

[195] 王海荣, 马宗民. RDF 数据模糊查询方法研究进展. 计算机科学与探索, 2014, 8 (11): 1296-1303.

[196] 王海荣, 马宗民. 基于相对量词的 RDF 模糊查询方法. 东北大学学报 (自然科学版), 2014, 35 (3): 342-346.

[197] Li Y, Ma Z M. Modeling and querying fuzzy data: current approaches and future trends, in: Handbook of Research on Innovative Database Query Processing Techniques. IGI Global, 2016: 129–157.

[198] Tahani V. A conceptual framework for fuzzy query processing – a step toward very intelligent database systems. Information Processing & Management, 1977, 13 (5): 289–303.

[199] Kacprzyk J, Zadrozny S, Ziołkowski A. FQUERY III+: a “Human- consistent” database querying system based on fuzzy logic with linguistic quantifiers. Information Systems, 1989, 14 (6): 443–453.

[200] Badia A. Quantifiers in Action: Generalized Quantification in Query, Logical and Natural Languages. New York: Springer, 2009.

[201] Bosc P, Pivert O. An approach for a hierarchical aggregation of fuzzy predicates, in: Proc. of the Second IEEE Int. Conf. on Fuzzy Systems, FUZZ–IEEE’93, San Francisco, USA, 1993: 1231–1236.

[202] Bosc P, Pivert O. SQLf: a relational database language for fuzzy querying. IEEE Transactions on Fuzzy Systems, 1995, 3 (1): 1–17.

[203] Bosc P, Lietard L. Fuzzy integrals and database flexible querying, in: Proceedings of the Fifth IEEE International Conference on Fuzzy Systems. 1996: 100–106.

[204] Shiu S C K, Li Y, Zhang F. A fuzzy integral based query dispatching model in collaborative case-based reasoning. Applied Intelligence, 2004, 21: 301–310.

[205] Rodriguez L J T. A contribution to database flexible querying: fuzzy quantified queries evaluation, Doctoral Thesis, Universidad Simón Bolívar(西蒙玻利瓦尔大学), 2005.

[206] Takahashi Y. A fuzzy query language for relational databases. IEEE Transactions on Systems Man and Cybernetics, 1991, 21 (6): 1576–1579.

[207] Takahashi Y. Fuzzy database query languages and their relational complete- ness theorem. IEEE Transactions on Knowledge and Data Engineering, 1993, 5: 122–125.

[208] Bosc P, Kacprzyk J. Fuzziness in Database Management Systems. Physica Verlag, Heidelberg, Germany, 1995.

[209] Skrbic S, Rackovic M, Takaci A. Towards the methodology for development of fuzzy relational database applications. Computer Science and Information Systems, 2011, 8 (1): 27–40.

[210] Benali-Sougui I, Sassi-Hidri M, Grissa-Touzi A. Flexible SQLf query based on fuzzy linguistic summaries. Proceedings Engineering & Technology, 2013, 1: 175–180.

[211] Kacprzyk J, Zadrozny S. Data mining via fuzzy querying over the Internet. Studies in Fuzziness and Soft Computing, 2000, 39: 211–233.

[212] Kacprzyk J, Zadrozny S. Internet as a challenge to fuzzy querying. Studies in Fuzziness and Soft Computing, 2003, 111: 74–95.

[213] Nambiar U, Kambhampati S. Answering imprecise queries over autonomous web databases. Proceedings of the 22nd International Conference on Data Engineering (ICDE' 06), Atlanta, USA, Apr 3-7, 2006. Washington, DC, USA: IEEE Computer Society, 2006: 45–54.

[214] Goncalves M, Tineo L, Fuzzy XQuery. Studies in Fuzziness and Soft Computing, 2010, 255: 133–163.

[215] Grzegorzewski P, Mrówka E. Flexible querying via IF-sets. International Journal of Intelligent Systems, 2007, 22: 587–597.

[216] 何新贵. 模糊数据库中的语义距离及模糊视图. 计算机学报, 1989, 10: 757–764.

[217] 朱蓉. 基于模糊理论的查询技术研究. 计算机应用研究, 2003, 5: 8–10.

[218] 朱蓉. 基于区域包含的语义距离构造及其在模糊数据库中的应用. 吉林师范大学学报 (自然科学版), 2005, 2: 22–24.

[219] 徐振国. Choquet 积分在语言量词和模糊查询中的应用. 宁波大学硕士学位论文, 2011.

[220] Ma Z M, Fuzzy Database Modeling of Imprecise and Uncertain Engineering Information. New York: Springer, 2006.

[221] Gonzalez C, Goncalves M, Tineo L. A new upgrade to SQLf: towards a standard in fuzzy databases. 20th International Workshop on Database and Expert Systems Application, 2009: 442–446.

[222] Martinez-Cruz C, Blanco I, Vila M A. An ontology to represent queries in fuzzy relational databases. 11th International Conference on Intelligent Systems Design and Applications, 2011: 1317–1322.

[223] Li Y, Ma Z M, Zhang F. Algebraic operations in fuzzy object-oriented databases. Information Systems Frontiers, 2014, 16: 543–556.

[224] Jandoubi S, Bahri A, Yacoubi-Ayadi N, et al. Enhanced fuzzy object-relational database model for efficient implementation of the FSM. IEEE International Conference on Fuzzy Systems (FUZZ-IEEE), 2015: 1–8.

[225] Jandoubi S, Bahri A, Yacoubi-Ayadi N, et al. Imperfect information representation and implementation in fuzzy databases, in: proceedings of the 2nd International Conference on Knowledge Management, Information and Knowledge Systems, Sfax University Press, Tunisia, 2015: 1–19.

[226] Yager R R. A new approach to the summarization of data. Information Sciecces, 1982, 28: 69–86.

[227] Kacprzyk J, Yager R R. Linguistic summaries of data using fuzzy logic. International Journal of General Systems, 2001, 30 (2): 133–154.

[228] Kacprzyk J, Zadrozny S. Linguistic database summaries and their protoforms: toward natural language based knowledge discovery tools. Information Sciences, 2005, 173: 281–304.

[229] Kacprzyk J, Wilbik A, Zadrozny S. Linguistic summarization of time series by using the Choquet integral//Melin P et al. IFSA 2007, LNAI 4529, 2007: 284–294.

[230] Kacprzyk J, Wilbik A, Zadrożny S. Linguistic summarization of time series using a fuzzy quantifier driven aggregation. Fuzzy Sets and Systems, 2008, 159: 1485–1499.

[231] Kacprzyk J, Wilbik A, Zadrożny S. An approach to the linguistic summarization of time series using a fuzzy quantifier driven aggregation. International Journal of Intelligent Systems, 2010, 25 (5): 411–439.

[232] Kacprzyk J, Zadrozny S. Linguistic summarization of the contents of Web server logs via the Ordered Weighted Averaging (OWA) operators. Fuzzy Sets and Systems, 2016, 285: 182–198.

[233] Zhang L, Pei Z, Chen H H. Extracting fuzzy linguistic summaries based on including degree theory and FCA. Foundations of Fuzzy Logic and Soft Computing, Lecture Notes in Computer Science, 2007, 4529: 273–283.

[234] Pei Z, Xu Y, Ruan D, et al. Extracting complex linguistic data summaries from personnel database via simple linguistic aggregations. Information Sciences, 2009, 179 (14): 2325–2332.

[235] Niewiadomski A, Ocheiska J, Szczepaniak P S. Interval-valued linguistic summaries of databases. Control and Cybernetics, 2006, 35: 415–441.

[236] Tre G D, Dziedzic M, Britsom D V, et al. Dealing with missing information in linguistic summarization: a bipolar approach//Angelov P et al., Intelligent Systems'2014, Advances in Intelligent Systems and Computing, Springer, 2015: 57–68.

[237] Niewiadomski A, Superson I. Multi-subject type-2 linguistic summaries of relational databases//Sadeghian A, Tahayori H. Frontiers of Higher Order Fuzzy Sets. Springer, 2015: 167–181.

[238] Moyse G, Lesot M J. Linguistic summaries of locally periodic time series. Fuzzy Sets and Systems, 2016, 285: 94–117.

[239] Wu C X, Zhang D L, Guo C M, et al. Fuzzy number fuzzy measures and fuzzy integrals (I), Fuzzy integrals of functions with respect to fuzzy number fuzzy measures. Fuzzy Sets and Systems, 1998, 98: 355–360.

[240] 王贵君. 区间值 Fuzzy 测度的两种扩张与比较. 东北师大学报自然科学版, 1999, 1: 9–12.

[241] Guo C M, Zhang D L. On set-valued fuzzy measures. Information Sciences, 2004, 160: 13–25.

[242] Jang L C, Kim T K, Kim W J. A note on some algebraic laws for interval- valued fuzzy quantifiers. Proceedings of the Jangjeon Mathematical Society, 2010, 13 (1): 39–48.

[243] Jang L C, Kim T K, Kim H M. A note on Linguistic quantifiers modeled by Sugeno integral with respect to an interval-valued fuzzy measures. Journal of Korean Institute of Intelligent Systems, 2010, 20 (1):1–6.

[244] Jang L C, Kim T, Jeon J. On set-valued Choquet integrals and convergence theorems. Advanced Studies in Contemporary Mathematics, 2003, 6: 63–76.

[245] Zhang D L, Guo C M, Liu D Y. Set-valued choquet integrals revisited. Information Sciences, 2004, 147: 475–485.

[246] Jang L C. Structural characterizations of monotone interval-valued set functions defined by the interval-valued choquet integral. Fuzzy Logic and Intelligent, 2008, 18 (3): 311–315.

[247] Jang L C. On properties of the choquet integral of interval-valued functions. Journal of Applied Mathematics, 2011.

[248] 巩增泰, 魏朝琦. 集值函数关于非可加集值测度的 Choquet 积分. 山东大学学报 (理学版), 2015, 50 (8): 62–71.

[249] Bustince H, Galar M, Bedregal B, et al. A new approach to interval-valued Choquet integrals and the problem of ordering in interval-valued fuzzy set applications. IEEE Transactions on Fuzzy Systems, 2013, 21 (6): 1150–1162.

[250] Joshi D, Kumar S. Interval-valued intuitionistic hesitant fuzzy Choquet integral based TOPSIS method for multi-criteria group decision making. European Journal of Operational Research, 2016, 248 (1): 183–191.

[251] Lee J G, Jang L C. A note on the interval-valued similarity measure and the interval-valued distance measure induced by the choquet integral with respect to an interval-

valued capacity. Journal of Computational Analysis & Applications, 2016, 20 (1): 252–265.

[252] 张小红等. 区间值模糊量词的 Choquet 积分语义及其在数据的语言归并中的应用. 待发表.

[253] Zhang G Q, Meng X L. Lattice-valued fuzzy integrals of lattice-valued functions with respect to lattice-valued fuzzy measure. J. Fuzzy Math., 1993, 1: 53–68.

[254] Di Nola A, Sessa S. On the fuzziness measure and negation in totally ordered lattices. J. Math. Anal. Appl., 1986, 114: 156–170.

[255] 张小红等. 基于格值区间集及双极格值区间集的模糊测度与模糊积分. 待发表.

[256] Wang P Z. Fuzzy contactibility and fuzzy variables. Fuzzy Sets and Systems, 1982, 8: 81–92.

[257] Yuan X H, Li H X, Zhang C. The set-valued mappin based on ample fields. Computers and Mathematics with Applications, 2008, 56: 1954–1965.

[258] Dvořák A, Holčapek M. Type ⟨1, 1⟩ fuzzy quantifiers determined by fuzzy measures on residuated lattices. Part III. Extension, conservativity and extensionality. Fuzzy Sets and Systems, 2015, 271: 133–155.

[259] Dubois D, Prade H. On fuzzy syllogisms. Computational Intelligence, 1988, 4: 171–179.

[260] Dubois D, Prade H, Toucas J M. Inference with imprecise numerical quantifiers//Ras Z W, Remankova M. Intelligent Systems. State of the Art and Future Directions. Chichester: Ellis Horwood, 1990: 52–72.

[261] Dubois D, Godo L, Lópezde Mántaras R, et al. Qualitative reasoning with imprecise probabilities. J. Intelligent Inf. Syst., 1993, 2: 319–363.

[262] Pereira-Fariña M, Vidal J C, Díaz-Hermida F, et al. A fuzzy syllogistic reasoning schema for generalized quantifiers. Fuzzy Sets and Systems, 2014, 234: 79–96.

[263] Spies M. Syllogistic inference under uncertainty. Psychologie Verlags Union, 1989.

[264] Schwartz D G. Dynamic reasoning with qualified syllogisms. Artificial Intelligence, 1997, 93: 103–167.

[265] Schwartz D G. On the semantics for qualified syllogisms, in: Proceedings of the Fifth IEEE International Conference on Fuzzy Systems: FUZZ-IEEE'96, IEEE, NewYork, September 8–11,1996.

[266] Murinová P, Novák V. A formal theory of generalized intermediate syllogisms. Fuzzy Sets and Systems, 2012, 186: 47–80.

[267] Peterson P L. Intermediate Quantities: Logic, Linguistics, and Aristotelian Semantics. England: Ashgate Publishing Limited, 2000.

[268] Westerståhl D. The traditional square of opposition and generalized quantifiers. Studies in Logic, 2008, 1: 59–88.

[269] 林胜强. 广义量词的现代对当方阵研究. 四川师范大学学报 (社会科学版), 2015, 42 (1): 15–20.

[270] D'Alfonso D. The square of opposition and generalized quantifiers//Béziau J Y, Jacquette D. Around and Beyond the Square of Opposition. 2012: 219–227.

[271] Ka-Fat Chow. General patterns of opposition squares and 2n-gons//Béziau J Y, Jacquette D. Around and Beyond the Square of Opposition. 2012: 263–275.

[272] Béziau J Y, Jacquette D. Around and Beyond the Square of Opposition, Studies in Universal Logic, Springer, Basel, 2012.

[273] Murinova P, Novak V. Syllogisms and 5-square of opposition with intermediate quantifiers in fuzzy natural logic. Logica Universalis, 2016, 10: 339–357.

[274] Ciucci D, Dubois D, Prade H. Oppositions in rough set theory//Li T et al. RSKT 2012, LNAI 7414, 2012: 504–513.

[275] Yao Y Y. Duality in rough set theory based on the square of opposition. Fundamenta Informaticae, 2013, 127: 49–64.

[276] Ciucci D, Dubois D, Prade H. Structures of opposition in fuzzy rough sets. Fundamenta Informaticae, 2015, 142 (1-4): 1–19.

[277] 曾旭. 基于语言量词模糊积分语义的近似推理研究. 宁波大学 (硕士学位论文), 2011.

[278] 张小红等. 模糊量词格值积分语义下的广义对当关系. 待发表.

[279] Esteva F, Godo L, Noguera C. On expansions of WNM t-norm based logics with truth-constants. Fuzzy Sets and Systems, 2010, 161 (3): 347–368.

[280] Xu Y, Qin K Y, Roh E H. A first order lattice valued logic system I: semantics. The Journal of Fuzzy Mathematics, 2001, 9 (4): 969–976.

[281] Qin K Y, Xu Y, Roh E H. A first order lattice valued logic system II: syntax. The Journal of Fuzzy Mathematics, 2001, 9 (4): 977–983.

[282] Pawlak Z. Rough sets: International Journal of Computer and Information Sciences, 1982, 11 (5): 341–356.

[283] Pawlak Z. Rough sets: theoretical aspects of reasoning about data. Kluwer Academic Publishers, 1991.

[284] Cornelis C, Cock M D, Radzikowska A M. Vaguely quantified rough sets//An A et al. RSFDGrC 2007, LNAI 4482, 2007: 87–94.

[285] Ziarko W. Variable precision rough set model. Journal of Computer and System Sciences, 1993, 46: 39–59.

[286] Tuan-Fang F, Churn-Jung L, Duen-Ren L. A uniform framework for rough approximations based on generalized quantifiers//Deutsch. Transactions on Rough Sets XIX. Lecture Notes in Computer Science. 2015: 1–16.

[287] Dutta S, Skowron A. Generalized quantifiers in the context of rough set semantics. Fundamenta Informaticae, 2015, 142 (1-4): 213–236.

[288] Kádek T, Mihálydeák T. On (in)validity of Aristotle's syllogisms relying on rough sets. Annals of Computer Science and Information Systems, 2015, 7: 35–40.

[289] Pawlak Z, Peters J F, Skowron A, et al. Rough measures and integrals: a brief introduction//Terano T et al. JSAI 2001 Workshops, LNAI 2253, 2001: 375–379.

[290] Pawlak Z, Peters J F, Skowron A, et al. Rough measures, rough integrals and sensor fusion//Inuiguchi M et al. Rough Set Theory and Granular Computing. New York: Springer, 2003, 125: 263–272.

[291] Ruiz M D, Sánchez D, Delgado M. On the relation between fuzzy and generalized quantifiers. Fuzzy Sets and Systems, 2016, 294: 125–135.

[292] Zhang X H, Miao D Q, Liu C H, et al. Constructive methods of rough approximation operators and multigranulation rough sets. Knowledge-Based Systems, 2016, 91: 114–125.

[293] Zhang X H, Chen Z Y, Xin X L. Smart semihypergroups and rough sets based on general binary relations, Procedings of 12th International Conference on Natural Computation, Fuzzy Systems and Knowledge Discovery (ICNC-FSKD), 2016: 159–163.

[294] Khan M A. Formal reasoning in preference-based multiple-source rough set model. Information Sciences, 2016, 334-335:122–143.

[295] Amiri M, Jensen R. Missing data imputation using fuzzy-rough methods. Neurocomputing, 2016, 205: 152–164.

索　引